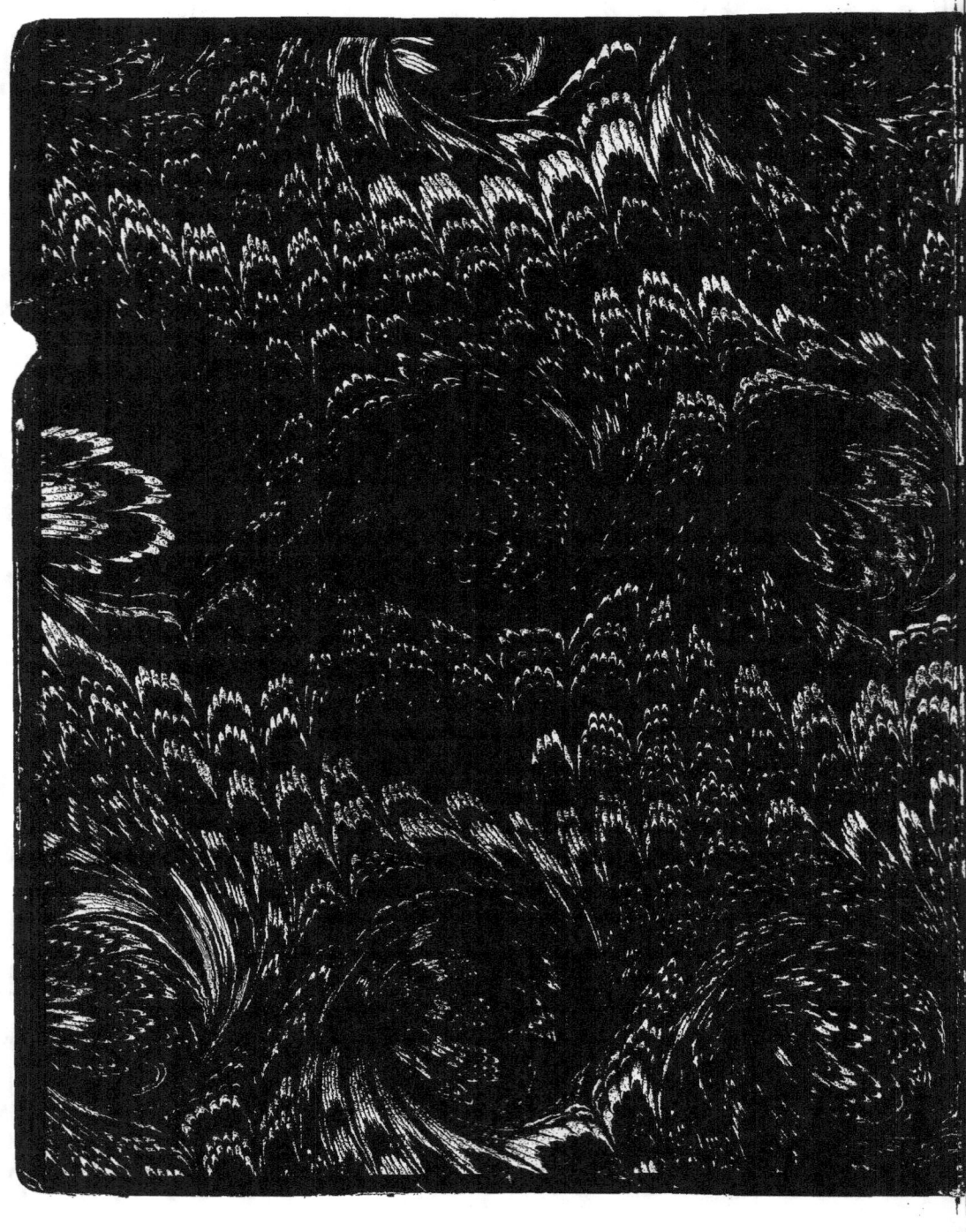

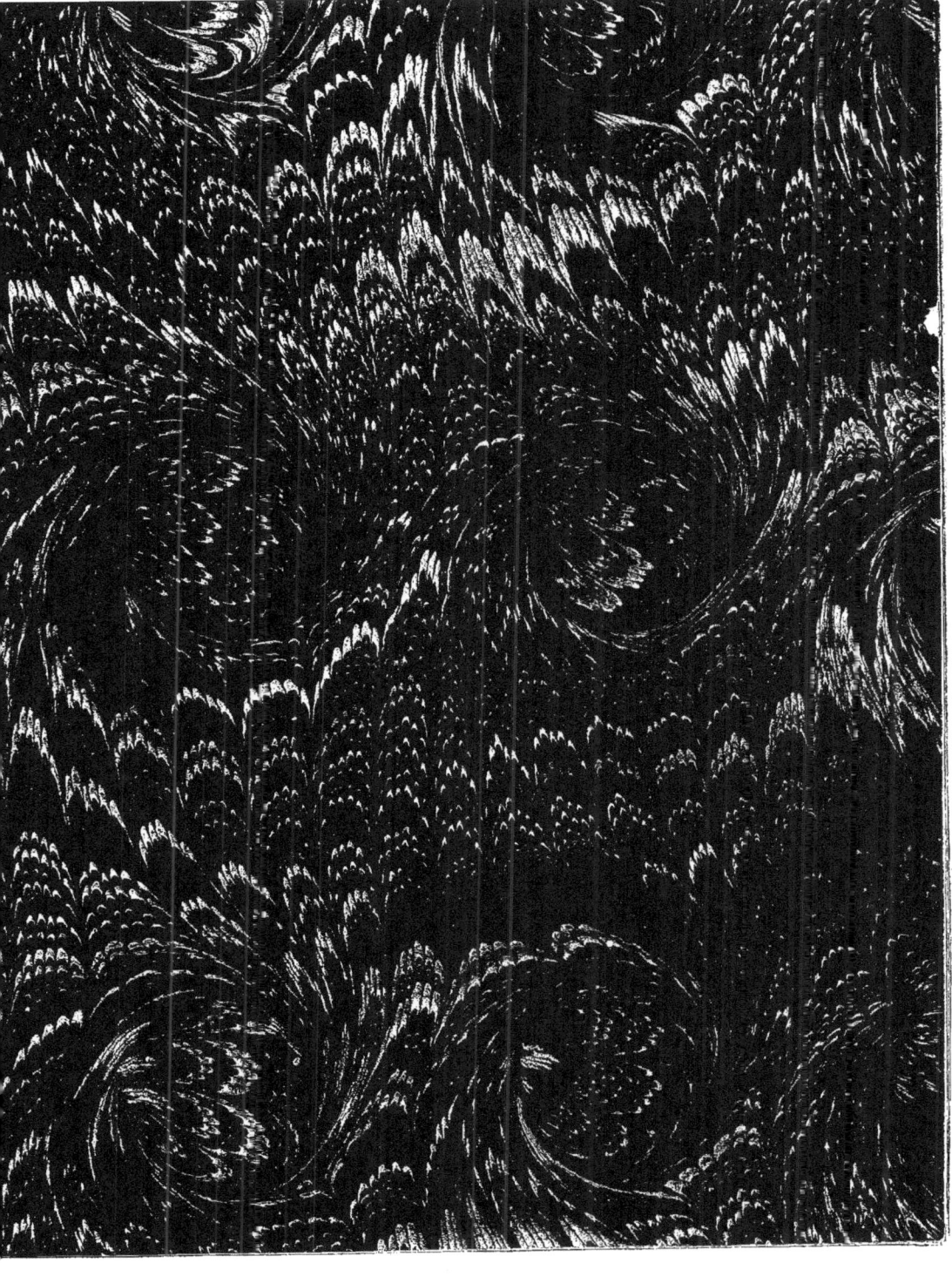

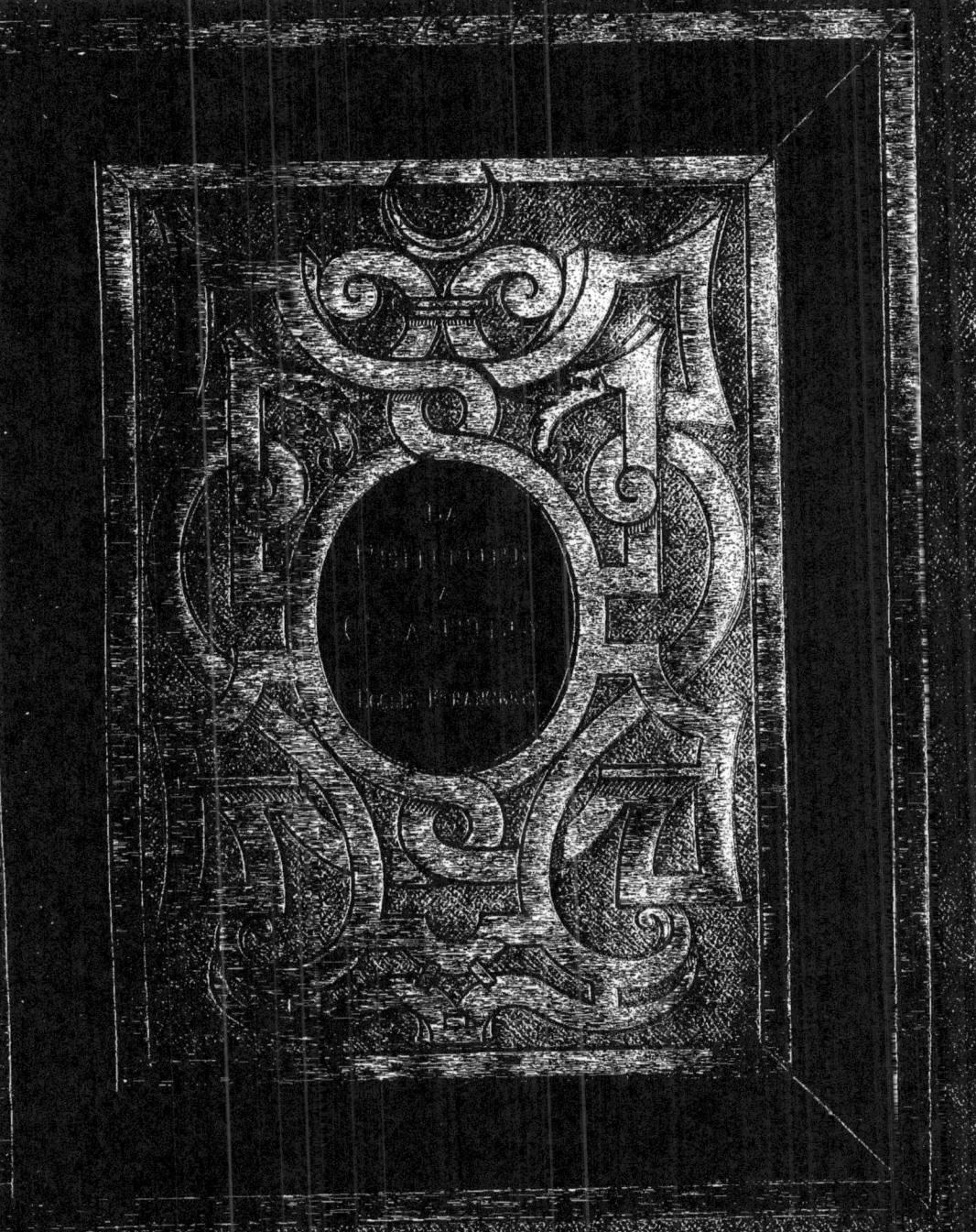

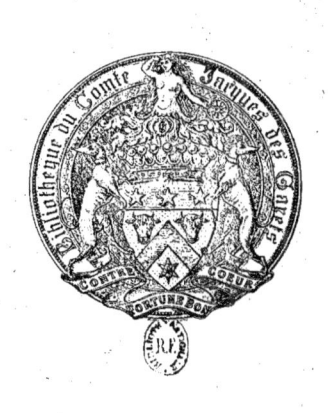

LA PEINTURE

AU CHATEAU DE

CHANTILLY

LA PEINTURE

AU CHATEAU DE

CHANTILLY

PAR

F.-A. GRUYER

MEMBRE DE L'INSTITUT

ÉCOLES ÉTRANGÈRES

OUVRAGE ILLUSTRÉ DE QUARANTE HÉLIOGRAVURES
PAR BRAUN, CLÉMENT ET Cie

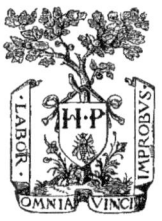

PARIS
LIBRAIRIE PLON

E. PLON NOURRIT ET Cie, IMPRIMEURS-ÉDITEURS

RUE GARANCIÈRE, 10

1896

A

SON ALTESSE ROYALE

MONSEIGNEUR LE DUC D'AUMALE

Monsieur le duc d'Aumale a réuni à Chantilly une collection de tableaux dont la destination est suffisamment connue du public; il a bien voulu nous autoriser à publier les notices où nous donnons la description de ces tableaux.

Nous avons rangé ces notices dans leur ordre chronologique. Ainsi présentées, elles appartiennent à l'histoire de l'art; elles en sont comme des fragments détachés; c'est l'histoire de l'art elle-même qui leur donne le mouvement, la chaleur et la vie. Chaque tableau s'éclaire alors de ceux qui le précèdent et répand sa propre lumière sur ceux qui le suivent. Des tables alphabétiques, complément nécessaire des tables chronologiques, permettent de se retrouver facilement au milieu d'eux.

L'importance de nos notices a été mesurée à l'intérêt historique des œuvres autant qu'à leur valeur esthétique. A toutes les peintures de la galerie de Chantilly nous avons demandé les enseignements qu'elles comportent. Nous les avons interrogées sur les artistes qui les ont exécutées, sur ce qu'elles représentent au point de vue de l'art, sur leurs pérégrinations successives, sur les temps et sur les hommes dont elles ont été les témoins.

Le château de Chantilly est un cadre dont la splendeur rayonne sur tout ce qu'il contient. Telle œuvre, qui partout ailleurs paraîtrait peut-être de mince intérêt, prendra ici, grâce au milieu où elle se trouve, une importance considérable. C'est ainsi que nous regarderons avec une insistance particulière les peintures qui se rattachent par des liens intimes à cette admirable maison, celles surtout qui, lui ayant toujours appartenu, n'ont cessé, pour ainsi dire, de vivre de sa vie. En leur présence, la question d'art pourra devenir quelquefois la question secondaire.

Les portraits tiennent une grande place dans la galerie de Monsieur le duc d'Aumale. Pour chacun d'eux, nous rappellerons ce que fut le personnage, afin que, le connaissant en nature, on puisse le reconnaître en peinture. Nous nous arrêterons avec complaisance devant ceux de ces portraits dont les modèles ont vécu dans l'intimité des Montmorency et des Condé.

Pour un pareil travail, la question des attributions est particulièrement délicate. Sur cette question, notre jurisprudence est celle-ci : ne pas succomber à cette tentation de tout démarquer dont on semble avoir été possédé durant ces trente dernières années; conserver les attributions existantes, tant qu'il n'est pas démontré qu'elles sont fausses; les accompagner d'un point d'interrogation quand nous avons des doutes à leur égard; ne rien avancer sans preuves suffisantes; rester, au besoin, dans l'indétermination; avoir le courage de notre ignorance, plutôt que l'audace des affirmations téméraires. C'est ainsi qu'un certain nombre des peintures de la collection de Monsieur le duc d'Aumale, inscrites par nous sans aucun nom de peintre, seront simplement désignées par l'école et le siècle auxquels elles appartiennent, et mises à la place qui est la leur en vertu de cette double désignation.

Les études qui ont occupé notre vie, déjà longue, nous ont ouvert les yeux sur bien des choses; sur plus de choses encore, elles nous ont laissé des doutes. Nous avons cherché la vérité partout et toujours, en toute sincérité, sans parti pris, sans système; si nous l'avons trouvée quelquefois, notre part est bonne.

La *Peinture au château de Chantilly* formera deux volumes. Le présent volume est consacré aux *Écoles étrangères* et divisé en deux parties : *Écoles italiennes; Écoles flamande, hollandaise, allemande et anglaise.* Le volume suivant sera exclusivement réservé à l'*École française*. Quarante héliogravures, exécutées par MM. Braun et Clément d'après les plus remarquables tableaux de la galerie de Chantilly, seront, pour chacun de ces volumes, les preuves parlantes annexées aux notices.

ÉCOLES ITALIENNES

Dans l'art comme dans la nature, rien ne se perd, rien ne se crée, tout se transforme. Quand l'art, dans un temps et dans un lieu privilégiés, a donné tout ce qu'on en pouvait attendre, il décline, s'efface et semble disparaître. Ce sont les jours sombres qui succèdent aux beaux jours. Puis reviennent les printemps lumineux, et les semences d'autrefois, ensommeillées durant de longs siècles, se remettent à vivre pour donner des fleurs qui, sous des influences nouvelles, embaument de parfums nouveaux l'humanité ravie. Les jeunes générations se reprennent alors aux grandes traditions et s'en emparent pour les transformer à leur image. C'est ainsi que l'antiquité, qui avait déposé dans le monde classique des germes d'une indestructible vitalité, devait tenir une grande place dans la reconstitution d'un monde nouveau. L'art grec, après avoir perdu sa beauté sereine sous le despotisme de Byzance, n'en avait pas moins, tout défiguré qu'il était, étendu sa domination sur l'Occident chrétien tout entier. C'est lui, austère et rébarbatif, refroidi sous la dure contrainte du moyen âge, grandiose et imposant jusques en sa laideur, qu'on retrouve du sixième au douzième siècle dans la Germanie et dans les Gaules, aussi bien qu'au mont Athos et en Italie. Les enlumineurs de Charlemagne et d'Othon le Grand sont des Byzantins endurcis, tout comme ceux des papes saint Pascal Ier et Léon VII, et ce sont eux encore que l'on revoit sous Philippe-Auguste et sous Innocent III, toujours les mêmes, n'ayant rien appris ni rien oublié, fermant avec obstination les yeux devant la nature, subissant le même joug et l'imposant partout avec la même intolérance. Tout semble prêt à changer au treizième siècle, et c'est de la France que vient le signal de l'émancipation. Les architectes de nos églises sont incomparables, les sculpteurs de nos portails le deviennent aussi, et les peintres de nos verrières donnent la sensation de grandes choses. C'est alors que la guerre de Cent ans vient nous interrompre, et que l'Italie reprend à son compte l'œuvre de renaissance dont nous avions pris l'initiative. Au commencement du quatorzième siècle, la vie, que le moyen âge avait tenue pour mauvaise et qu'il avait tenté de supprimer, fait irruption de nouveau sur la terre; les arts du dessin avec Giotto, en même temps que la poésie avec Dante, rayonnent et se transfigurent.

Nous sommes heureux de mettre le nom de Giotto sur le premier des tableaux italiens qui s'offrent à nous dans la galerie de Monsieur le duc d'Aumale.

GIOTTO DI BONDONE

(1273? † 1336. — École florentine.)

Giotto, peintre, sculpteur, architecte, naquit en 1276 à Colle, dans la commune de Vespignano, à quatorze milles de Florence. Fils d'un humble laboureur nommé Angelo di Bondone, Giotto, tout enfant, n'était qu'un simple berger. Cimabue, l'ayant rencontré dans la campagne au moment où il dessinait sur une pierre une de ses chèvres, fut frappé de son intelligence et se chargea de son éducation. Giotto, à vingt ans (1296), fut appelé à continuer l'œuvre de son maître dans l'église supérieure d'Assise. Dès la fin du treizième siècle, l'art du moyen âge, caduc et suranné, n'avait presque plus rien à dire; des pensées et des sentiments nouveaux appelaient un art nouveau, Giotto en fut le créateur. Rompant avec le dogmatisme scolastique dont Cimabue avait été tributaire encore, il inaugura la Renaissance italienne et lui ouvrit des horizons presque sans fin. Sous sa main, les contours s'assouplirent, les formes s'animèrent, les visages s'adoucirent. Il déchira le voile de tristesse à travers lequel les peintres byzantins avaient vu la nature; il la contempla face à face, l'écouta vivre, l'aima d'un incroyable amour, et son cœur se fondit de reconnaissance en la trouvant si belle. L'Italie tout entière salua en lui un libérateur. Partout on se disputa son enseignement et ses œuvres, et partout il alla jeter la bonne semence. Il est en 1298 à Rome, où il décore l'abside de Saint-Pierre, et on l'y retrouve encore en 1300, lors du grand jubilé de Boniface VIII à Saint-Jean de Latran. Il travaille à Florence en 1301 dans le palais du podestat.

En 1306, il rejoint à Padoue Dante exilé, et l'accompagne à Vérone, à Ferrare et à Ravenne. Pise, Lucques, Arezzo, Milan, Urbin, Naples, l'appellent tour à tour. Florence, cependant, le réclame pour lui confier la direction des travaux de la cathédrale, et la mort le frappe en pleine activité de génie, au moment où il élève le campanile. « Le 8 janvier 1336, écrit Giovanni Villani, est trépassé maître Giotto, notre concitoyen, le plus souverain maître en peinture de son temps, et celui qui tirait le mieux au naturel toutes figures et tous gestes. »

On peut presque dire que Giotto avait couvert l'Italie de ses fresques, et le nombre de ses tableaux enregistré par ses contemporains n'était pas moindre que celui de ses peintures murales. Quoique le temps et les hommes aient été cruels envers tant d'admirables travaux, ce qui en reste suffit pour faire revivre partout l'esprit du maître. Les *Histoires du Christ et de la Vierge*, peintes à Padoue dans la chapelle de l'Arena, les *Triomphes de la Chasteté, de la Pauvreté et de l'Obéissance*, exécutés pour la glorification de François d'Assise sur le tombeau même du saint, ne nous renseignent-ils pas sur une langue pittoresque dont l'accent pathétique n'a jamais été dépassé? La sainte Marie-Madeleine, ainsi que les portraits de Dante, de Corso Donati et de Brunetto Latini, qui sont les seules épaves des fresques de la chapelle du Bargello, les peintures des chapelles Peruzzi, Bardi et Baroncelli dans l'église Santa Croce, ne sont-ils pas là maintenant pour montrer l'importance des travaux exécutés par le maître dans sa propre patrie (1)? Enfin, pour prendre la mesure du génie de Giotto, ne suffirait-il pas de regarder, au musée du Louvre, le *Saint François recevant les stigmates*? Dans ses tableaux comme dans ses fresques, Giotto est revenu sans cesse vers les légendes d'Assise, et l'on a pu dire avec raison que son œuvre est imprégnée de l'esprit de saint François. Par les tendances de son génie, par la direction de son âme, Giotto est plus près de saint François d'Assise que jamais artiste ne l'a été d'un saint. Giotto fit pour la peinture, à la fin du

(1) Ces fresques ont été découvertes de 1843 à 1863, sous la couche de chaux qui les recouvrait depuis de longs siècles.

GIOTTO

(1276 † 1336)

ÉCOLE FLORENTINE

LA MORT DE LA VIERGE

GIOTTO
(1276 † 1336)

ÉCOLE FLORENTINE

LA MORT DE LA VIERGE

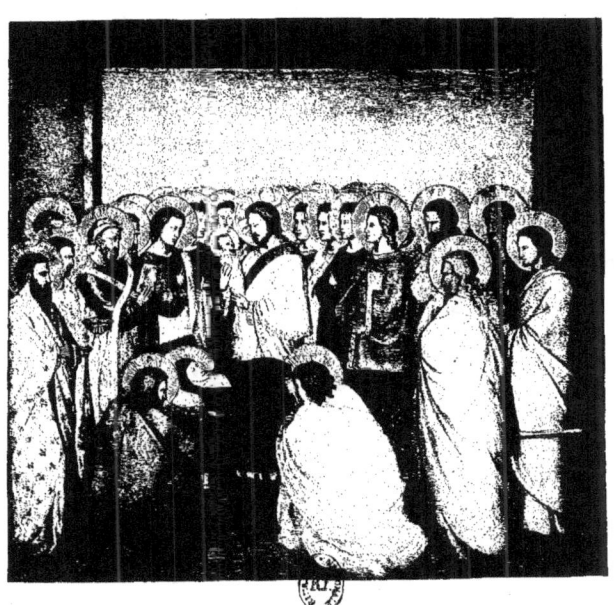

treizième siècle, ce que saint François d'Assise avait fait pour l'humanité à la fin du douzième, il changea en fleurs les épines dont il l'avait trouvée couverte. Il renouvela l'art en y apportant la bonté.

1. — *La Mort de la Vierge.*

Peinture *a tempera*, sur bois. — H. 0ᵐ,44; L. 0ᵐ,48.

La Vierge, vêtue d'une robe noire et d'un manteau de même couleur bordé d'une fine broderie d'or, est étendue sur un brancard arrangé en forme de lit et décoré d'une étoffe somptueuse. Sa tête, légèrement exhaussée, est couverte par le capuchon noir du manteau. Un voile blanc, enroulé autour du cou, rompt l'uniformité de tous ces noirs. Le visage, d'un ton d'ivoire, se montre de trois quarts à gauche, parfaitement calme et reposé. L'éternelle beauté semble en train d'en prendre possession. — Debout, à la gauche de la Vierge et au milieu du tableau, apparaît Jésus-Christ, assisté par des anges. Ils sont au nombre de six, et, derrière eux, on en pressent d'autres encore. Le Sauveur est venu là pour recueillir lui-même l'âme de sa mère. Il la porte dans ses bras sous la forme d'un enfant nouveau-né, et la contemple avec amour. — A la tête du lit, six apôtres sont debout; parmi eux est saint Pierre, tenant un livre ouvert. — Du côté opposé, d'autres apôtres au nombre de quatre, également debout, forment un second groupe; parmi eux on distingue saint Paul, vêtu d'un manteau jaune. Agenouillés enfin sur le premier plan, sont les deux derniers apôtres; celui qui est vêtu de blanc est saint Jean... En tout, vingt et une figures, constellées de nimbes d'or, s'emboîtant les uns dans les autres et formant un fond de lumière éclatante, qui imprime à cette composition un éclat singulier, une solennité mystérieuse. Tous ces personnages, austères et nullement rébarbatifs, ont quelque chose de sacerdotal et de grandiose. Ils nous élèvent au-dessus du réel sans nous en séparer. Giotto a mis en eux son âme sans pareille. Jamais, avant lui, l'art n'avait entrevu le surnaturel sous les dehors d'une telle réalité. Jamais, après lui, l'art, comme sentiment moral et comme expression religieuse, ne dépassera, n'atteindra peut-être même une telle hauteur. Dans le domaine du pittoresque, Giotto a déjà le sentiment, ou plutôt le pressentiment de la perspective, tandis que chez les peintres qui le suivront tout sera, pendant longtemps encore, presque sur le même plan. Sans doute, il y a dans le détail d'un pareil tableau bien des lacunes, bien des défauts même, ou plutôt bien des ignorances. Les mains qui prient présentent dans l'entre-croisement de leurs doigts beaucoup d'inexpérience et de naïveté; mais les peintres, qui avaient tout désappris durant des siècles, avaient alors tout à apprendre de nouveau, et Giotto, après avoir retrouvé l'art, ne pouvait en un jour tout savoir du métier.

Voilà donc la Renaissance italienne à son premier éveil. Avec une intense ferveur religieuse et sous les dehors d'une dignité grandiose qui fait songer aux antiques panathénées, voilà une œuvre vivifiée déjà par le naturalisme florentin et portant en elle les principes de vie qui allaient se propager dans le monde. Un art nouveau se dégage des formules hiératiques. C'en est fait de la scolastique pittoresque du moyen âge. La nature réclame ses droits, cela est manifeste dans chacune des têtes de ce tableau, et la tradition classique revendique aussi les siens, cela est évident dans chacune des draperies. Quand on observe le goût et la noblesse qui ont présidé à l'arrangement de toutes ces figures, la simplicité imposante de leurs attitudes, on ne peut douter que Giotto n'ait profité des marbres antiques qu'il avait sous les yeux. Dante venait de relever la religion de Virgile et d'honorer le poète comme prophète païen du christianisme; Giotto suivait la trace de Dante dans les voies de l'antiquité. Ce qu'il y a de plus respectable dans la tradition, de meilleur et de plus aisément accessible dans l'humanité, lui fournit ses moyens d'expression.

Ce tableau de la *Mort de la Vierge*, que les avaries et les restaurations ont en maints endroits compromis, fut acheté en 1841 à la vente Mention et Wagner par M. Frédéric Reiset, qui le regarda comme une œuvre authentique de Giotto et l'inscrivit comme telle dans son catalogue. Nous nous rallions à cette manière de voir.

C'est de la collection Reiset que cette précieuse peinture passa, en 1879, dans la galerie de Monsieur le duc d'Aumale.

ÉCOLE SIENNOISE

(Quatorzième siècle.)

11*. — *La Résurrection du Christ.*

Peint à la gouache sur vélin. — H. 0ᵐ,390; L. 0ᵐ,400 (1).

Ceci est une simple lettre majuscule, la lettre R, détachée d'un livre de chœur à l'usage des Dominicains siennois du quatorzième siècle, à laquelle le peintre calligraphe, à force d'art et d'heureuse invention, a donné l'importance d'un véritable tableau. L'R étant la première lettre du mot *Resurrectio,* c'est la *Résurrection du Christ* qu'il a représentée, et, comme le sujet comporte deux parties, il a mis dans les jambages arrondis et fleuris de sa lettre, en bas ce qui est de la terre, en haut ce qui est des cieux. — Dans le jambage inférieur est la scène du sépulcre. « En ce temps-là, Marie-Madeleine, Marie, mère de Jacques, et Salomé, achetèrent des parfums pour embaumer le corps de Jésus. Et, le premier jour de la semaine, étant parties de grand matin, elles arrivèrent au sépulcre au lever du soleil. Cependant elles se disaient entre elles : Qui nous ôtera la pierre qui ferme l'entrée du tombeau? Mais elles s'aperçurent que cette pierre, qui était fort

---

(1) Nous marquons d'un astérisque les peintures qui, détachées de manuscrits, ont actuellement pris rang parmi les tableaux. Sur ces peintures, le *Cabinet des livres* pourrait revendiquer des droits.

grande, avait été ôtée, et elles virent un jeune homme, vêtu d'une robe blanche, assis à droite du sépulcre, et elles en furent effrayées. Mais l'ange leur dit : Ne craignez point, vous cherchez Jésus de Nazareth qui a été crucifié, il est ressuscité ; il n'est point ici ; voici le lieu où on l'avait déposé. Allez dire à ses disciples et à Pierre qu'il vous précède en Galilée ; c'est là que vous le verrez, comme il vous l'a dit lui-même (1). » Les trois saintes femmes arrivent donc avec les aromates qu'elles viennent répandre sur le corps du Sauveur, trouvent le tombeau ouvert, voient avec effroi l'ange assis sur le bord du sépulcre, et entendent de sa bouche l'annonce de la Résurrection. — Dans le jambage supérieur, le Christ ressuscité monte au ciel, couvert de gloire et répandant sur la terre les bénédictions divines. — Dans les boucles extrêmes de la lettre, le peintre a trouvé moyen de placer, en haut deux figures d'anges, en bas deux bustes de Dominicains... Le tout sur un fond d'or, serti d'un cadre rectangulaire en mosaïque figurée, dont le travail rappelle l'*opus reticulum* des anciens... Par delà ce cadre, est un autre encadrement composé de fleurons, à la partie supérieure desquels deux anges jouent de la mandoline, tandis qu'à la partie inférieure se déroulent en largeur trois sujets qui forment comme la prédelle du tableau principal. La scène se passe en Galilée, où Jésus ressuscité a donné rendez-vous à Jean et à Pierre. A gauche, il fait toucher la plaie de son côté à Marie, mère de Jacques ; au milieu, il apparaît à Marie-Madeleine, c'est le *Noli me tangere* ; à droite, il relève Pierre agenouillé devant lui. C'est la mise en action de la parole de l'ange aux saintes femmes et de la parole même du Christ : « Je suis ressuscité et je suis encore avec vous. »

Il y a, dans toutes les parties de cette peinture, une ferveur naïve et charmante qui en fait oublier les faiblesses. Sans doute, le dessin des têtes laisse à désirer encore ; mais les draperies sont d'une belle ordonnance et revêtent avec noblesse chacune des figures. L'influence de la belle antiquité est ici manifeste. L'art siennois a profité des leçons de Cimabue, de celles de

(1) Marc, xvi, 1-7.

Giotto surtout. Il se fait reconnaître à la douceur des physionomies, à la manière dont les nimbes et les fonds d'or se fondent dans l'éclat des bleus d'outremer et dans la douceur des roses tendres. L'école de Sienne, « une école riante au milieu d'un peuple toujours gai (1) », apporte aux sujets les plus austères des clartés consolantes.

LORENZO DI NICCOLO

(Période d'activité de 1400 à 1440. — École florentine.)

A la fin du quatorzième siècle, l'art créé par Giotto avait été détourné de son but. De la forte école du maître était née une école exclusive et mystique, qui ne voyait plus la nature qu'à travers les yeux de la foi, et dont les œuvres, quelque touchantes qu'elles fussent, étaient frappées déjà de caducité. Lorenzo di Niccolò appartient à cette école. Il est parmi les *quattrocentisti* florentins conquis à l'histoire de l'art par notre dix-neuvième siècle. Vasari l'avait confondu avec Jean de Fiesole, bien que de notables différences existassent entre eux, et pendant des siècles on s'était accommodé de cette confusion. C'est ainsi qu'on attribuait à Jean de Fiesole la grande peinture qui décore le chœur du couvent de Saint-Dominique, à Cortone, et dont le tableau principal représente le *Couronnement de la Vierge*, quoique, sur la prédelle de ce tableau, le peintre eût écrit son nom : LAVRENSIVS.NICOLAI.ME.PINSIT. Ce fut M. Carlo Pini qui découvrit cette signature. Le nom et le faire spécial du peintre florentin étaient dès lors indéniables. Peu d'années après, on lut le même nom, avec la date de 1401, au bas d'un *Saint Barthélemi*, dans l'église paroissiale de San

---

(1) LANZI, *Histoire de la peinture en Italie*, t. I, p. 229.

Gemignano di Valdelsa (1). Le tableau de Cortone est très postérieur à ce *Saint Barthélemi*, car la lettre dans laquelle les prieurs de Cortone remercient Côme de Médicis d'avoir commandé pour eux ce tableau est de 1438, et le tableau lui-même, au moment où il fut placé dans l'église de Saint-Dominique, fut pourvu d'une inscription dans laquelle on lit la date de 1440. En constatant les analogies qui existent entre ces différents tableaux et le triptyque du *Couronnement de la Vierge*, M. Reiset avait mis cette dernière peinture au compte de Lorenzo di Niccolò. Nous accepterons volontiers cette attribution.

III. — *Le Couronnement de la Vierge.*

Triptyque peint *a tempera* sur fond d'or, sur bois. — H. 1^m,78; L. 2^m,15.

Jésus-Christ et la Vierge sont assis l'un vis-à-vis de l'autre dans le panneau central. Jésus-Christ, de profil à gauche, vêtu d'une robe rouge et d'un manteau bleu, tient de ses deux mains une couronne d'or, qu'il pose sur la tête de la Vierge. Celle-ci, de profil à droite, vêtue d'une robe rouge et presque entièrement enveloppée d'un grand manteau blanc chamarré d'or, croise dévotement ses bras sur sa poitrine et s'incline avec humilité devant son divin Fils. Au sommet du tableau, Dieu le Père apparaît entre Dieu le Fils et la Vierge. De la main droite il bénit le monde, dont il tient le globe de la main gauche. Des têtes de séraphins, portées sur leurs ailes d'azur et de feu, forment une gloire autour du groupe divin. Au pied du trône céleste, quatre anges musiciens accompagnent de leurs concerts le triomphe de la Vierge. — Quatre saints sont debout dans les deux panneaux latéraux. Saint Pierre s'avance le premier, dans le panneau de gauche, et saint Jean-Baptiste marche en tête dans le panneau de droite... Toutes ces

---

(1) Cette date de 1401 se retrouverait à la galerie de l'Académie des Beaux-Arts, à Florence, sur un *Couronnement de la Vierge* qui avait été commandé à Spinelli Aretino, en compagnie de Niccolò di Piero Gerini et de Lorenzo di Niccolò. (VASARI, t. I, p. 691, note 3.)

LORENZO DI NICCOLÒ

(PÉRIODE D'ACTIVITÉ DE 1400 A 1440)

ÉCOLE FLORENTINE

LE COURONNEMENT DE LA VIERGE

(TRIPTYQUE)

LORENZO DI NICCOLO

(PÉRIODE D'ACTIVITÉ DE 1400 A 1440)

ÉCOLE FLORENTINE

LE COURONNEMENT DE LA VIERGE

(TRIPTYQUE)

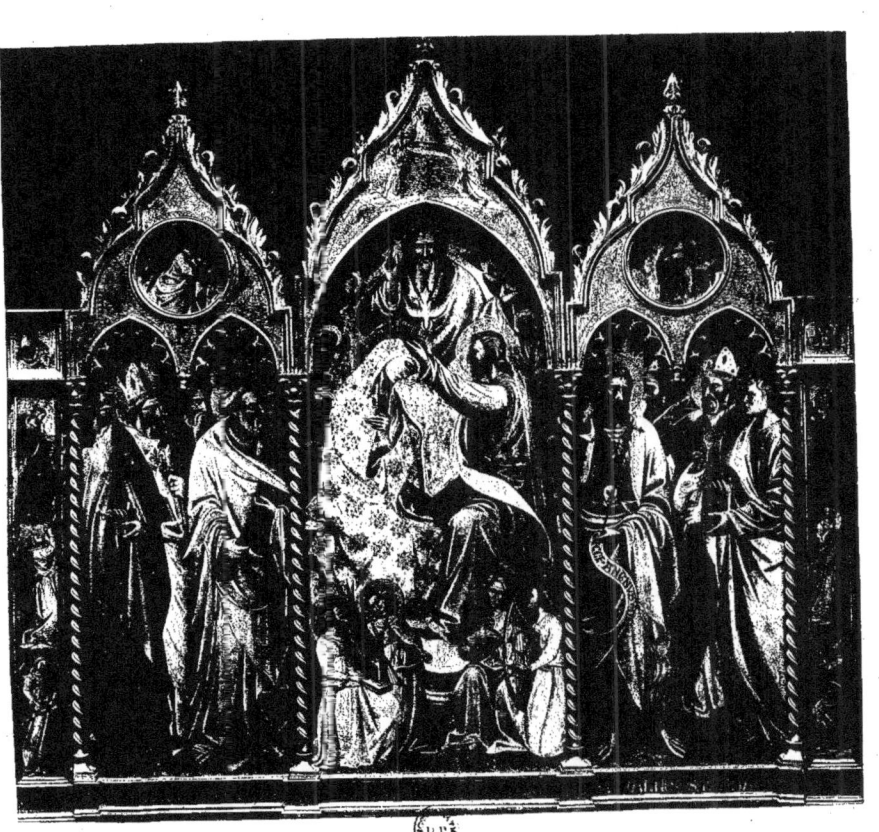

figures sont de la période de transition entre le quatorzième et le quinzième siècle. C'est après Agnolo Gaddi et avant Jean de Fiesole que se place l'artiste qui a exécuté ce tableau, et il y a toute probabilité pour que ce soit Lorenzo di Niccolò. Son grand-père avait vu à l'œuvre Giotto lui-même, son père avait été le collaborateur de Taddeo Gaddi et de Spinello d'Arezzo, et la marque un peu effacée de ces vieux maîtres se retrouve sur ses propres œuvres. Lorenzo di Niccolò a fait partie de ce groupe de peintres qui, par le temps auquel ils appartiennent, sont déjà des *quattrocentisti*, et qui, par le caractère de leurs œuvres, sont encore des *trecentisti*, physionomies indécises d'une époque incertaine, où ne vibre plus l'âme de Giotto, et que ne réchauffe pas encore le souffle de Masaccio.

On lit au bas de ce triptyque l'inscription suivante, dont la date est malheureusement fragmentée : *Questa tavola a fato fare messere Piero di Zanobi, priore de la prioria di Santa Maria Abovina, anni Domini, M.C.C.C.C....* Cette peinture a donc été faite par ordre de messire Pierre de Zanobi, prieur de Santa Maria a Bovino, paroisse de San Martino Scopeto, à vingt-deux milles de Florence.

Collection Reiset.

GIOVANNI DA FIESOLE (FRA), dit BEATO ANGELICO

(1387 – 1455. — École florentine.)

Jean de Fiesole fut à la fois un vrai peintre et un vrai saint. Il s'appelait Guido di Pietro, et naquit en 1387, près du bourg de Vicchio, dans la province de Mugello. Les uns le disent élève de Gherardo Starnina, les autres en font un disciple de Masolino da Panicale. Ses véritables maîtres furent Giotto et Orcagna. La vie du monde s'ouvrait devant lui facile et aisée. A vingt ans, il en fut fatigué. Il était déjà presque maître en son art quand il entra, en 1407, au couvent des Dominicains, à Fiesole, avec son frère Benedetto. Dès lors, rien ne put troubler le calme de son âme. En 1409, Grégoire XII fut déposé par le concile de Pise, et les Dominicains de Fiesole, qui lui avaient prêté serment, refusèrent obéissance au nouveau Pape. Ils furent exilés à Foligno, et y demeurèrent cinq ans, durant lesquels Fra Giovanni vécut dans un milieu dont le mysticisme était selon son cœur. En 1414, la peste les obligea de fuir à Cortone, où ils restèrent jusqu'à leur retour à Fiesole, en 1418. Ce fut en 1436 seulement qu'ils s'installèrent dans le couvent de Saint-Marc, que Côme de Médicis leur avait fait construire par Michelozzo au milieu de Florence. On sait la grande place qu'occupa ce couvent dans l'histoire et dans l'art florentins du quinzième siècle. Fra Giovanni consacra les onze années les plus actives de son existence d'artiste (1436-1447) à embellir cette pieuse retraite. Les fresques qu'il y peignit sont la représentation du rêve de sa vie. Elles y sont encore aujourd'hui, et, dans ce cloître, d'où la vie religieuse s'est à jamais retirée, elles témoignent d'une sérénité d'âme dont l'art est à jamais dépossédé. En 1447, Jean de Fiesole — il avait alors soixante ans — reçut l'ordre d'aller décorer une des chapelles de la cathédrale d'Orvieto. Le pape Martin V l'interrompit dans ce travail (1), et l'appela à Rome, où il avait antérieurement décoré, dans le palais des Papes, la chapelle d'Eugène IV, qui fut détruite par Paul III, et celle de Nicolas V, qui existe encore. Il allait entreprendre au Vatican de nouveaux travaux, quand la mort l'arrêta, en 1455, à l'âge de soixante-huit ans. Il fut enterré dans l'église de la Minerve.

Aucune existence d'artiste n'avait été plus calme, aucune plus féconde. Si les œuvres de Jean de Fiesole sont presque identiques à elles-mêmes d'un bout à l'autre de sa vie, c'est qu'elles sont le miroir de sa foi, dont rien n'altéra la pureté. « Qui exerce l'art a besoin de vivre sans trouble, disait-il ; qui travaille pour le Christ doit toujours se tenir avec le Christ. » Fra Giovanni tint pour l'idéal dans un temps où triompha le naturalisme. Il fut

---

(1) Ces fresques furent continuées par Luca Signorelli.

ÉCOLES ÉTRANGÈRES.

d'abord miniaturiste, et ne cessa pas de l'être en devenant maître dans la grande peinture. La tradition de Giotto fut continuée par lui, en même temps que rajeunie. Dans ses fresques et dans ses tableaux, la science et la foi trouvent également leur satisfaction. On y sent une âme soumise encore aux anciennes liturgies, et qui déjà s'envole vers un paradis dont la grâce est une révélation moderne. C'est son œuvre tout entière qui lui a mérité le surnom de *Beato Angelico*, que l'universelle admiration lui a donné. En présence de ces innombrables figures de Vierges et de saints, Vasari dit avec raison : « On éprouve un plaisir d'une incroyable douceur à les contempler. Il me semble que les esprits des bienheureux ne peuvent être autrement dans le ciel, et qu'ils seraient ainsi s'ils avaient un corps... » Deux des figures complémentaires d'un important tableau rappellent, dans la galerie de Chantilly, ce peintre délicieux.

Ces deux petits panneaux, peints en détrempe, ont été détachés de la grande décoration qui ornait le maître-autel de l'église San Domenico de Fiesole. Le tableau central, représentant la Vierge entre quatre saints, est encore en place ; le reste a été dispersé. La prédelle se voit à la *National Gallery* de Londres, dont elle est une des perles. On sait l'admiration de Vasari pour cette prédelle (1). Nos deux évangélistes sont les seules épaves des peintures complémentaires de ce monument. Elles décoraient sans doute, avec d'autres figures analogues, les montants des pilastres.
Collection Reiset.

IV. — *Saint Marc.*

Peint a *tempera*, sur bois. — H. 0^m,36 ; L. 0^m,11.

Saint Marc est debout, de trois quarts faible à gauche, presque de profil. Sa tête, dégarnie sur le front, a des cheveux blancs abondants et bouclés

(1) VASARI. Ed. Gaetano Milanesi, .. II, p. 510. — CROWE et CAVALCASELLE, *History of painting in Italy*, t. I, p. 584.

sur les côtés; sa barbe, également blanche, est de même qualité que les cheveux. La robe du saint est rouge, et rouge également est son manteau, doublé de vert et jeté sur l'épaule gauche. Un triple liséré d'or borde le vêtement et en rompt la monotonie. Les traits, réguliers et beaux, marquent l'ardeur de l'âme et la tension de l'esprit; les yeux sont ceux d'un voyant, dont le regard porte loin et pénètre profondément. De la main droite l'évangéliste tient une plume, et de la main gauche il porte un livre fermé, relié de bleu. A ses pieds est couché le lion, que la symbolique chrétienne lui donne comme emblème.

V. — *Saint Matthieu.*

Peint *a tempera*, sur bois. — H. 0^m,32; L. 0^m,11.

Saint Matthieu, faisant face au spectateur, est debout, vêtu d'une robe rose et d'un manteau de même couleur, l'un et l'autre bordés d'or. Sa tête, empreinte d'une mélancolie grave, est légèrement penchée sur son épaule gauche. Dans l'expression de cette austère tristesse, les yeux et la bouche sont en parfait accord. Les cheveux blancs de l'apôtre sont coupés presque court et séparés au milieu du front; la barbe, également blanche, est taillée de la même manière. L'ange — un ange minuscule vêtu de bleu — voltige auprès de la tête du saint, auquel il va dicter le livre de vérité; et le saint, tenant une plume entre le pouce et l'index de sa main droite et portant dans sa main gauche un livre ouvert, s'apprête à écrire l'Évangile auquel il donnera son nom.

VI. — *La Vision de saint Jérôme.* (École de Jean de Fiesole.)

Peint *a tempera*, sur bois. — H. 0^m,17; L. 0^m,26.

Saint Jérôme, vêtu d'une robe de bure ouverte par devant, est à genoux devant une croix de bois. De sa main droite, il tient une pierre dont il frappe sa poitrine tout ensanglantée déjà. Alors, de ses yeux ravis, il voit le ciel descendre dans l'obscurité de sa grotte, et se reconnaît lui-même agenouillé au milieu de deux chœurs de Séraphins... A gauche, par un trou percé au travers du rocher un moine, vêtu de noir, monte la nourriture des ermites dans un panier suspendu à une longue corde. Plus à gauche encore, un paysage étage ses escarpements de montagnes, dans un lointain naïvement figuré. Si ce tableau fait songer à Jean de Fiesole, ce n'est que de bien loin.

Collection Reiset.

ANDREA DAL CASTAGNO

(1390 † 1457. — École florentine.)

Andrea naquit en 1390 à Castagno, dans le Mugello (Toscane). Pendant que Jean de Fiesole s'isolait en son bienheureux rêve de douceur et d'amour, il s'engageait dans la voie du réalisme à outrance, et ne reculait ni devant la violence, ni devant la laideur. Vasari raconte que, voulant s'approprier les procédés de la peinture à l'huile, il assassina Domenico Veneziano, auquel Antonello de Messine les avait dévoilés. Par malheur pour cette histoire, Andrea dal Castagno mourut le 19 août 1457 et Domenico Veneziano le 15 mai 1461; de sorte que la victime aurait vécu quatre ans de plus que son assassin. La rudesse des œuvres d'Andrea, un réalisme qui n'échappe pas toujours à la grossièreté, avaient contribué à accréditer cette sinistre légende. La *Cene* de Sant' Apollonia, le *Saint Jean-Baptiste* et le *Saint François* de Santa Croce, les *Figures de guerriers et de poètes* transportées de la Casa Pandolfini au Bargello, la *Figure équestre de Niccolò da Tolentino* dans la cathédrale de Florence, montrent ce qu'il y a de sec et de dur en même temps que d'énergique et de résolu dans le dessin de ce maître, d'âpreté dans son style et de puissant dans ses conceptions. Son œuvre la plus importante était à Santa Maria Nuova, et n'existe plus. La figure du Précurseur était pour lui une figure de prédilection. Il se plaisait à y mettre ce qui débordait en lui d'énergie excessive. C'est par une de ces figures qu'il est représenté dans la galerie de Chantilly.

VII. — *Saint Jean-Baptiste.*

Peint a *tempera*, sur bois. — H. 0^m,22; L. 0^m,16.

Le Précurseur prêche dans le désert, et le vide se fait autour de lui, parce que « les hommes ne l'ont point compris ». Il est debout sur un fond d'arbres et de rochers. Sa tête, de trois quarts à gauche, est mélancoliquement penchée sur son épaule droite. Ses cheveux et sa barbe sont incultes, et se confondent presque avec la toison qui lui sert de tunique. Une longue draperie rouge, jetée sur son épaule gauche, enveloppe le bas de sa figure en découvrant ses jambes et ses pieds, qui sont nus. De la main droite il montre Celui qui vient pour le salut du monde, et de la main gauche il tient une croix de roseau, au bas de laquelle s'enroule une banderole dont la légende est presque effacée. Une sébile de bois est posée à terre aux pieds du saint.

Cette petite figure peinte *a tempera* porte l'empreinte d'une énergie et d'une décision singulières. Le dessin en est rigoureux jusqu'à l'âpreté, la couleur violente jusqu'à la rudesse. Il y a dans ce mélange de naturalisme et d'ascétisme comme un écho lointain des anciens jours, un culte sans tendresse, une religion sans paradis. La Renaissance, cependant, devait être en fin de compte une réaction contre cette manière de voir.

ÉCOLES D'ITALIE

(Commencement du quinzième siècle.)

VIII. — *Deux flagellants.*

Peint a *tempera*, sur bois. — H. 0ᵐ,29; L. 0ᵐ,19.

Ces deux pénitents sont agenouillés sur fond d'or et tournés vers la droite, au pied d'un crucifix placé hors du champ du tableau. Tous deux, vêtus de la robe blanche de leur confrérie, trouvent un redoublement de ferveur dans les macérations qu'ils ont infligées à leur chair. Le premier, vu de profil, a les mains jointes et la tête enveloppée, ainsi que le visage, d'une cagoule largement ouverte sur l'œil droit, d'où rayonne l'extase. Le second, de trois quarts faible et presque de profil aussi, a seulement les cheveux enveloppés dans son capuchon et prie à visage découvert, les bras croisés sur sa poitrine, la tête et les yeux levés vers le divin Crucifié. L'un et l'autre sont de toute leur âme avec Dieu.

On ne saurait dire à quelle école et à plus forte raison à quel peintre appartient ce tableau. Il est italien, cela n'est pas douteux, et il est digne des maîtres fervents qui travaillaient un peu partout dans le centre de la Péninsule, mais plus particulièrement à Florence, à Sienne et dans l'Ombrie, vers le premier quart du quinzième siècle. M. Ingres, qui l'avait rapporté d'Italie, — on raconte que ses élèves s'étaient cotisés pour le lui offrir, — le donna à M. F. Reiset en 1849. C'est du cabinet de M. Reiset qu'il passa dans la galerie de Monsieur le duc d'Aumale.

ÉCOLE SIENNOISE

(Première moitié du quinzième siècle.)

IX. — *Des anges dansant devant le soleil.*

Peinture a tempera, sur bois. — H. 0m,54; L. 0m,66.

Trois anges dansent, presque face à face avec le soleil, autour d'une balustrade idéale, placée dans un des cercles les plus élevés de l'empyrée. Deux anges musiciens les accompagnent : l'un (à gauche) est vu de profil et joue de la trompette ; l'autre (à droite) est vu de dos et joue d'une cithare, dont on n'entrevoit que le bout du manche. Tous sont nimbés d'or et se meuvent avec allégresse au milieu des rayons dont l'astre les environne.

Ce tableau est tellement repeint qu'on ne peut plus guère juger de ce qu'il fut. C'est sous le nom de Giotto qu'il a été vendu à Londres en 1859, dans la collection Northwick. Une telle attribution était beaucoup trop haute ; on se trompait, d'ailleurs, aussi bien sur le lieu que sur le temps, cette peinture n'étant vraisemblablement pas florentine et se trouvant sans doute d'au moins un siècle postérieure à Giotto. On a tenté, ensuite, de la donner à Jean de Fiesole. Qu'elle soit contemporaine de Beato Angelico, nous l'admettons volontiers ; mais qu'elle soit l'œuvre de ce peintre divin, assurément non. On l'a mise, enfin, au compte de l'école siennoise, ce qui semble probable.

ANSANO (PIETRO), dit PIETRO DI SANO

(1405 † 1480. — École siennoise.)

Contrairement à certains Florentins de son temps qui péchèrent par excès de naturalisme, Ansano pecha par excès de spiritualisme. De même que Jean de Fiesole, il fut un saint en même temps qu'un peintre. Son atelier était un oratoire, et l'on sent, à ses œuvres, qu'il y priait en même temps qu'il y peignait. Sa peinture a l'accent d'une prière. Quand il s'agit de peinture religieuse, cela vaut bien quelque chose... On ne sait rien de lui, sinon qu'il naquit à Sienne en 1405 et qu'il y mourut en 1480. « *Pictor famosus et homo totus deditus Deo*, c'était un peintre fameux, qui vivait tout en Dieu (1). » Ces simples mots, tirés de son acte mortuaire, sont toute son histoire. Ils disent l'importance dont Ansano jouissait parmi ses compatriotes, et prouvent en même temps combien Sienne retardait sur Florence. Traiter de « fameux » Pietro di Sano en 1480, quand Jean de Fiesole, Masaccio et Filippo Lippi avaient achevé leur œuvre, c'était regarder comme non avenus les progrès accomplis dans les quarante dernières années. Les tableaux d'Ansano présentent, sous les dehors d'une couleur rudimentaire encore, un dessin souvent voisin de l'ignorance ; mais le mysticisme d'une âme vraiment éprise faisait passer les Siennois sur ces sortes d'indigence. On a nommé Pietro di Sano l'*Angelico* de Sienne. L'éloge a quelque chose de juste, mais il est trop gros. Quand Ansano mourut, Jean de Fiesole était mort depuis vingt-six ans déjà, et avait démontré que le plus saint des artistes peut être un pur dessinateur et un peintre de grand style. Ansano n'avait pas su profiter de cette leçon. Il était Siennois, et les Siennois

(1) Tiré du Nécrologe de l'église paroissiale d'Ansano à Sienne, à la bibliothèque de cette ville. (Rio, *l'Art chrétien*, t. I, p. 134.)

n'acceptaient pas volontiers les leçons du naturalisme florentin. Ansano n'avait jamais visé qu'à l'expression, tenant pour vaines les questions de métier. Doué d'une grande facilité, il peignit à lui seul plus de Madones que tous les artistes siennois de sa génération pris ensemble; mais ce n'était plus guère que des objets de fabrication. Saint Bernardin et sainte Catherine de Sienne avaient été ses saints préférés, et, presque autant que la Madone, il les avait glorifiés. Sa fresque du *Couronnement de la Vierge* au Palais public de Sienne est de 1445, son *Assomption* à la galerie de l'Académie des Beaux-Arts est de 1479, et, de l'une à l'autre de ces peintures, il n'a changé ni de manière de voir ni de manière de faire. Plus de quarante tableaux de lui sont dans cette même galerie siennoise, et la plupart des collections de l'Europe en possèdent également. Le tableau de Chantilly est parmi ses meilleurs. Il y a chanté, avec infiniment d'âme, le cantique franciscain.

X. — *Mariage mystique de saint François d'Assise avec la Chasteté, la Pauvreté et l'Humilité.*

Peinture en détrempe, sur bois. — II. 0^m,95; L. 0^m,58.

Saint François d'Assise, suivi d'un religieux de son Ordre, se porte d'un élan rapide vers trois vierges, qui sont la Chasteté, la Pauvreté, l'Humilité, et leur engage sa foi avec enthousiasme. Vêtu du froc brun, la tête nimbée et presque de profil à droite, le corps penché en avant et la main droite tendue pour recevoir l'anneau des fiançailles, sa tendresse s'épanche avec effusion vers le triple amour qui va prendre de lui possession tout entier. Quant aux trois Vertus descendues d'en haut, sveltes, élancées, enveloppées d'une pudeur divine, et d'une élégance surnaturelle dans leurs longues robes taillées en fourreaux, elles se tiennent debout, inséparables et comme soudées entre elles en face du saint, effleurant la terre de leurs formes innocentes. La Chasteté, vêtue de blanc, de profil à gauche et les mains croisées sur la poitrine, est sur le premier plan. Viennent ensuite la Pau-

PIETRO DI SANO

(1405 † 1480)

ÉCOLE SIENNOISE

MARIAGE MYSTIQUE
DE SAINT FRANÇOIS D'ASSISE AVEC LA CHASTETÉ
LA PAUVRETÉ ET L'HUMILITÉ

PIETRO DI SANO

(1405 † 1480)

ÉCOLE SIENNOISE

MARIAGE MYSTIQUE
DE SAINT FRANÇOIS D'ASSISE AVEC LA CHASTETÉ
LA PAUVRETÉ ET L'HUMILITÉ

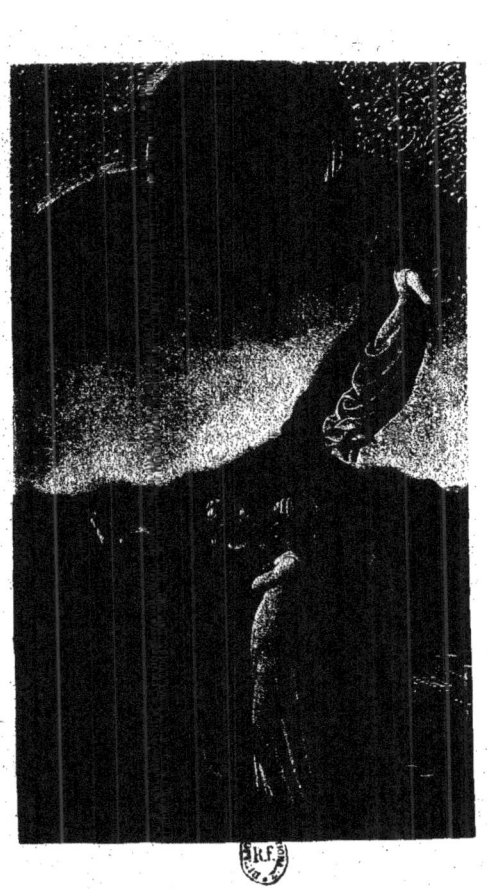

vreté (pieds nus, vêtue de brun) et l'Humilité (vêtue de rouge), toutes deux de trois quarts à gauche : l'une remettant au saint le gage de leur mutuel engagement, l'autre lui faisant sentir combien son joug est doux. Le mariage accompli, elles remontent au ciel ; et l'on aperçoit, comme un bienheureux rêve, leurs figures diaphanes au sein du pur éther. Et la Pauvreté, qui, des trois, est l'épouse préférée, retourne encore une fois sa tête vers le saint, comme à regret de le quitter. Pour toile de fond à cette adorable apparition, le soleil levant sur un coin de la vallée du Tibre, où règne une paix infinie : au premier plan, à droite l'entrée de la *Portioncule*, à gauche de vertes prairies bordant des eaux tranquilles ; plus loin, les suaves ondulations de cette campagne ombrienne, riante et grandiose à la fois ; plus loin encore, le mont Subasio, au flanc duquel Assise est en plein midi suspendue. Ce n'est qu'un paysage de la terre, mais allégé, comme angélisé. Le ciel enfin, d'un bleu d'opale, clair et diaphane, bordé dans sa partie supérieure par un encadrement trilobé qui lui donne plus de hauteur encore, tient à lui seul plus de la moitié du tableau, forçant l'œil à se lever vers lui, pour bien indiquer qu'il est ici beaucoup plus question de Dieu que de l'homme.

Par les colorations pâles et comme effacées dont il a revêtu toutes ces grâces timides, Ansano n'a-t-il pas ajouté quelque chose encore à la candeur de cette pieuse vision ? Il est impossible de rien rêver de plus chaste ni de plus religieux. La fervente école de Sienne n'en demandait pas davantage. On se rappelle, en présence de ce tableau, l'épithalame de Dante, au XIe chant du *Paradis* : « Tout jeune encore, il (François) se mit en guerre avec son père par amour de cette femme (la Pauvreté), à qui, comme à la mort, nul n'ouvre sa porte avec plaisir... Et il s'unit à elle. Ensuite, de jour en jour, il l'aima plus fortement. Elle, veuve de son premier mari depuis mille et cent ans et plus, obscure et méprisée, était restée jusqu'à celui-ci sans être recherchée par aucun autre. »

> Chè per tal donna giovinetto in guerra
> Del padre corse, a cui com' alla morte,
> La porta del piacer nessun disserra :

E. . . . .
. . . . le si fece unito :
Poscia di dì in dì l'amò più forte.
Questa, privata del primo marito,
Mille e cent' anni e più dispetta e scura
Fino a costui si stette senza invito (1).

Ce tableau fut acquis en 1840, par M. F. Reiset, de MM. Mention et Wagner, qui l'avaient apporté d'Italie. Il a passé en 1879 dans la galerie de Monsieur le duc d'Aumale.

LIPPI (FRA FILIPPO)

(1412 † 1469. — École florentine.)

Parmi les *quattrocentisti*, Fra Filippo Lippi est peut-être celui dont la main a le plus de résolution, le plus de fierté. Masaccio avait pris d'Andrea dal Castagno, de Paolo Uccello et de Masolino da Panicale le naturalisme forcé dans son application et l'avait remis dans la droite voie, dans la voie que Giotto avait ouverte à la Renaissance italienne cent ans auparavant : naturaliste lui-même, il avait interrogé la nature en poète; avide de science et lui ayant fait faire un grand pas en avant, il avait montré aux peintres florentins qu'ils la devaient toujours subordonner à l'art. Fra Filippo Lippi fut le digne continuateur de Masaccio... C'est tout un roman que sa vie. Fils d'un pauvre boucher et orphelin dès sa première enfance, il est élevé par charité au couvent del Carmine et y prend l'habit à l'âge de quinze ans, en 1427. Deux ans après, en 1429, il jette le froc aux orties. L'année suivante (1430), se promenant en mer dans les eaux d'Ancône, il est pris par les Maures et vendu comme esclave en Barbarie, d'où il parvient à s'échapper

---

(1) *Paradiso*. Cant. XI, v. 58.

FILIPPO LIPPI

(1412 † 1469)

ÉCOLE FLORENTINE

LA VIERGE ENTRE SAINT PIERRE
ET SAINT ANTOINE

FILIPPO LIPPI

(1412 † 1469)

ÉCOLE FLORENTINE

LA VIERGE ENTRE SAINT PIERRE
ET SAINT ANTOINE

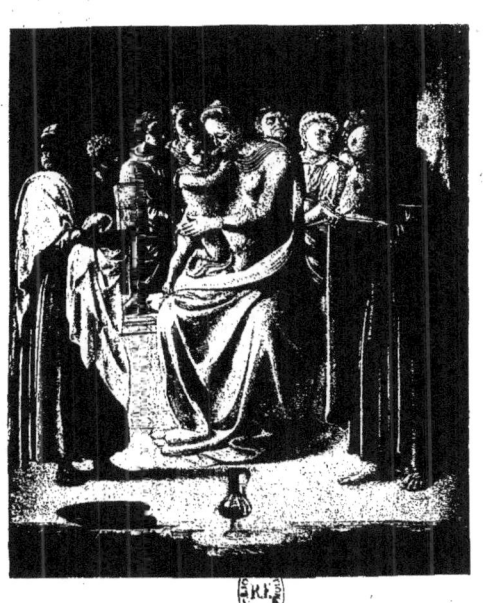

après plusieurs années de captivité. On le trouve en 1438 à Florence, où il devient l'ami de Côme de Médicis, et à Naples en 1441, où il se fait du roi Alphonse un puissant protecteur. Ses meilleures fresques sont dans l'église San Lorenzo, à Florence, et surtout dans la cathédrale de Prato. C'est à Prato que, travaillant dans le couvent de Sainte-Marguerite, en 1458, il enlève une religieuse, Lucrezia Buti. Pie II, sur les instances des Médicis, les délie de leurs vœux, lui et elle, afin que leur fils Filippino puisse continuer le nom des Lippi. Filippo va enfin à Spolète pour y peindre, en compagnie de son élève Fra Diamante, les grandes fresques de la cathédrale, et la mort vient le prendre dans cette ville, le 8 octobre 1469, à l'âge de cinquante-sept ans. Grâce à Filippo Lippi, la peinture religieuse, sans rien perdre de sa ferveur, avait gagné plus de force et de vie. La Vierge elle-même, sous son pinceau, souriait à la nature, sans cesser d'être vierge.

Les tableaux de Filippo sont dans les principales galeries de l'Europe, mais il faut aller à Prato pour bien connaître ce grand artiste. Le tableau de la galerie de Chantilly, dans ses très petites dimensions, montre avec évidence ses qualités les plus intimes.

XI. — *La Vierge entre saint Pierre et saint Antoine.*

Peinture en détrempe sur bois. — H. 0^m,20; L. 0^m,16.

La Vierge, tenant dans ses bras l'Enfant Jésus, est assise sur un banc de bois au milieu du tableau. Elle est de trois quarts faible à gauche, presque de profil, vêtue d'une robe rouge et d'un manteau bleu doublé de jaune. Ses cheveux sont séparés en bandeaux au sommet de sa tête et enroulés autour de son front, qui est fort élevé. Ses yeux sont grands et beaux, leur regard se fait jour à travers les paupières abaissées. Le nez, la bouche, le menton, le galbe des joues, sont d'une extrême délicatesse, et le charme de la physionomie, tout enveloppé qu'il est du sentiment religieux, n'en est pas moins sensible. La main qui protège le corps de l'Enfant est d'un excellent dessin.

La forme du vêtement et l'arrangement des plis dénotent également un goût exquis, un art qui s'avance résolument vers la perfection. — Le *Bambino,* nu et debout sur les genoux de la Vierge, dont il a noué en se jouant le voile autour de son cou, rapproche, dans un élan de tendresse enfantine, sa tête de la tête de sa mère. Malheureusement, sa beauté n'est pas en rapport avec celle de la Madone. Le corps est de bonnes proportions; mais la tête, trop grosse, est dépourvue de grâce. — Saint Pierre, vêtu d'une robe bleue et d'un manteau jaune, est debout à la droite de la Vierge, le corps de trois quarts à droite, et la tête en sens inverse, de trois quarts à gauche. La rude franchise et l'énergie traditionnelles du saint sont fort bien exprimées. — Du côté opposé, c'est-à-dire à la gauche de la Vierge, on reconnaît saint Antoine, de trois quarts à gauche, vêtu de l'habit monacal, robe noire et manteau brun, absorbé dans la lecture du livre qu'il tient de ses deux mains. Sa tête est chauve et son visage garni d'une longue barbe blanche. Le caractère de cette figure ne manque pas de grandeur. Derrière la Vierge, enfin, on remarque six anges, ou plutôt, sous prétexte d'anges, six enfants dont le naturalisme s'accuse avec excès. A terre, au milieu du premier plan, une aiguière de cristal, et, tout à côté, son plateau.

Cette peinture, très petite par ses dimensions, est singulièrement grande par le caractère et par le style. Le dessin en est savant et la tonalité puissante. Elle nous met en présence d'un vrai maître, et contient en germe ce que l'art italien produira de plus noble et de plus élevé. On en avait fait honneur à Masaccio, et c'est sous ce nom qu'elle a été gravée par Sergent Marceau en 1807. Au dos du panneau on lit même cette inscription :

>Magnum Masacci opus.
>Non è il grande che fa il buono,
>È il buono che fa il grande.

C'est fort bien dit, à la condition toutefois de substituer le nom de Filippo Lippi à celui de Masaccio. Il ne peut y avoir de doutes à cet égard. Comparez ce petit tableau aux tableaux les plus authentiques du maître, les analogies vous saisissent et la preuve est faite. Regardez, par exemple, le tableau, du Louvre (1), dans lequel des archanges, assistés d'une multitude d'anges, présentent à la Vierge deux saints abbés. Voyez ces anges et la forme particulière de leurs têtes, exagérée en largeur et comme aplatie en son sommet ; vous retrouverez la même particularité dans le petit tableau du musée de Condé. Vous serez en même temps frappé, de part et d'autre, par le même caractère d'élégance et de force, de noblesse et de réalité. Filippo Lippi est là avec ses grandes qualités et avec ce qu'il avait d'insuffisant encore.

Ce tableau, acheté par M. Reiset à M. George en 1840, passa en 1879 dans la galerie de Monsieur le duc d'Aumale.

XII. — *L'Adoration des Mages.* (École de Filippo Lippi.)

Peinture en détrempe. — H. 0^m,25 ; L. 0^m,44.

A gauche, la Vierge, adossée à la crèche, est assise et présente l'Enfant Jésus à l'adoration du plus âgé des Mages. Une femme porte le vase de myrrhe que ce Mage vient offrir au Sauveur. Le second Mage est jeune ; il est agenouillé à distance respectueuse du premier, et tient lui-même son présent. Le troisième est l'Éthiopien ; il est debout, et c'est à saint Joseph qu'il remet son offrande. La suite des Mages occupe la droite du tableau. On y voit une foule de personnages à cheval, ainsi que d'autres chevaux qui attendent leurs cavaliers. Pour fond, des montagnes boisées d'une perspective enfantine... Ce tableau est rempli de bonnes intentions. La conception en est ingénieuse, l'ordonnance en est bonne ; mais la main qui l'a peint est timide encore et mal assurée. Les figures sont trop courtes et les têtes trop grosses ; le style et l'élégance font presque partout défaut. Le groupe de la Vierge et de l'Enfant Jésus est surtout insuffisant. On sent le voisinage du maître, mais le maître lui-même est sans doute absent.

Collection Reiset.

(1) N° 1344 du Catalogue général, et n° 234 du Catalogue de M. Villot.

POLLAJUOLO (ANTONIO)

(1429? † 1498. — École florentine.)

Antonio Pollajuolo prit en main la cause des exagérations réalistes de son maître, Andrea del Castagno, et, quoique de dix-sept ans plus jeune que Fra Filippo Lippi, sur qui les leçons de Masaccio avaient exercé une si salutaire influence, il demeura rebelle à cet enseignement. Malgré son intransigeance, il n'en fut pas moins, à sa manière, un des plus forts sculpteurs, un des bons peintres et un des premiers graveurs de son temps. Il appartenait à ces fortes générations d'orfèvres qui, contractant dans la pratique du métier les habitudes de l'art, donnaient alors à l'Italie tant d'artistes fameux. Antonio Pollajuolo modelait avec énergie, ciselait avec délicatesse, gravait avec puissance, et mettait du relief jusque dans sa peinture. Dans les voies naturalistes où il était engagé, il poussait les choses souvent à l'excès, la franchise jusqu'à la rudesse, l'âpreté jusqu'à la grimace. Les deux petits tableaux de la galerie des Offices — *Hercule et l'Hydre, Hercule et Antée* — donnent une juste idée de son style. Quant au *Martyre de saint Sébastien*, qu'il avait peint pour la chapelle des Pulci, aux Servites, et qui est maintenant à la *National Gallery* de Londres, c'est un des plus fiers témoins de la peinture florentine du quinzième siècle. La composition de ce tableau est dramatique, le dessin excellent, la science anatomique très avancée déjà. On sent un peintre qui avait étudié sur le vif le nu et le jeu des muscles. La justesse des mouvements, l'arrangement des draperies, le maniement de la couleur, tout y est d'un artiste de haut vol. Antonio Pollajuolo a laissé aussi d'admirables nielles, et c'est sa renommée comme graveur qui lui valut l'honneur d'être appelé à Rome pour y exécuter le tombeau

ANTONIO POLLAJUOLO

(1429 ? † 1498)

ÉCOLE FLORENTINE

SIMONETTA VESPUCCI

ANTONIO POLLAIUOLO
(1429†1498)

ÉCOLE FLORENTINE

SIMONETTA VESPUCCI

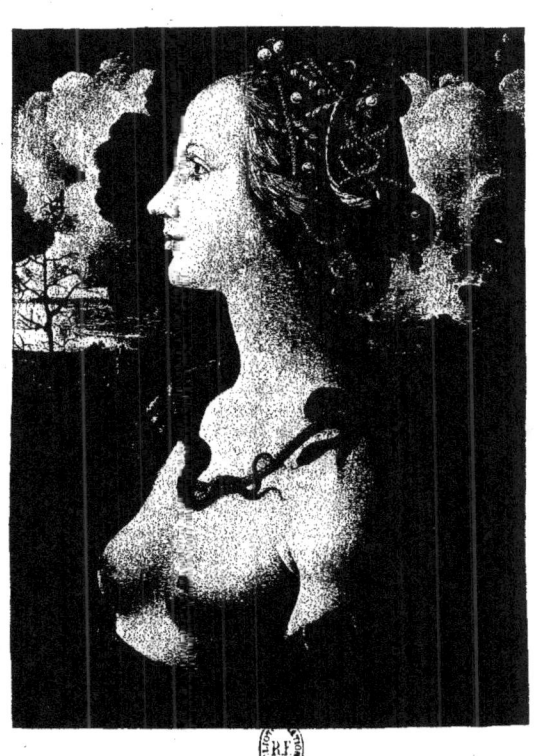

de Sixte IV, dans la basilique de Saint-Pierre, un des plus beaux bronzes de la Renaissance italienne. Il fit ce monument avec son frère Pietro, qui avait quatorze ans de moins que lui et qui le précéda de deux ans dans la tombe. Antonio avait fait Pietro à son image. Pietro, cependant, était d'un tempérament moins vigoureux qu'Antonio, plus porté vers la grâce. Ils avaient été inséparables durant leur vie, la mort devait les unir dans la même tombe à l'église de San Pietro in Vincoli.

XIII. — *Portrait de Simonetta Vespucci.*

Peinture en détrempe, sur bois. — H. 0^m,57; L. 0^m,42.

Mis en présence d'une des plus séduisantes femmes de son temps, Antonio Pollajuolo a dépouillé sa rudesse habituelle, et n'a gardé de son style qu'une extrême fierté. Il a peint Simonetta en buste, de profil à gauche, la poitrine entièrement nue, ayant pour toute parure une coiffure somptueusement arrangée, un serpent d'émail noir enroulé autour du cou et une écharpe orientale rejetée derrière le dos. En la présentant ainsi, il a voulu sans doute la diviniser ; mais n'ayant pas la force d'idéalisation suffisante, il n'est parvenu qu'à la déshabiller, et ce qu'il a montré des nudités de son corps n'est peut-être pas d'une beauté suffisante pour en justifier l'exhibition. Politien avait mieux réussi dans cette transfiguration. Il est facile au poète de transformer une femme en déesse. Il lui suffit de dire : « C'est Thalie, si elle prend en main la lyre ; c'est Minerve, si elle tient la lance ; si en main elle a l'arc et à l'épaule le carquois, tu pourrais jurer que c'est Diane la chaste. » La chose est plus difficile au peintre, ce qui n'a pas empêché Pollajuolo de la tenter. Certains passages des *Stanze per la Giostra*, s'adaptant à ce portrait, prouvent que Pollajuolo a voulu rivaliser avec Politien. Le visage, qui se détache sur un nuage noir, est délicat de lignes et ferme d'expression. Le front est démesurément haut. Quelque haut qu'il fût dans la nature, on croyait l'ennoblir en le haussant encore aux dépens des cheveux. Simonetta a sacrifié à la mode et ne s'est pas embellie; elle a donné seulement quelque chose d'étrange à sa physionomie. Son œil est beau, le regard en est clair et intelligent : « ... Ses yeux, où Cupidon cache ses flambeaux, resplendissent d'une douceur sereine. L'air devient calme autour d'elle, lorsqu'elle y porte ses regards amoureux... (1). » Sa bouche, spirituelle et charmante, complète l'expression des yeux. Son nez est droit, sa narine palpitante; son menton est accentué; sa joue n'a ni embonpoint ni maigreur ; son opulente chevelure blonde, entremêlée de velours noir, s'arrange en enroulements compliqués derrière la tête; les nattes, qu'on dirait d'or, sont enguirlandées de perles et piquées çà et là de rubis et de grosses perles isolées, tandis qu'un riche joyau, formé de perles plus grosses encore, brille au sommet du front. « ... Sa chevelure d'or, enroulée en anneaux, couronne son front humble et superbe à la fois... » Cette tête, d'une attitude noble et fière, garde, sur le long cou qui la porte, une sérénité à laquelle les nudités corporelles n'apportent aucun trouble. « ... Son allure est royalement avenante... » Pour fond à ce portrait, un ciel nuageux dominant une campagne plantée d'arbres. « ... La forêt lui rit à l'entour, et, tant qu'elle peut, endort son souci... » La distinction de la dame n'est pas douteuse, et l'intention du peintre ne l'est pas davantage. Certaine aussi est la séduction qu'une telle personne dut exercer sur un monde où la haute culture intellectuelle n'excluait rien de la dissolution des mœurs.

On ne saurait nier que ce soit là l'authentique portrait de Simonetta Vespucci. Le nom écrit en pleine pâte et en belles capitales sur la barre d'appui placée à la partie inférieure du tableau : SIMONETTA, JANVENSIS VESPVCCIA, est un témoignage qu'il est impossible de récuser. Quant à la Simonetta du palais Pitti, qui ne ressemble en rien à celle-ci, nul doute qu'elle n'ait usurpé son nom. Autant la Simonetta du musée de Condé répond à ce qu'on sait de cette femme élégante et spirituelle, charmeuse et partout

---

(1) POLIZIANO. *Stanze cominciate per la Giostra del Magnifico Giuliano di Piero di Medici.* Libro primo. F° 37 à 55. — Voy. *les Maîtres anciens*, p. 168, par M. Georges LAFENESTRE.

admirée, à laquelle l'art et la poésie faisaient cortège, autant s'en éloigne celle de la galerie Pitti, grande et sèche dans sa laideur inintelligente et dans son bourgeois costume... Simonetta Vespucci était Génoise. Elle vint à Florence, où elle épousa un Cattini, ce qui ne l'empêcha pas d'avoir une foule d'adorateurs et d'être la maîtresse de Julien de Médicis. On ne sait rien d'elle, sinon qu'elle mourut jeune, en souriant à la mort (1).

Tous ceux qui ont parlé de ce portrait l'ont fait avec admiration. « *A magnificent profile of a female* », disent MM. Crowe et Cavalcaselle. La franchise de la couleur y met en pleine valeur la fermeté du dessin. Longtemps attribuée à Sandro Botticelli, cette peinture a été très justement rendue à Pollajuolo. M. Reiset l'acheta en 1841, au moment où les derniers Vespucci venaient de s'en dessaisir, et la céda à Monsieur le duc d'Aumale en 1879.

ROSSELLI (COSIMO)

(1438 † 1507. — École florentine.)

Cosimo Rosselli, fils de Lorenzo Filippi, descendait d'une famille où, depuis plus de cent ans, tout le monde était peintre, sculpteur ou architecte. A treize ans, il entra dans l'atelier de Lorenzo di Bicci, et à dix-sept ans dans celui de Benozzo Gozzoli. Le spiritualisme des anciens jours se débattait, presque vaincu déjà, contre le naturalisme de plus en plus envahissant. C'était la lutte des anciens contre les modernes; elle se reproduit d'âge en âge, toujours la même et toujours nouvelle. Le triomphe des Médicis donnait gain de cause aux modernes, c'est-à-dire aux naturalistes. Cosimo Rosselli, qui avait été nourri parmi les anciens, eut beau faire ensuite pour entrer dans

(1) Politien, dans ses œuvres latines, a consacré plusieurs épigrammes à la mort prématurée de cette enchanteresse.

les voies du progrès, sa peinture garda toujours quelque chose de suranné. Pour s'en convaincre, on n'a qu'à regarder les trois fresques qu'il peignit dans la chapelle Sixtine (le *Passage de la mer Rouge*, le *Sermon sur la Montagne* et la *Cène*), à côté de celles qu'y peignirent en même temps Luca Signorelli, Sandro Botticelli, Domenico Ghirlandajo, Pérugin. A force de travail, Cosimo Rosselli n'en arriva pas moins à conquérir une importante situation. Sixte IV l'avait appelé à Rome en 1480. « Ce pape n'entendait rien à la peinture, dit Vasari, quoiqu'il s'y intéressât beaucoup », et il plaçait Cosimo bien au-dessus des autres peintres qui travaillaient aussi dans sa chapelle et qui lui étaient cependant de beaucoup supérieurs. Rosselli, en accumulant dans ses fresques les ors et les couleurs voyantes, avait pris le Pape par son faible. « On avait ri de lui, dit encore l'auteur de la *Vie des peintres*, et il put rire alors de ceux qui avaient ri. » Quoi qu'il en soit, si l'on suit Cosimo Rosselli de son point de départ à son point d'arrivée, du *Couronnement de la Vierge*, dans l'église de Santa Maria dei Pazzi (1460), à la *Profession de saint Philippe Benizzi*, dans le cloître de l'Annunziata (1486), on voit que les progrès accomplis par lui furent loin d'être négligeables. Il fit son testament en 1506 et mourut en 1507, heureux et honoré dans sa propre patrie. Fra Bartolommeo, son élève, est certainement son meilleur ouvrage.

XIV. — *La Vierge et l'Enfant Jésus.*

Peinture en détrempe, cintrée par le haut, sur bois. — H. 0m,81 ; L. 0m,52.

La Vierge, de grandeur naturelle et vue jusqu'au-dessous des genoux, est assise et tient de ses deux mains l'Enfant Jésus, assis lui-même sur les genoux de sa mère. De ses yeux abaissés, la Madone contemple son fils. Sa tête est de trois quarts à gauche, presque de face, légèrement penchée sur son épaule droite. Ses traits massifs et sans beauté n'en portent pas moins l'empreinte du calme et du recueillement. Sur ses cheveux blonds, séparés en bandeaux et descendant en nappes le long des joues, un voile violâtre est jeté, tombant jusque sur ses épaules. La robe rouge, dont les larges manches doublées de jaune découvrent des manches de dessous du même violet que le voile, est largement échancrée sur le cou, et le manteau bleu doublé de vert descend de l'épaule droite sur le bas de la figure, qu'il enveloppe tout entière. — Quant au Bambino, dont les traits reproduisent ceux de la Vierge, il est d'accord avec elle aussi de cœur et de sentiment; de ses yeux grands ouverts, il regarde devant lui avec une tristesse qui n'est pas sans une certaine poésie religieuse. — Pour fond, un paysage. A gauche, des escarpements couronnés d'une église et flanqués de remparts. A droite, la campagne arrosée d'une rivière, dont le cours conduit l'œil jusqu'aux lointains lumineux où la terre se confond avec le ciel.

Les colorations de ce tableau sont crues et voyantes à l'excès; les chairs, dans leurs demi-teintes, ont un aspect vineux désagréable. Les ors sont prodigués, non seulement dans les nimbes qui couronnent les têtes de la Vierge et de l'Enfant Jésus, mais dans toutes les parties du vêtement. Cette Madone, bien qu'elle soit déjà dans le mouvement naturaliste de la fin du quinzième siècle, tient encore aux anciennes écoles par des liens dont le peintre n'a pu s'affranchir.

Collection Reiset.

VANNUCCI (PIETRO), dit IL PERUGINO

(1446 † 1524. — École romaine.)

A la fin du quinzième siècle, l'art religieux en Italie, partout menacé par les envahissements de l'esprit classique, s'était fortifié dans Pérouse et mis en quelque sorte sous la sauvegarde du Pérugin. Si ce que Vasari raconte du scepticisme de Pietro Vannucci était vrai, les pieuses et turbulentes populations ombriennes, qui avaient donné des saints à l'Église et des condottieri à la papauté, auraient singulièrement choisi le peintre aux mains duquel elles remettaient le dépôt de leur idéal religieux. Pérugin, cependant, justifia leur confiance, en créant un type de beauté mystique qui répandit une lumière infiniment douce sur ces ferventes contrées.

Pietro Vannucci était né en 1446 à Città della Pieve. Il fut d'abord élève de Niccolò Alunno et de Benedetto Bonfigli à Pérouse, probablement aussi de Pietro della Francesca à Arezzo, puis se rendit à Florence pour y entrer dans l'atelier d'Andrea Verrocchio, où il fit rencontre de Léonard de Vinci; mais il était passé maître quand il vint en Toscane. La grâce de ses têtes juvéniles lui avait valu déjà l'admiration; il maniait la peinture à l'huile avec une extrême habileté, ce qui lui constituait une supériorité sur les Florentins de son temps; la fresque elle-même n'avait plus de secrets pour lui; ses paysages surtout, avec leurs lointains azurés, se montraient sous un jour « dont on n'avait pas encore vu la clarté (1) ». Ses œuvres, dès cette époque, étaient recherchées non seulement en Italie, mais au delà des monts. Sixte IV l'appela à Rome en 1480, avec les grands Florentins qui allaient décorer sa chapelle. Pérugin y représenta, sur les parois latérales, le *Baptême du Christ* et la *Vocation de saint Pierre*, qu'on y voit encore aujourd'hui; il y peignit en outre, sur la paroi du fond, la *Naissance de Moïse* et la *Naissance du Christ*, qui furent détruites pour faire place au *Jugement dernier* de Michel-Ange. Il revint ensuite à Pérouse et exécuta, de 1490 à 1500, une série d'œuvres admirables : la *Naissance du Christ* de la villa Albani (1491); la *Madone de saint Dominique*, à Fiesole, actuellement au musée des Offices (1492); la *Vierge de la famille Roncadelli*, et son propre portrait (1494); l'*Ascension du Christ*, du musée de Lyon, et la *Déposition de croix*, du palais Pitti (1495); le *Mariage de la Vierge*, du musée de Caen (1496); la *Vierge de Santa Maria Nuova*, à Fano (1497); la *Vierge de saint Dominique*, dans la

(1) Vasari, t. III, p. 565, 625.

VANNUCCI (PIETRO), DIT LE PÉRUGIN

(1446 † 1524)

ÉCOLE ROMAINE

LA VIERGE GLORIEUSE

VANNUCCI (PIETRO), DIT LE PÉRUGIN

(1446 † 1524)

ÉCOLE ROMAINE

LA VIERGE GLORIEUSE

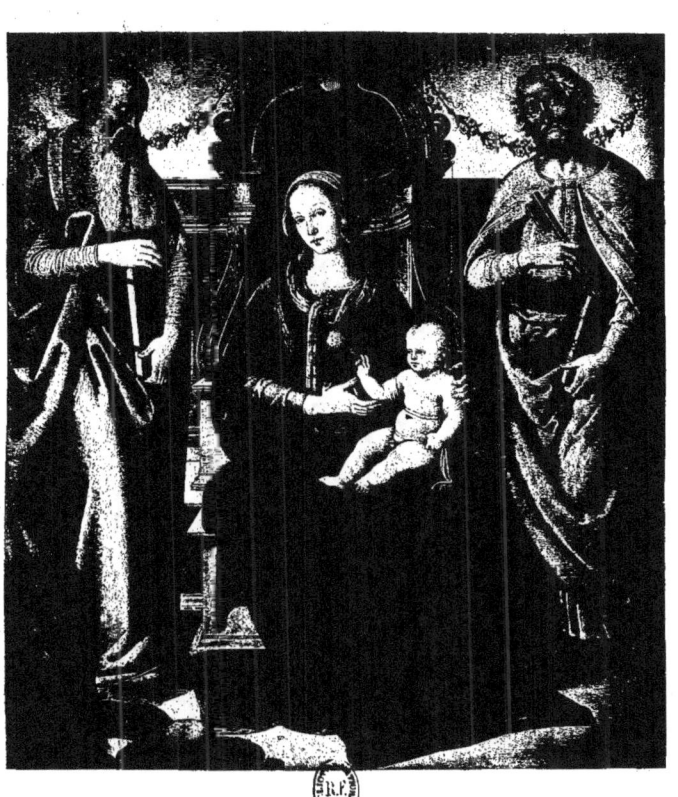

chapelle de la Confrérie de Saint-Pierre Martyr, à Pérouse (1498); l'*Assomption*, du couvent de Vallombrosa, actuellement dans la galerie de l'Académie des Beaux-Arts à Florence, et les fresques du *Cambio* à Pérouse (1500). Il avait été nommé dignitaire de l'*Arte de' Pittori* à Florence en 1499, et il fut élu prieur à Pérouse en 1501. Vers 1504, la sève en lui était épuisée, et, malheureusement pour sa gloire, il vécut jusqu'en 1524. Durant les vingt dernières années de sa vie, il ne fit que répéter ses anciens tableaux, sans y mettre l'accent qu'il y avait mis jadis. Ses peintures n'expriment plus dès lors qu'une ferveur de commande; la foi semble s'en être retirée. Il n'avait plus rien à dire, et il parlait toujours, compromettant, par d'insignifiants bavardages, les belles et bonnes choses qu'il avait si bien dites autrefois. Un art nouveau, d'ailleurs, était né, auquel il demeurait complètement étranger. Léonard de Vinci, Michel-Ange, Raphaël, entraînaient avec eux les jeunes générations, et Pérugin se confinait avec obstination dans le passé. Il faut donc oublier la fin de cette existence, qui avait été féconde durant de longs jours.

XV. — *La Vierge glorieuse*

H. 1m,45; L. 1m,28.

Sur un trône disposé devant une balustrade de marbre et couronné d'une sorte de dais agrémenté de coraux et de perles, la Vierge est assise, soutenant de ses mains longues et fines l'Enfant Jésus, assis sur son genou gauche. Le corps de la Madone est de face, vêtu d'une robe rouge, presque entièrement recouverte par un long manteau bleu, qui se répand à terre en plis harmonieux. La tête, légèrement tournée vers l'épaule droite, est de trois quarts à gauche. Les traits ont l'inaltérable placidité des vierges ombriennes : le front, très développé, reflète la pureté; les yeux, grands ouverts sur l'au-delà des choses d'ici-bas, voient ce que nous ne voyons pas; la bouche est petite et douce; les joues n'ont ni embonpoint ni maigreur; les cheveux blonds, divisés en bandeaux, s'enroulent en boucles de chaque côté des tempes et des joues, et le voile qui les couronne s'arrange en écharpe qui vient se nouer au milieu de la poitrine. Une tristesse imprégnée de douceur se dégage de toute cette figure. — L'Enfant Jésus, entièrement nu et de trois quarts à gauche, tient de sa main gauche l'extrémité d'une écharpe de gaze blanche, et répand de sa main droite les bénédictions sur la terre. Son petit corps est d'un beau modelé. Sa physionomie est empreinte d'une gravité surhumaine. — A gauche, est un saint Jérôme à longue barbe, presque de profil et tourné vers la droite, vêtu d'une robe bleu clair, qui disparaît presque tout entière sous un grand manteau rouge. Aux pieds du saint sont ses caractéristiques : le lion et le chapeau de cardinal. — A droite, saint Pierre, vu de face, est vêtu d'une robe bleue et d'un manteau jaune. Il porte de la main gauche un livre, et de la main droite les clefs du paradis.

Ce tableau fut commandé pour l'église Saint-Jérôme, à Lucques. Il semble appartenir à la jeunesse du maître. Pérugin y garde encore les habitudes d'un *freschiste*, modelant à coups de hachures les teintes plates largement et prestement appliquées (*a buon fresco*) sur l'enduit frais. De l'église Saint-Jérôme, cette Vierge passa chez le duc de Lucques, puis dans la collection Northwick, et entra enfin dans la galerie de Monsieur le duc d'Aumale.

FILIPEPI (SANDRO), dit SANDRO BOTTICELLI

(1447 † 1510. — École florentine.)

Sandro di Mariano Filipepi naquit à Florence en 1447. Fils d'orfèvre, il travailla d'abord dans la boutique de son père, et fut confié ensuite à Filippo Lippi. Avec les conseils d'un pareil maître, il devint maître lui-même à l'âge où d'habitude on est encore élève. Il avait vingt-deux ans à la mort de Lippi, en 1469, et passait déjà pour un des meilleurs peintres de Florence. Doué d'une vivacité d'esprit et d'une liberté d'imagination extraordinaires, il allait donner à l'Écriture sainte, aussi bien qu'à la Fable, des interprétations inattendues. Mêlant, sans les confondre, les nudités classiques aux chastetés chrétiennes, il s'ingéniait à imprimer aux unes quelque chose du charme religieux et aux autres quelque chose des séductions profanes. Son œuvre porte l'empreinte de cette curiosité fertile. Ses longues et élégantes figures sont contournées et comme tordues à force de souplesse, tandis que les draperies flottantes et compliquées qui les enveloppent s'agitent d'un mouvement presque désordonné; mais une fraîcheur pénétrante s'en dégage, et leur physionomie est unique. Sandro, dans sa jeunesse, se rattache à son maître Filippo Lippi. Plus tard, il emprunte à Antonio Pollajuolo un goût particulier de la parure et de l'ornementation, à Andrea Verrocchio la noblesse et la précision qui le caractérisent, et, malgré ces emprunts, tout ce qu'il touche de son pinceau se revêt d'originalité. Pour comprendre quelle place importante tient Sandro Botticelli parmi les *Quattrocentisti* florentins, on n'a qu'à regarder au musée des Offices à Florence la *Naissance de Vénus*, l'*Adoration des Mages* et la *Calomnie;* à la galerie de l'Académie des Beaux-Arts le *Couronnement de la Vierge* et l'*Allégorie du Printemps;* à la *National Gallery* de Londres l'*Assomption,* ouvrage « fait pour terrasser l'envie », dit Vasari; au musée de Berlin la *Vierge sous les oliviers,* et les dessins gravés par Baccio Baldini pour l'édition de Dante imprimée à Florence en 1481.

Botticelli se place entre Filippo Lippi et Domenico Ghirlandajo, et, sans les égaler sans doute, il se tient fièrement à côté d'eux. Presque au début de sa vie d'artiste, il avait été chargé par la Seigneurie de Florence de peindre sur les murs du Palais-Vieux les effigies des suppliciés exécutés à la suite de la conspiration des Pazzi, et, bien que ces suppliciés eussent été les instruments de la vengeance des Riarii, Sixte IV ne lui confia pas moins la direction des peintures de la chapelle Sixtine, où allaient travailler Pérugin, Cosimo Rosselli, Luca Signorelli et Domenico Ghirlandajo. Rome fut propice à Botticelli. Le séjour de la ville où s'agrandissent les idées devait exercer sur un tel artiste une fortifiante influence. Ses yeux s'y accoutumèrent au merveilleux, et ce qu'il avait regardé comme bon jusque-là ne lui parut plus suffisant. De retour à Florence, la politique et la réformation religieuse envahirent sa vie et ne tardèrent pas à en altérer les sources. Il adopta les idées de Savonarole et fut, après le martyre de l'apôtre, au nombre des *piagnoni* les plus ardents; mais ses forces étaient brisées, aussi bien que son cœur. Il se survécut à lui-même durant douze ans encore. La paralysie le gagnait, et la pauvreté le visitait aussi. Il mourut presque de misère. C'était en 1510, Raphaël terminait les fresques de la *Segnatura*, et Michel-Ange allait peindre les voûtes de la Sixtine. Botticelli s'arrêta donc au seuil de la terre promise... L'allégorie de l'*Automne* au musée de Condé va le faire revivre devant nous dans son meilleur temps.

XVI. — *L'Automne.*

Peinture *a tempera*, sur toile. — H. 1^m,92; L. 1^m,05.

Une jeune femme, de trois quarts à gauche, drapée dans une tunique flottante qui découvre ses pieds nus, s'avance, légère et presque aérienne, avec une noblesse et une dignité fières, la jambe gauche tendue en avant et la droite ramenée en arrière. Ses cheveux dénoués sont comme des flammes qui s'agitent autour d'elle. De sa main droite, elle maintient sur sa tête une corbeille chargée de fruits, et, de sa main gauche, elle traîne par le bras un enfant nu, pris de vin, titubant, espèce de petit Silène au gros ventre. A sa gauche, marche un autre enfant, également nu et grimaçant. Ce second enfant, couronné de pampres, est entouré de raisins qui s'égrènent autour de lui, et du fruit de la vigne se dégage un serpent, dont il se détourne avec épouvante... On a vu tour à tour, dans ce tableau, une allégorie de l'*Abondance* et une image de l'*Automne*. Cette dernière dénomination semble

SANDRO BOTTICELLI

(1447 † 1510)

ÉCOLE FLORENTINE

L'AUTOMNE

SANDRO BOTTICELLI

(1447 † 1510)

ÉCOLE FLORENTINE

L'AUTOMNE

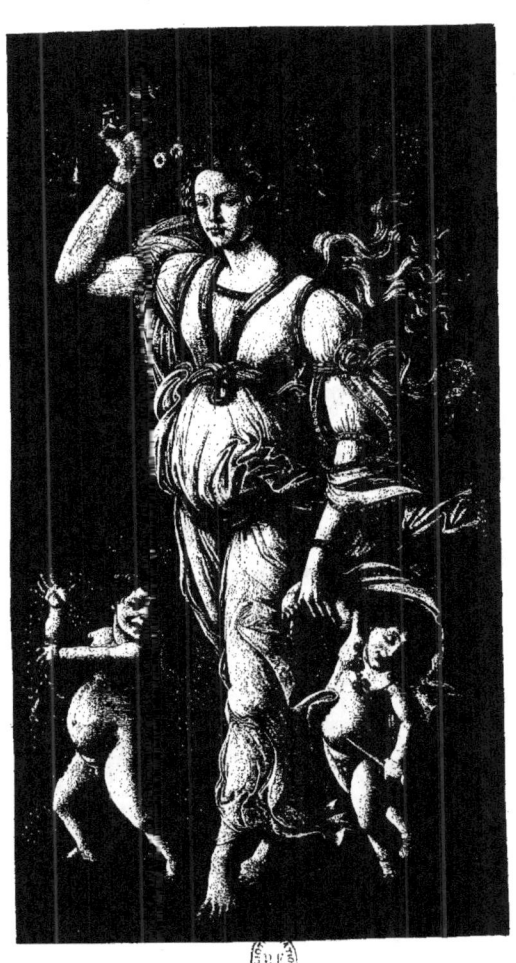

la bonne. Les fruits qui accompagnent cette figure, les raisins, dont un des enfants s'est enivré et dont l'autre est comme enveloppé, ne laissent guère de doute à cet égard. Le serpent lui-même qui apparaît au milieu de cette profusion, comme le mal surgit de l'excès du bien, complète l'allégorie par une pointe de philosophie pittoresque qui est bien dans l'esprit du quinzième siècle.

Sandro Botticelli est là avec les inquiétudes de son imagination, les curiosités de son esprit et les subtilités de sa dialectique, s'inspirant du paganisme et le rattachant à la Renaissance, empruntant à Mantegna quelque chose de sa force et de son âpreté, restant malgré tout Florentin, gardant les élégances de sa race, et conservant avec un soin jaloux la tradition de Filippo Lippi, son maître. Cette tête de femme et le genre de beauté qui en émane, cette chevelure désordonnée qui en complète l'expression, cette sveltesse du corps et cette élégance de l'ajustement, cette tunique aux plis amples et collants à la fois, ces manches étroites entourées d'écharpes qui s'agitent, tout cet arrangement d'une complication charmante, délicieux dans sa bizarrerie, voilà ce qui caractérise les œuvres de Botticelli. Il est malheureux que, dans les enfants, l'intention morale ne se traduise guère qu'au moyen de la laideur.

Ce tableau, tout en appartenant à Botticelli, fait songer à Mantegna. On l'a même décrit, sous le nom de ce maître, à la page 193 du tome V du *Vasari* de Lemonnier. *Una figura di donna maggior del vero, esprimente una stagione, la quale disvelava indubitamente la più bella maniera del Mantegna.* L'erreur a été reconnue. Elle l'était déjà en 1847, quand on apporta le tableau à Paris et qu'on l'exposa, au profit des indigents, dans une des salles de l'ancienne mairie du II⁰ arrondissement. Ce fut alors qu'il entra dans la collection de M. Fréd. Reiset, d'où il passa, en 1879, dans la galerie de Monsieur le duc d'Aumale (1)... On a vu à l'Exposition de l'École des Beaux-Arts, en 1878, deux très beaux dessins exécutés en vue de cette peinture :

---

(1) CROWE et CAVALCASELLE, *A new history of painting in Italy*, t. II, p. 429.

l'un appartenant à M. Malcolm, l'autre à M. le marquis de Chennevière (1). Il y a entre ces dessins et le tableau de notables différences. La pensée du peintre s'est assagie en se fixant définitivement sur la toile. A tous les points de vue, la valeur de cette peinture est considérable.

RAIBOLINI (FRANCESCO), dit LE FRANCIA

(1450 † 1517. — École bolonaise.)

Francesco Raibolini, né à Bologne en 1450, fut mis d'abord en apprentissage chez un orfèvre appelé Francia, dont il prit le nom. Marco Zoppo et Squarcione furent ensuite ses maîtres dessinateurs. Ses nielles et ses médailles lui valurent bientôt la réputation, et le firent nommer maître des coins à la Monnaie de Bologne. Le 10 septembre 1482, il fut inscrit sur le registre de la corporation des orfèvres, et devint massier de la confrérie en 1483. Chemin faisant, il étudiait les peintures de Mantegna, de Jean Bellin et de Pérugin ; mais ce ne fut pas avant l'âge de quarante ans qu'il se mit à peindre pour son propre compte. Ses premiers tableaux datent de 1490. Il les signa *Franciscus Francia aurifex*, tandis que depuis lors il signa ses médailles *Franciscus Francia pictor*. Les Bolonais, dont les peintres n'avaient pu jusqu'alors se dégager des entraves gothiques, acclamèrent Francia comme un libérateur. Malvasia le regarde « comme le plus grand homme de son siècle », et Vasari nous apprend que, de son temps, « on le considérait à Bologne comme un dieu ». Tout cela était bien gros. Francia, loin d'être un créateur, a l'accent affaibli d'un imitateur. C'est surtout de Pérugin qu'il s'est inspiré, ou plutôt c'est Pérugin surtout qu'il a copié, à tel point que ses

---

(1) Voy. *Gazette des Beaux-Arts*, deuxième période, t. XIX, p. 518.

FRANCESCO RAIBOLINI, dit le FRANCIA

(1450 † 1517)

ÉCOLE BOLONAISE

L'ANNONCIATION

FRANCESCO RAIBOLINI, dit le FRANCIA

(1450 † 1517)

ÉCOLE BOLONAISE

L'ANNONCIATION

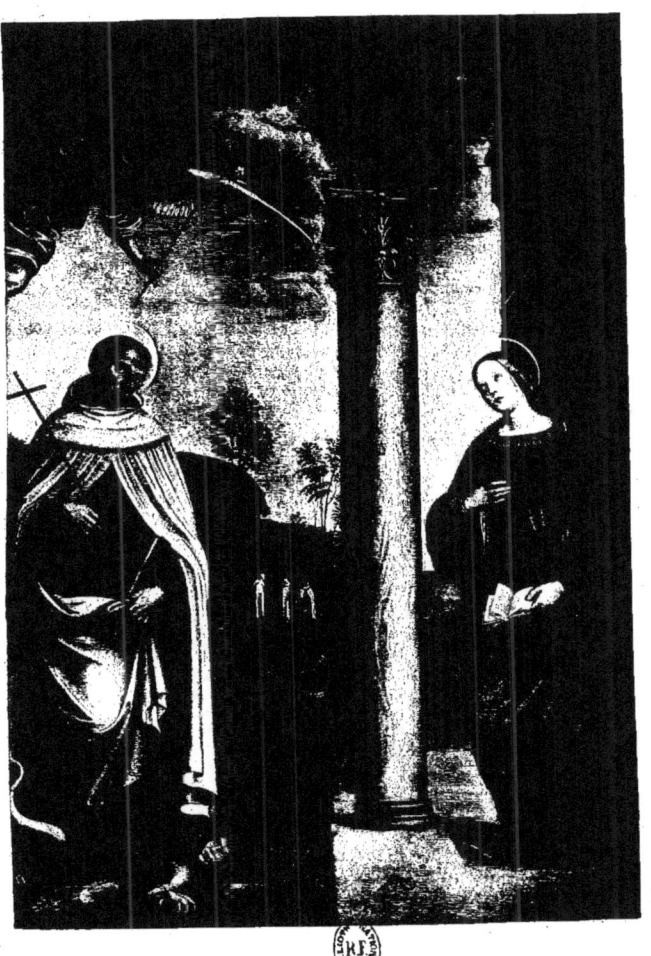

Vierges se confondent presque avec celles du maître ombrien. Cependant, au mysticisme de Pérugin, il ajouta une langueur qui attire les âmes aussi bien que les yeux. Talent doux et paisible, calme et régulier, il n'a ni grande élévation dans l'esprit, ni grande autorité dans le style. Sa main, de timide qu'elle était encore de 1490 à 1500, s'enhardit de 1500 à 1510 et n'éprouva pas de notables défaillances jusqu'à l'heure où elle fut arrêtée par la mort en 1517. On peut suivre la progression de son talent : la *Vierge avec des saints* à la Pinacothèque de Bologne est de 1490; la *Vierge des Bentivogli* dans l'église San Giacomo Maggiore est de 1499; la *Vierge des Scappi* est de 1500; puis viennent la *Vierge entre saint Laurent et saint Jérôme* dans la galerie de l'Ermitage à Saint-Pétersbourg; la *Descente de croix* du musée de Parme; la *Pietà* de la *National Gallery*; les fresques de l'oratoire de Sainte-Cécile à Bologne (1507); le *Baptême du Christ* dans la galerie de Dresde (1509); la *Pietà* du musée de Turin (1515)... Raphaël se rendit à Bologne en 1506 et se lia avec Francia. Il lui écrivait, deux ans plus tard (1508) : « Je ne connais pas de plus belles Vierges que les vôtres, et de plus dévotement peintes. » L'éloge prouvait une extrême bienveillance. On sent, dans la peinture de Francia, un esprit réservé jusqu'à la froideur, prudent jusqu'à la timidité. Sous une exécution lisse et monotone, châtiée, mais non savante, on cherche, presque toujours en vain, l'inspiration.

XVII. — *L'Annonciation.*

Sur toile. — H. 1m,82; L. 1m,32.

La Vierge, de trois quarts à gauche, vêtue de la robe rouge et du manteau bleu liturgiques, est debout sous le portique d'un palais bolonais du quinzième siècle, largement ouvert sur la campagne. De ses yeux levés au ciel, elle voit l'ange de l'Annonciation qui descend vers elle porteur des célestes bénédictions, et Dieu le Père lui-même qui, accompagné du Saint-Esprit, surgit à son intention des profondeurs de l'empyrée. Cette Vierge, coiffée avec modestie de simples et longs bandeaux qui descendent jusque sur le cou, exprime la résignation, la ferveur. Dieu l'a mise dans son secret, et tout en elle respire la soumission. Elle tient de sa main gauche un livre ouvert, dans lequel elle vient de lire les promesses dont elle voit l'accomplissement, et, de sa main droite humblement posée sur sa poitrine, elle s'offre de toute son âme. Vis-à-vis d'elle, saint Albert le Grand est debout, de trois quarts à droite, foulant de ses pieds le démon. Vêtu de la robe brune et du manteau blanc des Carmes, il tient de la main droite un crucifix et de la main gauche un livre, penche sa tête avec mélancolie sur son épaule gauche, et de ses yeux grands ouverts contemple les choses d'outre-tombe. Il reste d'ailleurs parfaitement étranger à la scène qui se passe devant lui. Trois autres Carmes conversent entre eux dans les lointains du paysage.

Tout est d'une excellente tenue religieuse dans ce tableau : le dessin dans la pureté de ses contours; la couleur dans ses chaleureuses clartés; la Vierge dans sa douceur et dans son acquiescement; le saint dans son extase; l'ange Gabriel avec son visage inspiré, ses cheveux semblables à des flammes, ses grandes ailes blanches étendues au-dessus des plis flottants de sa tunique bleue et de son manteau jaune; la nature elle-même dans son calme et dans son recueillement... Toutes ces choses, cependant, n'étaient que le reflet de choses qu'on avait vues déjà. Pérugin, notamment, les avait montrées, en y mettant plus de franchise et en y apportant moins de langueur, moins de monotonie surtout. Ce n'est pas Francia qui promène jamais une âme changeante à travers le monde changeant. Son âme à lui — son âme de peintre — est immuable et ne rend jamais qu'un son, toujours le même et qui n'a guère été que l'écho d'un autre son. Cet ouvrage n'en est pas moins remarquable. Waagen (1), et, après lui, MM. Crowe et Cavalcaselle (2), le citent parmi les meilleurs du maître. Il semble, en effet, appartenir à son époque la plus forte, avoir été peint de 1500 à 1510. Il a dû être commandé pour une destination spéciale, car saint Albert le Grand, qui

---

(1) *Art Treasures*, t. III, p. 199.
(2) *North Italy*, t. I, p. 561.

n'a rien à faire dans cette scène de l'Annonciation, y tient une aussi grande place que la Vierge. Mais quelle fut cette destination? On l'ignore... C'est de la collection Northwich qu'il est passé dans celle de M. F. Reiset d'abord et dans celle de Monsieur le Duc d'Aumale ensuite.

GRILLANDAJO (BENEDETTO DI TOMMASO BIGORDI)

(1453 † 1497. — École florentine.)

Benedetto Grillandajo (de Grillandajo l'usage a fait Ghirlandajo), de neuf ans plus jeune que Domenico, était le troisième fils de Tommaso Bigordi. Davide, né en 1451, qui fut plutôt mosaïste que peintre, se place, comme âge, entre ses deux frères. Benedetto, très inférieur à son frère Domenico, travailla en France plus peut-être qu'en Italie. Il plut au Roi, et la cour aussi lui fit très bon accueil. Il revint à Florence, plus richement récompensé que ne l'avait jamais été le grand Domenico Grillandajo dans sa propre patrie. Entre temps, Benedetto avait exercé le métier des armes.

XVIII. — *Portrait de Louis de la Trémoïlle.*

Bois. — H. 0ᵐ,17; L. 0ᵐ,11. (Attribué à Benedetto Grillandajo.)

Voici comment Jean Bouchet dépeint *Loys II de la Trémoïlle, le Chevalier sans reproche* : « La teste levée, le front hault et cler, les yeux vers, le nez moyen et un peu aquillé, petite bouche, menton fourchu, son tainct clair et brun plus tirant sur vermeille blancheur que sur le noir, et les cheveux crespellés reluysans comme fin or... » Le petit portrait de la galerie de Chantilly, de profil à gauche, répond à ce signalement, qui est d'ailleurs arrangé en vue d'un panégyrique. Dans ce portrait, le vaillant chevalier a vingt-cinq ans environ et porte haut la tête. Son teint est clair, son front élevé, son œil brillant et virant au vert, son nez moyen, sa bouche petite, son menton fermement accentué. Quant à ses cheveux, ils ne sont ni *crespellés*, ni de *fin or*, mais d'un châtain clair à reflets roux, coupés ras au milieu du front et tombant à plat, de chaque côté, du sommet de la tête jusque sur le cou, selon la mode du temps. On a donc là sans doute le portrait de Louis de la Trémoïlle. Quant à l'artiste qui l'a exécuté, il est Italien, cela ne paraît pas douteux, et Florentin, cela semble probable. On nommait jadis Domenico Ghirlandajo, mais à tort. Cette peinture ne rappelle en rien le style large et le magistral pinceau du grand freschiste. Elle a, par contre, quelque chose de mince, visible encore à travers les repeints, et qui répond bien à ce qu'on sait des œuvres de Benedetto Grillandajo, qui fut miniaturiste plutôt que vrai peintre d'histoire. Benedetto, étant venu en France entre 1485 et 1493, avant l'expédition de Charles VIII, et ayant fait à la cour de France de nombreux portraits, a très bien pu peindre Louis de la Trémoïlle, qui était alors aux alentours de ses vingt-cinq ans.

Collection de M. Albert Grand.

LIPPI (FILIPPO), dit FILIPPINO

(1457 † 1504. — École florentine.)

Filippo Lippi, communément appelé Filippino Lippi pour le distinguer de son père, naquit, en 1457, à Prato, de Fra Filippo Lippi et de Lucrezia Buti. Fra Filippo, en mourant, avait confié à Fra Diamante le soin d'élever son fils. La première éducation une fois achevée, Sandro Botticelli, qui avait été l'élève de prédilection de Filippo Lippi, se chargea de faire de

Filippino un vrai peintre. Avide de progrès et de nouveautés, doué d'une intelligence heureuse et d une remarquable souplesse d'esprit, Filippino avait trouvé dans Botticelli un maître selon son goût et un ami selon son cœur. Ainsi s'expliquent les étroites affinités qui unissent et quelquefois même confondent ces deux peintres. En 1484, Filippino Lippi, qui n'avait alors que vingt-sept ans, fut choisi pour continuer, dans la chapelle des Brancacci, l'œuvre de Masolino da Panicale et de Masaccio, interrompue depuis plus d'un demi-siècle déjà. C'était faire un bien grand cas d'un aussi jeune peintre que de lui confier une pareille tâche. S'autorisant des exemples de Masaccio qu'il avait sous les yeux, Filippino prit à son propre compte une tradition dont son père avait reçu le dépôt et dont il avait la garde à son tour. Assurément, *Saint Pierre et saint Paul devant Néron*, *Saint Paul visitant saint Pierre dans sa prison*, le *Crucifiement de saint Pierre*, ne sont ni du même âge, ni de la même maîtresse main qu'*Adam et Ève chassés du paradis*, le *Baptême* et le *Tribut de saint Pierre*; mais les fresques de Filippino sont conçues dans l'esprit qui anime les fresques de Masaccio, et, sans les égaler, elles s'éclairent en quelque sorte de leurs belles clartés. Masaccio avait introduit nombre de portraits dans les scènes tirées de l'Écriture, Filippino Lippi suivit cet exemple; il s'y représenta en compagnie de Botticelli et de Pollajuolo, de Piero Guicciardini, père du grand historien, et de Tommaso Soderini, père du dernier gonfalonier florentin, du poète Luigi Pulci et du peintre Granacci. Si Raphaël devait pousser un jour l'admiration pour Masaccio jusqu'à lui emprunter les figures d'Adam et Ève pour les transporter dans les *Loges*, il devait aussi marquer son estime pour Filippino jusqu'à s'inspirer des figures de saint Pierre et de saint Paul dans le carton de la tapisserie de *Saint Paul à Éphèse*. On peut presque dire, d'ailleurs, que, parmi les *quattrocentisti* florentins de la dernière heure, il n'en est pas un peut-être qui soit autant que Filippino Lippi le précurseur immédiat de Raphaël.

Filippino, tout jeune qu'il était quand il peignit les fresques de cette chapelle des Brancacci, était loin d'en être à ses débuts. Quatre ans auparavant (1480), il avait exécuté, pour l'église de la Badia, l'admirable tableau de l'*Apparition de la Vierge à saint Bernard*, où la grâce exquise des anges et la beauté affinée de la Vierge produisent une si bienfaisante impression. La nature vue comme dans un beau rêve, une réalité un peu mignarde revêtue d'une poésie douce, voilà ce qui caractérise les œuvres de la jeunesse de Filippino Lippi. Malheureusement, en cherchant le mieux, il quitta le bien. L'érudition étouffa en lui les qualités natives. Il alla à Rome et en rapporta toute une moisson de dessins d'après l'antique, dont il fit montre à chaque instant. Dès lors, l'ostentation de la science et l'abus de l'archéologie compromirent son talent. Les *Histoires tirées de la vie de saint Jean l'Évangéliste et de saint Philippe*, qu'il peignit à fresque dans la chapelle des Strozzi à Santa Maria Novella, prouvent les étranges déformations de cet esprit, qui imprimait jadis à tout ce qu'il touchait tant de mesure, de calme et de suavité. Filippino entrevit ce qui manquait encore à la Renaissance italienne, et il eut la curiosité de le chercher; mais la vigueur et la pénétration souveraines lui firent défaut pour le trouver. Il y fallait le génie d'un Raphaël. Filippino, d'une grâce si délicieusement personnelle dans la première partie de sa vie active, fut victime ensuite du pédantisme classique, qui était dans l'air à la fin du quinzième siècle. Ses contemporains l'encouragèrent dans la voie fâcheuse où il s'était engagé, et, quand il mourut presque subitement en 1504, à l'âge de quarante-six ans, les regrets unanimes des Florentins s'adressèrent beaucoup plus au peintre de la chapelle des Strozzi qu'à celui de la chapelle des Brancacci.

C'est vers les premières et les meilleures heures de la vie de Filippino que va nous ramener l'*Esther* de la galerie de Monsieur le duc d'Aumale.

XIX. — *Esther et Assuérus.*

Peint a *tempera*, sur bois. — H. 0^m,47; L. 1^m,31.

Au quinzième siècle, plusieurs centaines d'années devaient s'écouler encore avant que l'art et l'industrie cessassent de parler la même langue.

FILIPPINO LIPPI

(1457 † 1504)

ÉCOLE FLORENTINE

ESTHER ET ASSUÉRUS

(Vue d'ensemble)

FILIPPINO LIPPI

(1457 † 1504)

ÉCOLE FLORENTINE

ESTHER ET ASSUÉRUS

(vue d'ensemble)

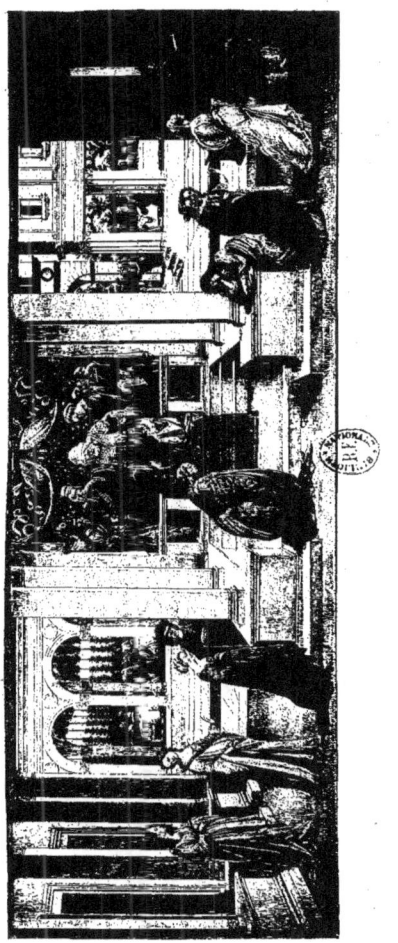

On avait le bonheur alors d'ignorer les *Arts industriels*. Le mot seul eût effarouché les idées. L'art était dans l'air et se respirait dans tout. Les artistes et les artisans pour ainsi dire ne faisaient qu'un. Les peintres, quelque grands qu'ils fussent, faisaient de la peinture où on leur demandait d'en faire et imprimaient très volontiers leur marque aux plus humbles objets. Ils décoraient de fresques les palais et les églises, et peignaient en même temps une chaise ou un coffre. C'est ainsi que Filippino Lippi, qui allait peindre ou qui venait de peindre l'*Apparition de la Vierge à saint Bernard* pour Pietro del Pugliese dans l'église de la Badia, peignit un de ses plus délicieux tableaux sur le coffre de mariage (*cassone*) d'une fille noble de Florence. Pour le choix du sujet, c'est au livre d'*Esther* qu'il s'adressa. L'éternel féminin, maître du monde par la toute-puissance de la beauté, s'y montre avec une incomparable séduction.

« Assuérus régnait depuis l'Inde jusqu'à l'Éthiopie sur cent vingt-sept provinces, et c'était aux jours de sa toute-puissance, dans sa résidence de Suse (1). » Il venait de répudier la reine Vasthi et d'appeler devant lui « les plus belles vierges de son royaume », avec promesse d'asseoir sur son trône, à la place de Vasthi, « celle qui plairait le plus à ses yeux... (2) ». Or, « il y avait, dans la ville de Suse, un Juif nommé Mardochée, fils de Jaïr, de la tribu de Benjamin, que le roi de Babylone, Nabuchodonosor, avait amené en captivité avec Jéchonias, roi de Juda; et ce Juif avait élevé et adopté la fille de son frère Abihaïl : elle s'appelait Esther... (3) ». Quand l'édit du Roi eut été publié, « Esther, qui était fort belle, fut amenée et remise entre les mains de l'eunuque Hegaï, gardien des femmes, afin qu'elle fût gardée avec les autres vierges destinées au Roi; et elle plut à Hegaï, qui prit soin de tout ce qui pouvait contribuer à l'embellir encore... (4) ». Esther, « son jour venu, fut menée à la chambre du Roi... Et Assuérus, ayant aimé Esther plus

---

(1) *Esther*, I, 1.
(2) *Id.*, II, 3 et 4.
(3) *Id.*, II, 5, 6 et 7.
(4) *Id.*, II, 8 et 9.

que toutes les autres femmes, la fit reine à la place de Vasthi (1)... Il donna un grand festin pour tous ses princes et ses serviteurs, le festin d'Esther, et il fit une rémission, et prodigua des largesses, selon la fortune d'un roi (2)... » Cet événement est mémorable ; l'Écriture en a gardé la date. « C'était dans la septième année du règne d'Assuérus, le dixième mois qui est le mois de tébeth (3)... » Voilà le récit biblique, voici le tableau de Filippino Lippi.

Sous prétexte de nous introduire dans « la cour intérieure de la résidence de Suse », Filippino nous ouvre un de ces palais florentins dans la construction desquels les peintres du quinzième siècle, entraînés par les grands architectes de leur temps (les Brunelleschi, les Michelozzi, les Alberti), faisaient montre de leur science et donnaient libre carrière à leurs fantaisies... Trois portiques de premier plan, dont les colonnes à section rectangulaire sont montées sur de hauts soubassements, partagent symétriquement la scène. Sous le portique du milieu, le trône royal, exhaussé de trois marches, est couronné d'un baldaquin, d'où pendent les courtines drapées et relevées qui forment un fond de pourpre constellé d'or à cette partie centrale du tableau. Sous les portiques latéraux, l'œil pénètre jusque dans les arrière-plans du palais, où d'autres portiques se dessinent jusque dans les profondeurs des jardins. C'est dans ces galeries lointaines que se déroulera l'épilogue de l'action principale, le « festin d'Esther ». On ne saurait trop admirer l'ordonnance de cette architecture. La science, la simplicité, le calme, la clarté, l'élégance, s'y font partout sentir ; la justesse de la perspective y est poussée presque jusqu'au trompe-l'œil.

Au milieu du portique central, Assuérus, assis sur son trône, est coiffé d'une couronne en forme de tiare et vêtu d'une robe verte à pèlerine brodée d'or. Il se penche vers Esther, ouvre sa main gauche, comme pour la couvrir de protection, et la proclame reine, en étendant sur elle le sceptre royal

---

(1) *Esther*, II, 16 et 17.
(2) *Id.*, II, 18.
(3) *Id.*, II, 16.

FILIPPINO LIPPI

(1457 † 1504)

ÉCOLE FLORENTINE

ESTHER ET ASSUÉRUS

(Fragment de droite)

FILIPPINO LIPPI

(1457 † 1504)

ÉCOLE FLORENTINE

ESTHER ET ASSUÉRUS

(Fragment de droite)

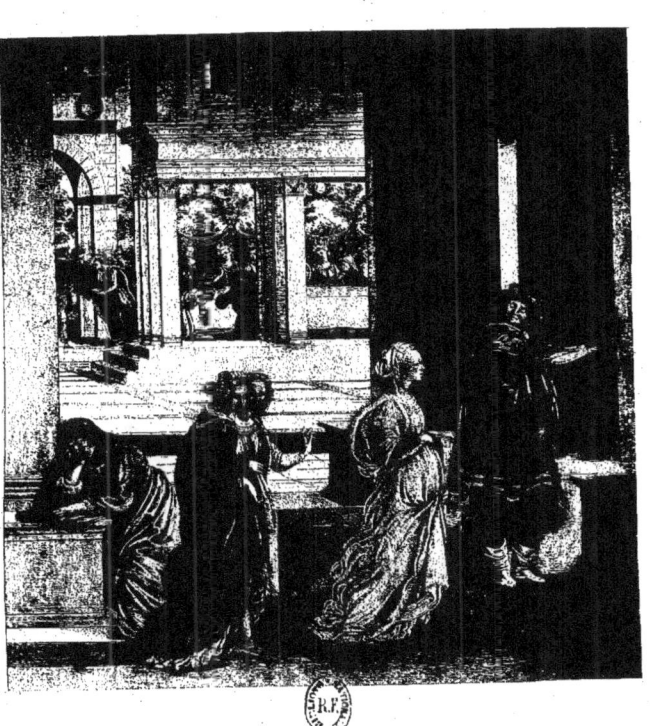

qu'il tient de sa main droite. Autour d'Assuérus sont groupés les sages qui forment son conseil. « Les plus près de lui étaient les sept princes de Perse et de Médie : Karschena, Schethar, Admatha, Tarschish, Meresf, Marsena, Mamouchan. Ils voyaient la face du Roi et occupaient le premier rang dans le royaume (1). » Filippino Lippi n'en a mis que cinq au lieu de sept. Ils sont debout, variés d'attitude et de physionomie, gravement drapés dans leurs robes rouge, orange, verte, jaune et noire. Devant eux et au pied du trône royal paraît Esther, de profil à droite, occupant à elle seule tout le premier plan de ce portique central. Entièrement enveloppée d'une longue et large robe pourpre virant au rose, qui laisse paraître à peine le bout du petit pied chaussé de vert, elle s'incline et s'agenouille presque devant Assuérus en croisant avec dévotion ses bras contre sa poitrine. Tout en elle est recueillement, prière, sans l'ombre de coquetterie ni d'affectation. Ses yeux s'abaissent avec modestie, ses traits sont purs, son maintien n'a rien que de naturel. Esther est ici la principale figure du tableau. Malheureusement elle a souffert. La main d'un restaurateur l'a touchée, sans en respecter la délicatesse, sans pouvoir, néanmoins, lui enlever la marque de sa beauté native. A bien considérer cette figure, on reconnaît en elle une sœur des vierges chrétiennes si complètement florentines et si délicatement peintes en maints endroits par Filippino Lippi.

Six autres « vierges », guidées par « les eunuques gardiens des femmes (2) », précèdent et suivent cette figure centrale, distribuées trois par trois et s'avançant les unes derrière les autres au premier plan de chacun des portiques latéraux. Celles de droite ont passé déjà devant Assuérus; un eunuque (tunique rouge, manteau vert) leur indique la porte de sortie. Celles de gauche s'apprêtent à paraître en présence du Roi; un eunuque (robe rouge, manteau bleu) leur ouvre la porte d'entrée, un autre (robe rouge) se tient devant le portique du centre et va leur servir d'introducteur auprès d'Assuérus.

(1) *Esther*, I, 14.
(2) *Id.*, II, 15.

Des trois vierges qui sortent, la première, de profil à droite et d'une extrême élégance, est vêtue d'une robe blanche, qui recouvre une robe de dessous d'un rose pâle avec des manches vertes sur les avant-bras. Elle marche avec noblesse, en effleurant à peine le sol de ses pieds mignons chaussés de vert. La sveltesse de la taille, les draperies flottantes qui se moulent à ravir sur le corps aux formes légères, le port élevé de la tête, la finesse des traits, le voile de gaze blanche enroulé dans les cheveux d'un blond d'or presque décoloré, donnent à cette figure quelque chose d'immatériel et de pour ainsi dire aérien. Les deux qui suivent, l'une et l'autre de trois quarts à droite, causent entre elles avec animation, se complètent l'une par l'autre et forment un groupe d'une exquise suavité. L'une, chaussée de rouge, est habillée d'une robe blanche et d'un manteau brun virant au noir, dont elle s'enveloppe presque tout entière. L'autre, chaussée de jaune, est comme revêtue d'azur. Empreintes toutes deux d'une même grâce et d'une beauté semblable, leurs têtes, délicieusement coiffées de cheveux d'un blond d'or rouge, se rapprochent et se fondent dans une chaude harmonie. Sous ce même portique (de droite) et au seuil du portique central, Mardochée est assis, accoudé sur un soubassement. « Le Juif Mardochée se tenait assis à la porte du Roi (1). » En regardant Esther, il voit venir à lui la justice de Dieu. Cette figure de Mardochée, ainsi que les figures d'Assuérus et des sages qui l'entourent, celles aussi des trois eunuques, font songer, par de notables ressemblances, à certaines figures des fresques de la chapelle Strozzi à Santa Maria Novella.

Du côté opposé, parmi les « jeunes filles vierges et belles (2) » qui n'ont point encore paru devant le Roi, la première, celle que l'eunuque de garde s'apprête à introduire, est de profil à droite, vêtue de vert et chaussée de jaune, recueillie, silencieuse, la tête et les yeux abaissés dans un indéfinissable trouble. La seconde est de trois quarts à gauche. Sa robe rose est rompue d'une écharpe verte, et sa chaussure est noire. Tout en marchant,

(1) *Esther*, II, 19.
(2) *Id.*, II, 2.

FILIPPINO LIPPI

(1457 † 1504)

ÉCOLE FLORENTINE

ESTHER ET ASSUÉRUS

(Fragment de gauche)

FILIPPINO LIPPI
(1457 † 1504)

ÉCOLE FLORENTINE

ESTHER ET ASSUÉRUS
(Fragment de ruelle)

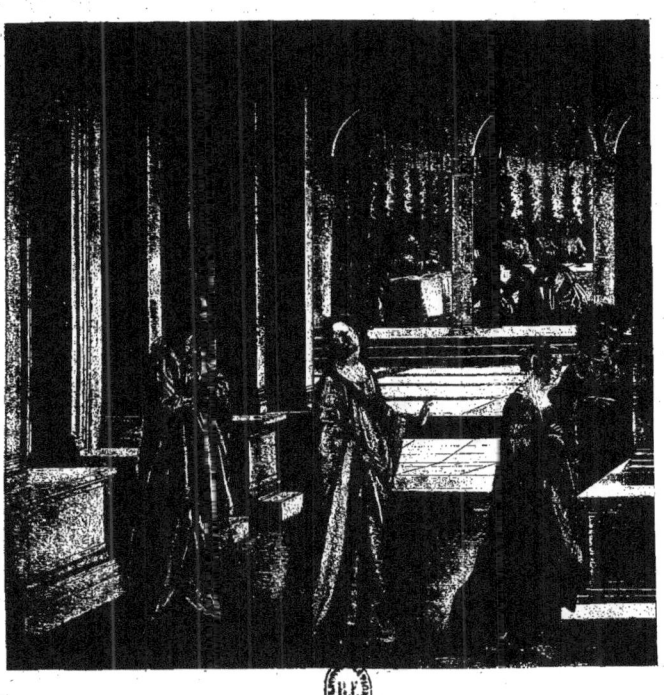

elle cause dans une sorte d'abandon d'elle-même avec celle qui la suit et renverse en arrière sa tête, dont les traits aimables n'évoquent rien que de pur, n'inspirent rien que de chaste. Les lignes de cette ravissante figure semblent aller en frissonnant de la tête aux pieds avec une douce langueur. Quant à la dernière, elle se présente en entrant, de profil à droite, chaussée de vert, drapée avec une distinction qui s'ignore dans sa robe rose, surmontée d'une robe de dessus jaune... Toutes ces figures n'ont rien assurément de biblique, ni d'asiatique. Florentines jusqu'aux moelles, on reconnaît en elles les contemporaines des grands Médicis et les visions vécues du peintre. Elles sont la représentation ou plutôt la poésie même d'un art primitif encore, adorable dans ses naïves candeurs. Elles reflètent dans leurs poses, dans leurs costumes et jusque dans leur beauté délicate, tout ce qu'il y eut d'exquis dans un pays et dans un temps dont les élégances n'ont jamais été surpassées. Quelle légèreté dans leur démarche, quelle souplesse dans leur maintien, quel goût dans leur ajustement, quelle douceur d'ondulations dans tout leurs corps, quelle abondance dans leurs chevelures, quelles clartés dans leurs fronts artificiellement agrandis, quelle merveille de grâce en leurs visages, quelle sage retenue dans le sentiment qui les anime! C'est l'âme même de la Renaissance italienne, c'est le rêve du quinzième siècle florentin descendu de son ciel et incarné, timidement encore, dans sa forme la plus pure. Il y a là comme une suite d'anges humanisés se succédant doucement les uns aux autres, porteurs de la bonne parole d'un art dont l'éclosion finale est proche.

Au fond de chacun des portiques latéraux se donne le « festin d'Esther » ; l'intérêt n'y est guère moindre que sur les premiers plans. Les perspectives d'architecture s'étendent jusque « dans la cour du jardin intérieur du Roi (1) », avec des galeries à arcades sous lesquelles les convives royaux sont assis aux tables du festin. A gauche, le banquet des hommes, présidé par le Roi lui-même. A droite, le repas donné par la Reine « dans la maison des femmes (2) »,

(1) *Esther*, I, 5.
(2) *Id*., II, 11.

à l'entrée de laquelle Assuérus pose la couronne sur la tête d'Esther. De part et d'autre, les Hébreux sont agenouillés devant les tables, les uns suppliant le Roi, les autres implorant la Reine... Dans le livre d'Esther, voici la description de ces salles de festin : « Des tentures blanches, vertes et bleu céleste attachées par des cordons de lin et de pourpre à des rouleaux d'argent et à des colonnes de marbre, des lits d'or et d'argent sur un parvis de porphyre et d'émeraude; le vin servi dans des vases d'or... (1). » Tout en pourvoyant abondamment la table de vases d'or, Filippino Lippi a simplifié les choses. Du côté des hommes, la salle est ouverte sur les jardins représentés par de longs arbres torturés de culture et détachant leurs silhouettes bizarres sur un ciel bleu, que dore à l'horizon le soleil couchant. Du côté des femmes, les feuillages s'enlacent en berceaux au-dessus des draperies de pourpre et d'or, sur lesquelles se détachent les ravissantes petites figures de la Reine et des femmes qui l'entourent. Elles sont là dans leur élément, au milieu des satins et des ors, dans ce qui est lumineux et dans ce qui brille. On dirait, en une cage fleurie, une nichée d'oiseaux caressants. Tout cela est charmant de finesse et de grâce, flamboyant comme un paradis, enfantin et profond comme un conte de fées. Ah! les admirables artistes que ces *quattrocentisti* florentins ! De quel amour ils aimaient la nature, et comme ils ennoblissaient la matérialité des choses!

Ce tableau appartient à la jeunesse du peintre. Il rappelle Sandro Botticelli et fait penser en même temps à la *Vierge apparaissant à saint Bernard*, commandée à Lippi par Pietro del Pugliese en 1480. Il fait songer aussi, mais de beaucoup plus loin, aux fresques peintes en 1500 pour Filippo Strozzi à Santa Maria Novella. Le *Cassone* dont il était la principale décoration se trouvait encore en son entier au palais Torrigiani il y a une cinquantaine d'années, à l'époque où Luigi Torrigiani commença à former sa collection. Or, le palais Torrigiani n'est autre que la *Casa del Nero*, décrite par Cinelli (2), et l'on croit que ce *Cassone* fut peint par Filippino Lippi pour cette ancienne

(1) *Esther*, I, 6 et 7.
(2) *Bellezze di Firenze*, 1677, p. 288.

maison. Les panneaux en avaient donc été détachés depuis un demi-siècle, et figuraient comme tableaux dans la galerie Torrigiani. Ces tableaux, à leur tour, ont été dispersés. Le plus important d'entre eux est maintenant une des perles de la galerie de Chantilly. Le 24 juin 1877, M. Leclanché l'avait acheté au prince Torrigiani. Le 25 mai 1892, Monsieur le duc d'Aumale s'en rendit acquéreur à la vente de M. Leclanché.

XX. — *La Vierge et l'Enfant Jésus.*

Sur bois. — H. 0^m,84; L. 0^m,61.

La Vierge, de trois quarts faible à gauche, presque de profil, est assise, tenant sur ses genoux l'Enfant Jésus, le regardant de ses yeux abaissés et lui offrant une rose, qu'elle vient de prendre dans une corbeille de fleurs que lui présente un ange placé devant elle. Un grand calme se répand sur toute cette figure, qui est comme enveloppée de silence et de recueillement. Le voile transparent, jeté sur les cheveux arrangés en bandeaux, couvre l'oreille et le cou, sans en rien cacher, et descend jusque sur la robe rouge et sur le manteau bleu chastement arrangés. Le visage est un peu maigre. Les traits sont fins, réguliers, délicats et purs. — Le *Bambino* est nu, de trois quarts à gauche, assis ou plutôt couché sur sa mère, et, dans son naturalisme, dépourvu quasi totalement de charme et de grâce; ce qui ne l'empêche pas d'être un petit Dieu bénissant, très convaincu dans son action divine. — L'ange, de trois quarts à droite, est un jeune Toscan habillé d'une robe de lévite. Il a grand air jusque dans l'irrégularité de ses traits, quelque chose de mélancolique dans son sourire, de pieusement alangui dans ses yeux aux paupières également abaissées, d'un peu hautain dans toute sa personne... Malgré ce qu'il peut y avoir d'insuffisant dans ce tableau, on se sent, en le regardant, pénétré d'un sentiment religieux, fait des innombrables souvenirs que gardent en leur âme ceux qui aiment l'Italie du quinzième siècle pour l'avoir toute leur vie fréquentée.

Cette peinture a été tour à tour attribuée à Masaccio, à Lorenzo di Credi et à Sandro Botticelli. En y mettant le nom de Filippino Lippi, nous croyons la rendre à qui de droit. Regardez bien attentivement la Vierge. Y retrouvez-vous cette physionomie si particulière qui fait reconnaître, entre toutes, les Vierges de Botticelli? Nullement. Vous y remarquez un caractère plus effacé, sans doute, mais plus impersonnel, et par cela même plus voisin de la pure beauté. Or, c'est là une des caractéristiques des Vierges de Filippino Lippi. Rappelez-vous la Vierge de la *Badia*, celle de Prato, etc. Ces images bien fixées dans votre mémoire, placez-vous devant la Vierge du musée de Condé, vous sentirez les liens d'étroite parenté qui unissent entre elles ces différentes Vierges. Confrontez, d'autre part, l'ange de la Vierge du musée de Condé avec les figures d'hommes du tableau d'*Esther;* vous sentirez, faite davantage encore, la preuve en faveur de Filippino Lippi (1).

BISSOLO (PIER-FRANCESCO)

(14...? † 15...? — École vénitienne.)

Ce peintre, dont Vasari paraît avoir ignoré l'existence, a laissé des œuvres pleines d'élégance et de grâce, de tendresse et de suavité. C'est à la suite de Jean Bellin qu'il faut le mettre. On voit de lui à Murano et dans la cathédrale de Trévise des tableaux dans lesquels il cherche à rivaliser avec Palma Vecchio. Bissolo est plus moderne que Bellin; sa peinture porte moins haut, sans doute ; elle est plus moelleuse et moins forte en même temps.

(1) Nous en dirions autant pour le tableau du musée du Louvre, où la Vierge et l'Enfant Jésus sont en compagnie du petit saint Jean-Baptiste. (Catalogué, comme Botticelli, sous le n° 1296.) Le caractère de cette Vierge et celui de la Vierge du musée de Condé ont entre eux de

XXI. — *La Vierge et l'Enfant Jésus.*

Sur bois. — H. 0ᵐ,62 ; L. 0ᵐ,50.

La Vierge, assise, tient de ses deux mains sur ses genoux le *Bambino*. La tête de trois quarts à droite et doucement penchée sur l'épaule gauche, elle regarde son Fils avec amour. Le voile blanc, qui recouvre les cheveux blonds séparés en bandeaux, retombe derrière le dos. La robe est rose, avec des ombres rouges. Le manteau bleu, doublé de blanc, est ramené sur le milieu du corps. Quant à l'Enfant Jésus, assis sur sa Mère et la tête tournée de face vers la droite, en sens inverse du mouvement de son corps, il regarde devant lui avec une curiosité naïve. Pour fond : à gauche, un rideau presque noir ; à droite, un paysage apportant au groupe divin toutes ses belles clartés... Ce tableau fait songer à Palma Vecchio plutôt encore qu'à Jean Bellin. Sans grande portée religieuse, il est charmant.

Collection Reiset.

grandes analogies. La Vierge du musée du Louvre, comme celle du musée de Condé, devrait donc être mise, selon nous, au compte de Filippino Lippi. — On nous communique, au moment où nous mettons sous presse, la reproduction héliographique d'un tableau récemment découvert à Rome par M. le commandeur Venturi. Ce tableau est en tout semblable à celui du musée de Condé : la Vierge, le *Bambino* et l'ange sont absolument identiques ; la tête de l'ange, cependant, est laurée dans le tableau de Rome et ne l'est pas dans le tableau de Chantilly. L'architecture du fond est également la même. Ce fond, néanmoins, permet de ne pas confondre. La baie centrale, fermée dans le tableau de Chantilly, est ouverte sur la campagne dans le tableau de Rome ; la frise, décorée de fleurs dans la peinture de Monsieur le duc d'Aumale, est privée de tout ornement dans la peinture signalée par M. Venturi ; les roses, enfin, qui remplissent, à Chantilly, la corbeille présentée par l'ange à l'Enfant Jésus, sont remplacées, à Rome, par des grappes de raisin entremêlées d'épis de blé. Quoi qu'il en soit, les deux tableaux sont la répétition l'un de l'autre ; qui a peint l'un, a peint l'autre sans doute aussi. M. Venturi attribue à Sandro Botticelli le tableau qu'il a découvert à Rome. La même attribution était donnée au tableau de Chantilly. Nous avons exposé les raisons qui nous ont porté de préférence vers Filippino Lippi. Ces deux maîtres sont, d'ailleurs, tellement voisins l'un de l'autre, qu'on les a souvent confondus.

ZAGANELLI (FRANCESCO DA COTIGNOLA)

(Période d'activité de 1500 à 1520. — École bolonaise.)

Vasari parle de Zaganelli comme d'un peintre fort agréable, tout en le mettant en dessous de ses maîtres Palmezzani et Niccolò Rondinello; ce dernier avait été l'élève et le dévoué collaborateur de Jean Bellin. — Les figures de Zaganelli sont généralement assez belles, vêtues avec goût et plus petites que nature. Son dessin est ferme, mais il y a de l'âpreté dans son style, et ses compositions sont faibles pour la plupart. Il faut faire exception pour le *Baptême du Christ,* à Faenza, et surtout, dans la même ville, pour le grand tableau d'autel de l'église des Observantins, tableau représentant la *Vierge glorieuse* entourée de saints et accompagnée de personnages choisis parmi les contemporains de l'artiste... Le tableau du musée de Condé, qui représente également la *Vierge glorieuse,* nous renseigne assez exactement sur la manière de ce peintre rare et presque inconnu dans nos musées.

XXII. — *La Vierge glorieuse.*

Sur bois. — H. 0^m,30; L. 0^m,24.

La Vierge, assise sur un trône et vue presque de face, tient de ses deux mains l'Enfant Jésus, assis de trois quarts à gauche. Le trône, flanqué de pilastres de marbre supportant une demi-coupole dorée, est posé sur un piédestal orné d'un médaillon où se trouve, en camaïeu, la *Présentation au Temple;* de chaque côté, sont des soubassements décorés d'arabesques, peintes d'un goût délicat sur fond d'or. La Vierge porte sur ses cheveux un voile blanc qui descend sur sa poitrine, où il s'arrange en forme d'écharpe ; sa robe est rouge et son manteau bleu. Au double point de vue de la beauté physique et du sentiment religieux, cette petite Madone, quelque recueillie qu'elle soit, n'est guère faite pour réchauffer l'âme. L'Enfant Jésus, si gauchement engoncé dans sa chemise blanche, la refroidit plus encore. Les deux saints qui accompagnent le groupe divin sont d'une émotion plus vibrante. D'un côté, saint Jean-Baptiste est de profil à droite ; à peine vêtu d'une toison misérable et muni d'une longue croix de roseau tout enrubannée de légendes, il regarde d'un œil enflammé la Vierge et l'Enfant et joint devant eux ses mains avec ferveur. De l'autre côté, saint Sébastien, nu et presque de face, a les mains attachées derrière le dos et la poitrine percée d'une flèche ; il lève vers le ciel des yeux d'où son âme s'élance avec ardeur.

Cette peinture est d'une tonalité bizarre. Les chairs, de couleur briquetée, semblent cuites. On a peine à reconnaître là un descendant de Jean Bellin. Zaganelli, il est vrai, n'avait reçu que de seconde main l'enseignement du maître vénitien. Malgré ce qu'il présente d'insuffisant, ce petit tableau n'en est pas moins d'un intérêt incontestable. Il doit avoir été peint vers 1510. MM. Crowe et Cavalcaselle le comparent à celui du musée de Berlin (*la Vierge entre saint Jean-Baptiste et saint Antoine de Padoue*) et lui assignent la même date (1).

Collection Reiset.

ZENALE (BERNARDINO)

(... † 1526. — École milanaise.)

Bernardino da Treviglio est le nom sous lequel on a confondu Bernardino Butinoni et Bernardino Zenale, l'un et l'autre élèves de Civerchio et cumu-

---

(1) *Painting in North Italy*, t. I, p. 598.

lant, comme leur maître, la profession de peintre et celle d'écrivain. Le vrai Bernardino da Treviglio est Zenale, contemporain de Bramante. Vasari en parle comme d'un « grand dessinateur, qui fut ingénieur à Milan, et regardé par le Vinci comme un véritable maître, quoique ses peintures présentassent encore quelque aridité... » Parmi ses ouvrages, l'auteur de la *Vie des peintres* cite, dans le couvent des Grâces, une *Résurrection,* où les raccourcis étaient exécutés avec un rare talent. Zenale fut l'ami, le conseil et le confident de Léonard, qui, dans son traité de peinture, le cite continuellement comme exemple dans l'art de la perspective. L'architecture de l'*Annonciation* de l'église San Simpliciano, à Milan, suffit pour témoigner en faveur de sa science. Comme peintre, il se rattache à Mantegna, ainsi que la plupart des primitifs de l'école milanaise, mais il se ressent surtout du voisinage de Léonard. La Vierge du musée de Condé en est la preuve.

XXIII. — *La Vierge.*

Sur bois. — H. 0ᵐ,30; L. 0ᵐ,24.

La Vierge, en buste et de trois quarts à gauche, presque de face, se détache sur le fond noir d'une chambre, éclairée à gauche par une fenêtre cintrée qui laisse apercevoir un ciel clair dominant des lointains azurés. Les yeux de cette Vierge sont voilés par de larges paupières abaissées. Le front est moyen, le nez petit, la bouche délicate; les joues sont modelées au moyen d'ombres accumulées les unes sur les autres. Les cheveux à reflets roux, séparés en bandeaux légèrement ondés, sont recouverts par un pan du manteau bleu clair, arrangé sur la tête en forme de capuchon. La robe, qui est grenat plutôt que rouge, découvre le cou et le haut de la gorge; elle est d'ailleurs presque entièrement cachée par le manteau, qu'une broche à cabochon retient au milieu de la poitrine. Cette figure est recueillie, sans doute; elle prie, cela n'est pas douteux; mais le monde a gardé des droits sur elle, et elle ne donne pas l'idée de la Vierge.

On voit clairement par cette peinture que si Zenale relève de Mantegna, il tient de plus près encore à Léonard.

Collection Reiset.

LUINI (BERNARDINO)

(1460. Vivait encore en 1530. — École milanaise.)

Tout est indétermination autour de Luini. On indique vaguement Luino, sur le lac Majeur, comme son lieu de naissance, et plus vaguement encore on pense qu'il naquit vers 1460. On ignore la date de sa mort; on sait seulement qu'il vivait encore en 1530. Il étudia, dit-on, sous le Milanais Stefano Scotto, et, quoique très voisin de Léonard de Vinci, on ne le cite pas parmi ses élèves. D'après Resta, Luini n'arriva même à Milan qu'après le départ du Vinci. Cependant, il n'y a pas de preuves qui prouvent contre les œuvres, et aucune peinture, autant que celle de Luini, ne se rapproche de la peinture de Léonard. Vasari ne parle de Luini qu'incidemment dans les vies de Lorenzetto et de Boccaccino, et c'est pour estropier son nom : « *Fu similmente milanese et quasi ne medesimi tempi Bernardino del Lupino, pittore delicatissimo e molto vago* (1)... » Lomazzo ne s'en occupe qu'à propos de Gaudenzio Ferrari, qui avait été élève de Luini, et les biographes suivants n'en disent guère davantage. Lanzi est le premier qui lui ait assigné sa véritable importance.

Quoique Luini ait imité Léonard de Vinci à tel point qu'entre eux quelquefois la méprise a été possible, il possède une grâce particulière qui lui constitue une véritable originalité. Quelquefois aussi il s'est rapproché de Raphaël, mais de bien plus loin que de Léonard. Ses principales fresques

(1) VASARI, t. IV, p. 585. Édition Milanesi.

sont à Milan (surtout au musée Brera et dans l'église Santa Maria della Passione), à Saronno, à Lugano, à Côme, à Pavie, et ses tableaux se trouvent dans toutes les grandes galeries de l'Europe. Le musée de Condé en possède un dont l'authenticité n'est pas douteuse, ainsi que plusieurs fragments de fresque également indéniables.

XXIV. — L'Enfant Jésus, sauveur du monde.

Sur bois. — H. 0^m,36; L. 0^m,30.

L'Enfant Jésus est assis sur un fragment de rocher à l'entrée d'une grotte. De sa main gauche il tient une croix, et de sa main droite il la montre au spectateur. Sa jambe droite, vue de face, est allongée, le pied droit prenant son point d'appui sur le sol, tandis que sa jambe gauche, vue de profil, est relevée, le pied gauche posant sur une pomme entamée déjà, la pomme à laquelle nos premiers parents ont mordu dans le paradis. A gauche, un arbre, à la branche duquel pend un serpent mort. Le tentateur est vaincu, et c'est le Sauveur lui-même qu'il faut voir dans ce délicieux enfant. Sa tête, presque de face et légèrement penchée sur son épaule droite, est charmante. Elle a l'accent de nature et quelque chose aussi de l'accent religieux. Le regard s'y repose et l'esprit s'en pénètre. Les yeux de ce *Bambino* se fixent sur nous avec amour, et sa bouche est empreinte du même sentiment que ses yeux. Cette simple figure d'enfant, malgré ses points faibles (une certaine lourdeur dans les mains et les pieds), est douée d'une puissance d'attraction singulière. Le drame du christianisme semble là tout entier : la pomme est l'image de la chute originelle, le serpent rappelle le tentateur, la croix est le signe de la rédemption, et la victime éternelle, sous la forme d'un petit enfant, occupe à elle seule la totalité du tableau. Ces sortes d'enfants étaient parmi les modèles préférés de Luini. Il mettait en eux toute sa grâce et leur prodiguait ses plus chaudes caresses de pinceau. En les reproduisant à l'infini, il savait en varier à l'infini l'expression.

LUINI (BERNARDINO)

(1460 † 1530?)

ÉCOLE MILANAISE

L'ENFANT JÉSUS, SAUVEUR DU MONDE

LUINI (BERNARDINO)

(*1460 † 1530?*)

ÉCOLE MILANAISE

L'ENFANT JÉSUS, SAUVEUR DU MONDE

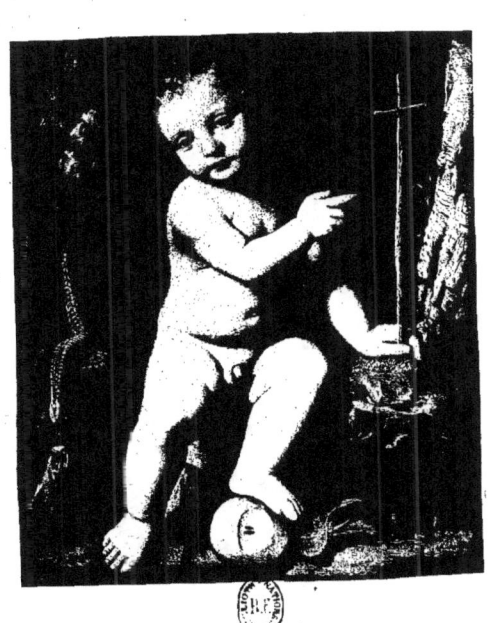

Cette peinture est d'une rare conservation. Jadis, on la donnait au Vinci. Cependant, le charme qui en émane est à Luini, rien qu'à lui. Si elle rappelle Léonard, ce n'est ni par le caractère pittoresque, ni par les analogies morales; c'est seulement par le genre de lumière dont elle est éclairée, par les ombres dont elle s'enveloppe, par la suavité des harmonies qui chantent autour d'elle. Elle se trouvait en 1823 dans la galerie de Fonthill Abbey, où elle était cataloguée sous le nom du Vinci. Apportée à Paris en 1841 par M. L. Nieuwenhuys, elle fut achetée par M. Frédéric Reiset, et c'est de la collection de ce dernier qu'elle passa, en 1879, dans la galerie de Monsieur le duc d'Aumale.

XXV. — *Enfant vu à mi-corps.*

Fragment de fresque de forme cintrée. H. 0^m,32; L. 0^m,41.

Cette charmante figure est de grandeur naturelle, coupée à mi-corps et de trois quarts à droite. Elle sourit au spectateur, qu'elle regarde avec malice, et, de ses deux mains portées en avant, elle cueille des grappes de raisin. Le torse, presque nu, est d'un excellent modelé.

Ce simple fragment suffit pour montrer dans Luini un des grands *freschistes* de son temps. Il se trouvait dans la villa Sommariva, à Cadenabbia, sur le lac de Côme. Détaché du mur et transporté sur bois, il fut acheté par M. Reiset à la vente Sommariva, et passa en 1879 dans la collection de Monsieur le duc d'Aumale.

XXVI. — *Buste de jeune fille.*

Fragment de fresque transporté sur bois. H. 0^m,29; L. 0^m,30.

La tête, de trois quarts à gauche, est coiffée de longs cheveux dénoués sur les épaules et d'un blond presque roux. Le visage est délicat, bien original.

Les yeux sont abaissés avec recueillement, et la bouche semble se recueillir aussi. La robe rouge est largement ouverte sur la poitrine.

Ce buste de jeune fille est d'un sentiment délicieux. Comme la fresque qui précède, il provient de la villa Sommariva, et c'est également après avoir passé par la collection Reiset qu'il entra dans la galerie de Chantilly.

XXVII. — *La Nativité.* (École de Luini.)

Tableau transporté de son ancien panneau sur toile. H. 1^m,27; L. 0^m,99.

La Vierge, vêtue d'une robe rouge et d'un manteau bleu ramené jusque sur sa tête, est agenouillée, de trois quarts à gauche, souriant avec bonheur au *Bambino* couché nu devant elle, et lui tendant les bras avec amour. Du côté opposé, saint Joseph, de trois quarts à droite, se tient en prière auprès de l'Enfant Jésus. Au fond, à droite, l'étable avec le bœuf et l'âne; à gauche, dans le lointain, les bergers; dans le ciel enfin, un chœur d'anges.

L'influence du maître milanais se fait vivement sentir dans ce tableau qui, sagement composé, d'un dessin correct et d'une belle coloration, appartient à l'école de Luini. Il provient de la galerie du prince de Salerne.

XXVIII. — *Tête de jeune femme* (École de Luini.)

H. 0^m,27; L. 0^m,22.

Cette tête de jeune femme se trouvait dans la galerie Northwick; ce fut à la vente de cette galerie que Monsieur le duc d'Aumale l'acheta en 1859. Elle était alors connue sous le nom de la *Joconde,* bien qu'elle n'eût rien de commun avec le célèbre portrait du musée du Louvre; on allait même jusqu'à la donner à Léonard de Vinci. On l'a mise ensuite sous le nom de Luini, sans que cette attribution puisse être tenue pour certaine. Elle est, d'ailleurs, tellement repeinte, qu'il est impossible d'y retrouver la trace vivante d'un maître. Si nous la plaçons à l'école de Luini, c'est qu'à sa coiffure, à ce qui reste de ses traits et de son sourire, on peut, à la rigueur, la faire entrer dans cette école… Elle est de trois quarts à droite; ses cheveux roux, annelés et retombants, descendent jusque sur son dos; ses yeux sont abaissés; sa bouche semble sourire. Un fin collier d'or, garni de rubis et de perles, entoure son cou et tombe sur sa poitrine, qui est nue et coupée à la hauteur des pectoraux. Malgré les outrages des restaurateurs, elle n'a pu se déprendre complètement de son charme original.

MARCO DA OGGIONE

(1460? † 1530. — École lombarde.)

Marco naquit vers 1460 à Oggione, dans le Milanais, et mourut en 1530. Il fut élève de Léonard de Vinci, qu'il copia et qu'il imita, tout en se tenant bien loin d'un tel maître. Ses fresques démontrent une grande habileté. Hors du Milanais, ses œuvres sont rares. On voit de lui une *Sainte Famille* au musée du Louvre, et une *Sainte Barbe* au musée de Condé.

XXIX. — *Sainte Barbe.*

Sur bois. — H. 0^m,62; L 0^m,32.

La sainte est debout et de face, au milieu de la campagne, la tête légèrement tournée de trois quarts à droite, tenant de sa main gauche la palme de son martyre et appuyant sa main droite sur la tour à trois fenêtres, qui est sa caractéristique dans le domaine de l'art religieux. Son abondante chevelure, d'un blond roux, est dénouée sur ses épaules, et ses traits, sans être beaux, ne manquent ni d'agrément ni de puissance. Sa robe jaune, ouverte en carré sur la poitrine et que dépasse une bande de linge blanc, est simplement attachée à la taille par un cordon de même couleur. Un grand manteau rouge, doublé de vert, tombe de l'épaule gauche jusque sur le bas de la figure, qu'il enveloppe, en ne découvrant que le bout des pieds nus. Des montagnes azurées ferment l'horizon de paysage qui sert de cadre et de fond à cette figure.

Si le caractère de ce tableau et si surtout la tête de la sainte relèvent de l'école milanaise, on sent, à l'intensité de la couleur, que Venise déborde sur la Lombardie, et que les exemples des grands Vénitiens, au commencement du seizième siècle, ont presque détourné à leur profit un des plus fervents adeptes de Léonard.

Collection Reiset.

ALBERTINELLI (MARIOTTO DI BIAGIO DI BINDO)

(1474 † 1515. — École florentine.)

Après avoir exercé la profession de batteur d'or, Albertinelli entra, vers l'âge de vingt ans, chez Cosimo Rosselli, où il rencontra Baccio della Porta (Fra Bartolommeo), dont il devint l'ami d'abord, le collaborateur ensuite, et qu'il chercha toujours à imiter. Lanzi exprime parfaitement ce que Mariotto fut par rapport au *Frate*. « On pourrait les comparer à deux ruisseaux sortis d'une même source pour devenir, l'un une rivière peu profonde, l'autre un fleuve majestueux (1). » Après la mort de Savonarole, Baccio della Porta prit l'habit de saint Dominique, et Mariotto, qui n'avait pas en

---

(1) *Histoire de la peinture en Italie*, t. I, p. 239.

lui l'étoffe d'un moine, perdit son guide. Le Frate se remit à peindre en 1509, et Mariotto Albertinelli redevint près de lui ce qu'il avait été jadis. Il s'en sépara de nouveau le 5 janvier 1512, pour vivre à sa guise et se faire aubergiste. Bientôt, cependant, il se reprit avec ardeur à la peinture, fit un voyage à Rome, et revint mourir d'épuisement à Florence.

XXX. — *Sainte Marie-Madeleine.*

Sur bois — H. 0^m,52 ; L. 0^m,40.

La figure, un peu moins grande que nature et coupée à mi-corps, est de trois quarts à gauche. La sainte, vêtue d'une robe bleue qui dégage le cou et d'un manteau rouge jeté sur l'épaule gauche, tient de sa main droite un vase d'or rempli de parfums. L'ovale de la tête est régulier, les traits sont délicats et fins, le front est bombé ; les cheveux blonds, séparés en bandeaux, sont dénoués sur les épaules.

Ce tableau, d'un coloris vigoureux, rappelle, avec quelque sécheresse, certaines peintures de Fra Bartolommeo.

Collection Reiset.

BARTOLOMMEO (FRA) DI PAOLO DEL FATTORINO, DIT BACCIO DELLA PORTA (1)

(1475 † 1517. — École florentine.)

Baccio della Porta naquit en 1475 au village de Savignano, près de Flo-

---

(1) Si nous inscrivons le nom de Fra Bartolommeo en tête d'une *Notice* où il va être question d'une peinture attribuée à Pellegrino de Modène, c'est que cette peinture n'est que la répétition d'un des tableaux célèbres du Frate, et que le copiste disparaît presque derrière le maître, quoiqu'il ait introduit dans sa copie une variante d'un réel intérêt.

rence. Il entra dans l'atelier de Cosimo Rosselli, où il eut pour condisciple Mariotto Albertinelli, qui devint son ami et fut souvent son collaborateur. Comme tous les artistes florentins de son temps, il étudia les marbres antiques que Laurent de Médicis avait réunis dans ses jardins. Ayant vécu dans l'intimité de Savonarole, il revêtit l'habit de saint Dominique et renonça à la peinture après la mort du réformateur (26 juillet 1500). Six ans plus tard (1506), il se reprit à l'art et fit des chefs-d'œuvre, ce qui ne l'empêcha pas de rester un saint homme. Il put alors profiter des enseignements de Léonard et de Michel-Ange, recevoir de Raphaël le don divin de la grâce, et apprendre des grands Vénitiens les secrets de cette couleur harmonieuse et chaude, qui devint un de ses grands charmes. Sa dévotion est aimable et sans prétention à la profondeur. Le Frate est, avec André del Sarte, au premier rang des peintres florentins du seizième siècle. Il mourut à Florence, au couvent de Saint-Marc, le 6 octobre 1517.

XXXI. — *La Vierge de Ferry Carondelet.* (Réplique avec variante du tableau de la cathédrale de Besançon.)

Sur bois. — H. 0^m,41 ; L. 0^m,38.

La Vierge qui fut commandée à Fra Bartolommeo par Ferry Carondelet et donnée par lui à l'église de Saint-Étienne, la seconde des cathédrales de Besançon, mesure 2^m,60 de haut sur 2^m,30 de large... Sur les degrés d'un temple au fond duquel on a vue sur la campagne, se tiennent : à gauche, saint Sébastien et saint Étienne debout, avec saint Jean-Baptiste, agenouillé devant eux ; à droite, saint Bernard et saint Antoine, également debout, avec Ferry Carondelet, mêmement agenouillé vis-à-vis du Précurseur. Entre ces deux groupes symétriques, et au-dessus d'eux, la Vierge et l'Enfant Jésus, escortés de deux anges musiciens, apparaissent portés sur des nuées, d'où émergent d'autres anges au nombre de cinq. La Vierge, vêtue traditionnellement de la robe rouge et du manteau bleu doublé de vert, est assise sur un nuage, et l'Enfant Jésus est assis sur les genoux de sa mère. Le *Bambino*, de trois quarts à gauche, regarde saint Sébastien et le bénit ; la Vierge, de trois quarts à droite, abaisse les yeux avec bienveillance vers Ferry Carondelet. L'ombre et la lumière enveloppent délicieusement toutes ces figures. Les saints, dans leurs draperies harmonieuses, vivent d'une vie religieuse très intense et très douce à la fois. La Vierge et l'Enfant Jésus sont le foyer d'un amour qui se répand sur les anges, sur les bienheureux et jusque sur le donateur, qui n'en reste pas moins un admirable portrait. Tel est le tableau du Frate dans la cathédrale de Besançon.

La réplique de ce tableau, que possède le musée de Condé, est une réduction au sixième environ. Elle serait identique à l'original, si le donateur n'était remplacé par une sainte Marie-Madeleine, dans laquelle on a tout lieu de reconnaître également un portrait. Cette prétendue Madeleine, agenouillée comme l'était Carondelet, tend sa main droite vers le groupe divin et pose sa main gauche sur le couvercle d'un vase d'or placé à terre devant elle (c'est le vase plein des parfums répandus par la pécheresse sur les pieds du Sauveur) ; mais la caractéristique de la sainte n'est là que pour couvrir la mondanité de la femme. Tout est profane, en effet, en cette figure, qui est coquettement parée, jolie plutôt que belle, et marquée d'un caractère tout à fait individuel. La tête, tournée de trois quarts à gauche, sourit au spectateur d'un air presque provocant. Des perles en forme de poires pendent aux oreilles, et, dans la chevelure blonde surmontée d'un voile arrangé en diadème, brille un bijou d'or, d'où tombe encore une perle au milieu du front. Le costume est à l'avenant : robe rose, avec manches ornées de crevés blancs ; long manteau rouge doublé de vert, formant traîne et imprimant une élégance particulière à toute la figure... Pourquoi le copiste a-t-il substitué au donateur cette aimable personne ?... Rappelons-nous que Ferry Carondelet, quoique grand archidiacre, n'était pas entré dans les ordres et qu'il avait une maîtresse, dont il eut un fils qui fut légitimé. Ne peut-on supposer dès lors que ce grand archidiacre, après avoir donné quelque chose de son âme à l'église Saint-Étienne, en se plaçant lui-même aux pieds de la Vierge du Frate, ait voulu garder aussi quelque chose de son cœur, en se faisant, dans une réplique de ce grand tableau, remplacer par la femme qu'il aimait ?

On connaît trois exemplaires de cette même réplique, datant tous trois du seizième siècle et montrant une variante identique : le premier est celui qui, de la collection Northwick, est passé dans la galerie de Chantilly ; le second est à Londres, au Soane's Museum ; le troisième appartient à M. le marquis de Terrier Santans, à Besançon. Cette dernière répétition est pourvue d'un tympan, dans lequel est peint le *Couronnement de la Vierge*, qui surmontait jadis le tableau du Frate. Cette peinture complémentaire, exécutée par Mariotto Albertinelli et signée de son nom, se trouve, fragmentée en trois morceaux, au musée de Stuttgard (1).

La copie du musée de Condé était inscrite sous le nom de Pellegrino de Modène dans la collection Northwick... Pellegrino Munari, dit Pellegrino de Modène, est un Lombard que Raphaël revendique légitimement comme un des siens. C'est à lui que Raphaël avait confié l'exécution de l'*Histoire de Jacob et de Salomon*, dans les Loges du Vatican. Nul mieux que Pellegrino n'a reproduit le charme du maître. De retour à Modène, il y propagea la manière de Raphaël, et y mourut misérablement en 1523. Son fils avait commis un meurtre et s'était sauvé ; les parents de la victime se vengèrent sur le père et le tuèrent... La grâce toute spéciale de la copie du tableau de Fra Bartolommeo autorise à l'attribuer à Pellegrino. Les attributions, d'ailleurs, si souvent problématiques pour les œuvres originales, le sont bien autrement encore quand il s'agit de copies.

(1) De nombreuses études ont été publiées sur la *Vierge de Besançon* : par le P. Marchese, le P. Bayonne, M. l'abbé de Beauséjour, M. Gustave Gruyer. C'est M. Castan qui a dit le dernier mot sur cet admirable tableau et sur les répétitions qui en ont été faites.

VECELLI (TIZIANO), dit LE TITIEN

(1477 † 1576. — École vénitienne.)

Titien naquit à Pieve di Cadore en 1477, et reçut, tout enfant, ses premières leçons de dessin d'un humble peintre de sa province, Antonio Rossi. Son père l'envoya à Venise vers l'âge de dix ans chez un de ses oncles, qui le mit d'abord dans l'atelier de Sebastiano Zuccato, maître mosaïste, et le confia ensuite à Gentile Bellini, d'où il passa chez Jean Bellin. Ce dernier fut son véritable maître. A l'encontre de Giorgione, dont il fut le condisciple et dont il devint l'émule, il sut ménager ses forces et être soigneux de sa vie. Il vint, d'ailleurs, au bon moment. Il avait vingt-trois ans en 1500; sa jeunesse se confondait avec l'aurore d'un siècle nouveau. En 1510, Giorgione mourait, laissant libre à Venise la première place. Jean Bellin avait achevé sa tâche, Carpaccio de même, Palma ne tenait pas ce qu'il avait promis, Sebastiano Luciani (Sébastien del Piombo) émigrait à Rome, Lorenzo Lotto se cantonnait dans les Romagnes. Titien s'empara de Venise et y maintint sa domination durant plus de soixante ans. Travailleur infatigable, passionné pour son art, savant dessinateur, coloriste incomparable, esprit calme dans un corps robuste, indifférent aux nobles inquiétudes de son temps, caractère souple, âme presque effacée, vivant dans l'intimité des princes, *compère* de l'Arétin, courtisan de tout le monde, il ne demanda guère à son art que des satisfactions matérielles et les eut aussi complètes que possible. Il faut oublier les faiblesses de l'homme et ne voir que son génie, qui est de tous points admirable... Les premiers tableaux de Titien se ressentent de l'influence de Jean Bellin. Titien se rapproche ensuite de Palma Vecchio et de Giorgione; mais il ne tarde pas à entrer en possession de son style, et produit dès lors une suite ininterrompue de chefs-d'œuvre religieux ou profanes.

On en peut suivre la progression en regardant successivement : les fresques de la *Légende de saint Antoine de Padoue* à la Scuola di Sant'Antonio, l'*Assomption* de l'église des Frari (actuellement dans la galerie de l'Académie des Beaux-Arts), le *Christ à la Monnaie* à Dresde, le *Saint Marc* de l'église de la Salute, les *Pesaro adorant la Vierge* à Venise, la *Mise au tombeau* et le *Couronnement d'épines* au musée du Louvre, les *Bacchanales* du Prado et de la *National Gallery*, la *Vénus* de la Tribune de Florence, l'*Amour sacré et l'Amour profane* du palais Borghèse, *Diane et Calysto, Bacchus et Ariane*, etc. On doit mentionner spécialement ses fonds de paysages qui sont d'une radieuse beauté. Comme portraitiste aussi, Titien est de premier ordre. Tous les grands de la terre sont venus poser devant lui, et nul n'a su rendre d'une manière plus saisissante le caractère de chacun d'eux. Témoin les portraits d'*Alphonse d'Avalos*, de l'*Homme au Gant* et de la *Jeune Femme à sa toilette* au musée du Louvre, de *Charles-Quint* et de *Philippe II* au musée de Madrid, de la *Duchesse d'Urbin* au palais Pitti, de la *Bella* au musée des Offices, etc. Titien mourut de la peste à Venise, le 27 août 1576, comme il touchait à sa centième année.

Le *Christ* de la galerie de Chantilly, pour n'être qu'une simple figure et même un simple buste, n'en révèle pas moins les hautes qualités du maître.

XXXII. — *Le Christ au roseau.*

Sur toile. — H. 0^m,73 ; L. 0^m,59.

La figure est de grandeur naturelle, à mi-corps et presque de profil à droite, sur fond perdu noir. Jésus, couronné d'épines, tient, dans ses mains liées ensemble, le sceptre de roseau. Sur son corps déjà déchiré, on a jeté un manteau de pourpre dérisoire, qui couvre seulement le bras gauche et laisse à nu la poitrine, l'épaule et le bras droits, tout saignants de la flagellation. Ainsi accoutré, le Sauveur incline sa tête avec résignation. A travers l'épaisse et longue chevelure brune, les épines ont pénétré la peau du crâne, et le front, le visage et le cou en sont tout ensanglantés ; les paupières abaissées sont rougies par la souffrance, et le sentiment douloureux de la bouche se fait jour sous la barbe, qui cache tout le bas du visage. Sur cette dramatique figure, Titien a répandu les riches harmonies de son incomparable couleur. Les chairs, pénétrées de clartés, tirent de la pourpre qui les avoisine un redoublement de chaleur et de vie. La main gauche est admirable. On ne saurait trop remarquer la construction savante du torse et des bras. L'ombre et la lumière, distribuées avec une parfaite mesure, produisent dans toute cette musculature une unité d'impression qui ravit l'œil en satisfaisant l'esprit complètement.

Ce tableau avait été laissé par Titien lui-même chez les Averoldi de Brescia pour reconnaître l'hospitalité qu'il en avait reçue, et il était resté dans cette famille jusqu'en 1858, époque à laquelle Monsieur le duc d'Aumale en fit l'acquisition. En proclamant alors l'authenticité de cette peinture, l'Académie de Milan, en vertu de la législation autrichienne, s'opposa à son exportation hors du royaume lombard-vénitien. Ce fut grâce à l'intervention de S. A. I. l'archiduc Maximilien que l'ordre arriva de Vienne pour lever cette interdiction. Une réplique de cette figure de Christ se trouve au musée impérial de Vienne.

XXXIII. — *Portrait de Charles-Quint.* (Ecole de Titien.)

Sur bois. — H. 0^m,17; L. 0^m,13.

Petit portrait en buste, coupé au milieu de la poitrine. La tête est nue, de trois quarts à droite, et reproduit les portraits de l'empereur plusieurs fois répétés par Titien. Charles-Quint, sans être de première jeunesse, n'est pas encore là dans un âge avancé. Ses cheveux, coupés ras, sont châtain roux, et sa barbe est de même ton. Il est revêtu d'une cuirasse, avec un col blanc rabattu sur le hausse-col, et porte le collier de la Toison d'or. Dans ce portrait, sommairement exécuté, on retrouve un reflet des belles colorations du maître.

BARBARELLI (GIORGIO), dit LE GIORGIONE

(1478 † 1511. — École vénitienne.)

Dans le brillant orchestre dont les sonorités remplissent le seizième siècle vénitien, Barbarelli est un des principaux virtuoses. La nature lui avait donné une taille et une force extraordinaires, d'où la terminaison *one* dont ses contemporains avaient grossi son prénom de *Giorgio* pour en faire le nom de *Giorgione*. Il naquit en 1478 à Castelfranco, et fut élève de Jean Bellin. Vasari prétend qu'il emprunta beaucoup à Léonard de Vinci, et Boschini réfute cette opinion. Discussions vaines!... Passionné, voluptueux, batailleur, puissant paysagiste et beau peintre de portraits, il fut insuffisant comme peintre d'histoire. Sa peinture a quelque chose de radieux et de triomphant : il répand la lumière avec abondance sur toutes les parties de ses tableaux. Il en charge sa palette et en fait montre à tout propos. Ses couleurs, depuis les plus claires jusqu'aux plus sombres, semblent saturées de soleil, et il les prodigue avec une fougue qui fait partie de son originalité. La puissance du procédé, l'éclat des couleurs tempéré par les harmonies les plus chaudes; voilà son fort. L'inanité du sentiment, la pénurie des idées, l'indigence de l'invention, l'opulence des formes poussée jusqu'à l'exagération; voilà son faible. Il est tour à tour emporté par les plus belles audaces et paralysé par les plus vulgaires défaillances. L'exubérance de sa vie déborde dans ses œuvres. On peut s'en convaincre en regardant ce qui subsiste de lui : à Venise, à Castelfranco, à Trévise, à Florence, à Vienne, à Dresde, à Madrid, à Paris. Il avait décoré de fresques nombre de palais vénitiens, et il n'en subsiste rien; la plus grande partie de ses ouvrages, décrits par Ridolfi et par l'Anonyme de Morelli, a également disparu. Giorgione mourut en 1511, à l'âge de trente-trois ans, et l'histoire de sa mort est une légende d'amour. Il eut beaucoup d'élèves et d'imitateurs. C'est ce qui explique le grand nombre de peintures qui le rappellent sans avoir précisément ses vives qualités Le tableau de la galerie de Chantilly est parmi ces peintures.

XXXIV. — *La Femme adultère*. (École de Giorgione.)

Sur bois. — H. 0ᵐ,80; L. 0ᵐ,94.

Toutes les figures de ce tableau sont de grandeur naturelle et coupées à mi-corps par une barre d'appui. La femme coupable, amenée par un garde en présence de Jésus, se tient debout devant lui, de trois quarts à gauche, les mains jointes, dans une attitude pleine de franchise et d'humilité, jeune, belle, transfigurée déjà par la miséricorde divine. Le Sauveur, presque de profil à droite et portant la main droite à son cœur, abaisse avec mansuétude sur la pécheresse un regard attristé. Derrière le Dieu de bonté, derrière le Dieu qui pardonne, deux Pharisiens, dont l'âme est inaccessible à la pitié, argumentent et condamnent.

Nous avons rappelé ce que fut Giorgione. Les caractéristiques si saisissantes du maître ne se retrouvent ici que d'une façon réflexe. Devant ce tableau, on est dans le voisinage de Giorgione, mais on ne se sent pas en sa présence. Le dessin a une certaine sécheresse qu'il n'aurait pas eue sous sa main, et la couleur est moins enveloppée qu'elle n'aurait été sous son pinceau. La chaleur du ton s'est refroidie en se communiquant. Il y a là des faiblesses qui trahissent un imitateur. Waagen, cependant, qui avait vu ce tableau dans la galerie de lord Northwick, l'avait attribué à Giorgione lui-même, tout en déclarant l'avoir vu trop haut placé pour maintenir son affirmation (1). MM. Crowe et Cavalcaselle, après l'avoir examiné, ont cru

(1) WAAGEN, *Art treasures in Great Britain*, t. III, p. 202.

avoir retrouvé une œuvre signalée au seizième siècle par Sansovino dans le palais Pesaro, et, tout en y reconnaissant l'influence de Giorgione, ils ont nommé Sébastien del Piombo.

Cette peinture, qui avait passé de la galerie d'Orléans dans celle de lord Northwick, était cataloguée dans ces galeries sous le nom même du Giorgione. Elle fut vendue à Londres, en 1860, par M. Nieuwenhuys à Monsieur le duc d'Aumale. Nous croyons devoir la mettre, dans la galerie de Chantilly, au compte de l'école de Barbarelli.

PALMA (JACOPO), dit PALMA VECCHIO

(1480 † 1528. — École vénitienne.)

On sait peu de chose sur Palma Vecchio. Né en 1480 à Serinalta, près Bergame, il entra à l'école de Jean Bellin, où il eut pour condisciples Titien, Lorenzo Lotto et Giorgione. Abandonnant très jeune encore le terrain où s'était tenu son maître, il se lança résolument en avant. Son premier élan sembla irrésistible, et l'on crut un moment qu'il allait dépasser ses émules; mais il s'arrêta court, et, après avoir produit quelques chefs-d'œuvre, il ne fit guère que se répéter avec un accent de moins en moins convaincu.

Dans les tableaux de Palma Vecchio les formes sont d'une ampleur souvent exagérée; mais la jeunesse et la fraîcheur des figures font oublier ce qu'elles ont d'excessif. Les draperies, arrangées avec goût, sont largement taillées. Le rouge en est le ton dominant; tandis que dans les chairs le rose est presque à lui seul la partie chantante. Palma revenait toujours sur le même sujet et le polissait sans se lasser jamais. On trouva chez lui, après sa mort, jusqu'à quarante-quatre tableaux auxquels il n'avait pas mis la dernière main.

PALMA VECCHIO
(1480 † 1528)

ÉCOLE VÉNITIENNE

LA VIERGE, L'ENFANT JÉSUS, SAINT PIERRE SAINT JÉROME ET UN DONATEUR

SUSAN SONTAG E LA BOLLYWOOD

LA VERBCE L'EUROPA VERSA STILE LIBERE

ECOLE AZZURRIZZE

(1880-1258)

GIORGIO AGGIRO

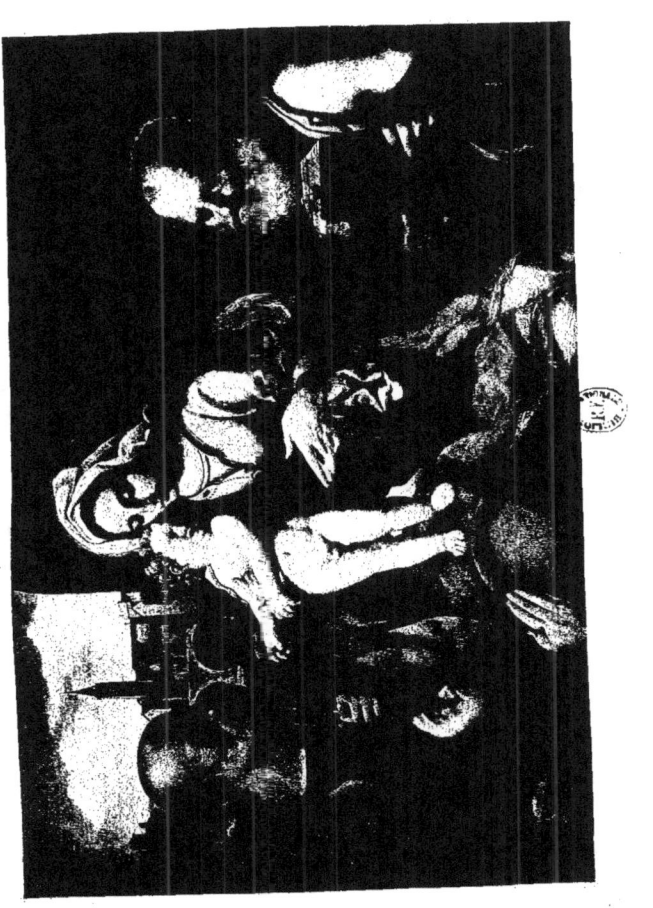

Il se contentait de ce qui est extérieur et ne cherchait pas au delà. Le charme de ses têtes de femmes et d'enfants lui est particulier. Violanta, sa fille, beauté opulente et superbe, fut son modèle de prédilection. On la retrouve dans les plus célèbres peintures de son père, jusque dans les saintes et dans les Madones. Tout entier aux dehors resplendissants de la vie, Palma semble avoir ignoré que les grandes œuvres de l'art sont pénétrées du sentiment de la couleur. Il n'y a guère dans l'école vénitienne de plus fière peinture que la *Santa Barbara* de l'église Santa Maria Formosa. Longtemps regardée comme le chef-d'œuvre de Giorgione, on l'a restituée à Palma Vecchio. Les principaux ouvrages de ce peintre sont dans la galerie de l'Académie des Beaux-Arts à Venise, dans l'église San Stefano à Vicence, au musée des Offices, au dôme de Scrinalta, au musée de Bergame, à la galerie Brera, dans les palais Borghèse, Barberini, Colonna et Sciarra à Rome, au musée de Naples, au Belvédère de Vienne, dans la galerie de Dresde, à la Pinacothèque de Munich, au musée du Louvre, dans la galerie de Chantilly enfin. La date de 1500, écrite sur ce dernier tableau, prouve qu'à l'âge de vingt ans Palma Vecchio était en pleine possession de son talent. Il mourut en 1528, à l'âge de quarante-huit ans.

XXXV. — *La Vierge, l'Enfant Jésus, saint Pierre, saint Jérôme et un donateur.*

Toile. — H. 0^m,96; L. 1^m,40.

La Vierge, vue à mi-jambes et de trois quarts à gauche, est assise au milieu du tableau. Son visage est agréable, mais sans caractère religieux. Une draperie blanche, bordée d'une broderie d'or, est jetée sur ses cheveux. Sa robe rouge, qui dégage son cou, est dégrafée sur le haut de la poitrine; un ample manteau bleu, doublé de vert, la recouvre en partie. De sa main droite elle soutient le *Bambino*; de sa main gauche elle lui montre le donateur. — L'Enfant Jésus, qui ne fait rien pressentir non plus de surnaturel, est entièrement nu. Debout sur le genou droit de sa mère, il tourne la tête vers elle, en portant, par un mouvement inverse, ses deux bras en avant. — En face du groupe divin (à gauche), saint Pierre de trois quarts à droite, vêtu d'une robe noire et d'un manteau jaune, tient de sa main gauche les clefs du paradis et pose avec protection sa main droite sur le donateur, qu'il présente à la Vierge et au *Bambino*. Cette figure d'apôtre, avec sa robuste carrure, son crâne dénudé, sa barbe courte, sa rude et franche physionomie, vibre encore d'un accent religieux de bon aloi. Devant le saint, le donateur, coiffé d'une épaisse chevelure brune et portant une simple robe noire, est agenouillé, de profil à droite et les mains jointes, aux pieds de la Vierge, de sorte que le cadre ne laisse paraître de lui que le buste. On a là un très beau portrait. — Du côté opposé (à droite), saint Jérôme de trois quarts à gauche, enveloppé d'une draperie violette et coiffé d'un bonnet qui nous ramène encore vers le quinzième siècle, tient de ses deux mains un livre ouvert, relié de rouge, avec des gaufrures dorées sur la tranche, d'où s'échappe un signet sur lequel on lit : IACHOBUS. PALMA. M. D. Cette figure est d'une bonne tenue religieuse. — Comme fond : à droite, une draperie verte qui prend les deux tiers de la largeur du tableau; à gauche, un bout de paysage faisant suite à une ville, précédée d'un pont.

Ce tableau est daté de 1500. En ce temps-là Palma, comme peintre, semblait devoir régner en maître dans cette triomphante Venise, sur laquelle se levait l'aurore radieuse du seizième siècle. La voix des vieux maîtres allait être étouffée sous les fanfares de la couleur à outrance, et si les saints parfois se reconnaissaient encore, la Vierge était déjà presque méconnaissable. Mais n'y avait-il pas dans la couleur, chauffée à ce degré, un genre nouveau de poésie? Ne chantait-elle pas à sa manière une sorte de cantique religieux? Jamais peut-être la peinture vénitienne n'a fait entendre de plus retentissantes sonorités que dans ces sortes de tableaux, auxquels l'admiration, d'ailleurs, n'a jamais fait défaut (1).

(1) Voy. Otto MUNDLER, *Analyse critique de la notice des tableaux italiens du musée du Louvre*, 1850, p. 147 et 148; MM. CROWE et CAVALCASELLE, *Painting in North Italy*, p. 459 et 460, etc.

Ce beau et important ouvrage, avant d'entrer dans la galerie de Chantilly, a passé par les collections Giustiniani, Talleyrand, Henri Northwick et Fr. Reiset.

MAZZOLINO (LODOVICO)

(1480? † 1530? — École ferraraise.)

Lodovico Mazzolino, fils de Giovanni di Querino (ou Guirino) Mazzolino, naquit vers 1480 et fut peut-être élève de Lorenzo Costa. Il travailla surtout à Bologne et à Ferrare. Ses grandes peintures sont rares et assez faibles ; ses petits tableaux sont nombreux et se distinguent par des qualités spéciales. Ce qui les caractérise surtout, c'est le fini et c'est aussi la richesse du ton. Ils sont d'un faire tellement précieux, qu'ils rivalisent avec les plus délicates miniatures. Les bas-reliefs que Lodovico introduit souvent dans l'architecture de ses tableaux sont d'une si grande minutie qu'ils deviennent eux-mêmes de véritables tableaux. Ses figures ont quelque chose de germanique; ses têtes ont l'accent de nature, mais sont loin d'être suffisamment choisies. La réalité y confine souvent à la trivialité, et l'expression y est poussée quelquefois jusqu'à la caricature. Mazzolino affectionne les colorations brûlantes. On a quelquefois donné certains de ses tableaux à Gaudenzio Ferrari ou à Gio. Battista Benvenuti (l'Ortolano). Mazzolino a, cependant, des dons personnels, sur lesquels il est difficile de se méprendre.

XXXVI. — *Ecce homo.*

Sur bois. — H. 0m,55; L. 0m,43.

Ce tableau est coupé en deux parties distinctes : en haut, le prétoire en forme de terrasse, réservé au monde officiel ; en bas, la rue, avec tout ce qui s'y rencontre, quand on y a déchaîné la violence et la haine. — Le prétoire est porté sur de hauts soubassements de marbre blanc, surmontés d'entablements décorés de bas-reliefs dans le goût de l'antique et de corniches supportant de chaque côté les balustres des balcons. Jésus-Christ vient d'être condamné. Pilate l'a livré à ses ennemis, et on voit le Sauveur au milieu de la terrasse, dépouillé de ses vêtements, entouré de ses accusateurs et de ses bourreaux, tout apprêté déjà pour la mort. Ce Christ manque de grandeur et de pathétique. Mazzolino n'a pas des ailes assez fortes pour s'élever jusqu'à Dieu. Par contre, il est dans son élément parmi les foules, en compagnie des âmes moyennes et des cœurs faibles. Ils sont une vingtaine au moins qui argumentent et s'agitent autour de la victime. Dans cette partie du tableau, la vengeance se couvre des dehors de la modération.
— Dans la partie inférieure, au contraire, la populace donne libre cours à ses colères contre le Juste. Là, les gestes sont violents et les bouches pleines d'invectives. Toutes ces figures plébéiennes, affublées de draperies extravagantes, composent un ensemble pittoresque, où l'esprit ne manque pas, mais où la mesure et le goût font défaut.

La composition de ce tableau est savante. Dans les tons, qui sont tous d'une remarquable vigueur, c'est le jaune virant à l'orange qui domine. L'excès de cette couleur est dans les habitudes du peintre. Sans doute le drame n'est pas très vivement ressenti, mais les brûlantes colorations frappent comme d'un coup de chaleur et font oublier bien des choses. Nous avons là un des meilleurs échantillons de la manière du maître.

ÉCOLES ÉTRANGÈRES.

Ce tableau provient de la collection Northwick. Monsieur le duc d'Aumale l'acheta de M. Nieuwenhuys en 1860.

XXXVII. — *La Vierge, l'Enfant Jésus et saint Antoine.*

Sur bois. — H. 0^m,22; L. 0^m,25.

La Vierge, vêtue d'une robe rouge et d'un manteau bleu, est assise de trois quarts à gauche au pied d'un arbre, au milieu d'une fraîche campagne. Elle tient debout sur ses genoux l'Enfant Jésus qui, nu et de trois quarts à gauche, bénit saint Antoine agenouillé devant lui. Le saint moine, de trois quarts faible à droite, presque de profil, porte l'habit de son Ordre, une robe brune et un manteau noir. On lit au bas, en lettres d'or, la date de 1525 et le mot NOBER.

Ce tableau fut acquis en vente publique par M. Reiset en 1837, et vendu par lui à Monsieur le duc d'Aumale en 1879.

SANTI (RAFFAELLO), DIT RAPHAEL SANZIO

(1483-1520 — École romaine.)

Les peintres ombriens qui travaillaient au Vatican à la fin du quinzième siècle et dans les premières années du seizième vivaient à Rome comme s'ils n'étaient jamais sortis de Pérouse ; pour eux, l'humanité semblait contenue tout entière dans l'école de Pietro Vannucci. Raphaël, sans renier Pérugin, rompit avec la routine péruginesque. Il comprit que tous les âges du monde sont solidaires les uns des autres, et se donna pour mission d'affirmer cette solidarité. Après avoir tout appris de la Renaissance, il interrogea l'antiquité, et concilia dans un admirable accord les enseignements de tous les temps.

Raphaël naquit à Urbin le 6 avril 1483. Il avait huit ans en 1491 quand il perdit sa mère Magia, fille de Battista Ciarla, et onze ans en 1494 quand mourut Giovanni Santi son père, qui avait été son premier maître. On le plaça, en 1495, à Pérouse chez Pietro Vannucci, et pendant cinq ans il se soumit avec une docilité parfaite à la discipline de l'école. Aux abords de 1500, l'élève, à son insu peut-être, mettait dans certains tableaux de son maître des éclairs de son propre génie. (Voir la *Résurrection du Christ* à la galerie Vaticane, les *Archanges Michel et Raphaël* à la *National Gallery* de Londres, le *Petit saint Jean caressant l'Enfant Jésus* dans l'église San Pietro Maggiore à Pérouse.) De 1500 à 1503, Raphaël assiste Pinturicchio dans les travaux de la *libreria* de la cathédrale de Sienne. Le *Couronnement de la Vierge* au musée du Vatican, la *Vierge Connestabile* au musée de l'Ermitage et le *Rêve du chevalier* à la *National Gallery*, sont, à cet instant de sa vie, ses meilleurs et ses plus irrécusables témoins. En 1504, dans le *Sposalizio* du musée Brera, sous prétexte d'une copie, il fait une œuvre décidément maîtresse. Il se trouvait dès lors trop à l'étroit sur le territoire ombrien; Florence l'attirait; il y alla et y resta de 1505 à 1508, avec des alternatives de séjour à Pérouse, à Bologne et à Urbin. Masaccio et Léonard de Vinci devinrent ses maîtres de prédilection, et, sans rien perdre de sa grâce native, sans renier Pérugin, sans transition brusque, mais en s'élevant graduellement et toujours, il peignit cette suite d'admirables Vierges : la *Vierge du Grand-Duc*, la *Vierge du duc Terranuova*, les deux *Vierges de lord Cowper*, la *Vierge de saint Antoine de Padoue*, la *Vierge des Ansidei*, la *Vierge au Chardonneret*, la *Vierge dans la Prairie*, la *Vierge de la maison Canigiani*, la *Vierge de la maison Tempi*, la *Vierge au Palmier*, la *Vierge de la maison d'Orléans*, la *Petite Sainte Famille du musée de Madrid*, la *Vierge à l'Œillet*, la *Vierge avec l'Enfant endormi*, la *Vierge de la maison Colonna*, la *Vierge au Baldaquin*, la *Belle Jardinière*, ainsi que la *Fresque de San Severo*, les *Portraits d'Angelo et de Maddalena Doni*, les deux *Portraits de femme* de la Tribune et du palais Pitti, son propre portrait (1), la *Pietà*, les *Trois Grâces*, les deux *Saint Georges*, le *Petit saint Michel*, la *Sainte Catherine d'Alexandrie* et la *Mise au tombeau*.

Raphaël fut appelé à Rome par Jules II en 1508. Le moment où il entra au Vatican pour la première fois fut le plus solennel de sa vie. Sûr de lui-même et rempli d'ardeur, — le carton de l'*École d'Athènes* à l'Ambrosienne en est tout frémissant, — il se mit à l'œuvre dans la Chambre de la Signature, où il évoqua la plus merveilleuse vision : la philosophie (l'*École d'Athènes*), la poésie (le *Parnasse*) et le droit (la *Jurisprudence*), faisant cause commune avec la théologie (la *Dispute du Saint Sacrement*), sous le patronage de la papauté. Les fresques de la *Segnatura* furent exécutées de 1508 à 1511. Aussitôt après et peut-être au cours de ce travail se placent : les *Portraits de François Marie della Rovere*, du *Marquis de Mantoue*, de *la Fornarine*, de *Bindo Altoviti*, de *Jules II*, la *Vierge de Lorette*, la *Vierge Aldobrandini*, la *Vierge d'Albe*, la *Vierge de Foligno*, la *Vierge au Diadème*, la *Vierge de lord Ellesmere*, la *Vierge au Poisson*, la *Sainte Famille de Naples*. De 1512 à 1514, Raphaël peignit les fresques de la Chambre d'Héliodore, dans lesquelles, sous le couvert d'un passé glorieux pour l'Église, il célébra les actes de la papauté régnante. Le *Châtiment d'Héliodore* et la *Messe de Bolsène* rappelèrent, par allusion, le *fuori barbari* de Jules II et l'immuabilité grandiose du pontife romain vis-à-vis de l'hérésie menaçante. Jules II étant mort le 21 février 1513, et le cardinal Jean de Médicis ayant été élu pape sous le nom de Léon X le 11 mars suivant, la *Délivrance de saint Pierre* fit allusion à l'évasion du cardinal Jean, retenu prisonnier par Louis XII après la bataille de Ravenne, et l'*Attila* montra l'Italie soustraite à l'invasion par l'habileté de Léon X. Dans ces inoubliables fresques, la collaboration des élèves se fait déjà sentir. Les collaborateurs prendront de plus en plus la place du maître dans les Loges vaticanes, ainsi qu'à la Farnésine ; ils iront jusqu'à le rendre méconnaissable dans les fresques de la Chambre de Charlemagne. Raphaël était alors architecte de Saint-Pierre et du Vatican, directeur des antiquités et des fouilles ; la

(1) *Portrait de Raphaël par lui-même*, au musée des Offices, à Florence.

Rome antique et la Rome moderne lui étaient soumises, et les commandes de tableaux arrivaient de toutes parts. Si la fécondité de son imagination suffisait à tout, il était obligé, pour l'exécution, de faire à chaque instant appel à son école. D'où la lourdeur d'exécution de nombre d'œuvres qu'il signait alors de son nom. Il n'en fit pas moins jusqu'au bout des prodiges : les *Portraits de Fœder Inghirami*, du *cardinal Bibiena*, de *Balthazar Castiglione*, de *Tebaldeo*, du *Joueur de violon*, de *Jeanne d'Aragon* et de *Léon X*, les *Sibylles*, la *Galatée*, la *Sainte Cécile*, la *Vision d'Ézéchiel*, les *Cartons pour les tapisseries du Vatican*, la *Vierge aux Candélabres*, la *Vierge della Tenda*, la *Vierge à la Chaise*, le *Spasimo*, la *Visitation*, le *Grand Saint Michel*, la *Grande Sainte Famille*, la *Vierge de saint Sixte*, la *Transfiguration*. Les délicatesses de pinceau du maître ont beau avoir disparu d'un certain nombre de ces tableaux, l'universelle admiration n'en reconnaît pas moins le génie de Raphaël qui plane au-dessus d'eux.

On a coutume de séparer les œuvres de Raphaël en deux groupes distincts, de mettre d'un côté celles de l'époque ombrienne et de l'époque florentine, de l'autre celles de l'époque romaine, et de chercher entre elles des oppositions, voire des contradictions. Rien n'est plus faux. Raphaël a été, d'un bout à l'autre de sa vie, le plus simple des peintres, et il en a été le plus complet, sans rien perdre jamais de cette simplicité. Rapprochez la *Vierge Connestabile* de la *Vierge de saint Sixte*, — Raphaël avait dix-huit ans quand il peignit l'une et trente-six ans quand il peignit l'autre, — malgré l'énorme progrès qui les sépare, vous saisirez le lien qui les unit; dans une des plus fortes œuvres de la Renaissance italienne, vous retrouverez, revêtu d'une sublime grandeur, quelque chose encore de la naïveté des œuvres primitives. Chez Raphaël, la jeunesse fait suite à l'adolescence et la virilité à la jeunesse, sans qu'il soit possible d'établir des unes aux autres aucune ligne de démarcation. Exempt de système et de parti pris, toujours en quête du progrès et s'adressant à tous les maîtres pour en recueillir les enseignements, Raphaël n'a jamais cherché que le mieux; sans un instant de défaillance, il s'est élevé vers la perfection... Il mourut le 6 avril 1520, jour anniversaire

SANTI (RAFFAELLO)

(1483 † 1520)

ÉCOLE ROMAINE

LES TROIS GRACES

SANTI (RAFFAELLO)
(1483 † 1520)
ÉCOLE ROMAINE

LES TROIS GRACES

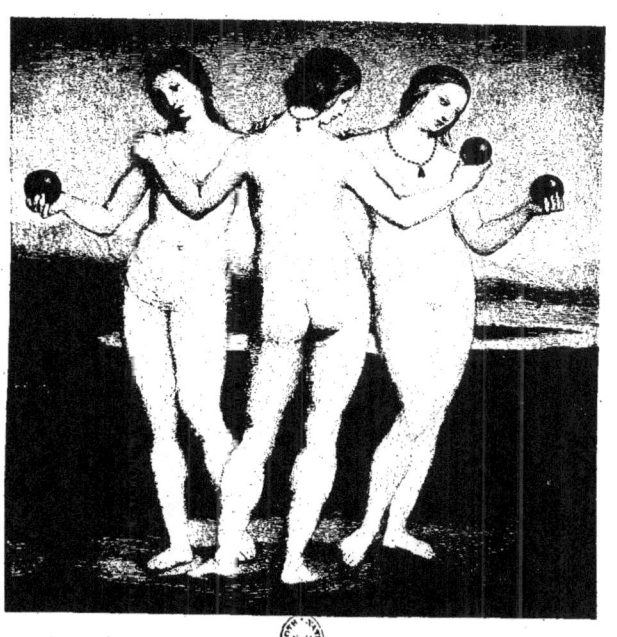

de sa naissance; il avait juste trente-sept ans. Sa vie, si courte, avait été tellement remplie, qu'à force de fécondité elle dépasse les plus longues.

XXXVIII. — *Les Trois Grâces.*

Bois. — H. 0^m,17; L. 0^m,17.

En 1503, Raphaël prêtait le concours de sa jeune imagination pittoresque au Pinturicchio (Bernardino di Betto), chargé par le cardinal Francesco Piccolomini, qui devait être pape sous le nom de Pie III, de peindre, dans la *libreria* (bibliothèque des livres de chœur) de la cathédrale de Sienne, dix fresques rappelant les principaux traits de la vie d'Æneas Silvius Piccolomini, qui avait été pape sous le nom de Pie II. Au milieu de cette *libreria*, se trouvait un marbre antique des *Trois Grâces*, qui avait surgi, mutilé, mais toujours beau, des fouilles faites au treizième siècle pour la reconstruction du dôme. Les trois déesses, enlacées dans leur nudité chaste, se tenaient au milieu des livres liturgiques peints par les miniaturistes des quatorzième et quinzième siècles, sans que personne alors songeât à se scandaliser (1).

L'art du paganisme ressuscitant, les marbres des anciens dieux se ranimant, l'antiquité retrouvée faisant alliance avec l'Église et présidant aux inspirations de l'art religieux, c'était la Renaissance elle-même, dans ce qu'elle devait avoir de plus original et de plus fécond. Raphaël, qui allait cinq ans plus tard à Rome même et dans le palais des Papes consacrer si merveilleusement cet accord, recevait ainsi dès sa jeunesse les fortifiantes leçons de l'art classique, et, comme témoignage de ce premier regard jeté par lui sur l'antique Hellénie, il dessinait à la plume deux des *Trois Grâces* (celle de gauche et celle du milieu), au revers de la même feuille où il venait de faire une étude à l'intention du Pinturicchio (2). Il y a, dans ce

(1) Nous avons vu à cette même place ce groupe des *Trois Grâces* jusqu'au jour où le pape Pie IX, par de regrettables scrupules, ordonna qu'il fût transporté au musée de Sienne.
(2) Ce dessin se trouve dans la collection de l'Académie des Beaux-Arts, à Venise.

dessin, un mélange de certitude et d'hésitation. C'est une simple copie et c'est déjà une libre interprétation. Raphaël reproduit son modèle avec une scrupuleuse exactitude et cherche à s'en assimiler les rares beautés; mais il modernise à son insu l'esprit de l'antiquité et mêle à la simplicité grandiose du marbre classique quelque chose de sentimental et de presque attendri. Ce dessin une fois fait, il semble n'y plus songer; mais la fraîche apparition n'en continue pas moins à le hanter, et c'est vraisemblablement l'année suivante (1504), peut-être dans sa ville natale, où il était venu pour rendre hommage à Guidobaldo réintégré dans son duché d'Urbin, qu'il donne à son rêve une forme définitive.

Comme dans le marbre de la *libreria*, les *Trois Grâces* de Raphaël sont nues, debout et enlacées entre elles, celle du milieu vue de dos et la tête tournée de profil à droite, les deux autres nous faisant face et se montrant, l'une de trois quarts à gauche, l'autre de trois quarts à droite. Chacune d'elles tient dans une de ses mains une petite sphère d'or, sur laquelle elle fixe ses yeux. Les trois têtes, de presque droites qu'elles étaient dans l'antique, s'inclinent de côté dans le tableau de Raphaël, et les cheveux, au lieu d'être noués au sommet du crâne comme le *strophium* des dieux, s'arrangent en bandeaux qui se déroulent à la mode des Vierges de la fin du quinzième siècle et du commencement du seizième. Pour fond, un paysage accordé à leur âme, la campagne ombrienne, où la douceur de la lumière et la profondeur des horizons azurés évoquent le souvenir de ces pays dans lesquels saint François d'Assise avait bercé de sa parole enchantée le christianisme renaissant du treizième siècle... Ce tout petit tableau donne l'impression d'une grande peinture. Le regard s'y repose et l'esprit s'y délecte. Quelque chose de mystique plane sur cette évocation de l'ancienne Hellénie. C'est l'antiquité faite à l'image de la vingtième année du plus beau des peintres de la Renaissance italienne; c'est la jeunesse dans sa virginale fraîcheur, avec un avant-goût des maturités savoureuses; c'est une aurore où l'on entrevoit les clartés du plus beau des jours. Les *Trois Grâces* de Raphaël sont les sœurs des *Saint Georges* du musée de l'Ermitage et du musée du

Louvre, mais elles sont venues au monde deux ans avant eux sans doute. Ceux-ci, peints à Urbin en 1505, sont déjà naturalisés Florentins; celles-là, peintes également à Urbin, mais en 1504, sont encore purement Ombriennes. Tout est exquis dans ce tableau : l'harmonie du dessin, la délicatesse du modelé, les caresses du pinceau. Jamais l'art n'a été plus chaste en étant plus osé.

Sont-ce bien là les Trois Grâces dans le sens où les comprenait l'antiquité, et Raphaël, tout en s'inspirant du groupe de Sienne, n'a-t-il pas voulu symboliser autre chose? Rappelons-nous que, quand il vint à la cour d'Urbin en 1504, les plus beaux esprits de l'Italie s'y trouvaient réunis en une sorte d'académie platonicienne, où l'on philosophait sur tout et sur bien d'autres choses encore. Des hommes tels qu'Andrea Doria, Giuliano Medici, Ottaviano et Frederico Fregoso, Lodovico Canossa, Bembo, Lodovico Pio da Carpi, Bernardo Divizio da Bibbiena, Balthazar Castiglione, etc., y tenaient une cour d'amour sur laquelle régnaient la belle Emilia Pia, Joanna della Rovere, duchesse de Sora, et par-dessus tout Élisabeth Gonzague, duchesse d'Urbin. Balthazar Castiglione, dans son *Cortegiano*, nous a conservé le discours que Bembo y prononça un soir sur la puissance de l'amour et sur la souveraineté de la femme, sur sa beauté, qui n'est qu'une ombre fuyante, si l'âme ne la fait resplendir de son immortelle clarté. Raphaël, quoique très jeune encore, assistait probablement à ces luttes oratoires, et il en devait garder quelque chose. Peut-être alors, à propos du groupe antique qu'il avait dessiné l'année précédente dans la *libreria* de Sienne, lui suggéra-t-on l'idée de représenter, sous le couvert des *Trois Grâces*, la femme maîtresse du monde aux trois âges qui répondent aux phases principales de sa beauté.

Monsieur le duc d'Aumale pense que tel est, en effet, le sujet du tableau, qu'il explique dès lors de la plus ingénieuse façon. Observez, dit-il, la différence d'âge et de caractère qui existe entre les trois figures, et remarquez l'attribut identique mis aux mains de chacune d'elles, non plus la pomme de la Fable, mais une sphère d'or, emblème du monde. — A gauche, c'est la vierge dans sa fleur, à l'heure mystérieuse de la puberté. La nature en elle est en train de se parfaire encore. Une écharpe de gaze, nouée à la hauteur des hanches, voile le milieu du corps. Aucune coquetterie ne rehausse sa beauté, aucun bijou ne la pare. Son visage, assoupi dans la chasteté, est comme embaumé d'innocence. Ses cheveux dénoués tombent sans apprêt sur ses épaules. On dirait une incarnation de la virginité. Ignorante de sa force, elle n'en tient pas moins dans sa main la sphère du monde, sur laquelle ses yeux s'abaissent avec modestie, et dont elle est maîtresse déjà, dans son charme inconscient. — A droite, se voit la femme dans sa jeune maturité. Elle est belle et le sait, fait montre de sa beauté, la pare et la soigne, et n'en veut rien distraire. Des colliers de coraux s'égrènent en perles autour de son cou et s'enroulent dans sa chevelure habilement arrangée. Plus de voile sur son corps. Elle a conscience de sa force, tient le monde en son pouvoir, incline vers lui sa tête et le caresse de ses yeux charmeurs. — Au milieu, enfin, apparaît la femme dans le plein développement de ses formes et dans le complet épanouissement de sa beauté. Vue de dos et la tête tournée sur son épaule droite dans un mouvement plein de séduction, elle montre son fin profil et fixe son regard assuré sur la sphère qu'elle tient de sa main droite. Plus encore que précédemment elle fait appel à la parure. Dans les lourdes tresses de ses cheveux relevés avec art derrière sa tête, les chapelets de coraux s'emmêlent et se multiplient. Parvenue à son maximum de puissance, la femme est plus que jamais triomphante.

Malgré cette ingénieuse interprétation, nous croyons qu'il n'en faut pas moins conserver au tableau de Raphaël le nom sous lequel il nous est parvenu et sous lequel sans doute aussi il a été peint. Oui, ce sont là les trois états où la femme est maîtresse du monde de par la toute-puissance de sa beauté; mais ce sont en même temps les *Trois Grâces*. De même que, dans les poèmes homériques, elles accompagnaient Vénus pour embellir sa beauté et lui communiquer le don de plaire; de même, dans la pensée des néoplatoniciens de la cour d'Urbin et dans celle de Raphaël, elles devaient être inséparables de la femme, dont elles font une irrésistible charmeuse. Ce sont les Grâces, ou plutôt c'est la grâce par excellence qui met aux mains de la

SANTI (RAFFAELLO)

(1483 † 1520)

ÉCOLE ROMAINE

LA VIERGE DE LA MAISON D'ORLÉANS

SASTI-MAZZAROLO.

1782 ; 1820

ÉCOLE ITALIENNE

LA VIERGE DE LA MAISON D'ORLÉANS

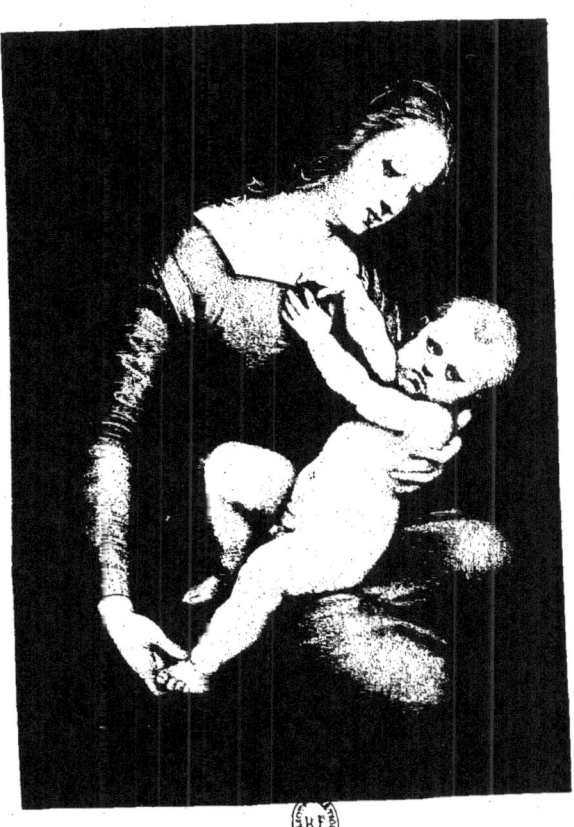

femme le rameau d'or, le sceptre d'une royauté qui n'a jamais été détrônée et qu'on ne détrônera jamais, parce que seule elle est de droit divin. Raphaël, qui a été par-dessus tout le peintre de la grâce, était prédestiné pour peindre un semblable tableau. C'est par l'extrême pureté dont il a enveloppé ses trois Grâces qu'il leur a communiqué quelque chose d'incomparable et d'irrésistible.

Ce tableau, après avoir fait partie de la galerie Borghèse, passa par les collections Reboul, Fabre, Thomas Lawrence, Woodburn et Dudley. Il fut acquis en 1885 par Monsieur le duc d'Aumale, au prix de six cent vingt-cinq mille francs.

XXXIX. — *La Vierge de la Maison d'Orléans*

Bois. — H. 0^m,29; L. 0^m,21.

Ce petit tableau est le plus simple que l'on puisse rêver, et en même temps le plus élevé par la pensée, le plus haut par le style et le plus merveilleux par l'exécution.

La Vierge, dans la fraîcheur de sa jeune maternité, est assise sur un banc de bois dans l'intérieur d'une modeste chambre, au fond de laquelle on aperçoit à gauche un rideau et à droite une tablette avec l'humble vaisselle de la vie de chaque jour. De trois quarts à droite et vue jusqu'à mi-jambes, elle s'incline avec recueillement vers l'Enfant Jésus, dont elle entoure l'épaule de sa main gauche et dont elle tient le pied de sa main droite. Cette Vierge est de 1506, et, par conséquent, Florentine; son corps est svelte et sa tête d'un ovale allongé. Une gaze s'arrange en voile dans ses cheveux blonds, qui s'enroulent en bandeaux et tombent jusque sur son cou; son front est élevé et couvert en son sommet par le voile; ses yeux, d'où la grâce émane, s'abaissent vers l'Enfant qu'ils regardent avec tendresse et adoration; sa bouche, fraîchement épanouie, complète ce que disent les yeux; son nez est d'un dessin délicat, et son menton à peine marqué d'une légère fossette; ses joues ont la fraîcheur de la jeunesse ; son cou flexible est d'un modelé charmant. La simplicité du costume ajoute encore à la grâce modeste de la physionomie. La robe rouge devient rose dans les parties claires ; presque sans manches et ouverte en carré de manière à dégager et à découvrir le haut de la poitrine, elle est boutonnée par-devant, bordée d'un liséré noir et attachée à la taille par une ceinture également noire ; des manches jaunes, plus lumineuses encore que la robe, enserrent les bras et les avant-bras. Le manteau, enfin, d'un bleu clair avec des revers d'un jaune verdâtre, tombe de l'épaule gauche sur les membres inférieurs, qu'il enveloppe en les dessinant.

C'est sur ce manteau qu'est posé l'Enfant Jésus, assis, presque couché, le corps tourné vers sa mère, cherchant de ses mains et de ses pieds à se lever sur elle, tandis que, par un mouvement inverse, il porte vers nous sa tête, qu'il nous montre de face, de manière que nous ne perdions rien de ses traits. Le corps de ce *Bambino*, vrai comme la nature dans ce qu'elle peut présenter de plus beau, est à lui seul un des chefs-d'œuvre de la peinture. La tête, qui emprunte quelque chose de surnaturel à l'idée religieuse, en est un des miracles. Le front est largement découpé, et sur le crâne, auquel Raphaël a donné avec intention un développement excessif, les courts cheveux blonds font comme une auréole. Les yeux, au regard triste et songeur, nous attirent et nous retiennent, en nous pénétrant à la fois d'amour et de crainte ; et la bouche, empreinte du même sentiment que les yeux, produit une impression identique. On reconnaît un Dieu dans cet enfant. C'est par sa beauté pleine de mansuétude et de compassion qu'il nous remplit d'une admiration religieuse, et nous fait pressentir, en même temps qu'un amour divin, une justice divine. L'Enfant de la *Vierge d'Orléans* fait entrevoir, à douze ans de distance, l'Enfant de la *Vierge de saint Sixte*. De la vie réelle et familière où il est ici, transportez-le dans les sphères éternelles où il se tient là-bas, vous le verrez se dresser devant vous avec le même aspect grandiose et terrible. Entre ces deux *Bambini*, regardez ceux de la *Vierge au Diadème*, de la *Vierge aux Candélabres*, de la *Vierge à la Chaise*, vous retrouverez en eux la même imposante beauté. Raphaël a été le peintre de la Vierge, et il a été bien plus encore le peintre de l'Enfant Jésus. Ses Vierges sont admirables, ses Enfants Jésus sont inimitables. Dans la *Vierge d'Orléans*, tout est senti, pensé, cherché, trouvé avec un rare bonheur d'expression ; tout y est surprenant, la sûreté de la main, la franchise du pinceau, la probité du dessin, la délicatesse du ton, la simplicité des moyens. Sur le panneau à peine couvert, le relief ne semble obtenu que par l'extrême justesse des formes, sans opposition marquée d'ombre et de lumière. La conservation du tableau elle-même est prodigieuse. De toutes les œuvres de Raphaël, aucune ne nous est parvenue dans un tel état de fraîcheur. Il ne s'exhale de cette peinture que des pensées calmes et des sentiments chastes. On sent, dans cette Vierge, une âme qui a la sérénité des beaux ciels.

Un reflet du génie florentin se retrouve dans toutes les Vierges que Raphaël exécuta de 1505 à 1508. Que ces Vierges aient été peintes alors à Florence, à Pérouse, à Urbin, peu importe ; elles gardent, toutes, l'indéniable élégance de la nature toscane. La *Vierge d'Orléans* en est la preuve. Elle est incontestablement Florentine. Rien de plus vraisemblable, cependant, que de voir en elle une des deux petites Madones peintes par Raphaël à Urbin, durant le voyage qu'il y fit en 1506, après son premier séjour à Florence : « *Mentre che dunque dimorò in Urbino, fece per Guidobaldo da Montefeltro, allora capitano de' Fiorentini, due quadri di Nostra Donna piccoli, ma bellissimi e della seconda maniera, i quali sono oggi appresso lo illustrissimo ed eccellentissimo Guidobaldo duca d'Urbino* (1). » Mais, en peignant ce chef-d'œuvre à Urbin, Raphaël n'en demeurait pas moins sous le charme de Florence.

Cette Vierge resta probablement à Urbin jusqu'à la fin du seizième siècle. Elle fut transportée en Flandre au cours du dix-septième siècle et appartint, dit-on, à David Téniers le Jeune, qui se serait permis de substituer, au fond de plein air primitivement peint par Raphaël, le fond d'intérieur que l'on voit aujourd'hui. Voilà une légende dont l'histoire a fait

(1) Vasari. Édition Milanesi, t. IV, p. 322.

maintenant justice. Cette précieuse peinture nous est parvenue dans sa parfaite intégrité. Le petit maître flamand ne s'est rendu coupable d'aucune mutilation; rien n'a été ajouté par lui, non plus que changé. Les poteries posées sur la tablette du fond sont de formes italiennes, et c'est Raphaël lui-même qui les y a peintes. Dans nombre de Vierges italiennes, dans nombre de Vierges florentines notamment, de semblables familiarités n'étaient pas hors d'usage. Des pérégrinations de cette Vierge, on ne sait rien, d'ailleurs, avec certitude avant le dix-huitième siècle. On la suit, à cette époque, en France dans les cabinets Crozat, Passart et Decamp, puis dans la galerie du Palais-Royal, où elle devient la *Vierge de la Maison d'Orléans*. Pendant la Révolution, M. Walckiers transporte cette galerie à Bruxelles, et c'est entre les mains de M. de Laborde de Méréville que se trouve alors la *Vierge d'Orléans*. En 1798, elle est achetée par M. Hibbert au prix de douze mille cinq cents francs; dans l'inventaire du duc d'Orléans fait au Palais-Royal en 1785, elle avait été prisée vingt mille livres; la rigueur des temps lui avait donc fait perdre sept mille cinq cents francs. Elle passe ensuite successivement chez M. Vernon, chez M. Delamarre et chez M. Aguado. Après la mort de ce dernier en 1843, elle est achetée vingt-quatre mille francs par M. François Delessert, à la vente duquel, en 1869, elle est adjugée pour cent cinquante mille francs à Monsieur le duc d'Aumale. Si elle était en vente aujourd'hui, c'est un million de francs qu'il faudrait la payer; mais l'argent ne compte pas en présence d'une pareille œuvre, et c'est presque une profanation que d'en parler devant elle. Jamais plus, désormais, on ne la vendra. Après avoir fait entrer la *Vierge d'Orléans* dans la galerie de Chantilly, Monsieur le duc d'Aumale a voulu qu'après lui ce fût l'Institut de France qui en eût la garde. C'est à la France alors qu'elle appartiendra (1).

(1) La *Vierge de la Maison d'Orléans* a été gravée dans le *Cabinet Crozat* en 1763 (pl. XXIV); dans la galerie du Palais-Royal en 1790 (pl. VIII); dans Landon (*L'œuvre de Raphaël*, pl. CXLVI); par Forster en 1838; par Gaillard en 1869, *Gazette des Beaux-Arts*, deuxième période, tome I, page 168 (cette gravure est exquise); par Henriquel-Dupont en 1882. La photogravure nous la donne aujourd'hui comme dans un miroir, sauf les colorations, dont aucune reproduction ne peut rendre le charme.

Dans l'art, comme dans tout, il y a des degrés. Il y en a même dans la perfection; il est des perfections supérieures, et il en est de moindres. Les plus hautes sont celles qui, n'ayant pour ainsi dire ni âge ni nationalité, semblent être de tous les temps et de tous les lieux. Les autres, à des titres divers, tiennent dans tel ou tel siècle et dans telle ou telle contrée. Parmi les peintres de la Renaissance, Raphaël est le maître par excellence, parce qu'il est celui de tous qui a parlé la langue la plus universelle. Nul ne s'est élevé plus haut que lui dans le domaine de l'impersonnalité. Pour s'en convaincre il suffit de regarder, dans la galerie de Chantilly, les *Trois Grâces* et la *Vierge d'Orléans*. Tout ce qu'il y a de poésie dans de pareilles œuvres s'adresse à l'universalité des hommes et dépend des âmes qui regardent. L'admiration qu'elles excitent donne, en quelque sorte, le niveau moral des temps. Malheur aux générations qu'elles laissent indifférentes!... Les *Trois Grâces* et la *Vierge de la Maison d'Orléans* suffiraient, à elles seules, pour mettre le musée de Condé au rang des grands sanctuaires.

XL. — *La Vierge de Lorette.*

(D'après Raphaël.) — Bois. — H. 1^m,20; L. 0^m,90.

Voici une des strophes les plus harmonieuses de l'incomparable cantique chanté par Raphaël en l'honneur de la Vierge et de l'Enfant Jésus. Malheureusement ce n'est plus la voix même de Raphaël qui se fait entendre... La sainte famille de Lorette nous mène à l'année 1512 ou 1513. Raphaël, à Rome depuis quatre ou cinq ans déjà, était en pleine possession de sa force et de son génie.

Jésus, qui reposait, s'éveille en tendant les bras vers la Vierge. Celle-ci, debout près de son Fils, soulève avec précaution de ses deux mains le voile qui le protégeait, le contemple avec amour et doucement lui sourit. Saint Joseph, relégué dans l'ombre, veille sur le dépôt que Dieu lui a confié. — Le point lumineux de ce tableau est l'Enfant Jésus. C'est lui qui occupe tout le premier plan, c'est sur lui que se fixent et l'esprit et les yeux. Sa tête, de trois quarts à droite, est appuyée sur un coussin qui la relève. Le mouvement de son corps et le geste de ses membres sont pris au vif de la nature et appartiennent en même temps à l'art le plus élevé. La puissance de cette figure égale sa beauté. — La beauté de la Vierge n'est pas moins haute. Depuis longtemps déjà Raphaël n'a plus sous les yeux la fine et svelte nature toscane, si délicieusement reproduite dans ses Vierges florentines ; c'est parmi les femmes du Trastevere et de la campagne de Rome qu'il choisit ses modèles. Il s'inspire de leur noblesse native, allonge ce qu'elles ont de court, allège ce qu'elles ont de massif, fait jaillir la majesté de leurs formes un peu lourdes. Alors aussi les cheveux de ses Vierges sont de tons plus chauds et s'arrangent avec plus de simplicité que par le passé. Plus de nattes et plus d'enroulements compliqués ; de simples bandeaux, comme dans les antiques, suffisent pour encadrer et mettre en valeur le front et les joues. La robe aussi, sans cesser d'être moderne, prend, dans l'arrangement de ses plis, quelque chose de classique. La *Vierge de Lorette* est de trois quarts à gauche. On reconnaît en elle la contemporaine des *Sibylles* de l'église Santa Maria della Pace. C'est de part et d'autre la même recherche de la nature et la même interprétation de l'antiquité. — Pour fond, un rideau vert très sombre, sur lequel saint Joseph, les mains appuyées sur son bâton et la tête reposant sur ses mains, s'efface dans un demi-jour qui confine à l'obscurité.

Cette *Sainte Famille*, que Vasari cite avec grande admiration (1), fut peinte par Raphaël pour le cardinal Riario, qui la plaça à côté du *Portrait de Jules II*, dans l'église de Sainte-Marie du Peuple, à Rome. On y tenait ces deux tableaux en telle vénération, qu'on ne les montrait au peuple que les jours de grande fête : *Amendue questi quadri si mostrano le feste solenni*, dit Vasari. Sandrart, en 1675, les vit encore exposés à l'admiration des fidèles. Peu de temps après, le *Portrait de Jules II* tomba entre les mains des Médicis, — c'est ainsi qu'il se trouve dans la tribune de Florence, — et la *Sainte*

---

(1) Vasari. t. IV, p. 338.

Famille devint la propriété de Girolamo Lottorio, qui, sous le pontificat de Clément XI, en 1717, la donna au trésor de Lorette, d'où le nom de *Sainte Famille de Lorette* sous lequel on la désigna depuis lors. Sur le volet de ce tableau, on lisait :

PICTORVM PRINCIPIS
RAPHAELIS SANCTII VRBINATIS
OPVS
QVOD HIERONYMVS LOTTORIVS ROMANVS
SACRÆ DOMVI LAVRETANÆ HÆREDI EX ASSE
RELIQVIT
AD PERENNEM PII TESTATORIS MEMORIAM
CLEMENTE XI P. O. M. ANNVENTE
IN LAVRETANO THESAVRO COLLOCATVM EST
ANNO D. MDCCXVII (1).

Tableau et volet disparurent à la fin du dix-huitième siècle, et l'on accusa les Français de cette disparition. Il est certain, cependant, qu'au moment où les Français arrivèrent à Lorette, en pluviôse an VI (1799), le général Colli, commandant des troupes romaines, l'avait déjà fait enlever et lui avait substitué une copie, qui fut envoyée à Paris. Quant à la peinture originale, elle avait été portée à Rome chez le prince Braschi, neveu du pape Pie VI, et depuis lors on ne l'a pas revue. Comme un grand nombre de répétitions en avaient été faites du vivant sans doute de Raphaël, chaque fois qu'on retrouve une de ces répétitions, on fait autant de bruit autour d'elle que si réapparaissait le tableau même du maître. Nous possédons au Louvre une de ces répétitions, attribuée à Jules Romain; elle fut achetée en 1821, à M. de Scitivaux. Celle qu'on voit dans la galerie de Chantilly est excellente; on la donne à François Penni (le Fattore) (2).

Galerie du prince de Salerne.

(1) V. Vicenzo Murri, *Sopra la Sancta Casa di Loreto*, p. 205.
(2) Né à Florence en 1488, Gian Francesco Penni entra comme valet d'abord dans l'atelier de Raphaël, puis devint son élève et l'un de ses plus utiles collaborateurs. Il peignit les fresques d'*Abraham* et d'*Isaac* dans les Loges vaticanes, prit une part importante à l'exécution des cartons

AGNOLO (ANDREA D'), dit ANDREA DEL SARTO

(1487 † 1531. — École florentine.)

Andrea d'Agnolo, universellement connu sous le nom d'André del Sarte, fut ainsi appelé parce que son père était tailleur (*sarto*). On ne sait d'où vint le nom de Vannucchi qui lui fut donné vers la fin du dix-septième siècle. Vasari, en faisant naître André del Sarte vers 1479, est en avance de huit ans sur la date véritable de la naissance de cet artiste. C'est le 16 juillet 1487, à la dix-huitième heure, que naquit Andrea sur la paroisse de Santa Maria Novella, à Florence. Si par cette date de naissance il appartient encore au quinzième siècle, par l'esprit de son œuvre il est tout entier du seizième. Il fut un des peintres les mieux doués dans un pays et dans un temps où l'art était dans l'air et où tout le monde en vivait. Gio. Barile d'abord et Pietro di Cosimo ensuite lui enseignèrent le métier; mais ce fut en étudiant Masaccio, Domenico Ghirlandajo, Léonard de Vinci, Michel-Ange et Raphaël, qu'il apprit l'art. Son art, d'ailleurs, ne ressemble à celui de personne... André del Sarte eut une maturité précoce. En 1508, à l'âge de vingt et un ans, il était inscrit déjà parmi les peintres *All' arte de' medici e speziali*. Ses fresques de la *Vie de saint Philippe Benizzi*, dans le petit cloître de l'Annunziata, datent de 1509; l'*Adoration des Mages*, dans ce même cloître, est de 1511, et l'*Histoire de la Vierge* suit presque aussitôt. Puis viennent les fresques des Servites (1512 et 1513), celles du *Scalzo* (1514 à 1516), et c'est en 1517 qu'il peint la

pour les tapisseries de la chapelle Sixtine, et partagea avec Jules Romain l'héritage du maître. Après la mort de Raphaël, il travailla aux fresques de la Chambre de Constantin et peignit la partie supérieure de l'*Assomption* de Monte-Luce. Très inférieur comme dessinateur à Jules Romain, il le surpasse par le sentiment, par la grâce et aussi par le coloris. Il alla rejoindre Jules Romain à Mantoue, y fut froidement accueilli, et se fixa à Naples, où il mourut en 1528, après y avoir propagé la manière de Raphaël.

Vierge aux Harpies pour les religieux de Saint-François *in via Pantaloni*... Malheureusement, chez André del Sarte, le moral était loin d'être à la hauteur du talent. Le caractère de l'homme était sans dignité, sa volonté sans énergie. Dès 1512, Lucrezia di Bartolommeo del Fede le posséda corps et âme et fut son mauvais génie. Devenue veuve en 1513, elle l'épousa, et depuis lors on la retrouve dans la plupart des œuvres du peintre... Toujours à court d'argent, André del Sarte céda aux instances de François Ier et arriva à la fin de mai 1518 en France, où il peignit la *Charité* (musée du Louvre); mais dès 1519 Lucrezia le rappela. Il partit avec promesse de retour, emportant une somme importante que lui confia François Ier pour acheter des œuvres d'art en Italie, dissipa l'argent, ne revint pas, traîna dès lors une vie sans considération, et mourut de la peste à Florence, dans sa quarante-quatrième année, le 22 janvier 1531, délaissé de tous, même de sa femme. La peur avait fait le vide autour de lui... Tout coupable qu'il ait été, l'homme est digne de pitié, et l'artiste mérite une grande admiration.

Les fresques d'André del Sarte sont à Florence, dans le petit et dans le grand cloître de l'Annunziata, dans le cloître de la compagnie du *Scalzo*, dans le réfectoire du couvent de San Salvi et à Poggio a Cajano. Ses plus célèbres tableaux sont également à Florence, aux Offices, au palais Pitti et à l'Académie des Beaux-Arts; au Prado de Madrid, à la *National Gallery* de Londres, au musée de Dresde, au Belvédère de Vienne, au musée de Berlin, à l'Ermitage de Saint-Pétersbourg, au musée du Louvre. Une simple note de rappel se rencontre dans la galerie de Chantilly. Nous sommes heureux de l'y trouver, puisqu'elle nous permet de prononcer ici un des plus beaux noms de la Renaissance italienne.

XLI. — *Portrait d'homme.*

Bois. — H. 0^m,61 ; L. 0^m,44.

Ce portrait est en buste, de trois quarts à droite, sur un fond perdu noir. La tête est celle d'un homme jeune encore, en pleine santé physique et morale. Le visage n'a rien d'émacié, et la physionomie ne semble travaillée ni par les peines de cœur, ni par les troubles de l'âme. La tête est coiffée d'une barrette noire qui fait ombre sur le front. Tout le petit côté de la face (le côté gauche) est également dans l'ombre. Les cheveux tombent sur les oreilles, sans rien cacher des joues, qui sont soigneusement rasées. Les yeux, ouverts avec franchise, sont exempts de tristesse, et la bouche est aimable. La robe noire, échancrée sur les épaules et largement ouverte par devant, laisse dans le costume large place à la chemise blanche brodée, qui forme plastron sur la poitrine et collerette au bas du cou.

Avant d'entrer dans la galerie de Chantilly, ce portrait passait pour être celui du maître. On a peine cependant à y reconnaître André del Sarte. On n'y retrouve pas ce fond d'incurable mélancolie qui se dégage d'une façon si poignante des vrais portraits du peintre par lui-même. Le revers du panneau est marqué dans sa partie supérieure d'une fleur de lis, qui est celle des Médicis du seizième siècle. A côté de cette fleur de lis, se lit le n° 106, numéro provenant d'une des anciennes collections par lesquelles a passé cette peinture. La facture en est un peu molle et n'a pas cet accent décisif qui est celui des maîtres; quelque rapprochée qu'elle soit de celle d'André del Sarte, elle n'est pas sans laisser certains doutes sur une aussi haute attribution.

XLII. — *Portrait d'un jeune homme.* (École d'André del Sarte.)

Bois. — H. 0ᵐ,23; L. 0ᵐ,17.

Ce petit portrait, en buste et de trois quarts à gauche, a la tête coiffée d'une barrette noire, posée de côté (à droite) sur une longue chevelure presque blonde, qui descend en masses épaisses de chaque côté des joues. Les yeux regardent vers la droite; le nez est tombant, la bouche petite et légèrement entr'ouverte. Une barbe soyeuse couvre la lèvre supérieure, ainsi que le bas du visage. Pour costume, une robe noire, bordée de linge blanc à la naissance du cou... Un sentiment de mélancolie se dégage de ce portrait, qui a la couleur et les harmonies chaudes des peintures florentines du bon temps. Les mots CONSTANTINVS . DE . BENEDICTIS sont écrits en lettres d'or au sommet du panneau... On peut, à bon droit, mettre cette peinture au compte de l'école d'André del Sarte.

Collection Reiset.

PIPPI (GIULIO), DIT JULES ROMAIN

(1492 † 1546. — École romaine.)

Après les maîtres immortels qui marquent l'apogée de la Renaissance durant les vingt premières années du seizième siècle, il n'y eut plus de place que pour la décadence. Giulio Pippi, né à Rome en 1492, entra en 1509 dans l'atelier de Raphaël et prit dès lors une part très active aux travaux de son maître, notamment à la décoration des Chambres et des Loges du Vatican, ainsi qu'à l'exécution des fresques de la Farnésine. Raphaël, en mourant

(1520), l'institua son héritier, ainsi que François Penni, à charge par eux de poursuivre les travaux qu'il aurait laissés inachevés. C'est ainsi qu'ils terminèrent le tableau de la *Transfiguration*, et qu'ils peignirent, d'après les dessins de Raphaël, les fresques de la Salle de Constantin. En 1524, Frédéric Gonzague, sur les instances de Balthazar Castiglione, appela Jules Romain à Mantoue, où il devint chef d'école. Il y construisit des palais, qu'il décora avec prodigalité. La *Fable de Psyché*, la *Guerre des Géants contre Jupiter*, la *Guerre de Troie*, l'*Histoire de Lucrèce*, lui fournirent les sujets de ses fresques les plus renommées. Son imagination était intarissable et sa facilité extraordinaire; mais il lui manquait la mesure. Ses idées, pleines de chaleur, quand il les traduisait d'abord dans ses dessins, se refroidissaient dans ses peintures, qu'il poussait trop au noir. Doué d'un talent puissant, il abusait souvent de sa force. Il s'égara, quand il lui arriva de perdre de vue Raphaël, pour regarder du côté de Michel-Ange. Le sentiment de la grâce lui fit alors surtout défaut. Raphaël vivant le lui avait communiqué; Raphaël mort, il ne resta plus en Jules Romain qu'un étonnant virtuose. Des fresques de *Psyché* à la Farnésine, peintes par Jules Romain d'après les dessins et sous l'œil même de Raphaël, aux fresques de *Psyché* dans le palais du Té, conçues et exécutées par Jules Romain après la mort de Raphaël, douze à quinze ans à peine se sont écoulés, et il y a déjà tout un monde entre ces deux œuvres. Les unes, revêtues d'une simplicité grandiose, montrent à nu l'âme du maître des maîtres; les autres, encombrées de désordre, dénoncent l'imagination déréglée de l'élève, devenu maître à son tour. L'abîme se creuserait plus profondément encore, si l'on comparait les fresques de la Chambre d'Héliodore, auxquelles Jules Romain travailla à Rome sous la direction de Raphaël de 1512 à 1514, aux fresques de la Salle des Géants, qu'il peignit à Mantoue en 1532, douze ans après la mort de Raphaël. Jules Romain n'en est pas moins un très remarquable artiste. L'œuvre qu'il a laissée est considérable; ses dessins, à eux seuls, lui mériteraient l'admiration. Son nom est inséparable de celui de Raphaël, dont il fut le plus illustre des élèves.

XLIII. — *Portrait d'une dame romaine.*

Toile. — H. 0m,82; L. 0m,67.

Ce portrait en buste, coupé par une large barre d'appui, se détache sur un fond perdu noir. Le torse est de trois quarts à gauche, tandis que la tête, tournée sur l'épaule gauche, se présente de trois quarts à droite, presque de face. Tout est robuste dans cette vigoureuse Romaine, en qui circule un sang chaud. On dirait une Fornarina vieillie déjà sans être précisément vieille encore, et ayant pris de l'embonpoint sans être parvenue à l'exubérante obésité. La Fornarine du palais Barberini est dans l'épanouissement de ses vingt ans; la dame de la galerie de Chantilly est en pleine maturité. Des bandeaux de cheveux bruns et lisses, relevés sur les oreilles, encadrent son front, qui n'a pas grande hauteur, et sont couronnés par une quantité de coques rousses, qui forme comme un lourd turban au sommet de la tête. Les joues sont pleines et hautes en couleur; les yeux sont beaux et ardents, tout en ayant perdu les feux de la jeunesse; le nez, moyen, se fait remarquer par son large méplat et par ses narines dilatées; la bouche, aux lèvres sensuelles, est grande avec quelque chose de dur. Et le costume complète à souhait la personne qu'il habille, en la déshabillant convenablement. A la robe d'un vert noirâtre, généreusement ouverte sur la poitrine, tient un capuchon jaune à rayures brunes. Sous cette robe et la dépassant pour couvrir les seins tout en trahissant leur opulence, paraît la chemise, chargée de broderies d'or et de passementeries noires, qui se retrouvent plus voyantes encore aux poignets. La main droite, — une forte main, — presse avec ostentation contre la poitrine une martre, dont la tête est attachée par une agrafe de joaillerie tenant à de larges maillons d'or, qui déferlent jusque sur la barre d'appui. Une longue et double chaîne d'or, pendant du cou, complète la parure. Jules Romain montre, dans cette peinture, toute la vigueur de son vaillant pinceau.

Galerie du prince de Salerne.

BUONACCORSI (PIERINO), dit PERINO DEL VAGA

(149... † 1547. — École romaine.)

Perino del Vaga, d'origine florentine, fut un des principaux élèves de Raphaël. Il prit une part active aux travaux du Vatican, tantôt comme stucateur et comme peintre de grotesques sous la direction de Jean d'Udine, tantôt comme peintre de clairs-obscurs avec Polydore de Caravage, tantôt comme peintre d'histoire avec Jules Romain et François Penni. De ce dernier, il avait épousé la sœur. Vasari en fait le plus grand éloge, et le Taja cite, comme étant de premier ordre, les sujets du Nouveau Testament qu'il avait peints dans les Loges vaticanes. Quoique appartenant à l'école romaine, il gardait quelque chose de florentin dans sa manière de faire. Témoin la *Naissance d'Ève*, qu'il peignit pour l'église Saint-Marcel, à Rome. Il laissa nombre de tableaux à Lucques, à Pise et surtout à Gênes, où il devint chef d'école. Il y arriva en 1528, un an après le sac de Rome. Le prince Doria lui fit bon accueil et l'employa à la décoration du palais qu'il construisait hors la porte San Tommaso. Perino del Vaga fit revivre, dans cette somptueuse demeure, quelque chose du génie qui avait présidé à la décoration des Chambres et des Loges vaticanes. Sa peinture, moins robuste que celle de Jules Romain, est d'un goût plus pur et d'une exécution plus délicate. Perino excellait dans les sujets de petites dimensions. Ce qui n'empêche pas ses fresques d'*Horatius Coclès* et de *Mutius Scævola*, de même que ses *Enfants jouant entre eux*, de faire honneur à la descendance du Sanzio. C'est ainsi que les principaux représentants de l'école romaine, çà et là dispersés, portèrent par toute l'Italie l'enseignement de Raphaël : Jules Romain à Mantoue, Polydore et le Fattore à Naples, Pellegrino à Modène, Gaudenzio Ferrari à Milan, Perino del Vaga à Gênes... Paul III rappela Perino à Rome pour y prendre la direction des peintures du Vatican et du château Saint-Ange. Perino del Vaga avait peut-être le talent nécessaire pour suffire à une pareille tâche, mais il n'avait rien de la générosité d'âme par laquelle Raphaël, jadis, attirait à lui toutes les bonnes volontés, tous les cœurs. Il ne pensait qu'à son intérêt et ne faisait pas la part des autres il acceptait toutes les entreprises et n'était pas assez près regardant sur le choix de ses collaborateurs, associant aux bons les médiocres, même les mauvais, et couvrant tout indifféremment de son nom. C'est ce qui explique pourquoi, au château Saint-Ange, on trouve de telles différences entre les diverses parties d'une même œuvre. Luzio Romano, Marcello Venusti, Giovanni Corso, Gianfilippo Criscuolo, furent pour Perino del Vaga des aides compromettants. L'exemple qu'il donna fut contagieux. Taddeo Zucchero et Vasari allaient faire bientôt de leur art un trafic semblable. Perino del Vaga mourut en 1547. Vasari dit qu'il avait alors quarante-sept ans, et Oretti prétend qu'il n'en avait que quarante-six. Cela semble impossible, car il n'aurait eu que dix-neuf à vingt ans à la mort de Raphaël, et n'eût pu être, depuis six ou huit ans déjà, un des plus habiles collaborateurs de son maître.

XLIV. — *La Sainte Famille.*

Tableau transporté de son ancien panneau sur toile. — H. 1^m,10; L. 0^m,94.

La Vierge, ayant l'Enfant Jésus sur ses genoux, est assise sur un banc de marbre, le corps de trois quarts à gauche, et, par un mouvement inverse, la tête de trois quarts à droite, presque de face. Elle tient de sa main droite un livre ouvert, et de sa main gauche ramène un pan de son manteau sur la jambe du *Bambino*. Elle est trop du monde pour être, si peu que ce soit, à Dieu. Sa physionomie, de même que son costume, éloigne toute idée religieuse; la mondanité en a effacé la simplicité, la coquetterie en a chassé la virginité. Ce n'est plus la pureté de formes réservée naguère à la Vierge, ce ne sont plus les tons frais et limpides consacrés à son vêtement. Le ruban d'azur dans les cheveux blonds, le rose tendre de la robe, le bleu clair et le revers blanc du manteau, les couleurs changeantes et plus tendres encore des manches bouffantes et chiffonnées, ne sont-ils pas comme autant de notes gaies que l'œil apporte à l'âme pour la distraire du pressentiment de la croix? Cette jeune femme souriante et haute en couleur n'a-t-elle pas été peinte exclusivement pour le plaisir des yeux? Et l'Enfant Jésus, entièrement nu, n'est-il pas à l'image de sa Mère? Assis sur un coussin blanc, il entoure de ses bras le cou de la Vierge, en se tournant de face vers le spectateur, auquel il sourit aussi avec une gentillesse qui n'est pas exempte d'affectation. Quant à saint Joseph, il est de trois quarts à gauche et relégué dans l'ombre... On reconnaît dans cette peinture le goût et la main d'un élève de Raphaël, mais combien dégénéré déjà! Il y manque le sentiment divin de la grâce, que le talent seul ne donne pas. La simplicité et la vérité, qui avaient été la devise du maître, furent presque aussitôt oubliées après lui.

Ce tableau provient de la collection du prince de Salerne.

AGNOLO DI COSIMO, dit IL BRONZINO

(1502 † 1572. — École florentine.)

Peintre, graveur et poète, Agnolo di Cosimo, surnommé le Bronzino, naquit en 1502 à Monticelli, hors la porte San Frediano de Florence. Après avoir travaillé sous Raffaellino del Garbo, il entra chez Jacopo Carrucci (le Pontormo), qui l'aima comme un fils, et il devint un des peintres les plus renommés de l'arrière-saison florentine. Quoique appartenant, par Pontormo, à la descendance d'André del Sarte, il ne put échapper à l'action de Michel-Ange, et s'en trouva mal dans la plupart de ses tableaux. Il fit, cependant, quelques peintures religieuses d'une grande tenue, parmi lesquelles la *Pietà* symbolique de la galerie de Chantilly. La beauté de ses portraits suffirait, d'ailleurs, pour justifier sa réputation. C'est par le portrait que la Renaissance florentine se survécut à elle-même au milieu du seizième siècle. Les portraits de Côme Ier et de plusieurs autres Médicis par Agnolo di Cosimo, ainsi que ceux de Partiatichi, d'Éléonore de Tolède, etc., forment une galerie où revit avec noblesse l'Italie décadente. Ce monde, dans lequel des tyrans abominables régnèrent sur des courtisans scélérats, donna encore, sous le pinceau du Bronzino, l'illusion de la grandeur... Le Bronzino mourut au mois de novembre 1572.

XLV. — *Un ange montre à saint François d'Assise le Christ détaché de la croix.*

H. 1,44 ; L. 1^m,20.

Sur un coussin de velours pourpre, recouvert d'une draperie bleue, le corps du Christ est assis plutôt que couché, la tête renversée en arrière et penchée sur l'épaule droite. Un ange, aux ailes déployées, écarte de ses deux mains le linceul et tourne sa tête de profil à droite vers saint François d'Assise, qui, agenouillé de profil à gauche aux pieds de Jésus crucifié, dévore du regard le divin spectacle avec une ardente dévotion.

Ce tableau, sorte de *Pietà* symbolique, est presque de premier ordre. Le peintre y a été soulevé par le chrétien à une hauteur où l'on n'est pas accoutumé de le voir. Les harmonies les plus chaudes y enveloppent l'émotion la plus vive. Quand le Bronzino le peignit, il ne s'était pas encore laissé séduire par les grandes attitudes de Michel-Ange, qui devaient si profondément l'égarer, en ne provoquant chez lui que des contorsions et de la grimace. En ce temps-là, il ne visait pas à faire grand ; il cherchait simplement à faire beau. Il était resté fidèle à son maître Pontormo, et, par lui, il se rattachait aux peintres de la belle époque florentine, à André del Sarte, à Fra

Bartolommeo, à Léonard de Vinci lui-même. En se tenant en leur compagnie, il était dans la bonne voie. Le *Christ apparaissant à Marie-Madeleine*, au musée du Louvre, montre ce qu'il lui en coûta d'en sortir. *L'ange montrant à saint François d'Assise le Christ détaché de la croix*, au musée de Condé, prouve combien il aurait eu raison de s'y tenir.

Provient de la galerie du prince de Salerne.

XLVI. — *Portrait d'un jeune gentilhomme de la cour des Médicis.* (École d'Agnolo di Cosimo.)

Bois. — H. 0ᵐ,23; L. 0ᵐ,17.

Ce petit portrait, largement et précieusement peint, est vu jusqu'à mi-jambes et de trois quarts à gauche. Le personnage a sa main gauche fièrement posée sur la hanche, tandis que sa main droite s'appuie sur une table où sont posés des papiers et une écritoire. Sa tête est nue; ses cheveux bruns sont coupés court; sa moustache est presque naissante, et il en est de même de sa barbe. Ses traits sont vigoureusement accentués; sa physionomie a du caractère, avec quelque chose de dur et de sombre. Pour costume, un pourpoint noir, égayé d'une collerette tuyautée et de manchettes blanches; des chausses collantes gris de fer et des rhingraves de même ton.

On a donné à cette figure le nom de César Borgia. Il va sans dire que cette appellation n'est pas sérieuse. Quand ce portrait fut peint, le duc de Valentinois était mort depuis trente ou quarante ans déjà. Rien, d'ailleurs, dans le costume ne permet d'y voir un contemporain d'Alexandre VI. On a là, sans doute, un jeune gentilhomme de la cour des Médicis, et une œuvre florentine du milieu du seizième siècle, qui rappelle Pontormo, au moins autant que Bronzino.

ÉCOLES ÉTRANGÈRES.

ÉCOLE MILANAISE

(Seizième siècle.)

XLVII. — *Noli me tangere.*

Sur bois. — H. 1m,30; L. 0m,89.

Le Christ, qui porte à ses mains et à ses pieds, ainsi que sur son corps, les stigmates de la Passion, apparaît à Marie-Madeleine, agenouillée près de lui. Pour fond, une nature très accidentée : cours d'eau, dont un pont relie les rives escarpées; rochers, châteaux forts, collines et montagnes; tout s'y trouve des paysages et des horizons de la haute Italie... La tête du Christ n'a pas grande signification morale, et son corps est d'un modelé un peu mou; cependant, les chairs sont d'une belle coloration, et la draperie rouge, qui tombe de l'épaule gauche sur le milieu du corps, est d'un très beau ton. Quant à la sœur de Lazare, elle est, dans toute sa personne, plus insignifiante encore que son divin Maître, et les atours de couleurs changeantes dont elle est enveloppée n'ajoutent rien à sa valeur pittoresque. Autant qu'on en peut juger à travers les ruines que le temps et les restaurations ont accumulées sur ce tableau, on se trouve en présence d'une œuvre qui appartient à l'école lombarde, et qui est beaucoup plus voisine de Gaudenzio Ferrari que de Léonard.

Provient de la collection du prince de Salerne.

PRIMATICCIO (FRANCESCO)

(1504 † 1570. — École bolonaise.)

L'année 1490, indiquée par la plupart des biographes comme date de la naissance du Primatice, est erronée, puisque dans son testament, daté de Saint-Germain en Laye le 20 février 1562, il se dit lui-même âgé de cinquante-huit ans. Francesco Primaticcio naquit donc à Bologne en 1504, et c'est en France qu'il faut aller pour connaître cet Italien. Élève d'Innocenzo da Imola et de Bagnacavallo, il s'était mis ensuite sous la direction de Jules Romain, à Mantoue, et était devenu habile *freschiste* et brillant stucateur. Jules Romain n'ayant pu se rendre à la cour de France, où il avait été appelé en 1531, y envoya Primatice, qui, bientôt en possession des faveurs royales, succéda au Rosso en 1541. Il fut créé abbé de Saint-Martin, et, sous le titre de commissaire général des bâtiments, dirigea tous les travaux d'art (architecture, sculpture, peinture) qui furent exécutés sous les règnes de François Ier, Henri II, François II et Charles IX. Les fresques qu'il peignit au château de Fontainebleau, tout altérées qu'elles sont aujourd'hui, nous donnent une idée de ces figures aux formes élancées et conventionnelles, qui se retrouvent dans presque toutes les peintures de cet artiste. Primatice, en s'inspirant des maîtres florentins qu'il avait vus à l'œuvre dans sa jeunesse, n'en a pas moins fait quelques beaux portraits, bien italiens de couleur et de style. François Ier l'ayant envoyé à Rome pour en rapporter les moulages des plus célèbres antiques, il les fit couler en bronze. Ces fontes, connues sous la dénomination de *Fontes du Primatice*, ont pris place au musée du Louvre... Primatice mourut à Paris en 1570. Son élève, Niccolò dell'Abbate, continua ses travaux.

PRIMATICE
(1504 † 1570)

ÉCOLE BOLONAISE

ODET DE COLIGNY, CARDINAL DE CHATILLON

PRIMATICE
(1504 † 1570)
ÉCOLE BOLONAISE

ODET DE COLIGNY, CARDINAL DE CHATILLON

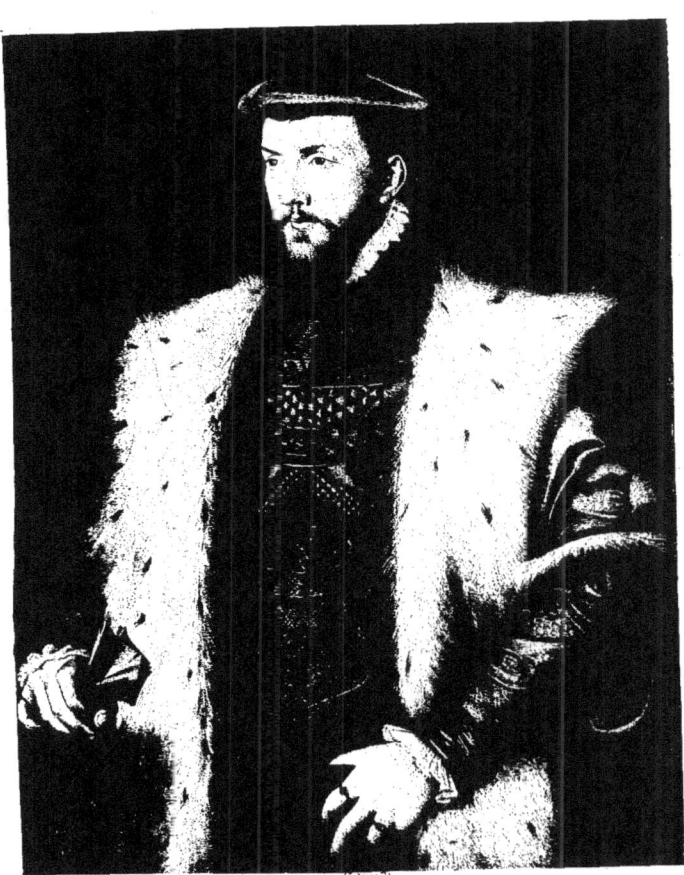

XLVIII. — *Portrait d'Odet de Coligni, cardinal de Châtillon.*

Sur bois. — H. 0m,94 ; L. 0m,73.

Connaissons le personnage, afin de le reconnaître dans son portrait... Odet de Coligni, fils de Gaspard Ier de Coligni, seigneur de Châtillon, était né en 1515, selon les biographes, et en 1517, suivant son portrait. Clément VII, de passage à Marseille, l'avait fait cardinal à l'âge de dix-sept ans, pour complaire au Roi. Pourvu de riches bénéfices, nommé archevêque de Toulouse d'abord, évêque de Beauvais ensuite, ce qui lui donnait un comté avec la pairie, il avait fait bon usage de son crédit et de sa fortune. « Il fesoit plaisir à tout le monde et jamais n'en refusa homme à luy en faire, et jamais ne les abusa ny vendit fumée de court (1). » Il cultivait les lettres et aidait ceux qui s'y consacraient. « Il avoit un bon scavoir et aymoit fort ceux qui en avoient, et en estoit le *Mecenas* de plusieurs (2). » Il savait allier la modération à la décision. « Tant qu'il a porté ce vénérable habit rouge, il a fort paru à la court et au conseil du Roy, dont il estoit, et donnoit de très sages advis (3). » La lecture des ouvrages de Calvin ébranla sa foi; Dandelot, son frère, fit le reste. Ce fut au château de Merlemont, dans les premiers jours d'avril 1561, qu'Odet de Coligni adhéra, devant témoins, à la foi évangélique réformée. Pie V l'ayant rayé de la liste des cardinaux, Odet épousa publiquement Élisabeth de Hauteville, qu'il présenta à la cour, où on la nommait madame la Cardinale ou madame la comtesse de Beauvais. Odet de Coligni parut encore en habit de cardinal à la cérémonie de la majorité de Charles IX, le 17 août 1563, plus de deux ans après son abjuration. Il était à la bataille de Saint-Denis, où « il fit très bien et combattit très vaillamment; et monstra au monde qu'un noble et généreux cœur ne peut

(1) Brantôme, t. III, p. 138.
(2) *Id.*
(3) *Id.*

mentir ni faillir, en quelque lieu qu'il se trouve, ny quelque robbe qu'il vestist (1) ». Ce fut après cette journée qu'il passa en Angleterre. Il s'apprêtait à revenir en France, après la pacification de 1570, quand il mourut empoisonné à Hampton-Court, le 14 février 1571. Le valet de chambre qui lui avait donné ce poison fut arrêté peu après à la Rochelle et supplicié... Odet de Coligni, quoique calviniste et marié, n'avait jamais quitté « sa grand' robbe et bonnet rouge, s'excusant sur ce qu'il vouloit tenir son rang toujours et entrer au conseil, là où entrant il pouvoit beaucoup servir à sa relligion et à son party, ainsi que certes il estoit très capable (2) ».

Le portrait d'Odet de Coligni, cardinal de Châtillon, en haut duquel (à gauche) est écrit le nom de *Primatisse*, est de grandeur naturelle, coupé à mi-corps, et de trois quarts à gauche. La date de cette peinture, ainsi que l'âge du personnage, se lisent en lettres et en chiffres d'or tracés en pleine pâte au bas du tableau (toujours à gauche) : 1548. Æ. 31. Les biographes qui font naître Odet de Coligni en 1515 seraient donc en retard de deux ans sur la vraie date de sa naissance. La tête, coiffée de la barrette cardinalice rouge, est celle, en effet, d'un homme de trente ans environ. Elle a non seulement la jeunesse, mais aussi le charme, l'intelligence et une remarquable fermeté d'expression. Le visage est allongé, sans prédisposition à l'embonpoint. Sur le large front se lit une volonté froide; les yeux ont de l'éclat et de la douceur en même temps; la bouche est bienveillante, mais on la sent capable de devenir au besoin menaçante; le nez, presque droit, accuse une légère dépression; les cheveux châtains sont coupés court; une barbe soyeuse, de même couleur que les cheveux, couvre les lèvres, ainsi que le menton, et garnit les joues, qui sont fraîches et roses. Le costume, de coupe toute mondaine, est de pourpre et d'hermine. Le pourpoint de soie rouge, brochée ton sur ton, est noué à la taille par un simple cordon noir. Le manteau, rouge aussi, est à manches courtes et flottantes; la doublure et la large garniture d'hermine mettent du blanc

---

(1) BRANTÔME, t. III, p. 188.
(2) *Id.*, t. IX, p. 680.

au milieu de tous ces rouges. Voilà comment les jeunes cardinaux du temps de Henri II se taillaient des habits de cour dans leur robe de prêtre. De coquettes ruches blanches, formant collerette au cou et manchettes aux poignets, complètent cet élégant costume. Avec une désinvolture pleine d'aisance et de grâce, Odet de Coligni, dont les doigts sont chargés de bagues, a passé le pouce de sa main gauche dans son cordon de ceinture, tandis qu'il tient ses gants de sa main droite, appuyée au dossier d'une chaise garnie de franges d'or. Comme complément, un rideau vert, à peine visible dans un fond perdu noir... Tout est beau dans ce portrait : le dessin souple et rigoureux de la tête et des mains; la couleur, harmonieuse dans les chairs, chaude dans toutes les parties du vêtement.

Nul doute sur l'authenticité du personnage. Son âge, sur ce portrait, est celui qu'il avait en 1548, et son costume est également celui qu'il portait à cette époque. Les portraits crayonnés aussi sont des témoins qui ne laissent aucun doute. A quelque âge que vous preniez Odet de Coligni dans ces crayons, vous le reconnaissez par les traits si nettement caractérisés dans le tableau, en haut duquel se trouve inscrit le nom de Primatice. Voyez, notamment, dans l'admirable suite des portraits crayonnés du seizième siècle au musée de Condé, le dessin légèrement colorié où les trois frères (l'amiral, Dandelot et le cardinal), semblables aux trois anabaptistes, sont représentés au plus fort de la lutte religieuse. Odet, ainsi que ses frères, s'approche alors de la vieillesse, et, à trente ans de distance, vous le retrouvez encore... Mais, s'il y a certitude à l'égard du cardinal de Châtillon, la conviction n'est pas la même à l'égard de Primatice. Ce portrait, par sa tenue générale, par sa couleur surtout, démontre une œuvre florentine, devant laquelle on pourrait nommer, soit Bronzino, soit Pontormo. Le nom de Primatice n'a, d'ailleurs, été inscrit qu'après coup, car les lettres qui le composent sont en relief et ne sont pas prises dans la pâte. De plus, ce n'est pas Primatice lui-même qui l'y a mis, car il n'aurait pas écorché son nom en le francisant; il aurait écrit *Primadiccio* ou *Primadizzo*, comme dans son testament, ou encore *Primadicci*, en latinisant son nom ainsi qu'il l'a fait quelquefois, mais jamais *Primatisse*.

Cependant, ce nom, ainsi orthographié, a été mis là vraisemblablement au seizième siècle, peut-être par un contemporain du peintre, et, jusqu'à preuve du contraire, nous le maintiendrons.

Ce portrait est pour l'histoire un document précieux. Quand on voit le pimpant costume dont la pourpre romaine habillait un jeune gentilhomme en la deuxième année du règne de Henri II, on sent à quel niveau moral on était descendu. La France des Valois, égarée, se cherchait. L'idée religieuse, aussi bien que l'idée de patrie, semblait s'en être retirée. Odet de Coligni, qui avait pris la mesure du catholicisme royal de 1534 à 1560, n'est-il pas excusable de s'être réfugié dans le calvinisme de 1560 à 1571 ?

Ce portrait provient de la collection Bernal.

XLIX. — *Portrait de Henri II, roi de France.* (Attribué à Primatice.)

H. 0^m,58; L. 0^m,46.

Ce portrait est en buste et de profil à gauche. La tête nue porte des cheveux noirs coupés ras. Le long visage a toute sa barbe, et les traits si connus du Roi sont accusés avec une vérité poussée peut-être jusqu'à l'exagération. Henri II a revêtu l'armure noire si richement damasquinée d'argent que possède le musée du Louvre. De la main gauche il tient le pommeau de son épée, et de la droite il prend une petite boîte cylindrique sur laquelle on distingue les chiffres d'un cadran. Devant lui, sur un fond perdu, est posé son casque tout empanaché de plumes noires et blanches.

Cette peinture est lisse et sans empâtement; mais ce qu'elle a de précieux n'exclut pas une certaine largeur. Elle n'est pas faite d'après la recette des Clouet, mais bien plutôt à la manière italienne. Le damasquinage de l'armure n'a rien de la minutie scrupuleuse des Flamands naturalisés Français au seizième siècle. Le caractère des petites têtes sculptées au pommeau de l'épée suffirait à lui seul pour dénoncer l'école de Fontainebleau, peut-être même le chef de cette école. C'est, en effet, sous le nom de Primatice que M. Colnaghi a vendu ce portrait à Monsieur le duc d'Aumale, et ce nom n'est pas sans avoir pour lui certaines vraisemblances. Il est intéressant de rapprocher ce portrait peint du portrait dessiné qui se trouve dans la collection des crayons du seizième siècle au musée de Condé. Le portrait dessiné, comme le portrait peint, est de profil à gauche. La vérité qu'il exprime y est plus atténuée, mieux enveloppée, moins triste, sans être pour cela moins vraie.

LONGHI (LUCA)

(1507 † 1580. — École bolonaise.)

Vasari, en nommant Luca Longhi parmi les bons peintres qui vivaient à Ravenne vers le milieu du seizième siècle, fait l'éloge de son habileté technique, mais dénonce la pénurie de son imagination, en l'attribuant à l'humeur sédentaire qui le retenait toujours dans sa patrie. Luca Longhi était né à Ravenne en 1507; il mourut le 12 août 1580. On a de lui de bons portraits et nombre de tableaux d'autel, à Rimini, à Praglia, à Mantoue, à Ravenne. Presque tous ces tableaux représentent la Vierge accompagnée d'anges et de saints. Quelquefois il y joint des donateurs. Tel est le cas pour le tableau de Chantilly. Un certain nombre des peintures de Luca Longhi relèvent encore des anciennes traditions il en est que l'on prendrait pour des œuvres du commencement du siècle. Luca Longhi est un retardataire. A certains égards, il n'y a pas lieu de s'en plaindre. En plein seizième siècle, il tenait encore pour les traditions du quinzième, et s'efforçait de les transmettre à ses huit enfants. Il ne voyait rien de supérieur à Jean Bellin et à Francia. On l'a surnommé le Raphaël de Ravenne, ce qui prouve qu'à Ravenne on était un grand peintre à assez bon compte.

L. — *La Vierge glorieuse.*

H. 2ᵐ; L. 1ᵐ,12.

La Vierge, assise sur un trône à baldaquin exhaussé de plusieurs marches garnies d'un tapis oriental, soutient de ses deux mains l'Enfant Jésus sur ses genoux. Elle est presque de face, légèrement de trois quarts à droite, vêtue d'un manteau bleu jeté par-dessus une robe rouge échancrée sur le haut de la poitrine. Un voile blanc couvre ses cheveux. Ses yeux sont abaissés, et l'on sent, au recueillement de sa physionomie, que c'est Dieu lui-même qu'elle porte entre ses bras. Ses traits, cependant, n'ont rien de gracieux, mais ils ne sont pas sans une certaine tenue morale. — L'Enfant Jésus, de trois quarts à gauche et entièrement nu, debout sur les genoux de sa mère, est embarrassé dans son attitude et insignifiant dans son expression. — Sur la première marche du trône, un ange musicien est assis, jouant de la mandoline. Cette figure rappelle certaines figures similaires de Jean Bellin et de Carpaccio. — A la droite de la Vierge se tient saint François d'Assise dans l'habit religieux de son Ordre, et à sa gauche un autre moine franciscain. — En contre-bas, paraissent à mi-corps de chaque côté du tableau deux donateurs, l'homme à gauche et la femme à droite. La femme porte la lourde coiffure des Italiennes de l'Italie du Nord vers le milieu du seizième siècle. Ce sont deux bons portraits. Ils donnent la sensation d'une parfaite ressemblance. — Pour fond, la niche cintrée, qui forme le complément du trône, et, de chaque côté, des horizons de montagnes.

Cette peinture, d'un aspect général un peu triste, ne manque pas, cependant, d'harmonie; l'idée religieuse y est rendue avec une certaine profondeur et sous les dehors d'une chaude couleur. On l'a donnée tour à tour à Pérugin et à Jean Bellin, mais ces attributions ne pouvaient se défendre. On aurait pu nommer plutôt Innocenzio da Imola... C'est de la maison Borghèse qu'elle est passée dans la galerie du prince de Salerne, et c'est de cette galerie qu'elle est venue dans celle de Monsieur le duc d'Aumale. Suivant Waagen, c'est le meilleur tableau de Luca Longhi (1).

MAZZOLA (GIROLAMO)

(Période d'activité de 1533 à 1566. — École de Parme.)

On ne sait ni la date de sa naissance, ni la date précise de sa mort. Il naquit à San Lazzaro, près de Parme, au commencement du seizième siècle. Son père s'appelait Melchior ou Michele Bedolo. Le nom de Mazzola n'était donc pas le sien; il l'avait pris de son beau-père, Pier Ilario Mazzola. D'après Zani, sa période d'activité s'étendrait de 1533 à 1563. Vasari, cependant, raconte que Girolamo Mazzola lui montra à Parme, en 1566, une fresque qu'il peignait alors dans l'église de Santa Maria della Steccata. Girolamo Mazzola était élève de Francesco Mazzola (le Parmesan), auquel il s'était allié. Il ne sortit guère de Parme. Ce fut lui qui termina les ouvrages du Parmesan, après la mort de ce maître. Il eut un fils, nommé Alessandro, qui fut le dernier des peintres de cette famille, où l'on avait compté trois générations d'artistes.

LI. — *Le Sommeil de Cupidon.*

H. 1^m,29; L. 1^m,30.

Sous de frais ombrages, Cupidon dort, la tête, de trois quarts à gauche, appuyée sur un coussin rose, les jambes écartées, la gauche tendue en

(1) WAAGEN, *Galeries and Cabinets of art in Great Britain*. London, 1857, n° 261.

avant, la droite rejetée en arrière. Il a replié ses ailes, et tandis que, dans son sommeil, il tient encore son arc de la main droite, il semble vouloir de la main gauche se saisir de son carquois, qui gît à côté de son lit. Cette figure, ainsi couchée sur le premier plan, occupe presque toute la largeur du tableau. Quatre enfants nus, des Amours subalternes sans doute — les ailes ne leur ont point encore poussé — s'ébattent autour du dieu. L'un d'eux veut lui prendre son arc, un autre le contemple d'un air ravi, les deux derniers jouent avec les flèches qu'ils lui ont dérobées. On sent, dans toutes ces figures, l'influence immédiate du Parmesan et le souvenir plus lointain du Corrège. C'est le complément, presque la fin de l'école de Parme, comme les derniers feux d'un beau jour.

Galerie du prince de Salerne.

RICCIARELLI (DANIELE), dit DANIEL DE VOLTERRE

(1509? † 1566. — École florentine.)

Né à Volterra en 1509, dit-on, Daniel Ricciarelli étudia d'abord à Sienne, où Balthazar Peruzzi, Antonio Bazzi (le Sodoma) et Domenico Beccafumi avaient fondé une académie. Le premier de ces peintres tenait pour Raphaël, le second pour Léonard de Vinci, le troisième pour Michel-Ange. Daniel de Volterre, qui ne rêvait déjà que du Buonarotti, dut prendre de préférence les conseils de Beccafumi. Il ne tarda pas, d'ailleurs, à s'adresser à Michel-Ange lui-même, sur les instances duquel Paul III le nomma surintendant des travaux du Vatican. Jules III l'ayant plus tard dépossédé de cet emploi, il abandonna la peinture pour se consacrer à la sculpture. Beccafumi l'avait initié jadis à l'art de fondre le bronze. Il se souvint des leçons de son ancien maître, et fit des fontes qui sont demeurées célèbres. Catherine de Médicis avait commandé la statue équestre de Henri II à Michel-Ange, qui se déchargea de ce travail sur Daniel de Volterre. Celui-ci accepta la responsabilité de cette œuvre colossale, et mourut avant d'avoir pu la terminer. Le cheval seul fut fondu... Comme peintre, Daniel de Volterre ne vaut que par ce qu'il a emprunté à Michel-Ange. Le seul de ses tableaux qui lui ait mérité la célébrité, la *Descente de croix* de la Trinité des Monts, semble avoir été exécuté par lui sur un dessin du Buonarotti. (1). Dans ses autres peintures, il n'a ni invention, ni originalité. Ses figures sont maniérées et leurs mouvements exagérés. Livré à lui-même, il n'a guère fait que reproduire, en les grossissant, les défauts de Michel-Ange. Pour s'en convaincre, on n'a qu'à regarder ses fresques du *Triomphe de Bacchus* à la Farnésine, ses fresques des *Guerres puniques* au Capitole et son *Baptême du Christ* à Saint-Pierre in Montorio. La *Descente de croix* de la galerie de Chantilly, qui est parmi ses meilleurs tableaux, nous fournit à cet égard un supplément d'information.

LII. — *La Descente de croix.*

Sur bois. — H. 2m,57 ; L. 1m,92.

A gauche, Nicodème et Joseph d'Arimathie portent le Sauveur qu'ils viennent de descendre de la croix. Un personnage agenouillé à terre et revêtu d'une armure soutient la partie inférieure du corps, tandis que Marie-Madeleine baise les pieds du divin Crucifié. Du côté opposé, la Vierge s'évanouit entre les bras des saintes femmes, derrière lesquelles on aperçoit une tête à barbe noire, qui est le portrait du peintre lui-même. Au fond, saint Jean, ainsi qu'une autre sainte qui pleure en couvrant son visage de ses mains, sont auprès du sépulcre taillé dans le roc. On lit sur une pierre : *D. de Voltera.*

Voilà un échantillon complet de la peinture florentine vers le milieu du seizième siècle, voilà ce que donnait l'art entre les mains d'un des plus fer-

(1) Ce tableau, peint à fresque et transporté du mur sur toile, est toujours à la Trinité des Monts.

vents disciples de Michel-Ange : de grandes attitudes et des formes déclamatoires, un coloris dur et rompu, sans unité d'aspect et sans harmonie; toutes les vanités de la science, sans aucune des émotions du grand art.

Provient de la galerie du prince de Salerne.

MORONI (GIAN-BATTISTA)

(1520 † 1572. — École milanaise.)

Moroni naquit en 1520 à Albino, sur le territoire de Bergame, et nombre de ses tableaux sont encore dans cette ville, ainsi que dans l'État vénitien. Élève de Moretto de Brescia, il fut loin d'égaler son maître dans les tableaux d'histoire profane et d'histoire religieuse. Comme peintre d'histoire, son dessin est sec et son invention pauvre. Mais il se relève comme portraitiste. Ses portraits sont vivants, et quelques-uns d'entre eux peuvent être mis à côté de ceux des beaux Vénitiens. Titien les estimait et les recommandait fort. Peut-être voyait-il en eux un hommage rendu à sa propre supériorité, car Giovanni Moroni s'appliquait surtout à l'imiter. Certains portraits de Moroni ont été attribués au peintre de Cadore; mais, pour que la confusion soit possible, il y faut de la bonne volonté. Les mains seules, d'un dessin généralement faible chez le peintre bergamesque, suffiraient à marquer la distance qui le sépare du grand Vénitien. Moroni n'en est pas moins un bon peintre de portraits. Pour le bien connaître, il faut aller à Bergame, et l'étudier dans les salles de l'Académie, à laquelle le comte Carrara a donné son nom. Moroni, qui mourut en 1572, a laissé des *Mémoires* qui datent de 1557.

LIII. — *Portrait d'un gentilhomme.*

H. 0ᵐ,98; L. 0ᵐ,81.

Le personnage est debout, de trois quarts à gauche et coupé par le cadre au-dessus des genoux. Sa main gauche pend le long du corps; sa main droite, relevée à la hauteur de la ceinture, tient un gant. Il a pour costume : un pourpoint de velours grenat, attaché devant par des boutons d'or et montant jusqu'en haut du cou; un long manteau à collet de même étoffe et de même couleur, jeté sur les épaules et garni de fourrure; une fraise ruchée blanche autour du visage. La tête, sans distinction, est celle d'un homme en santé, dans la force de l'âge. Les cheveux, coupés ras, dégagent le front, qui est élevé, mais qui manque de largeur; les yeux sont assez beaux, sans qu'il s'en dégage beaucoup d'intelligence; le nez est lourd; la bouche, prise entre la moustache et la barbe rousses, est sans vivacité dans son expression. Un bijou d'or, un ordre probablement, attaché par un cordon noir, tombe sur sa poitrine.

Galerie du prince de Salerne.

LIV. — *Portrait de femme.*

H. 0ᵐ,98; L. 0ᵐ,81.

Ce portrait forme le pendant du précédent et lui est opposé. La dame est de mine florissante, assise de trois quarts à droite, presque de face, les deux bras appuyés sur les bras du fauteuil. Les mains se trouvent ramenées ainsi sur une ligne quasi horizontale, ce qui donne à la figure quelque chose de monotone et de gauche. Le corsage de la robe est rouge, et la jupe est jaune; le manteau, dont le haut collet remonte derrière la tête, est noir et garni de fourrure. La tête, comme celle de l'homme, émerge d'une fraise blanche tuyautée, et, comme celle de l'homme aussi, elle est assez effacée comme sentiment et comme caractère. La chevelure est plate et sans élégance dans son arrangement. Rien d'aimable ni d'attirant dans les traits, qui n'ont cependant rien de précisément banal.

Ce portrait, comme le précédent, vient de la galerie du prince de Salerne. Tous les deux ont subi de fâcheuses restaurations.

CALIARI (PAOLO), DIT PAUL VÉRONÈSE

(1528 † 1588. — École vénitienne.)

Un an après le sac de Rome (1527), alors que l'Italie semblait vouée à un irrémédiable abaissement, naissait à Vérone Paolo Caliari, qui devait être Paul Véronèse. Vingt ans plus tard, en 1548, le jeune peintre exécutait son premier tableau, et jusqu'en 1588 Paul Véronèse allait ajouter de suprêmes triomphes à la triomphante peinture vénitienne. Il apprit d'abord à modeler dans l'atelier de Gabriele Caliari, son père, qui était sculpteur. Obéissant ensuite à sa vocation de peintre, il entra dans l'atelier de Badile, mais ses coups d'essai ne furent pas des coups de maître. Ses premiers tableaux à Vérone et dans le Vicentin lui valurent l'estime, non l'admiration. Il resta même obscur à Venise durant les premiers temps qu'il y séjourna. Titien, qui était octogénaire, passa à côté de lui sans le voir. Ce fut dans l'église Saint-Sébastien, où il devait être enterré le 19 avril 1588, qu'il donna pour la première fois sa mesure en peignant l'*Histoire d'Esther*. Son pinceau, de timide et comme enchaîné qu'il avait été jusque-là, devint tout à coup libre et hardi. Paul Véronèse marcha dès lors de succès en succès. A Rome, où l'emmena le cardinal ambassadeur Grimani, il sentit grandir ses ailes, *sentì crescer le penne*, sans que son essor personnel en éprouvât de déviation. A son retour à Venise, il peignit le plafond du Conseil des Dix, *Jupiter terrassant les vices,* aujourd'hui au musée du Louvre. Il était d'une prodigieuse fécondité, et l'on se disputait ses œuvres. Des églises entières furent peintes par lui, et le palais ducal fut rempli de ses fresques; l'*Apothéose de Venise* y marqua l'apogée de sa force. Les quatre grandes *Cènes* : les *Noces de Cana* (1563), le *Repas chez Lévi* (1573), les deux *Repas chez Simon* (1570 et 1575), suffiraient à elles seules pour montrer en lui un incomparable peintre. Ces fêtes évangéliques, auxquelles il conviait tout son siècle, prenaient, sous son pinceau, les proportions d'une apothéose. On ne doit rien chercher des mystères de l'Écriture dans ces pompeuses magnificences; il en faut admirer sans arrière-pensée les splendeurs décoratives. Paul Véronèse est le dernier des grands Vénitiens. Son œuvre est immense. Elle déborde des églises et des palais vénitiens dans toutes les galeries de l'Europe, et toutes sont fières de posséder un tel maître.

LV. — *Mars et Vénus.*

H. 1m,42; L. 1m,09.

Vénus, assise sur les genoux de Mars, se prête de bonne grâce aux caresses du dieu qui l'entoure de ses bras. Sa tête, de trois quarts à gauche, est coiffée de cheveux blonds arrangés à la mode vénitienne du seizième siècle. De la main droite elle tient un éventail en forme de petit drapeau, et de la main gauche elle lutine un Amour qui s'ébat à ses côtés. Une écharpe de gaze, aux couleurs changeantes, s'enroule en haut de son bras et au bas de sa poitrine, qu'elle découvre complètement, tandis qu'une draperie rouge enveloppe en partie le bas de sa figure. Comme accessoires : un petit épagneul blanc et feu qui se joue avec l'Amour; deux colombes qui se becquètent aux pieds du couple amoureux; le casque de Mars posé auprès de Vénus; une tente dont les riches étoffes forment un dais au-dessus du dieu et de la déesse; et, du côté opposé, l'horizon d'un paysage aux lignes accidentées.

Le sens de l'antiquité, c'est-à-dire l'intelligence du sujet, fait ici totalement défaut. Paul Véronèse traite la Fable avec le même sans-gêne que l'Évangile. Sans se préoccuper de leur esprit, il en fait jaillir les plus chaudes harmonies. On ne doit rien lui demander au delà.

Ce tableau provient de la galerie d'Orléans, au Palais-Royal, et se trouve gravé dans cette galerie. Monsieur le duc d'Aumale l'acheta de M. Nieuwenhuys, à Londres, en 1860.

BARROCCI (FEDERICO), DIT BARROCCIO OU FIORI D'URBINO

(1528 † 1612.)

Federico Barrocci naquit à Urbin en 1528. Son père, fabricant d'instruments de précision, lui fit apprendre le dessin par Francesco Menzocchi de Forli, et l'envoya ensuite dans l'atelier du Vénitien Battista Franco, qui travaillait à Urbin. C'est chez Franco que Barroccio contracta l'amour de l'antiquité. Il fut ensuite appelé à Pesaro par son oncle Bartolommeo Genga, architecte, fils du peintre Girolamo Genga, qui lui apprit la perspective, la géométrie et l'architecture. A l'âge de vingt ans, il alla à Rome, où il s'appliqua à imiter Raphaël. C'est en prétendant marcher sur les traces du Sanzio, qu'il peignit la *Sainte Cécile* et le *Saint Sébastien* pour la cathédrale d'Urbin. Mais quelle distance du maître à l'imitateur! Des œuvres de Raphaël, où tout démontre à la fois la force et la grâce, le Barroccio ne tira rien qu'un charme extérieur, d'où l'idée et la poésie sont absentes. Les imitations du Barrocci sont d'ailleurs très libres. Plus tard, il se laissa entraîner vers le Corrège, sous l'influence duquel il exécuta un grand nombre de peintures, dont un des meilleurs types est le tableau des *Saints Simon et Jude* aux Conventuels d'Urbin. C'est surtout dans les têtes d'enfants et de femmes que

Barroccio s'approche du Corrège; mais combien son dessin est moins large! combien son coloris et son clair-obscur sont moins vrais! Ses tableaux sont toutefois d'une harmonie souvent heureuse... Barroccio eut pour protecteur Guido della Rovere, et ce fut à lui, ainsi qu'au Zuccheri, que le pape Pie IV confia la décoration du petit palais du Belvédère (*Bosco di Belvedere*). On raconte que des peintres jaloux des succès du Barroccio le convièrent à un repas où ils l'empoisonnèrent; il ne serait pas mort de cet empoisonnement, mais il en aurait conservé d'incurables infirmités. Comme il vécut jusqu'à quatre-vingt-quatre ans, on peut sans doute reléguer cette histoire parmi les légendes. Revenu à Urbin, Federico Barrocci y exécuta un nombre considérable de tableaux. Il mourut le 30 septembre 1612. Son principal élève fut Francesco Baldelli.

LVI. — *La Sainte Famille.*

H. 1^m,12; L. 1^m,02.

La Vierge est assise à terre, la tête, de trois quarts à droite, coiffée de cheveux blonds relevés en bandeaux au-dessus du front, qui est démesurément grand. La robe, rose plutôt que rouge, dégage le cou jusqu'à la naissance des épaules. Un voile vert tombe derrière le dos et est ramené sur le côté gauche de la poitrine. La draperie bleue du manteau enveloppe le bas de la figure et découvre les pieds chaussés de sandales. De sa main droite la Vierge soutient sur ses genoux le corps du *Bambino*, tandis que de son bras gauche elle entoure le petit saint Jean, qui ne fait qu'un aussi avec elle. Vu de face, le jeune précurseur tient un chardonneret qu'il élève pour le dérober aux convoitises d'un chat. Sur le second plan à droite, saint Joseph, de trois quarts à gauche, se penche vers le groupe divin.

Rien de religieux dans cette peinture, où l'on n'entrevoit pas l'ombre du pressentiment de la croix. C'est une scène de famille, où il n'y a place que pour le sourire. Tout y apparaît en rose. Barrocci, dans ce tableau, s'est inspiré de Raphaël; mais, en lui dérobant quelque chose, il a pris soin de dénaturer son larcin. Sous tant de douceur, de fadeur, de caresses, de risettes et de minauderies, devant cet abus d'ombres bleues et de chairs roses qui caractérisent le Barroccio, on ne retrouve plus rien du maître.

Ce tableau est d'un charme extérieur incontestable. Il fut peint pour le comte Antonio Branco Leone. Bellori le décrit (1). Acheté à la vente de la Casa Carpegna, à Rome, il est passé de la galerie du prince de Salerne dans celle de Monsieur le duc d'Aumale. La *National Gallery* de Londres en possède une répétition.

LVII. — *Apparition de Jésus aux saintes femmes.*

H. 2^m,19; L. 1^m,91.

Le Christ est de face et debout au centre du tableau, la main droite placée sur son cœur et la gauche levée dans le geste de la prédication. Sa robe rose et son manteau vert sont du ton le plus délicat. Sur le premier plan à droite, sainte Marie-Madeleine à genoux se penche vers le Sauveur dont elle baise le pied. Le rose de sa robe, ainsi que le jaune de son manteau, sont presque blancs. Derrière elle, est agenouillé saint François d'Assise. Du côté opposé (à gauche), la Vierge, soutenue par une des saintes femmes, est assise, brisée par la douleur et transfigurée par le divin sacrifice. Ses mains sont jointes dans l'attitude de la prière, et sa tête, de profil à droite, se lève avec amour vers Jésus. Sa robe est d'un vert pâle, et son manteau, ramené jusque sur sa tête, est d'un vert plus soutenu. La sainte femme qui l'assiste est agenouillée derrière elle. Sa robe est rouge, et la draperie flottante de son manteau est jaune... Ce n'est là qu'une esquisse, mais assez poussée déjà pour qu'on puisse juger de la signification pittoresque du tableau. Barroccio se montre, dans cette peinture, non plus comme un

(1) T. I, p. 202, édition de Pise, 1821.

fervent de Raphaël, mais comme un idolâtre du Corrège. Son idolâtrie, comme sa ferveur, le laisse d'ailleurs fort indépendant. Il reste toujours lui-même, avec une sentimentalité beaucoup plus moderne que son temps.

L'*Apparition de Jésus aux saintes femmes* fut achetée à Rome, en 1802, et passa plus tard dans la galerie du prince de Salerne.

ALLORI (ALESSANDRO), DIT AUSSI BRONZINO

(1535 † 1607 — École florentine.)

Allori naquit en 1535 et mourut en 1607. Il était le neveu et le disciple du Bronzino, dont il empruntait quelquefois le nom pour signer ses tableaux. Moins bon peintre que savant anatomiste et très inégal dans sa manière de faire, il a laissé surtout de bons portraits. Ce fut lui qui termina les peintures commencées à Poggio a Cajano par Andrea del Sarto, Franciabigio et Pontormo. Il eut pour disciple Giovanni Bizello. Cristofano, son fils, le surpassa, et prit un des bons rangs parmi les peintres italiens de son temps.

LVIII. — *La Sainte Famille.*

H. 1m,62; L. 1m,32.

La Vierge assise à terre, de trois quarts à gauche, presque de face, est vêtue d'une robe rouge découvrant le pied gauche qui est nu, et d'un voile blanc qui dégage le cou et s'arrange en fichu sur la poitrine. De sa main gauche elle tient une longue écharpe blanche, et de sa main droite un linge également blanc, sur lequel est l'Enfant Jésus. Celui-ci est nu, de trois quarts à gauche, et assis, dans une pose très contournée, sur les genoux de sa mère. De la main gauche il porte une poire, et tend la droite vers un livre ouvert que lui présente sainte Élisabeth, assise devant lui de trois quarts à droite. Dans le fond, des petites figures accourent vers le groupe divin. Sur le premier plan, des accessoires en grand nombre complètent ou plutôt encombrent le tableau : à gauche, derrière la Vierge, des fleurs, une corbeille, un vase de cuivre sur lequel on lit : A. D. M. D. C. III (*anno Domini* 1603) *Alexander Bronzinus civ. Florent. pingebat;* à droite, devant le *Bambino*, des linges, des étoffes, une table, sur laquelle on voit des plats chargés de viandes et une corbeille qui contient deux lièvres vivants.

La jeune femme qui joue ici le rôle de la Vierge est élégante dans ses formes allongées, mais totalement dépourvue d'émotion. L'Enfant Jésus, dans la nudité de son corps, montre avec ostentation la souplesse et l'énergie de sa jeune musculature. Seule, la sainte Élisabeth ne manque pas d'une certaine tenue religieuse. Somme toute, parmi les tableaux de sainteté d'Alessandro Allori, celui-ci est un des plus acceptables, quoique la divinité en soit absente, et que les affirmations pédagogiques d'une grande école en décadence s'y étalent avec complaisance.

Provient de la collection du prince de Salerne.

PULZONE (SCIPIONE), dit SCIPIONE DI GAETANO

(De 1550 à 1552 † de 1588 à 1590. — École romaine.)

Scipione Pulzone, né à Gaète de 1550 à 1552, fut élève de Jacopino del Conte, dans l'atelier duquel il eut pour condisciple Girolamo Siciolante da Sermoneta. L'un et l'autre s'avancèrent d'un même pas sur les traces de Raphaël, tout en cherchant à s'assimiler quelque chose aussi de la manière d'André del Sarte. C'est par l'étude de tels maîtres que Pulzone devint bientôt

PULZONE (SCIPIONE)

(1550? † 1590?)

ÉCOLE ROMAINE

PORTRAIT D'HOMME

PORTRAIT D'HOMME

ÉCOLE ROMAINE

(1850? † 1900?)

PULZONE (SCIPIONE)

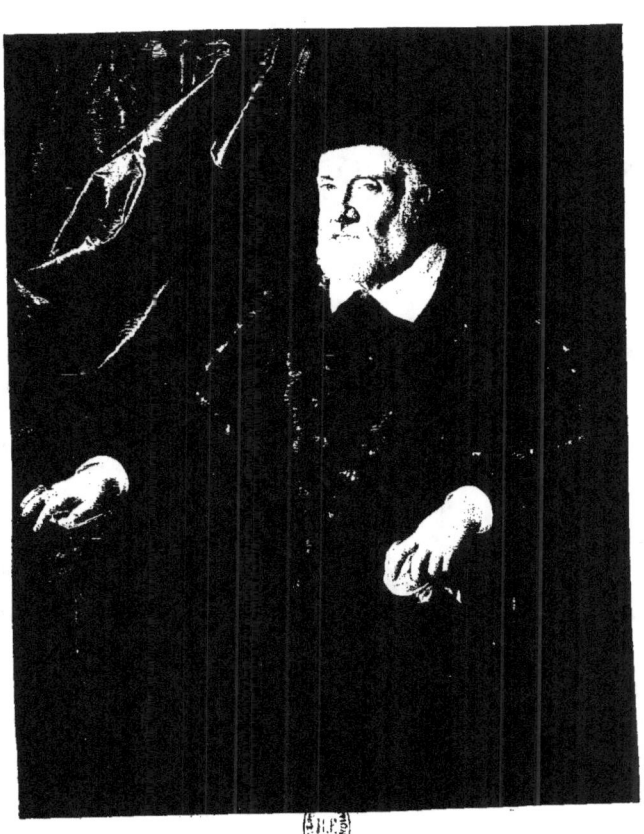

maître à son tour. Lorsqu'il mourut à l'âge de trente-huit ans, sous le pontificat de Sixte-Quint (1585-1590), il jouissait d'une réputation justement méritée. Ses tableaux sont rares et précieusement exécutés. Son *Assomption* de l'église Saint-Sylvestre à Monte Cavallo, sa *Sainte Famille* dans la galerie Borghèse, méritent d'être louées pour l'heureuse harmonie de la couleur, autant que pour la bonne ordonnance de la composition. Ses portraits surtout sont remarquables. Grégoire XIII et Sixte-Quint se firent peindre par lui, et le dix-septième siècle, confirmant l'admiration du seizième, lui décerna le titre de *Van Dyck de l'école romaine*.

LIX. — *Portrait d'homme.*

Sur toile. — H. 1^m,07; L. 0^m,84.

La figure, coupée à mi-jambes, est assise dans un fauteuil, à côté d'une table recouverte d'un tapis de velours vert sur lequel sont des papiers où pose la main droite (1). On lit sur ces papiers : *Scipi Gaiitan,* puis des lettres effacées parmi lesquelles on distingue un x (peut-être l'x du mot *pinxit*), et la date de 1578. A droite, un fond perdu d'un ton olivâtre presque noir; à gauche, un rideau rouge, qui apporte une note chaude et vibrante dans cette obscurité. Le personnage est coiffé d'une toque d'un vert olive foncé et porte toute sa barbe, une barbe coupée court, qui contraste par sa blancheur avec ce qu'il y a de frais dans le visage et de vigoureux encore dans toute la figure. Les traits sont réguliers et beaux, la physionomie a de la bienveillance. Le corps est vêtu d'une robe verte virant au noir, sur laquelle le col blanc de la chemise est largement rabattu; un ample manteau de soie changeante grenat et vert, bordé et doublé de fourrures, recouvre cette robe presque complètement.

Ce portrait, qui représente certainement un homme considérable, se

(1) A l'index de cette main droite est passée une bague enrichie d'un gros rubis. La main gauche tient un mouchoir et s'appuie sur le bras du fauteuil.

recommande autant par la noblesse des lignes que par la puissance du ton. La solidité du dessin, la belle coloration de la tête et des mains, la richesse des noirs, des grenats et des verts du vêtement, rompus par les bruns de la fourrure fauve, jusqu'au vert émeraude du tapis de la table et au rouge opulent du rideau, tout concourt à la fois au bon effet de cette peinture.

On attribuait jadis ce portrait au Tintoret, et il est digne d'un tel maître. On n'y retrouve pas, cependant, les accents si particuliers qui appartiennent au peintre vénitien. On s'autorisait, pour défendre une telle attribution, de deux grosses lettres majuscules T. R. lourdement apposées sur le bas du tableau (à gauche), dans lesquelles on voyait T*intoret* R*obusti;* mais ces massives lettres ont été mises à une époque relativement récente, cela est de toute évidence, et n'ont rien de commun avec la peinture. On trouve, d'ailleurs, sous ces grosses lettres, deux autres lettres S. P..., écrites de façon beaucoup plus discrète, le P... suivi d'autres caractères maintenant illisibles, et dans ces petites lettres on pourrait lire aussi S*cipione* P*inxit*. L'inscription que nous avons découverte sur le papier placé sous la main même du personnage, S*cipi* Ga*iitan*, lève maintenant tous les doutes.

Provient de la galerie du prince de Salerne.

LX. — *Portrait d'homme.*

Sur toile. — H. 1ᵐ,07; L. 0ᵐ,84.

Le vieillard, robuste encore, que nous montre ce portrait, est assis dans un grand fauteuil tendu de cuir, frangé d'or et garni de clous dorés, sur les bras duquel il repose ses bras. La figure est coupée à mi-jambes; le corps est de face et la tête de trois quarts à gauche. Pour coiffure, une large toque bouffante, munie d'une visière rabattue jusque sur les yeux. Un emplâtre noir couvre l'œil droit; l'œil gauche, qui reste seul à découvert et dont la conjonctive est injectée de sang, ne semble pas voir les choses en beau. La tristesse de la bouche confirme le désenchantement du regard. Une barbe abondante et quasi blanche, peinte presque poil à poil, couvre tout le bas du visage, dont on ne voit que le haut des joues et le large nez tombant jusque sur les lèvres. Le corps puissant est enveloppé dans une large robe d'un vert foncé, doublée de grenat, négligemment nouée à la taille par une ceinture de même ton. Les mains, de larges et fortes mains, la droite tenant un livre fermé et la gauche pendant sur le bras du fauteuil, sont mollement dessinées, mais chaudement colorées... Cette peinture est de fort belle qualité. Sur les tons sombres du vêtement, des accessoires et du fond, la tête et les mains sont pour ainsi dire seules à paraître, et l'impression qu'on en ressent est saisissante.

On regrette de n'avoir pas le nom du personnage en qui se manifeste tant de puissance et de volonté. Que n'a pas dû voir, durant sa longue existence, ce vieillard, qui ne voit plus que d'un œil? La vie semble lui avoir été dure, et, à considérer ce qu'il y a de rébarbatif dans sa physionomie, il pourrait bien avoir été dur aussi pour la vie des autres. Les infirmités ne l'ont pas ménagé, mais elles ne l'ont point accablé; il les porte, ainsi que son âge, avec vaillance, quoique d'un air morose.

Galerie du prince de Salerne

CARRACCI (LODOVICO)

(1555 † 1619. — École bolonaise.)

« On pourrait presque dire que l'histoire des Carrache et de ceux qui les accompagnèrent dans les voies qu'ils avaient ouvertes est l'histoire même de la peinture italienne durant près de deux siècles (1). » Louis Carrache, né à

(1) LANZI, Histoire de la peinture italienne, t. IV, p. 264.

Bologne le 21 avril 1555, eut l'initiative et la force de volonté d'un réformateur. On croyait son esprit lourd et son imagination peu inventive. Fontana et Tintoret, auxquels il avait demandé des leçons, lui avaient conseillé de renoncer à la peinture, et, pour marquer sa lenteur d'intelligence, ses camarades l'avaient surnommé le *Bœuf*. Rien ne le découragea, et quand il revint à Bologne, après avoir étudié à Florence et à Parme, il avait conquis la réputation. Ce qu'on avait en lui qualifié d'indigence intellectuelle était de la pénétration. Alors que tout semblait perdu pour la peinture en Italie, il espéra contre toute espérance, et conçut l'idée d'une nouvelle Renaissance. Mais ce qui était mort, hélas! ne pouvait renaître. Dans son entreprise, Louis Carrache s'associa ses deux cousins, Agostino et Annibale, fils d'Antonio Carrache, son oncle paternel, et fonda une école, à laquelle il imposa jusqu'à sa mort l'autorité de sa grande expérience. Annibal lui-même, le plus illustre de cette dynastie des Carrache, l'appela comme conseil dans les travaux qu'il conduisait à Rome au palais Farnèse. Aux ouvrages énervés et conventionnels des descendants de Michel-Ange, les Carrache firent succéder des œuvres exécutées avec vigueur sur un fond de vérité naturelle. Malheureusement, la convention fut de mise aussi dans leur école, elle y tint même bientôt la plus grande place, de sorte que la peinture italienne, entre leurs mains, ne fit que changer d'esclavage... Louis Carrache mourut en 1619. Le Dominiquin, le Guide, l'Albane, comptent parmi ses élèves.

LXI. — *Portrait d'homme.*

H. 1^m,32; L. 0^m,97.

Le personnage, vu à mi-corps et de trois quarts à droite, est assis sur un fauteuil recouvert de velours rouge, les deux mains appuyées symétriquement sur les bras de ce fauteuil. Il est dans la force de l'âge, vêtu avec opulence d'un pourpoint de soie noire brochée et d'un long manteau, de même étoffe et de même couleur, garni de fourrure. Un large col blanc, bordé de dentelle, est rabattu sur cette fourrure. Des manchettes, répondant au col, sont rabattues aussi sur les poignets. Le cou est épais. La tête, dont les cheveux bruns sont coupés ras, manque de charme, sans être laide. Les yeux, qui regardent le spectateur, ne marquent rien de très intelligent ; la bouche également est insignifiante ; des moustaches retroussées garnissent la lèvre supérieure, et le menton porte une barbiche. L'expression serait peut-être meilleure si le modèle posait moins. La figure se détache sur un fond perdu. La couleur, montée de ton, en est belle... On sent, devant ce portrait, que Louis Carrache a été à Venise, qu'il a passé par l'atelier de Tintoret et qu'il en a gardé quelque chose ; on remarque en même temps qu'il n'a pas perdu son temps à Florence en s'y faisant l'élève de Passignano, et en y copiant les œuvres d'André del Sarte et de Pontormo ; on se souvient aussi qu'il a étudié Corrège et Parmegiano à Parme. Malheureusement pour Louis Carrache, à aucun de ces maîtres il n'a pu dérober le génie.

Galerie du prince de Salerne.

CARRACCI (AGOSTINO)

(1558 † 1601. — École bolonaise.)

Agostino Carrache, cousin de Louis et frère d'Annibal Carrache, naquit à Bologne en 1558 et fut d'abord placé chez un orfèvre, où il contracta le goût de la gravure. Admirablement doué pour les lettres et pour les sciences, il étudia la philosophie, la géométrie, la poésie, et se trouva plus tard tout porté pour être l'esthéticien de l'école. La nature d'Agostino ne pouvant s'accorder avec celle de son frère Annibal, Louis Carrache jugea prudent de les séparer. Il fit entrer Agostino dans l'atelier de Prospero Fontana, maître prompt et facile, et retint près de lui Annibal, pour le fixer par des études plus sérieuses. Agostino, en même temps qu'il se fortifiait comme peintre, se perfectionnait comme graveur, sous la direction de Domenico Tibaldi d'abord, puis sous celle de Corneille Cort, à Venise. C'était surtout un homme d'imagination. Il peignit, pour les Chartreux, la *Communion de saint Jérôme*, un des tableaux célèbres de Bologne, et prit une part distinguée aux peintures de la galerie Farnèse. C'est à lui que l'on doit, dans cette galerie, les *Fables de Céphale et de Galatée*. Le Guide et l'Albane travaillèrent aussi à la décoration de cette galerie. Agostino termina sa carrière près du duc de Parme, pour lequel il peignit l'*Amour céleste*, l'*Amour terrestre* et l'*Amour vénal*. Dans son oraison funèbre prononcée par Lucio Faberio, il est fait mention d'une tête de Christ, dont il est dit merveille. Cette peinture se trouvait au palais Albani, à Rome ; mais, pour l'admirer comme faisaient les contemporains, il fallait voir et sentir comme eux, et de ce point de vue nous sommes singulièrement éloignés aujourd'hui.

LXII. — *L'Ange Gabriel entouré de chérubins.*

H. 2ᵐ,49 ; L. 2ᵐ,12.

Du haut de l'Empyrée, le divin messager s'élance à travers les nuées, porteur de la bonne nouvelle qu'il vient annoncer à la Vierge. Il est debout, revêtu d'une jeunesse qui n'est que banale dans sa prétention d'être éternelle, soutenu par des ailes diaprées, venant vers la terre dans un vol rapide et calme. Sa tunique bleue est flottante et découvre toute la partie gauche du corps ; elle se complique d'une autre draperie rose, qui flotte aussi en enveloppant le milieu de la figure. Neuf chérubins lui font cortège. C'est comme une apothéose de la jeunesse, de cette jeunesse idéale, que la poétique religieuse a personnifiée dans l'archange de la *Visitation*. Il y a quelque chose de théâtral et de conventionnel sans doute dans cette figure, que l'école bolonaise a dite et redite cent fois, en s'inspirant de l'école romaine du bon temps. La langue pittoresque des peintres de l'Italie centrale, durant la seconde moitié du seizième siècle, avait été tellement prétentieuse que les Carrache, en parlant une langue moins fausse, qui n'était en définitive qu'une langue d'imitation, s'imaginaient parler une langue nouvelle.

CARRACCI (ANNIBALE)

(1560 † 1609. — École bolonaise.)

Annibal Carrache naquit à Bologne le 3 novembre 1560. Son père était tailleur et voyait en lui son successeur. Lodovico Carracci, cousin d'Annibal, frappé des dispositions de cet enfant pour le dessin, le prit avec lui et en fit le peintre que l'on sait. Ce fut à Parme, devant Corrège, qu'Annibal déploya ses ailes. Mengs retrouve dans les premiers ouvrages du peintre bolonais « les formes, mais non le fond des principes du Corrège ». Annibal Carrache fut d'abord un des plus habiles imitateurs de ce grand peintre. Témoin sa *Déposition de croix* pour les Capucins de Parme, et son *Saint Roch* exécuté pour la ville de Reggio (1). De Parme, Annibal Carrache alla à Venise, où il se lia avec Tintoret et avec Paul Véronèse. Puis il revint à Bologne, où il fonda, avec son cousin Louis et son frère Augustin, l'académie célèbre qui porta le nom des Carrache. Appelé à Rome par le cardinal Odoardo Farnèse, pour y décorer la galerie du palais Farnèse, il consacra huit ans à ce travail, si fort décrié par ses rivaux et si fort admiré du Poussin. Le cardinal, gagné par la cabale, ne voulut lui en donner que huit cents écus; Annibal en conçut un chagrin dont il n'eut pas la force de triompher. Voulant oublier, il appela

(1) De Reggio, ce tableau passa à Modène et enfin à Dresde.

les excès à son aide, et ils ne lui apportèrent que la maladie. Il se rendit à Naples pour tâcher de se distraire, n'y trouva qu'un surcroît de fatigue, et revint mourir à Rome le 16 juillet 1609. D'après son désir, il fut enterré au Panthéon, près de Raphaël.

LXIII. — *Le Sommeil de Vénus.*

H. 1ᵐ,90; L. 3ᵐ,28.

Sur un lit recouvert d'une draperie rose, une jeune femme endormie, entièrement nue et beaucoup plus grande que nature, est assise, presque couchée, la jambe droite repliée sous la jambe gauche, le dos appuyé sur un coussin rouge, la tête reposant sur l'avant-bras gauche et le bras droit tombant le long du corps; c'est Vénus. Son visage, vu de profil à gauche et coiffé d'une chevelure blonde rabattue jusque sur le front, n'a rien cependant qui excite l'admiration, qui fasse naître surtout l'idée du surnaturel. Cette prétendue déesse n'est supérieure aux autres femmes que par ses dimensions matérielles. Ses traits sont d'une régularité froide et presque vulgaire. On ne sent rien en elle de l'essence divine de l'antique Astarté, rien de cette beauté sensible et surhumaine à la fois par laquelle la déesse s'était révélée aux artistes grecs de la grande époque. Une trentaine de robustes Amours s'ébattent autour du lit, dans les fonds de paysage et jusque dans les airs. L'un d'eux joue de la flûte, un autre se mire en se frisant la tête, d'autres se gourment et gaminent entre eux, grimpent aux arbres, tirent de l'arc, prennent leurs ébats dans la rivière, etc. Il y a là des réminiscences de Corrège et surtout de Raphaël, beaucoup de talent mis au service d'un art qui a tous les dehors de la grandeur. Les arbres et tout le paysage sont fort beaux.

Ce tableau, malgré ce qu'il a d'insuffisant au point de vue de l'idée, n'en est pas moins d'un maître. Il est du meilleur temps d'Annibal Carrache et présente quelque chose de robuste jusque dans ses moindres parties. Le

ANNIBAL CARRACHE
(1560 † 1609)
ÉCOLE BOLONAISE

LE SOMMEIL DE VÉNUS

LE SOMMEIL DE VEZIER

ECOLE BOLONAISE

(1500 † 1608)

ANNIBAL CARRACHE

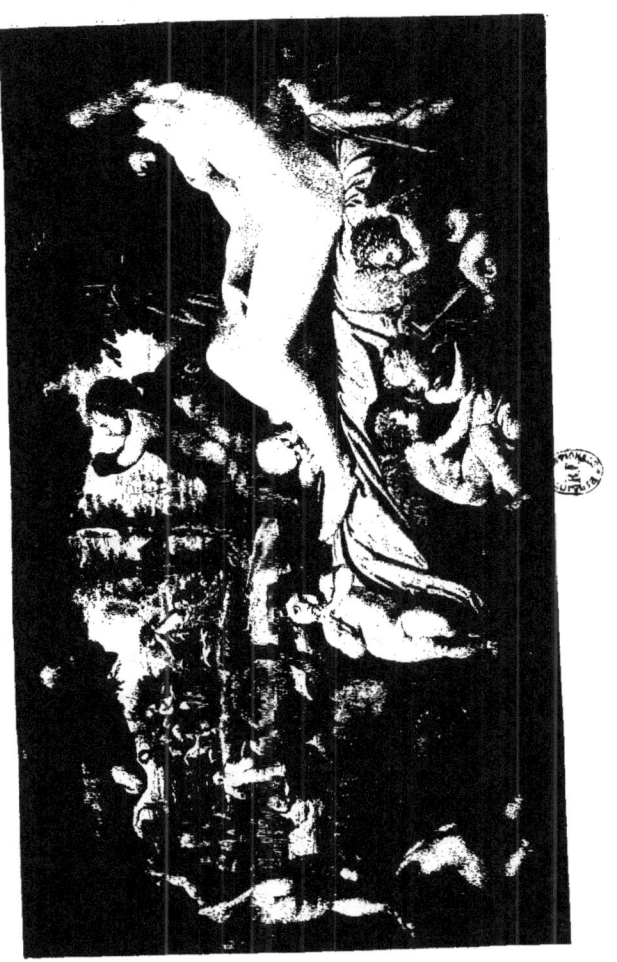

dessin en est magistral, la couleur en est chaude. Bien que les figures qui le composent ne plafonnent pas, il décorait le centre d'un plafond. Bellori le cite comme un des chefs-d'œuvre du maître et le décrit avec complaisance : *Imagine di Venere dormiente, col joco degli Amori* (1). Peint pour le cardinal Farnèse, il passa, avec tous les biens des Farnèse, aux mains du roi de Naples, et c'est de la galerie du prince de Salerne qu'il entra dans celle de Monsieur le duc d'Aumale. Le dix-septième et le dix-huitième siècle se pâmaient d'aise devant ces sortes de tableaux. On ne voyait presque rien alors qui leur fût comparable. Notre époque les regarde à peine. L'admiration qu'on avait pour eux jadis était exagérée sans doute; le dédain dont on les couvre aujourd'hui est également excessif.

LXIV-LXV-LXVI-LXVII. — *Amours portant des fleurs*.

H. 0ᵐ,72; L. 0ᵐ,72.

Des Amours, au nombre de quatre, isolés les uns des autres et formant quatre tableaux qui se répondent et se complètent mutuellement, gambadent dans les airs et tiennent dans chacune de leurs mains des fleurs qu'ils répandent autour d'eux. Ces figures, variées d'attitudes et de gestes, sont d'un peintre vraiment maître. Le dessin, le mouvement, la couleur, tout en est excellent. Seulement ils ne sont que le reflet de ce qu'on avait vu déjà à Rome sous le pinceau de Raphaël et à Parme sous celui du Corrège. C'est un art de seconde main, où le talent est considérable, où le savoir est tout, mais que n'a point inspiré le génie et d'où l'émotion est absente. De pareilles peintures n'en suffisent pas moins pour assurer à Annibal Carrache un rang distingué parmi les maîtres.

Ces quatre Amours occupaient les quatre angles du plafond dont le *Sommeil de Vénus* formait le centre. Ils furent peints aussi pour le cardinal Far-

(1) Bellori, *Le Vite de' pittori*, p. 89. Roma, M.D.C.LXXII.

nèse, et donnés également par le roi de Naples, héritier des Farnèse, au prince de Salerne, de la galerie duquel ils passèrent dans la galerie de Chantilly.

LXVIII. — *La Nuit*.

H. 1^m,28; L. 1^m,55.

Personnifiée par une jeune femme que de grandes ailes soutiennent dans les airs, la Nuit s'avance, projetant sur toutes choses ses ombres transparentes. Enveloppée dans une tunique bleue, la tête vue de face et couronnée de fleurs presque décolorées, elle emporte dans ses bras deux âmes, figurées par deux petits enfants. La campagne, dont les escarpements laissent apercevoir la mer à l'horizon, est comme voilée d'un crêpe noir. La terre se couvre de ténèbres, que le croissant lunaire pénètre de ses pâles clartés... L'idée est poétique, et la manière dont elle est rendue est heureuse. Cependant, comme tout ce qui ne garde pas l'empreinte du génie, cette figure de la Nuit est démodée, et l'on reste indifférent devant elle.

Ce tableau, de même que celui de l'*Aurore* qui lui fait pendant, entra dans la Maison de Naples avec tous les biens des Farnèse. Le roi Ferdinand Ier donna ces peintures à son frère, le prince de Salerne, et Monsieur le duc d'Aumale les trouva dans la succession de ce dernier. Bellori les mentionne (1).

LXIX. — *L'Aurore*.

H. 1^m,19; L. 1^m,59.

L'Aurore, invariablement figurée par une jeune femme, surgit des ténèbres et succède à la nuit. Sa tête est de face et couronnée de roses ; une chemise

---

(1) *Vite de' pittori*. Pise, 1821, t. I, p. 100.

blanche couvre le côté droit de sa poitrine, tandis qu'une jupe rose enveloppe le bas de sa figure et qu'une draperie verte flotte derrière son dos, en passant sur son épaule gauche. Assise sur un nuage, qui s'est arrangé pour elle en forme de char, elle tient de sa main gauche le flambeau du jour, et prend de la main droite, dans une corbeille que tient derrière elle un Amour, des fleurs qu'elle répand sur la terre comme une bienfaisante rosée. Un autre Amour, portant également des fleurs, la précède et la guide. Ces figures, qui sont loin d'être sans valeur, ne sont pas exemptes, cependant, d'une certaine banalité.

LXX. — *Le Martyre de saint Etienne.*

Sur bois. — H. 0^m,55; L. 0^m,40.

Le jeune diacre, qui fut le premier martyr, est étendu à terre dans ses habits sacerdotaux, subissant le supplice de la lapidation, atteint mortellement déjà, mais vivant encore, la tête rayonnante de l'auréole des saints. La gloire l'attend, il la voit, elle l'appelle. Du haut des cieux, Dieu le Père et Jésus-Christ, entourés de leurs anges, vont au-devant du saint et lui ouvrent les bras. Au premier plan, un personnage, revêtu d'une armure, désigne aux bourreaux la victime. Les bourreaux sont au nombre de cinq; ils lancent et ramassent des pierres. Derrière eux, à droite, des gardes maintiennent la foule, avide de sanglants spectacles; tandis que, du côté opposé, à gauche, deux des disciples du saint sont remplis de pitié. Pour fond, les remparts d'une citadelle sur les créneaux de laquelle se tient le monde officiel qui a commandé cette exécution. Voilà une de ces peintures savantes, apprise et dérobée un peu partout, dans la succession de la grande école romaine surtout. Elle évoque les plus illustres souvenirs; mais elle ne vit pas d'une vie propre, et, malgré toutes les belles attitudes dont elle dispose, aucune émotion vraie ne s'en dégage... Ce tableau, qui a fait partie de la galerie d'Orléans, est mentionné par Bellori parmi les petites peintures qu'Annibal Carrache avait exécutées pour le cardinal Sannesio : « *Tra le operette picciole per lo cardinale Sannesio dipinse la lapidatione di santo Stefano, che all' impeto de' percussori, genuflesso invoca il Signore, da cui gli viene l'Angelo con la corona el con la palma. L'attione è situata fuori la città, con vaghissima veduta* (1)... »

Acheté à Londres, en 1860, par Monsieur le duc d'Aumale à M. Nieuwenhuys.

RENI (GUIDO), dit LE GUIDE

(1575 † 1642. — École bolonaise.)

Guido, dont le père, Daniele Reni, était musicien, naquit à Calvenzano, près Bologne, le 4 novembre 1575. Il fut d'abord élève de Calvaert, entra ensuite chez les Carrache, et marcha très jeune de succès en succès. Esprit superficiel, âme sans élévation, il joua à Rome un vilain rôle vis-à-vis d'Annibal Carrache, auquel il devait son talent, servit la cabale et devint, contre son ancien maître, l'homme de Josépin. On lui fit une énorme réputation, sous laquelle on voulut étouffer celle des Carrache. Les poètes s'en mêlèrent, et, dans ce concert d'adulations, le chevalier Marin chanta plus haut que tous les autres. Guido, avec sa présomptueuse fatuité, crut à la sincérité de ces admirations. Il se regarda comme le premier peintre de son temps, traita d'égal à égal avec les grands de la terre, et en arriva jusqu'à se couvrir devant le Pape, disant qu'un Guido suffisait à honorer le règne d'un Paul V. A Naples, où il fut appelé pour décorer la chapelle de saint Janvier, tout changea pour lui subitement; les injures l'accueillirent, et il fut forcé de fuir devant Ribera. C'en était fait de sa fortune. Il traîna dès lors une existence beso-

(1) Bellori, *Le Vite de' pittori*, p. 81. Roma, M.D.C.LXXII.

gneuse et sans dignité, tomba dans le désordre, et mourut épuisé par les tripots, le 18 août 1642... L'ensemble de son œuvre porte le germe des fadeurs qui suivirent. Cependant, les peintures de son bon temps, malgré ce qu'elles ont de conventionnel et de théâtral, ont une belle tenue, sous des colorations argentines dont la séduction est incontestable.

LXXI. — *La Madona della Pace.*

Toile. — H. 1^m,83; L. 1^m,47.

La Vierge, assise sur les nuées, porte sur ses genoux l'Enfant Jésus, qui de sa main droite bénit le monde et tient de sa main gauche une branche d'olivier. Deux anges suspendent une couronne d'or au-dessus de la tête de Marie. Deux autres anges répandent des fleurs à pleines brassées de chaque côté du groupe divin. Un ange encore, du plus haut des cieux, fait pleuvoir également des fleurs... Toutes ces figures sont froides et dépourvues d'émotion. Les anges, pimpants et frais, sont faits sur un type de convention. La Vierge, prétentieusement drapée dans son voile blanc, dans sa robe rouge et dans son long manteau bleu flottant, est théâtrale et répète quelque chose d'appris. Plus insignifiant encore est le *Bambino,* qui, sous prétexte d'annoncer la paix au monde, ne fait montre que de banalité... Guido Reni a mis dans cette peinture tout l'ensemble des qualités moyennes qui, dans une basse époque, lui valurent la réputation, mais il n'a rien donné de son âme. L'âme, d'ailleurs, en ce temps-là, semblait s'être retirée de la peinture italienne; l'âme du Guide, en particulier, était trop moyenne pour se mesurer avec de tels sujets Un pareil tableau, malgré son insuffisance, n'en a pas moins sa place et son intérêt dans l'histoire de l'art.

Provient de la galerie du prince de Salerne.

SPADA (LIONELLO)

(1576 † 1622. — École bolonaise.)

Lionello Spada naquit à Bologne, de parents pauvres, en 1576, et fut recueilli par les Carrache, qui en firent un peintre. En récompense de leurs bienfaits, il les abandonna pour se faire le singe du Caravage, qu'il accompagna à Rome, à Naples et à Malte. Il devint un des peintres habiles de la nouvelle école. De retour à Bologne, il s'y conduisit avec insolence, cherchant à étonner par ses hardiesses et ses excentricités. Le duc de Parme Romanino le prit à son service et lui fit décorer le théâtre Farnèse; mais, après la mort de son protecteur, la misère et la haine s'abattirent sur lui. Il mourut à Parme, le 17 mai 1622, à l'âge de quarante-six ans... Né avec un vigoureux tempérament de peintre et maniant la brosse avec dextérité, Lionello Spada confondit trop souvent la brutalité avec la force et la violence avec la passion. On ne rencontre guère dans ses tableaux que de la virtuosité; encore est-elle souvent d'un goût douteux.

LXXII. — *Le Christ couronné d'épines.*

Sur bois. — H. 2^m,05; L. 1^m,34.

Le Sauveur, couronné d'épines, est assis ou plutôt affaissé sur un banc, contre lequel il s'appuie de ses deux mains liées ensemble. La robe écarlate dont on l'a revêtu couvre seulement le bas de la figure et découvre tout le torse. Deux bourreaux tirent de chaque côté sur des cordes fixées à la couronne d'épines : l'un, penché vers le Christ, a enroulé sa corde autour d'un bâton, sur lequel il pèse de tout le poids de son corps en ricanant d'un air féroce; l'autre, debout derrière le divin supplicié, l'injurie à bouche grande ouverte, en tenant d'une main la corde sur laquelle il tire avec force et en présentant de l'autre à sa victime le sceptre de roseau... Cette œuvre présente toutes les qualités de métier, que Spada possédait à un si haut point, et toutes les défaillances morales qui étaient aussi son fait. Le Christ, qui devrait contraster par sa divinité avec l'ignominie de ses bourreaux, se confond avec eux dans une même vulgarité. On a là un bon morceau de peinture et un médiocre tableau. Le même sujet, par le même peintre, se trouve avec quelques variantes au musée de Dresde.

Provient de la galerie du prince de Salerne.

ALBANI (FRANCESCO), dit L'ALBANE

(1578 † 1660. — École bolonaise.)

Francesco Albani naquit à Bologne le 17 mars 1578. Son père, riche marchand de soie, le destinait au commerce; sa vocation de peintre triompha de toutes les résistances. A l'âge de treize ans, il entra dans l'atelier de Denis Calvaert, où il rencontra le Guide, qui l'entraîna chez les Carrache. Il y fit de rapides progrès. Annibal Carrache l'emmena à Rome et lui ménagea sa part dans les peintures décoratives de la galerie Farnèse. De retour à Bologne, il s'affranchit de son maître et se fit un genre à part dans des tableaux de moyennes et de petites dimensions, où il peignait de riantes campagnes animées d'une foule de figures gracieuses. Ses contemporains l'appelèrent l'Anacréon de la peinture, parce que ses petits tableaux leur rappelaient les petites odes du poète ionien. L'Albane, d'ailleurs, ne se lassait pas de peindre Vénus et les Amours qu'Anacréon avait chantés. Il y avait loin, cependant, de Téos à Bologne, et plus loin encore entre les temps qu'entre les lieux. Albane excellait à représenter la verdure des arbres, la limpidité des eaux, la transparence de l'air, et à mettre ses figures en parfait accord avec des paysages qui évoquent l'idée d'un printemps idéal. Sa femme lui avait donné douze beaux enfants, et il les plaça dans nombre de ses tableaux. Il se répétait, d'ailleurs, sans cesse, et jamais la vogue ne l'abandonnait dans ses perpétuelles redites. Il mourut à Bologne, le 17 mars 1660, âgé de quatre-vingt-deux ans, le pinceau à la main, entouré d'honneurs et de richesses, et escorté d'un grand nombre d'élèves, parmi lesquels il faut citer surtout Pier-Francesco et Gio.-Battista Mola, Girolamo Bonini, Carlo Cignani et Gio.-Maria Galli (dit Il Bibiena).

LXXIII. — *Sainte Marie-Madeleine.*

H. 0^m,81 ; L. 0^m,70.

La sainte, en prière, se détache sur un fond très sombre, dans lequel on entrevoit à droite les profondeurs d'une grotte, à gauche un paysage ombragé d'arbres. La tête, forte et massive, est de trois quarts à droite, presque de face ; le corps, également puissant, est en sens inverse, de trois quarts à gauche. Les yeux sont levés au ciel avec ferveur, et la bouche est en parfait accord d'expression avec eux. Les cheveux, très abondants et séparés en bandeaux au milieu du front, se répandent en longues nappes sur les épaules et sur les bras, qui sont nus. Une draperie bleue est jetée sur les avant-bras. Les mains jointes s'appuient sur une tête de mort... Cette peinture est d'une solidité remarquable. Le dessin en est robuste, la couleur harmonieuse et chaude. Le peintre bolonais s'est laissé aller ici à la suite des grands Vénitiens que son maître lui proposait souvent comme modèles. Il s'est surtout rapproché d'Annibal Carrache, et s'est aussi laissé porter par le sentiment qui soulevait alors son ami le Dominiquin. Les qualités spécifiques de l'Albane ne se reconnaissent sans doute pas dans ce tableau. On n'y retrouve pas la préciosité du peintre, dont les œuvres, très nombreuses, sont dans la plupart des galeries de l'Europe, à Rome, à Florence, à Milan, à Turin, à Madrid, à Paris, etc. Pour songer à l'Albane devant cette figure de Marie-Madeleine, il faut se rappeler les grandes peintures qu'il a laissées à Bologne, et les fresques dont il a décoré les églises Saint-Jacques des Espagnols et Sainte-Marie de la Paix, à Rome ; il faut se reporter vers l'époque où, travaillant sous les yeux d'Annibal Carrache, il ne s'attachait guère qu'à faire des imitations de son maître. Quoi qu'il en soit, s'il n'y a pas, en présence de ce tableau, conviction absolue en faveur de l'Albane, il n'y a pas non plus de raisons suffisantes pour ne pas maintenir une attribution séculaire. C'est sous le nom de l'Albane que cette *Sainte Marie-Madeleine* était cataloguée dans la galerie du prince de Salerne. C'est sous le nom de l'Albane aussi que nous la laissons inscrite dans la galerie de Chantilly.

BARBIERI (GIOVANNI-FRANCESCO), dit IL GUERCINO

(1591 † 1600. — École bolonaise.)

Francesco Barbieri naquit à Cesto, près Bologne, le 8 février 1591. On l'avait surnommé *il Guerchino* (le Guerchin), à cause du strabisme qu'il avait contracté dès l'enfance à la suite d'un accident. Il entra fort jeune à l'école des Carrache. En fait, on ne sait quel fut son maître. Fils de paysan, ses premiers modèles furent des rustres, et la plupart de ses œuvres gardèrent quelque chose de cette trivialité originelle. Dans les temps frelatés où il vivait, la violence de son pinceau devait obtenir le succès. Guerchin possédait l'art des modelés puissants ; le Caravage eut une grande influence sur son vigoureux talent. Ses figures, véritables trompe-l'œil, se détachent en haut relief dans l'air ambiant qui semble circuler autour d'elles. Les Carrache redoutaient pour leurs tableaux le voisinage des tableaux du Guerchin. Il partit pour Rome le 12 mai 1621, peignit pour Grégoire XV son plus beau tableau, le *Martyre de sainte Pétronille* (1), et pour le cardinal Ludovisi, neveu du Pape, sa plus belle fresque, l'*Aurore*, à la villa Rospigliosi. Sa couleur violente et heurtée, sombre jusqu'au noir dans ses tableaux, se tempère dans ses fresques. Doué d'une facilité extraordinaire, il a laissé des œuvres dont le nombre est considérable. On ne cite pas moins de cent six tableaux d'autel et de cent quarante-quatre autres tableaux. Guerchin avait établi en 1616, à Cento, une académie qui compta beaucoup d'élèves. Il travailla à Reggio en 1624, à Plaisance et à Modène en 1626, et se fixa définitivement à Bologne en 1642. Il mourut à Rome le 22 décembre 1666, et fut inhumé, en habit de Capucin, dans l'église San Salvatore. Louis XIII voulut l'attirer en France, et Charles Ier en Angleterre; ni l'un ni l'autre ne purent le décider à quitter l'Italie.

LXXIV. — *La Descente de croix.*

H. 2^m,73; L. 1^m,77.

Le Christ, étendu sur son linceul, remplit presque tout le premier plan du tableau. A gauche et vu de profil, saint Jean, agenouillé, soulève de ses deux mains le torse du Sauveur. A droite, la Vierge, également agenouillée, est de face aux pieds de son Fils. Derrière saint Jean, sainte Marie-Madeleine se tient debout dans une attitude de commande, et derrière la Vierge se trouve une sainte femme affectant une douleur qui n'est aussi que de surface. Joseph d'Arimathie et Nicodème ne sont ici que des personnages d'arrière-plan. Au fond du tableau, on aperçoit, au milieu des ténèbres qui se dissipent en découvrant tout un large pan de ciel bleu, les trois gibets dont on a détaché les corps des suppliciés... Malgré l'habileté du peintre, on reste froid

(1) Ce tableau est à Rome, dans la galerie du Capitole.

devant cette peinture. Le drame et l'émotion ne sont nulle part, et le simulacre en est vain. Les tons ont beau redoubler de vigueur, rien ne rachète en un pareil sujet l'inanité du sentiment. A de rares exceptions près, voilà où en était la peinture religieuse en Italie vers le milieu du dix-septième siècle.

Galerie du prince de Salerne.

LXXV. — *Portrait supposé du peintre par lui-même.*
(Attribué au Guerchin.)

H. 0^m,55; L. 0^m,46.

La figure est en buste, de grandeur naturelle et de trois quarts à gauche. Le personnage, vêtu d'une robe jaune de couleur indécise, est dans la force de l'âge. Sa tête, régulière et vigoureusement accentuée, est coiffée d'une longue chevelure noire, dont les mèches en désordre couvrent le front et se répandent jusque sur les épaules. Une fine moustache noire se dessine au-dessus de la bouche. Les traits ont quelque chose de dur dans leur expression. Leur jeunesse semble altérée déjà par la fatigue. Du strabisme qui avait valu à Francesco Barbieri le surnom de Guerchin, on ne se doute guère dans ce portrait, quoique la tête soit presque de face et que rien des yeux, qui sont beaux et droits, ne soit dissimulé. Le regard en est ferme, mais n'a rien d'attirant. On se croirait en présence d'un matamore tout autant que d'un peintre. Il est vrai qu'en ce temps-là peintre et matamore se trouvaient quelquefois réunis dans le même homme. Le portrait de Guerchin par lui-même, au musée du Louvre, représente le peintre dans un âge beaucoup plus avancé. Il ne contredit pas précisément l'authenticité du portrait de la galerie de Chantilly, mais il ne l'affirme pas non plus d'une manière évidente. La qualité même de la peinture, bien qu'elle nous rapproche du Guerchin, ne nous laisse pas en pleine sécurité devant ce portrait.

CANLASSI (GUIDO), dit CAGNACCI

(1601 † 1681. — École bolonaise.)

Guido Canlassi naquit en 1601 à Castel Sant' Arcangelo. Il fut élève du Guide et l'un de ses imitateurs les plus assidus. Son dessin est correct, et ses colorations sont délicates. La *Lucrèce* de la *Casa Isolani* et le *David* du palais Colonna l'ont rendu célèbre à force d'avoir été reproduits. Il alla chercher fortune en Allemagne, se fixa à la cour de Léopold Ier, et mourut à Vienne en 1681. C'est ce qui explique la rareté de ses ouvrages en Italie.

LXXVI. — *L'Enfant Jésus endormi, saint Jean-Baptiste et saint Joseph.*

H. 0^m,94; L. 1^m,31.

C'est sous ce titre que cette peinture, dont la composition est incohérente et presque incompréhensible, était inscrite dans la galerie Altieri à Rome, et dans la galerie du prince de Salerne à Naples... Le torse nu et robuste d'un jeune garçon de douze à quinze ans, couché et endormi sur un lit, la tête en bas vers le spectateur, occupe le milieu du premier plan. Quant au reste du corps, il disparaît à l'arrière-plan sous un amas de choses dont on ne peut deviner ni l'arrangement, ni la signification pittoresque, ni surtout le sens moral. On ne pourrait même soupçonner là un Enfant Jésus, si près de lui ne se tenait un autre enfant presque du même âge, en partie vêtu d'une toison d'agneau et tenant de la main droite une croix de roseau entourée d'une légende, qui ne peut laisser prise à aucun doute sur la présence d'un petit saint Jean-Baptiste. Entre ces deux figures, se tient un vieillard vu de face, la main droite appuyée sur un bâton et la tête reposant sur sa main. C'est sans doute un saint Joseph. A gauche, une table recouverte d'un tapis, sur lequel sont posées des corbeilles de fleurs. Voilà des accessoires qui n'ont rien à faire en un pareil sujet. Si le peintre a fait preuve de virtuosité dans ce tableau, il n'a rien montré au delà... Le Cagnacci se reconnaît ici à sa brillante couleur et à ses belles lumières, ainsi qu'aux licences qu'il se permettait et aux caprices dont il était coutumier. Les contemporains lui reprochaient ses écarts. Le tableau de la galerie de Chantilly prouve qu'ils n'avaient pas tort.

SALVI (GIOVANNI-BATTISTA), dit SASSOFERRATO,

(1603 † 1685. — École romaine.)

Salvi naquit à Sassoferrato le 11 juillet 1605, et garda le nom de son lieu de naissance. Il étudia d'abord sous son père, Tarquinio Salvi, puis alla à Rome et à Naples, où très probablement il fut l'élève du Dominiquin. Il mourut à Rome le 8 août 1685. On a de lui des copies d'après Raphaël, Titien, Baroche, Guide, Annibal Carrache, etc., dans lesquelles on le reconnaît facilement. Il ne ressemble, en effet, à aucun autre. Ses Vierges ont une tendresse, une douceur et une modestie qui leur appartiennent en propre; la simplicité de leur costume fait en quelque sorte partie de leur caractère; il n'est pas jusqu'à leur couleur argentine et un peu froide qui ne contribue à leur originalité. La *Vierge au Rosaire*, dans l'église Sainte-Sabine, à Rome, est le spécimen le plus complet de ces Madones, dont le nombre est considérable et qui sont répandues dans toutes les galeries de l'Europe. Celle qui appartient à Monsieur le duc d'Aumale peut être classée parmi les meilleures.

LXXVII. — *La Sainte Famille.*

Sur toile. — H. 0ᵐ,72; L. 0ᵐ,93.

L'Enfant Jésus, sous les yeux de la Vierge, bénit saint Joseph. Tel est le sujet du tableau... Dans un cadre de forme ovale et sur un fond perdu noir, la Vierge et saint Joseph sont coupés à mi-corps par une barre d'appui en marbre gris, sur laquelle ils ont posé un coussin de brocart rouge et or, pour y asseoir le *Bambino*. La Vierge, vue de face, les yeux abaissés et regardant de côté vers saint Joseph, est d'une religiosité molle. Vêtue d'une robe rose plutôt que rouge et d'un manteau bleu clair, la tête recouverte d'un long voile blanc jaunâtre qui se répand jusque sur le coussin, elle soutient de ses deux mains l'Enfant Jésus, sans que rien de vibrant dénonce l'émotion de son âme, le pressentiment de son cœur. L'Enfant Jésus, de son côté, est gentil, mais rien au delà non plus. Entièrement nu et de trois quarts à droite, il enlace de son bras gauche le cou de sa mère, et de la main droite bénit saint Joseph. On ne sent rien en lui du « Dieu d'où la bénédiction descend ». Quant au saint Joseph, il suffit à lui seul pour faire de cette peinture une œuvre fervente. Il est, au point de vue de la composition, la moins importante de ces trois figures, et c'est en lui que se concentre l'émotion du tableau. Vêtu d'une robe verte et d'un manteau jaune, il porte la main droite à son cœur et touche de la gauche le pied du Sauveur. Sous ses cheveux blancs et avec sa barbe blanche, ses traits affinés s'illuminent à force de sincérité fervente et redeviennent jeunes d'une jeunesse qui ne vieillira pas... On retrouve, d'ailleurs, dans ce tableau, toutes les caractéristiques du peintre, sa simplicité d'ajustements et sa couleur d'une si particulière blancheur. On y reconnaît surtout, comme sentiment, l'élève du Dominiquin.

Ce tableau appartenait au prince de Salerne et provenait de la galerie Altieri, à Rome.

DUGHET (GASPARD), DIT GASPRE, OU GUASPRE OU LE GUASPRE POUSSIN

(1613 † 1675. — École romaine.)

Gaspard naquit au mois de mai 1613, à Rome, où son père, Jacques Dughet, Parisien d'origine, s'était venu fixer. Nicolas Poussin, en épousant la fille de Jacques Dughet, devint le beau-frère de Gaspard, dont il se fit le maître. Gaspard Dughet, pendant plus de trois ans, travailla avec acharnement sous la direction du grand peintre français et conquit à son tour la réputation d'habile paysagiste. Il séjourna tour à tour à Naples, à Pérouse, à Florence, à Milan, semant partout ses œuvres avec abondance. Sa facilité était telle, qu'il pouvait commencer et finir un paysage en une seule journée, même en l'ornant de figures. De retour à Rome, il y trouva Claude le Lorrain, qu'il prit aussi pour modèle. Il mourut à Rome le 25 mai 1675... Parmi ses tableaux, il faut citer en première ligne ceux de la galerie Doria, à Rome. Il devait tant au Poussin, qu'il en voulut porter le nom. Cependant, ses peintures sont à celles du Poussin ce que des œuvres de talent sont à des œuvres de génie. On a beau avoir sous les yeux Rome et la campagne romaine, Tibur et Tusculum, Nemi et l'Aricia, vivre dans un pays où la nature semble avoir réuni tout ce qu'elle a de beautés éparses en d'autres lieux, les chefs-d'œuvre ne s'improvisent pas. Il faut, pour être un vrai grand peintre, avoir la « longue patience » qui est une des conditions du génie. Cette « longue patience », Nicolas Poussin l'eut d'un bout à l'autre de sa vie; Gaspard Dughet n'en comprit pas la nécessité.

LXXVIII. — *Paysage.*

H. 0m,37; L. 0m,48.

Au milieu du premier plan, une femme s'avance sur un sentier tracé à travers les bois. Elle maintient de sa main droite une corbeille posée sur sa tête, et porte de sa main gauche un panier chargé de provisions. A droite, un grand tronc d'arbre. A gauche, des bois aux frais ombrages. Au fond, des collines également boisées, avec des fabriques à leur sommet. Ce paysage, habilement composé, est d'un très beau ton.
Collection Reiset.

LXXIX. — *Paysage.*

H. 0m,36; L. 0m,46.

Vue de la campagne de Rome, dans la région des marais. Au premier plan, des fabriques disparaissent en partie dans les anfractuosités du sol. A droite, un bouquet d'arbres. Au fond, l'horizon plat des marais qui s'étendent à perte de vue jusqu'à la mer.

Ce paysage, acquis à Rome par M. Reiset en 1836, a passé, en 1879, dans la collection de Monsieur le duc d'Aumale.

LXXX. — *Paysage.*

H. 1m,05; L. 1m,34.

Au milieu du premier plan, un chevrier, assis au bord d'une eau tranquille, joue de la flûte, entouré de ses chèvres. A droite, des arbres aux ombres massives, précédés d'autres arbres aux feuillages moins impénétrables. Plus loin, un petit lac bordant un monticule et réapparaissant encore dans le lointain. Au fond, un horizon de hautes montagnes bleues. Collection du prince de Salerne.

LXXXI. — *Paysage*.

H. 1m,05; L. 1m,34.

Un pâtre est assis à gauche sur le premier plan. Autour de lui, paissent tranquillement les vaches dont il a la garde. De grands arbres sont épars sur les plans secondaires. Plus loin se dressent des collines, avec des bouquets d'arbres. Plus loin encore, des montagnes ferment l'horizon.
Collection du prince de Salerne.

PRETI (MATTIA), dit IL CALABRESE (LE CALABRAIS)

(1613 † 1699. — École napolitaine.)

Mattia Preti naquit en Calabre le 24 février 1613. Jusqu'à l'âge de vingt-six ans il parcourut l'Italie, dessinant partout, mais sans peindre nulle part. Il entra ensuite dans l'atelier de Giovanni Lanfranco, à Rome, puis dans celui du Guerchin, à Cento. Après avoir peint de grandes fresques à Modène, à Naples et à Malte, il revint à Rome, pour y travailler dans l'église Sant' Andrea della Valle, dont le Dominiquin s'était pour ainsi dire emparé. Appelé à Malte par le grand maître de l'Ordre, il laissa d'importantes peintures dans la cathédrale de cette ville, puis revint à Naples, où il peignit de nombreux tableaux, luttant en vain contre les envahissements de Luca Giordano, auquel il dut céder la place. Urbain VIII l'avait nommé chevalier de l'Ordre de Malte. Il se réfugia dans sa chevalerie, où il termina ses jours le 13 janvier 1699.

Le Calabrese était bien de son pays et de son temps. Ses œuvres, outrées dans leurs formes et violentes dans leur caractère, ont quelque chose en tout d'exagéré. Son coloris n'a rien d'agréable; il se distingue par la dureté des ombres et par l'abus des empâtements. Sous son pinceau, la douleur devient de la contorsion et le drame tourne au mélodrame. Des supplices, des meurtres, des pestes, des pénitents, des bourreaux, voilà ce que montrent surtout ses innombrables tableaux. Naples, Rome, Florence et Bologne en sont encombrées. Guerchin et le Caravage sont ses modèles de prédilection, et il dépasse encore ce qu'ils ont d'excessif.

LXXXII. — *Ecce homo.*

H. 2^m,05; L. 2^m,59.

Le Christ, couronné d'épines et tenant un roseau en guise de sceptre, est debout sur le balcon qui domine le prétoire. Ses bourreaux l'entourent. Ils l'ont dépouillé de ses vêtements et l'ont apprêté pour la croix. Son torse est nu, chargé d'ombres sinistres, presque cadavériques déjà. Sa tête aussi, qui se présente de trois quarts à gauche, est décharnée, livide, maculée de noirs. Au dehors, du côté opposé et au pied du balcon, la multitude est houleuse, violente, menaçante, injurieuse. Naguère elle acclamait Jésus comme Dieu; elle vient de lui préférer un voleur. Quant au Christ, il est surtout ce qu'il ne faudrait pas qu'il fût. Aux vociférations et aux violences de la foule, il devrait opposer le silence et le calme de sa divinité, et il gesticule et semble vociférer à l'égal des ennemis qui le poursuivent, en quoi il s'abaisse jusqu'à eux. Une grande figure, qui est ici le personnage officiel, se dresse à droite avec son incompréhensible taille. Dans un pan de ciel à gauche, deux anges nous montrent une insignifiante douleur.

Le Dominici, qui nous a particulièrement renseignés sur Mattia Preti, rapporte qu'il ne peignait guère que de grands tableaux, — des tableaux du genre de cet *Ecce homo* sans doute, — et qu'il les peignait avec un tel feu et une telle rapidité, qu'un homme qui demeurait chez lui et le voyait peindre disait qu'à la façon dont il distribuait ses teintes sur la toile et dont il maniait le pinceau, on aurait cru qu'il jouait du tambour. Ce mot est très justement expressif. Les vrais maîtres ne font pas œuvres de tambourineurs. Voilà où conduit la virtuosité, quand ce n'est pas la raison et le sentiment qui la guident. S'il est un art de décadence, c'est assurément celui-là.

Ce tableau a figuré successivement dans la galerie Torlonia et dans celle du prince de Salerne.

ROSA (SALVATOR)

1615 † 1673. — École napolitaine.

Peintre, graveur, poète et musicien, Salvator Rosa naquit au village de la Renella, près de Naples, le 20 juin 1615, et fut, parmi les peintres italiens du dix-septième siècle, un des plus populaires. Son existence aventureuse lui valut l'engouement des foules, et la variété de ses talents lui mérita la faveur des grands. La vie, cependant, se présentait à lui avec de dures aspérités. Un de ses oncles, Paolo Greco, lui apprit d'abord à dessiner; puis son beau-frère, Francesco Fracanzano, lui enseigna la peinture. Orphelin à dix-sept ans, il était déjà capable d'exécuter avec facilité des marines et des paysages qu'il vendait à vil prix sur la place publique. Lanfranc, frappé de la vigueur de ces ébauches, s'intéressa au jeune peintre et le fit entrer dans l'école de Ribera. Ce fut enfin dans l'atelier d'Aniello Falcone qu'il trouva sa voie. Falcone, terrible batailleur, était un enragé peintre de batailles; on l'avait surnommé l'*Oracolo delle battaglie*.

Il eut dans Salvator Rosa un élève selon son goût et un compagnon d'aventure selon son cœur. Salvator, après trois ans de séjour chez Aniello, se rendit à Rome et y trouva un protecteur, le cardinal Brancacci, qui lui commanda des travaux pour Viterbe. Il revint à Naples à la fin de 1646. L'année suivante, Masaniello se mettait à la tête du peuple révolté contre les exactions de l'Espagne, et Salvator Rosa s'enrôlait dans la *Compagnie de la Mort*, commandée par son maître Aniello Falcone. Peu de temps après, le duc d'Arcos faisait assassiner Masaniello, et la révolution était vaincue. Pour échapper à la vengeance du vice-roi, Aniello se réfugia en France et Salvator à Rome, où il arriva bien vite à la fortune. En 1652, il fut appelé par le grand-duc Côme II en Toscane, où il demeura durant sept ans, fêté et adulé non seulement comme peintre, mais aussi comme poète. Il avait été révolutionnaire à Naples, il fut homme de cour à Florence. Paysagiste ou plutôt compositeur de paysages comme on l'était alors, peintre de marines et peintre de batailles, il jouissait en ce genre d'une réputation légitime et faisait école, mais cela ne suffisait pas à son ambition; il avait la prétention d'être un peintre d'histoire, et les témoignages, en grand nombre, qu'il a fournis à l'appui de cette prétention, se tournent trop souvent contre lui. Autant il y a de verve et d'habileté, d'inventions heureuses et inépuisables dans ses paysages et dans ses batailles, autant il y a d'effort et d'insuffisance dans le plus grand nombre de ses tableaux d'histoire.

La galerie de Chantilly possède treize tableaux de Salvator Rosa, provenant presque tous de la galerie du prince de Salerne.

LXXXIII. — *Daniel dans la fosse aux lions.*

Sur toile. — H. 2^m,68; L. 1^m,78.

Daniel était depuis six jours dans la fosse aux lions où Cyrus l'avait fait jeter, lorsque Habacuc, saisi par un ange qui le tenait par les cheveux et transporté à travers les airs de la Judée à Babylone, lui remit les pains qu'il avait fait cuire pour ses moissonneurs. Tel est le sujet du tableau... L'ange tient par les cheveux Habacuc, qui présente à Daniel une corbeille pleine de pains. Daniel, vêtu d'une tunique collante et debout dans la fosse où trois énormes lions sont couchés à ses pieds, tend les bras avec reconnaissance vers le secours que Dieu lui envoie... Ce grand et obscur tableau, où l'inspiration et le sentiment personnels sont loin de se faire suffisamment sentir, appartenait à la Chiesa del Popolo, à Rome, d'où il fut distrait en 1802.

Galerie du prince de Salerne.

LXXXIV. — *Jérémie tiré de la fosse.*

Sur toile. — H. 2m,68; L. 1m,78.

Le roi Sédécias, ayant fait descendre le prophète Jérémie dans une fosse pleine d'eau bourbeuse, s'en repentit quelque temps après et donna l'ordre de l'en retirer... Les obscurités accumulées dans cette peinture sont devenues impénétrables. On devine plutôt qu'on ne voit Jérémie aux bras des deux forts gaillards qui le sortent de la fosse. Quant à la foule des spectateurs que l'on distingue à grand'peine, elle n'apporte au sujet principal que désordre et que confusion... Ce tableau, où se trouve le monogramme du peintre, est de mêmes dimensions que le précédent (*Daniel dans la fosse aux lions*), auquel il faisait pendant à la Chiesa del Popolo, à Rome. Il en sortit également en 1802, et provient aussi de la galerie du prince de Salerne.

LXXXV. — *Tobie et l'ange.*

Sur toile. — H. 1m,37; L. 1m.

L'ange Raphaël, qui, sous le nom d'Azarias, avait accompagné le jeune Tobie et lui avait indiqué le moyen de rendre la vue à son père, se découvre et s'envole au ciel... Tobie est agenouillé sur le premier plan, levant la tête avec extase et joignant les mains avec adoration devant l'ange, qui est presque encore à sa portée, quoique suspendu déjà dans les airs. Derrière Tobie, une jeune femme s'incline en croisant ses mains sur sa poitrine, tandis que devant lui sa propre femme est prosternée... Il fait quasi clair dans ce tableau, qui est loin cependant d'être lumineux. On ne peut se défendre d'y reconnaître l'accent de sincérité qui ennoblit la trivialité des figures, non plus que la fougue qui les anime et qui est de bon aloi. C'est toujours dans ce que la nature offre de violent et de vulgaire que Salvator Rosa va chercher ses modèles. Aucun peintre ne s'est plus mêlé au bas peuple. Malgré les vicissitudes qui l'ont tantôt élevé très haut, tantôt précipité très bas, il est resté peuple, il n'a jamais cessé d'être le peintre des pêcheurs et des *lazzaroni*. Son Daniel et son Jérémie sortaient tout à l'heure des cloaques de Basso-Porto; voici maintenant son Tobie qui vient de débarquer à la Margellina.

Cette peinture porte aussi le monogramme de l'artiste. Elle se trouvait dans l'église de Sainte-Marie du Peuple, à Rome, d'où elle sortit, en 1802, pour entrer chez le prince de Salerne.

LXXXVI. — *La Résurrection de Lazare.*

Sur toile. — H. 1^m,37; L. 1^m.

Jésus, debout sur le bord de la fosse, lève sa main droite vers le ciel et tend sa main gauche à Lazare, auquel il ordonne de ressusciter. Et Lazare, écartant son linceul, se dresse en tendant les bras et en joignant les mains vers le Sauveur. Marie-Madeleine, échevelée, quelque peu déshabillée même, est agenouillée sur le premier plan, d'où elle regarde Jésus avec amour et reconnaissance. Marthe est à côté d'elle, de la tête aux pieds sévèrement enveloppée. Devant et derrière Jésus, la foule se presse, avide de contempler le miracle. Le Christ est vulgaire, Lazare l'est davantage encore, et c'est parmi les comparses qu'il faut chercher pour y trouver peut-être un reste de noblesse... Ce tableau provient de la galerie du prince de Salerne. Ainsi que les trois précédents, il avait été placé par Carlo de' Rossi, l'ami fidèle de Salvator Rosa, dans une des chapelles de Sainte-Marie du Peuple. Par qui Salvator a-t-il été inspiré dans ces quatre peintures? Était-il sous l'influence de Poussin? N'était-il pas plutôt sous celle de Rembrandt, dont les gravures pénétraient alors en Italie? N'était-ce pas aussi tout à la fois les Carrache et le Caravage dont il recherchait les qualités et dont il exagérait souvent les défauts? Peut-être toutes ces choses à la fois.

LXXXVII. — *Le Portement de croix.*

Sur toile. — H. 1m.26; L. 1m.76.

Au milieu du tableau, le Christ succombe sous le poids de sa croix. Un de ses bourreaux pèse sur elle de ses deux mains pour en augmenter la lourdeur, tandis qu'un de ses disciples la soulève pour en alléger le fardeau. Les gardes et la foule suivent le Sauveur; les amis restés fidèles le précèdent. Parmi ces derniers, sainte Véronique s'approche en se prosternant pour essuyer la sainte face. Mais ce ne sont de toutes parts que confusions et noirceurs, au milieu desquelles rien de beau ni de noble ne se peut distinguer... Ce tableau a passé par la galerie Altieri et par celle du prince de Salerne.

LXXXVIII. — *Le Christ aux limbes.*

Sur toile. — H. 1m,09; L. 0m,96.

Jésus-Christ, les bras tendus en l'air, descend au milieu des sombres nuages qui enveloppent les limbes, où les âmes des justes de l'Ancien Testament attendaient sa venue après le mystère de la Rédemption. Une draperie blanche qui flotte avec violence derrière l'épaule droite, est ramenée par devant sur le milieu du corps. Le Sauveur porte les stigmates de ses plaies, comme la rançon des âmes qu'il va racheter; mais sa tête a beau être entourée de clartés, ces clartés n'ont rien de surnaturel, et le sentiment qui se dégage de cette figure divine n'est que théâtral et prétentieux... Salvator Rosa s'est souvenu de la fresque qui montre Dieu créant le monde dans la première travée des Loges vaticanes, mais il s'est brûlé les ailes à cette réminiscence.

Galerie Altieri et galerie du prince de Salerne.

LXXXIX. — *La Tentation de Jésus-Christ.*

(Paysage historique.) Sur toile. — H. 0^m,96; L. 0^m,97.

Sur le premier plan d'un paysage ombragé à gauche par de grands arbres, deux personnages sont assis. L'un, qui est le tentateur, montre les royaumes du monde à travers les horizons qui s'étendent à perte de vue vers la droite; l'autre, qui est Jésus-Christ, lève le bras vers le ciel, indiquant par ce geste que son royaume n'appartient pas à la terre. Ces deux petites figures, d'ailleurs, sont d'une complète insignifiance et passent presque inaperçues. Le paysage forme à lui seul tout l'intérêt du tableau. Les arbres si magistralement peints, les escarpements taillés dans le roc avec une si mâle précision, les cours d'eau si capricieusement aménagés, les montagnes bleues du fond qui se détachent avec tant de clarté sur la lumière dorée du ciel,... tout cela est d'un paysagiste dont la verve égale le talent. Dans le domaine du paysage, Salvator Rosa est chez lui et s'y tient en maître. Ce tableau, qui vient de la galerie du prince de Salerne, avait appartenu jadis au couvent de la Propagande (*Propaganda fide*), à Rome.

XC. — *Grand paysage.*

Sur toile. — H. 2^m,50; L. 1^m,70.

Un rocher, planté d'arbres et formant arcade, est jeté d'un côté à l'autre du tableau. Sous ce pont improvisé par la nature, on aperçoit des lointains de montagnes, tandis que, sur les premiers plans, deux hommes et une femme se tiennent au bord de l'eau. L'invention de ce paysage est d'une hardiesse saisissante, le dessin en est ferme, et les colorations, pour être assourdies, n'en sont pas moins vibrantes.

Galerie Bolognetto, à Rome ; galerie du prince de Salerne.

XCI. — *Grand paysage.*

Sur toile. — H. 2m,50; L. 1m,70.

A gauche, d'énormes rochers en escarpements d'où tombe une cascade ; à droite, de grands arbres ; au fond, des montagnes ; sur les premiers plans, des terrains tourmentés, au milieu desquels paissent tristement quelques bœufs... Il y a trop d'agitation dans toutes les parties de ce paysage. Partout et à tous les plans la nature est comme hérissée. L'œil s'y fatigue, cherche en vain quelque chose de calme. La couleur aussi s'y assombrit à l'excès. La lumière serait comme un bienfait au milieu de tant d'obscurité... Ce tableau fait pendant au précédent.

Galerie Bolognetto ; galerie du prince de Salerne.

XCII. — *Petit paysage.*

Sur toile. — H. 0m,79; L. 0m,67.

A gauche, une montagne couronnée de fabriques et formée de rochers descend à pic jusque sur le premier plan, qui est comme convulsionné, encombré d'arbres brisés et de végétations parasites. Au fond de ce sombre ravin, un ermite est debout. Comme contraste, tout est lumière du côté opposé. A côté de grands arbres qui occupent le premier plan à droite, on aperçoit des eaux presque dormantes, sur la rive desquelles la vie tranquille reprend ses droits, et, par delà ce calme miroir, de hautes montagnes, dont les sommets azurés se perdent dans les clartés du ciel.

Galerie Soderini, à Rome; galerie du prince de Salerne.

XCIII. — *Petit paysage.*

Sur toile. — H. 0^m,79; L. 0^m,67.

Un vieux pénitent, à peine vêtu de haillons, ayant à portée de sa main une croix et à ses pieds une tête de mort, est assis sur de longues dalles de rochers au fond d'une gorge où la lumière ne pénètre qu'à grand'peine. Tout en haut de cette gorge, par une sorte de trou percé au sommet des rochers, on aperçoit un peu de ciel bleu traversé d'un nuage blanc... La couleur de ce paysage est puissante et l'effet saisissant.

Ce tableau, qui forme le pendant du précédent, a passé par les mêmes galeries avant d'entrer dans celle de Monsieur le duc d'Aumale.

XCIV. — *Petit paysage.*

Sur toile. — H. 0^m,30; L. 0^m,68.

Un lac, encaissé de rochers, étend ses eaux paisibles sur les premiers plans du tableau. Au bord, repose une barque où des pêcheurs s'apprêtent à monter, et plus loin sur les eaux se trouve une autre barque dans laquelle un pêcheur ramène ses filets. Pour couronner les rochers, quelques arbres en broussailles, et, comme plafond, un ciel d'un bleu pâle où courent des nuées lumineuses. Au point de vue de la composition autant qu'à celui de la couleur, ce petit paysage est excellent.

Galerie Altieri; galerie du prince de Salerne.

XCV. — *Petit paysage.*

Sur toile. — H. 0ᵐ,50. L. 0ᵐ,68.

La mer arrive jusque sur le premier plan, dans une anse, protégée par des rochers en escarpement qui atterrissent au milieu du tableau, où ils forment une sorte de promontoire. Sur ce promontoire se dresse une grosse tour presque en ruine. A côté de cette tour, une grange ; derrière, une grande barque en construction, et, tout à côté, une autre barque qu'on a mise à flot ; puis la mer qui est au calme et dont les eaux vont se perdre dans les lointains de l'horizon jusqu'au ciel. Au pied de la tour, sur les rives du promontoire et sur le premier plan, de nombreuses petites figures animent ce beau site, sans distraire l'œil de ce qu'il a d'enchanteur et de reposant. Sur le ciel, enfin, d'un bleu de printemps, montent des nuages floconneux qui n'en troublent en rien la sérénité... Parmi les innombrables paysages qu'a peints Salvator Rosa, celui-là est un des plus calmes, un de ceux qui présentent les plus belles clartés, où les lignes se balancent avec le plus d'harmonie, dont les tons chantent avec le plus de douceur... Il a été peint comme pendant au précédent, et il a suivi les mêmes pérégrinations avant d'entrer dans la galerie de Chantilly.

CIGNANI (CARLO)

(1628 † 1719. — École bolonaise.)

Carlo Cignani, né à Bologne en 1628, appartient à la dernière et à la plus basse époque de l'école bolonaise, et n'en fut pas moins un des peintres les plus renommés de son temps. Les imitateurs des Carrache avaient disparu. Une nouvelle Académie s'était formée. Elle battait son plein en 1708, quand le pape Clément XI s'en déclara le protecteur. Ce fut l'Académie Clémentine (1). Cignani en fut nommé directeur par un bref pontifical, et Pasinelli y exerça aussi une grande influence. Pasinelli prêchait Raphaël, Cignani préconisait Corrège ; mais, bien qu'ils eussent la prétention de remonter aux sources, ils relevaient directement des Carrache. La couleur, entre leurs mains, devint de plus en plus fausse et conventionnelle, et les ombres furent multipliées à l'excès. Cignani était élève de l'Albane, et ses inventions souvent le rappellent. Il maniait, avec une égale habileté, la peinture à l'huile et la fresque. Les peintures qu'il a laissées à San Michele in Bosco, à Bologne, donnent de lui la juste mesure. Il passa les dernières années de sa vie à Forli, où il peignit, dans une vaste coupole, une *Assomption de la Vierge*, qui avait la prétention de rivaliser avec celle de Corrège. Ses Madones sont en grand nombre. La plus célèbre est celle qu'il peignit pour le pape Clément XI ; elle se trouve au palais Albani. Celle de la galerie de Chantilly peut être citée parmi les meilleures.

XCVI. — *La Vierge et l'Enfant Jésus.*

H. 1^m,33; L. 0^m,94.

Sur un fond de nuages, la Vierge, vêtue d'une robe blanche et d'un manteau bleu, est assise de trois quarts à gauche. La tête et les yeux levés au ciel, elle tient dans ses bras l'Enfant Jésus qui, vêtu d'une tunique rose, minaude en regardant le spectateur. Cette grande et robuste femme n'est plus pour nous la Vierge, mais elle l'était sans doute encore pour les contemporains du peintre à la fin du dix-septième siècle et au commencement du dix-huitième. Les sujets du pape Clément XI priaient avec attendrissement

(1) *Histoire de l'Académie Clémentine,* par GIAMPIETRO ZANOTTI.

devant ces sortes d'images, qui nous laissent aujourd'hui fort indifférents. Cette Madone, dont la beauté physique et la valeur morale nous semblent démodées, est, avec ses ombres noires et ses lumières crues, un des bons tableaux de Carlo Cignani. Elle a son intérêt relatif dans l'histoire des basses époques de la peinture italienne.

Ce tableau appartenait à madame la princesse de Salerne.

Sur les quatre-vingt-seize tableaux italiens dont nous venons de donner les Notices, la première moitié à peu près représente la Renaissance italienne depuis ses origines jusqu'à son complet développement; Giotto et Raphaël y sont comme l'A et l'Ω d'une vérité que, dans le domaine de l'art, on peut dire éternelle. Ce sont les tableaux maîtres de l'Italie dans la galerie de Chantilly; ils y sont entrés par la volonté seule de Monsieur le duc d'Aumale, ils y sont par excellence les représentants de son goût. Les autres appartiennent aux basses époques de l'art italien; ils se trouvaient pour la plupart dans la galerie du prince de Salerne, et c'est de cette galerie qu'ils ont passé dans celle de Monsieur le duc d'Aumale. Voilà ce qui explique la trop grande part faite à l'Italie décadente dans les peintures de Chantilly (1). Au commencement de notre dix-neuvième siècle encore, le quatorzième et le quinzième siècle étaient presque comme non avenus; la Renaissance ne comptait que par les maîtres souverains qui avaient couronné l'édifice, les vaillants travailleurs qui en avaient posé les bases étaient presque ignorés; Giotto, Jean de Fiesole, Filippo et Filippino Lippi, Botticelli, Ghirlandajo, Signorelli, passaient pour

---

(1) Le prince de Salerne, beau-père de Monsieur le duc d'Aumale, possédait une galerie de tableaux composée presque entièrement des maîtres italiens dans lesquels le dix-septième et le dix-huitième siècle avaient mis toutes leurs complaisances. Cette galerie n'avait pas été formée par le prince de Salerne lui-même. Son frère, le roi de Naples, en lui donnant un palais compris dans un majorat, lui avait attribué en propre les meubles et les tableaux qui se trouvaient dans ce palais. Un grand nombre de ces tableaux avaient été acquis à Rome en des temps où la cour de Naples était puissante dans la Ville éternelle. D'autres (les *Trois âges de la vie*, par Gérard; *Françoise de Rimini*, *Raphaël et la nièce du cardinal Bibbiena*, par Ingres) avaient pu être placés par ordre de Murat dans ce palais, qui prit le nom de *Palais Salerne*. Nous retrouverons à Chantilly, parmi les tableaux de l'école française, le tableau de Gérard; quant aux deux tableaux d'Ingres, ils se sont égarés à la mort du prince de Salerne.

ainsi dire inaperçus derrière Léonard de Vinci, Michel-Ange, Raphaël, Titien, André del Sarte, Corrège; on leur préférait les Carrache et le Caravage, Guido Reni et Guerchin. C'est tout au plus depuis un demi-siècle qu'on ouvre les yeux devant le *quattrocento*. Peut-être les ouvre-t-on démesurément grands. Peut-être, surtout, dans ce quinzième siècle si attachant par sa sincérité, ne distingue-t-on pas assez le bon du moins bon, et même quelquefois du mauvais. La mesure en tout est si difficile à garder!... Rien n'est plus incertain, disait un philosophe, que la pauvre certitude de l'esprit humain. Ne devrions-nous pas apprendre, par ce qui scandalise dans les jugements d'autrefois, à nous mettre en garde contre les jugements d'aujourd'hui? N'y a-t-il pas un peu d'idolâtrie dans le culte dont nous entourons ce que nos ancêtres avaient brûlé, et quelque excès aussi dans le dédain dont nous enveloppons ce qu'ils avaient adoré? Nos descendants le diront; mais nous n'y serons plus.

ÉCOLE ESPAGNOLE

ÉCOLE ESPAGNOLE DU SEIZIÈME SIÈCLE

XCVII. — *Portrait de Charles-Quint.*

Sur bois. — H. 0^m,41; L. 0^m,29.

Ce portrait, en buste et de trois quarts à droite, est coupé à mi-corps par une barre d'appui, sur laquelle pèsent les doigts de la main droite et l'avant-bras gauche, dont la main tient un rouleau de papier. Le personnage est jeune encore. Les cheveux, d'un roux sombre, sont coiffés d'un toquet noir, légèrement incliné sur l'oreille gauche et sobrement agrémenté d'une broderie d'or. Le visage est maigre et tout en longueur. Le front, au méplat largement accusé, est sillonné déjà de quelques rides. Les yeux sont beaux et bordés aussi d'une légère patte d'oie; le regard en est ferme, intelligent, attentif. Le nez est pincé, la narine presque frémissante. La bouche est petite, entr'ouverte, parlante, avec une lèvre inférieure épaisse et proéminente, dont le menton, large et porté en avant, exagère la difformité. Charles-Quint, arrière-petit-fils de Philippe le Bon, tenait des ducs de Bourgogne cette forme particulière de la bouche. Une fine moustache brune tombe de la lèvre supérieure et vient se fondre dans une barbe de même ton, qui recouvre à peine le bas des joues ainsi que le menton, à l'extrémité duquel elle s'arrange en barbiche carrée. Le cou est long et presque entièrement enserré dans une sorte de haut carcan en brocart d'or, garni de grosses perles blanches attenant au pourpoint. Celui-ci est noir, piqué d'or et ouvert par devant sur une chemise de linge blanc, dont la collerette plissée se retrouve en haut du carcan. Les manches tailladées de ce pourpoint sont également enrichies de perles, et les manches de la chemise débordent en manchettes jusque sur les mains. L'ordre de la Toison d'or, tenu en sautoir par un simple ruban noir, pend au milieu de la poitrine. Tout est sombre et dur dans cette image, qui semble avoir peine à se dégager d'un fond perdu noir.

Quelles que soient les défaillances de l'exécution, l'expression et par conséquent l'intérêt ne manquent pas à cette peinture. Charles-Quint peut y avoir de trente à quarante ans. Comme il paraît être en pleine discussion avec un interlocuteur dont chacun peut disposer à son gré puisqu'il est invisible, l'imagination peut se donner carrière. Libre à nous, par exemple, de voir dans les papiers tenus en main par l'Empereur un de ces traités si habilement établis et si opiniâtrément discutés avec François Ier, soit la *Paix des Dunes* qui termina en 1529 la seconde guerre contre la France, en modifiant à notre avantage le *Traité de Madrid* de 1526, soit la *Paix de Nice* qui fut la conclusion de la troisième guerre en 1538. Dans la première de ces hypothèses, Charles-Quint (né le 24 février 1500) n'aurait pas encore atteint sa trentième année; dans la seconde, il aurait trente-huit ans, ce qui est plus vraisemblable.

Cette peinture appartient à l'école espagnole du seizième siècle. On serait tenté d'y reconnaître la manière de Domenico Theotocopuli, surnommé *El Greco*. N'y a-t-il pas là quelque chose de ce style fantastique et de ces colorations sombres au moyen desquels ce peintre transformait ses personnages en fantômes? Mais le Greco, qui mourut en 1525, ne saurait avoir peint Charles-Quint de 1530 à 1540. Il ne vint d'ailleurs en Espagne que sous Philippe II, pour y peindre l'Escurial; jusque-là, il avait travaillé en Italie, sous le rayonnement de Titien. Quoi qu'il en soit, on sent dans ce portrait quelque chose de l'esprit chevaleresque qui avait conquis l'Espagne au temps de Charles-Quint, et quelque chose aussi des duretés qui seront une des caractéristiques de la peinture espagnole à partir de Philippe II. Sous Charles-Quint, l'Espagne n'avait qu'à l'état rudimentaire un art qui lui fût propre. Ses peintres hésitaient encore entre l'Italie et les Flandres. Au quinzième siècle, ils avaient penché tantôt du côté de Dello et de Domenico Ghirlandajo (1), tantôt du côté de van Eyck et de Roger Vander Weyden (2); au seizième siècle, c'était Titien qui éclairait de sa lumière d'or la moisson de gloire, d'héroïsme et de poésie que le grand empereur offrait à son peuple. Sous Charles-Quint, toute peinture où ne brille pas le génie de Titien paraît obscure. Si un peintre espagnol s'aventure à être lui-même à côté du maître vénitien, il peint ce portrait que nous voyons ici. En le regardant, on pressent déjà l'Espagne de Philippe II, l'Espagne devenue dure, avec un art à l'image de cette dureté.

ÉCOLE ESPAGNOLE DU SEIZIÈME SIÈCLE

XCVIII. — *Portrait de dona Maria, infante de Portugal.*

Sur bois. — H. 0m,40; L. 0m,305.

La figure, à mi-corps et de trois quarts à gauche, est coiffée d'un toquet de velours noir agrémenté de pierreries, posé au sommet de la tête et légèrement incliné sur l'oreille droite. Les cheveux roux, séparés en bandeaux et tombant en nattes derrière le cou, sont surchargés de chaque côté de

---

(1) Voir les peintures d'Antonio del Rincon dans la cathédrale de Tolède.
(2) Voir le tableau d'autel de Pedro de Cordova, daté de 1475, dans la cathédrale de Cordoue.

lourdes coques, semblables à des oreilles de chien, qui couvrent les oreilles et descendent de chaque côté des joues. Sous le toquet paraît une résille d'or piquée de petites perles, d'où pend, sur la coque gauche, une perle en poire surmontée d'un rubis. De longues boucles, attachées aux oreilles qu'on ne voit pas, tombent le long du cou. Le front est haut et volontaire, avec un sursaut du frontal au-dessus des tempes; les yeux noirs cherchent je ne sais quoi qu'ils n'ont point encore trouvé, et le regard semble s'en irriter; le nez est moyen et marqué à son extrémité d'un méplat très particulier; la bouche petite, avec des lèvres épaisses, est plus individuelle encore, et le maxillaire inférieur, dans ce qu'il a de saillant, donne la principale caractéristique de la race. Pour costume, une robe noire décolletée en carré, garnie de manches faites d'une étoffe noire très rigide, doublée de rouge et piquée d'argent, qui s'arrange en ondes entremêlées de fourrures, d'où s'échappent, par des crevés ménagés sur les côtés, les bouffants de linge blanc des manches de dessous. Fixés en haut de ces manches, de gros rubis montés en broches. Sur le cou, un collier de pierreries (perles et saphirs); et, tombant des épaules jusque sur la robe, des enroulements de perles qui se relèvent au milieu de la poitrine, où ils sont attachés par un saphir triangulaire, d'où tombe une perle en forme de poire. Les deux mains, trop petites pour la figure, mais très soigneusement modelées, sont ramenées l'une sur l'autre au milieu du corps. La gauche tient une lettre sur laquelle on lit la suscription suivante : *A la kirianissima y mug.... oli.. rosa Siñora la Regna my Siñora*.

Regardez, dans la galerie de Chantilly, le portrait de Charles-Quint qui vient d'être décrit, et vous serez fixé sur la filiation de cette princesse. Comme le grand empereur, elle est de la descendance directe de Maximilien d'Autriche et de Ferdinand d'Aragon, avec le vieux fond de sang bourguignon dans les veines. La princesse ayant en main une lettre à l'adresse de la Reine, on s'est cru en présence d'Éléonore d'Autriche, sœur aînée de Charles-Quint, mariée d'abord à Emmanuel, roi de Portugal, et en secondes noces à François 1er, veuf de Claude de France depuis 1524. Des juges dont la clairvoyance est rarement en défaut tiennent toujours pour cette manière de voir. Nous regrettons qu'elle ne puisse être a nôtre; mais notre devoir est de chercher la vérité, et de la dire quand nous croyons l'avoir trouvée. Regardons les trois portraits dessinés d'Éléonore d'Autriche, qui font partie de l'admirable collection des crayons du seizième siècle acquise de lord Carlisle en 1890 par Monsieur le duc d'Aumale. Éléonore est reine de France et jeune encore dans les deux premiers de ces portraits : l'un la montre sans doute au moment de son mariage avec François Ier vers 1530, à l'âge de trente-deux ans environ (1); l'autre, assez près du premier, donnerait à la Reine trente-cinq ans à peu près; quant au troisième, il représente la Reine douairière. Éléonore d'Autriche y paraît en costume de veuve, la tête encapuchonnée de deuil, et très reconnaissable encore, quoique la jeunesse l'ait définitivement abandonnée (2). Ces trois portraits concordent donc parfaitement entre eux, et l'authenticité n'en est pas douteuse. Rapprochons-les du portrait peint qui nous occupe, et nous serons convaincus que le personnage représenté n'est pas le même de part et d'autre. Les traits si nettement caractérisés dans les dessins ne se retrouvent qu'avec des modifications notables dans la peinture. Prenons, par contre, dans la même collection, le crayon de l'infante de Portugal, dona Maria, fille de la reine Éléonore, et confrontons-le avec la peinture; l'identité des deux figures ne laissera aucun doute. A quelques différences près dans le costume, le portrait peint semble un décalque du portrait crayonné. Ce n'est donc pas, selon nous, la sœur de Charles-Quint que nous avons ici, c'est sa nièce. Quant à la suscription de la lettre, elle est tout aussi explicable entre les mains de la fille qu'entre les mains de la mère. La reine Éléonore tenait une lettre qui lui était adressée. L'infante dona Maria tient une lettre qu'elle adresse à la Reine. Nous sommes

---

(1) Éléonore d'Autriche, sœur aînée de Charles-Quint, était née à Louvain en 1498. Veuve d'Emmanuel de Portugal en 1521, elle fut donnée à François Ier par le traité de Madrid, le 14 janvier 1526; mais le mariage n'eut lieu que le 4 juillet 1530, quand les dauphins eurent été rendus à la France.
(2) François Ier mourut le 31 mars 1547. Éléonore d'Autriche avait alors quarante-neuf ans. Elle mourut à l'âge de soixante ans, le 18 février 1558.

donc — nous le croyons du moins — en présence de l'infante de Portugal dona Maria. Brantôme l'a dite belle; ses portraits prouvent le contraire. Entre la fille et la mère, il y a d'ailleurs une incontestable ressemblance, sans qu'il soit, pour cela, possible de confondre.

L'infante dona Maria, fille d'Emmanuel le Fortuné, roi de Portugal, et d'Éléonore d'Autriche, était née le 8 juin 1521. Elle mourut « fille et vierge (1) » à l'âge de cinquante-sept ans, en 1578. « Ce n'estoit pas, dit Brantôme, faute de grandeur, car elle estoit grande en tout, n'y par faute de biens, car elle en avoit force, et même en France..., ny pour faute de dons de nature, car je l'aye veue à Lysbonne, en l'aage de quarante-cinq ans, une très belle et agréable fille, de bonne grâce et belle apparence, douce, agréable, et qui méritoit bien un mary pareil à elle en tout (2)... » Les portraits dessinés aussi bien que le portrait peint que nous avons sous les yeux sont loin de confirmer le portrait écrit de Brantôme. Dans tous nos portraits, la tête est beaucoup plus voisine de la laideur que de la beauté, et l'expression bien plutôt maussade et dure qu'agréable et douce. Si, comme le dit Brantôme, le grand prieur de Lorraine conçut la pensée d'épouser cette vierge farouche que la jeunesse avait abandonnée déjà, il faut croire que l'ambition parlait en lui plus fort que l'amour, et que la nièce de Charles-Quint revêtait à ses yeux un charme dont n'eût pu se parer aucune autre princesse. L'Infante était morceau de roi. Dès 1525, Louise de Savoie avait jeté les yeux sur elle pour la donner à son petit-fils, Monsieur d'Angoulême. Dona Maria n'avait alors que quatre ans, et celui qu'on lui destinait en avait huit. Après la mort du Dauphin (10 août 1536), dona Maria fut engagée au jeune duc d'Orléans, depuis Henri II, à condition que l'Empereur reconnaîtrait aux futurs époux les droits que François Ier s'attribuait sur la seigneurie de Gênes. Charles-Quint s'y étant refusé, le projet d'union fut rompu, et l'Infante ne voulut plus entendre parler mariage... Elle est jeune encore dans le portrait du musée de Condé.

(1) BRANTÔME, t. IX, p. 720.
(2) *Id.*

ÉCOLES ÉTRANGÈRES.

S'il nous a été possible de nous renseigner sur le personnage ici représenté, il nous est impossible de nous fixer sur le nom du peintre qui a exécuté son portrait. Nous croyons, cependant, pouvoir nous prononcer sur sa nationalité. Jadis, on mettait indifféremment le nom de Janet sur tous les portraits du seizième siècle. C'était très simple. Ainsi avait-on fait pour ce portrait d'infante, et c'est sous le nom de Janet qu'il est entré, de la collection Bernal, dans la galerie de Monsieur le duc d'Aumale. On est plus près regardant aujourd'hui. A bien examiner cette peinture, non seulement on n'y reconnaît aucun des Clouet, mais on n'y sent ni l'esprit, ni le goût de la France. L'Espagne, au contraire, y est reconnaissable; et quelque chose de la Flandre, l'influence d'un Bernard van Orley par exemple, semble s'y retrouver aussi. La couleur n'a rien eu calme un peu froid de nos peintres, et elle a les sonorités dures des peintres de la Péninsule. L'amour du clinquant s'y montre même comme dans nombre d'images religieuses à l'usage de l'Espagne; le peintre, pour donner aux rubis et aux saphirs les apparences de la réalité, a eu recours à de très minces plaques métalliques rouges et bleues, qu'il a collées sur son panneau et qu'il a recouvertes ensuite d'un glacis transparent. Voilà de ces artifices très goûtés au delà des Pyrénées, nullement en deçà. Une seule chose fait songer aux Clouet, c'est la minutieuse exactitude avec laquelle est traité tout ce qui tient au vêtement et à la parure. Or ces préciosités d'un faire si rigoureux sont toutes flamandes, et prouvent qu'au seizième siècle, en Espagne aussi bien qu'en France, il y avait des peintres de portraits d'origine flamande, qui, bien que naturalisés Français ou Espagnols, gardaient dans leurs habiletés patientes quelque chose des traditions de la Flandre. Voilà ce qui a pu, dans un temps où l'on n'y voyait pas bien clair, motiver le nom de Janet devant un pareil portrait. Le portraitiste qui a peint cette infante est, d'ailleurs, singulièrement inférieur aux portraitistes d'origine flamande qui travaillaient en France au seizième siècle... En donnant cette peinture à l'Espagne, nous pensons l'avoir rendue à qui de droit.

ÉCOLE ESPAGNOLE DU SEIZIÈME SIÈCLE

XCIX. — *Portrait (présumé) d'une dame de la suite de l'infante doña Maria.*

Sur bois. — H. 0^m,41 ; L. 0^m,32.

La figure, de trois quarts à gauche, est coupée à mi-corps, les deux mains assez gauchement rapprochées l'une de l'autre à la hauteur de la taille. Les cheveux sont arrangés à l'espagnole et coiffés d'un toquet noir enjolivé d'une grande plume blanche. Les traits du visage sont réguliers et seraient même assez beaux, si l'expression n'avait quelque chose de maussade. La personne est entre deux âges, plutôt jeune encore; mais l'embonpoint la menace, les joues sont grasses, et les traits sont en train de s'empâter déjà. Pour costume, une robe décolletée en carré et taillée presque sur le modèle de la robe de l'Infante : corsage de couleur neutre, virant au noir; manches roses bouffantes, à larges crevés blancs. Au cou, un riche collier de joaillerie; des joyaux et des perles dans les cheveux, sur la poitrine et aux doigts... On trouve, dans la collection des crayons du seizième siècle appartenant à Monsieur le duc d'Aumale, quelques portraits de dames espagnoles venues en France avec Éléonore d'Autriche : Sapata (à la cour on l'appelait Sapatte), Anna Manriquez, Beatrix Pacheco, qui devint dame d'Embrun. Rien de commun entre ces crayons et le portrait peint qui nous occupe. Peut-être serions-nous mieux renseigné par les portraits dessinés des dames de la cour de doña Maria de Portugal; mais, de ces portraits-là, nous n'en avons aucun. La dame représentée dans le portrait peint qui nous occupe est donc inconnue. Comme son costume, sa parure et son maintien présentent de grandes analogies avec ceux de l'infante de Portugal, il est à supposer qu'elle était de la suite de cette princesse... Le caractère de la peinture nous semble ici également espagnol, et c'est à l'Espagne que nous rendons ce portrait. Monsieur le duc d'Aumale l'acheta de M. Colnaghi.

ÉCOLE ESPAGNOLE DU DIX-SEPTIÈME SIÈCLE

C. — *Portrait d'Élisabeth de France*

Sur bois. — H. 0^m,36; L. 0^m,30.

Élisabeth de France, fille de Henri IV et de Marie de Médicis, était née le 22 novembre 1602 à Fontainebleau, où elle avait été baptisée par le cardinal de Gondi, évêque de Paris, le 13 septembre 1606, en même temps que son frère Louis (Louis XIII), né le 7 septembre 1601, et sa sœur Chrétienne, née le 10 février 1606 (1). Elle n'avait que neuf ans quand elle fut engagée au futur roi d'Espagne, Philippe IV. « Le 26 janvier 1612, les princes, ducs et pairs, cardinaux et grands officiers de la couronne, se réunissaient en conseil extraordinaire; la Reine (Marie de Médicis) leur annonçait son intention d'unir prochainement le Roi son fils avec l'infante Anne d'Autriche et sa fille Élisabeth avec le prince d'Espagne. Ce double mariage, si contraire à la politique de Henri IV, se préparait depuis quelque temps et sans mystère. On crut un moment que le bas âge des futurs époux en retarderait l'accomplissement, ouvrirait le champ à l'imprévu; mais la Régente, suivant son plan avec autant d'adresse que de persévérance, avait bien aplani le terrain. Le conseil entendit cette déclaration officielle sans qu'aucune voix s'élevât pour protester... Il fut donc décidé, et sans discussion, que les mariages espagnols

(1) Chrétienne de France, mariée le 10 février 1619 à Victor-Aimé, duc de Savoie, mourut le 27 décembre 1660.

seraient publiquement déclarés, et que cette heureuse nouvelle serait célébrée par des fêtes splendides (1). » Le traité de cette alliance fut signé le 25 mars 1612. Un soulèvement de la part des princes fut préparé, mais sans tentative sérieuse d'exécution. « Le duc de Guise conduisit pacifiquement Madame à Bayonne et en ramena l'Infante... Marie de Médicis avait allié la France à l'Espagne : le but qu'elle poursuivait déjà sous les yeux vigilants de Henri IV, et dont rien depuis ne put la détourner, était atteint désormais; la double union conclue à Bayonne avait donné satisfaction tout à la fois à sa vanité, à ses rancunes de femme, comme à sa conscience peu éclairée; le reste ne la touchait pas, et il lui tardait d'en finir (2)... » Le mariage d'Élisabeth de France avec le prince d'Espagne fut célébré par procuration à Bordeaux le 18 octobre 1615; Élisabeth de France avait treize ans; son mari le futur roi d'Espagne, né en 1605, avait trois ans de moins qu'elle... Avant de regarder cette princesse dans la maison de Condé, nous ne pouvions mieux faire que de demander à Monsieur le duc d'Aumale de nous la présenter.

Dans le portrait de la galerie de Chantilly, Élisabeth de France apparaît florissante de jeunesse, rayonnante de santé, en pleine sécurité d'âme. Sa tête, de trois quarts à droite, presque de face, se détache sur un fond perdu noir, et le peu qu'on voit du reste de la figure est coupé à la hauteur des pectoraux (3). Sur le front, largement découvert, les cheveux d'un châtain clair s'emmêlent en boucles folles autour d'une épaisse natte enroulée de perles et surmontée d'un gros rubis. Madame est déjà là dans ses atours de reine d'Espagne. Sous cette coiffure d'apparat, bien espagnole d'arrangement et de goût, s'épanouit le jeune visage. Les yeux semblent ne savoir rien de la vie : grands et bien ouverts, ils ont l'aplomb naïf d'une honnêteté qui s'ignore, avec cette franchise virginale que nul regard de femme

---

(1) *Histoire des princes de Condé pendant les seizième et dix-septième siècles*, par Monsieur le duc d'Aumale, t. III, p. 17 et 18.
(2) *Id.*, p. 58 et 61.
(3) Ce n'est pas ainsi qu'un peintre couperait un portrait. De ce portrait, nous ne voyons plus qu'un fragment; la tête presque seule a pu être sauvée.

ne saurait donner. Le nez, un peu fort déjà, peut-être deviendra lourd. La bouche, aux lèvres charnues, exprime la bonté. Les joues sont pleines et comme veloutées par l'extrême jeunesse. Quant au costume, ce qu'on en voit répond à l'opulence et au goût de la coiffure. Au-dessous de la lourde fraise qui supporte la tête, la robe, dont le col enserre le cou, est grenat foncé et brodée d'or. Au milieu d'un collier de joaillerie passé par-dessus ce col, deux petites mains d'argent, enlacées l'une à l'autre, sont là peut-être pour montrer que la vie de la jeune princesse est irrévocablement engagée. On n'en garde pas moins cette impression que, si l'épouse paraît déjà dans ce portrait, la jeune fille dure encore. Élisabeth de France pouvait avoir alors de quinze à seize ans; celui qui devait être Philippe IV n'en avait que de douze à treize... On sait l'accueil que l'on fit en Espagne à la fille de Henri IV, et combien elle sut s'y faire aimer. On l'appela Élisabeth de la Paix. C'était le plus beau nom qu'on pût lui donner, presque un nom de madone (1)... L'identité de la jeune reine nous est ici garantie par d'autres portraits, notamment par le portrait de Rubens, gravé par Paul Pontius en 1632.

Le portrait d'Élisabeth de France, dans la galerie de Chantilly, est d'une franchise et d'une ampleur de dessin, d'une chaleur et d'une solidité de tons, qui indiquent un artiste habitué au maniement de la grande peinture. Quel est cet artiste? Lenoir nommait François Pourbus, qui n'a jamais eu cette large manière de rendre la forme. On aurait pu, de préférence, penser à quelques-uns des peintres de la descendance des derniers grands portraitistes florentins, ou, si l'on s'obstinait à regarder du côté de la Flandre, chercher parmi les artistes qui se rattachent à Rubens : Abraham Janssens, qui se rapproche du maître par ses audaces; Gaspard de Crayer, qui se trouvait également en âge et en situation de peindre un pareil portrait; Gérard Zeghers, si fort attaché à l'Italie par son éducation et si étroitement lié à

(1) Élisabeth de France, qui ne devint reine d'Espagne qu'en 1621, mourut à Madrid, le 6 octobre 1644. Elle eut, de son mariage avec Philippe IV : Charles II, qui fut roi d'Espagne de 1665 à 1700; Marie-Thérèse d'Autriche, née en 1638, mariée à Louis XIV en 1668.

Rubens par quelques-unes de ses meilleures qualités; Corneille de Vos, qui mettait tant de sincérité dans le rendu de la nature, etc. N'y aurait-il pas plus de vraisemblance encore à tourner les yeux vers la Hollande? Cependant, on serait également sur une fausse piste en se portant de ce côté. Pourquoi donc, puisqu'il s'agit d'une reine espagnole, ne pas regarder du côté de l'Espagne? Si le portrait d'Élisabeth de France se rattache aux Pays-Bas, ce n'est, en effet, que par des affinités déjà lointaines. On songe à Antonis de More devant ce portrait. Antonis de More, né à Utrecht en 1525, avait passé plusieurs années en Italie, où il était devenu Antonio Moro; étant allé ensuite en Espagne, il y avait fait souche de peintres. Excellent portraitiste, il avait laissé derrière lui dans la Péninsule des portraitistes espagnols, qui le rappelaient encore en plein dix-septième siècle. C'est à l'un de ces peintres que nous attribuons le portrait d'Élisabeth de France. L'arrangement de la coiffure, le costume, tout fait songer à l'Espagne dans cette peinture.

MURILLO (BARTOLOMMEO-ESTABAN)

(1618 † 1682. — École espagnole.)

Bartolommeo-Estaban Murillo naquit à Séville le 1er janvier 1618. Fils d'ouvrier, il fut élevé par la charité d'un prêtre, qui le plaça chez Juan del Castillo, peintre médiocre, mais assez bon maître, dans l'atelier duquel on exécutait surtout des natures mortes, des *Sargas*, marchandises courantes pour l'exportation dans les Amériques et jusque dans l'Inde. L'apprenti peintre trouva promptement, dans cette peinture facile, de quoi pourvoir à tous ses besoins. Il ne voyait guère au delà, quand un de ses camarades, Pierre de Moja, qui revenait de Londres, lui montra des copies d'après

Van Dyck et de nombreux dessins de maîtres. Murillo voulut partir aussitôt pour les Flandres et visiter aussi l'Italie ; mais Velasquez, l'arrêtant à Madrid, lui ouvrit les résidences royales, où il vit Raphaël, André del Sarte, Titien, Paul Véronèse, Rubens, Van Dyck, etc. Nature mystique et langoureuse, l'âme du Corrège fut surtout pour lui une âme sœur. Cependant, en bon Espagnol qu'il était, il dut payer son tribut à Ribera, mais il en fut quitte à aussi bon compte que possible. Quant à Velasquez, comme il était inimitable, Murillo se contenta de l'admirer. Il revint à Séville en 1645, après deux ans de séjour à Madrid, et cinq années se passèrent encore avant l'heure de sa transformation définitive. Il ne prit vraiment possession de lui-même qu'en 1650. Trente ans lui restaient encore pour être le charmeur de l'Espagne. De 1645 à 1682, il ne quitta jamais Séville. Ce fut en allant de l'église Santa Cruz, sa paroisse, à la cathédrale, et de la cathédrale au couvent des Capucins, qu'il vit se dérouler devant lui la vie humaine tout entière, depuis ses réalités les plus tristes jusqu'à ses rêves les plus éthérés.

CI. — *Saint Joseph et l'Enfant Jésus.*

H. 0^m,27 ; L. 0^m,17.

Saint Joseph, assis de trois quarts à droite et coupé à mi-jambes, tient debout sur ses genoux l'Enfant Jésus, dont, de la main gauche, il protège le corps, et dont, de la main droite, il supporte le pied. Murillo a fait de l'époux de la Vierge un homme jeune et beau, plein de douceur et de mansuétude, une sorte de Christ d'une intention religieuse un peu molle. Ses longs cheveux, ainsi que sa barbe, sont bruns, et sa face est chaudement colorée. De ses grands yeux noirs il contemple avec adoration le *Bambino*, et sa bouche, dans le sentiment qu'elle exprime, est à l'unisson de ses yeux. Quant à l'Enfant Jésus, de trois quarts à droite aussi, il regarde le spectateur, auquel il sourit de ses beaux yeux et de sa mignarde bouche. Il n'y a rien d'un Dieu dans cet enfant. Une branche de lis est dans sa main droite, et de sa main gauche il caresse la main de saint Joseph... Ce joli groupe se détache sur un fond perdu noir. Il est fait à l'image d'un pays où l'amour s'exaltait et débordait partout et dans tout, d'un temps où le catholicisme, sans rien céder de ses ferveurs claustrales, s'était fait aimable en vue du monde. Saint Ignace et sainte Thérèse avaient passé par là près d'un siècle auparavant, et l'art en avait gardé quelque chose. Murillo, dans ce tableau, a mis avec la sentimentalité de son âme sa couleur harmonieuse et chaude. Voilà un bon échantillon du maître et la seule épave, échouée dans la galerie de Monsieur le duc d'Aumale, de la galerie léguée par M. Standish au roi Louis-Philippe, galerie dans laquelle l'école espagnole était si admirablement représentée.

ÉCOLES FLAMANDE, HOLLANDAISE

ALLEMANDE ET ANGLAISE

PEINTURE RHÉNO-BYZANTINE

CII*. — *L'empereur Othon recevant l'hommage des nations.*

Peinture à l'eau, sur vélin (dixième siècle). — H. 0ᵐ,225; L. 0ᵐ,19.

La scène se passe au milieu d'une verte prairie, baignée d'un pâle azur de plein air. L'empereur Othon est assis de face sur un trône d'or, placé sous un édicule, dont les arcs en plein cintre sont portés par des colonnes de marbre rose à chapiteaux corinthiens une imbrication de tuiles rouges forme, au sommet de ce sanctuaire, un toit composé de quatre pans triangulaires, qui se joignent maladroitement en une pointe terminée par une pomme d'or. Sur le trône, un coussin bleu servant de siège, et derrière, une draperie verte tendue en guise de dossier. De sa main droite élevée à hauteur de l'épaule, l'empereur tient un long sceptre, tandis que de sa main gauche il serre contre sa poitrine une grosse sphère d'or, décorée de la croix rouge du Saint-Empire romain. Sa tête, dont les cheveux sont roux, est couronnée d'un bandeau constellé de pierreries, d'où émergent trois gemmes, qui rehaussent et ennoblissent cette sorte de diadème. Le visage est pâle et rigide, avec une certaine contraction des traits et de grands yeux ardents, qui semblent ouverts sur le monde avec convoitise. Pour costume : une tunique rose et un manteau pourpre; la tunique, bordée et croisée par devant de broderies d'or, enserre le corps avec rigidité ; le manteau, brodé d'or aussi et attaché sur l'épaule droite par une fibule gemmée, dégage le bras droit et couvre entièrement le bras gauche. Sur le ciel d'un bleu pâle qui sert de fond à la tête de l'empereur, on lit : OTTO IMPERATOR AVGVSTᵛˢ. De chaque côté du trône, deux femmes sont debout, tenant chacune une petite sphère d'or. Ce sont les nations vassales de l'Empire ; elles ont leurs noms écrits au-dessus de leurs têtes : à gauche, la Germanie et la France, GERMANIA-FRANCIA ; à droite, l'Allemagne et l'Italie, ALAMANIA-ITALIA. Et les petites sphères qu'elles portent à elles quatre se résument dans la grosse sphère, tenue par la seule main de l'empereur.

Cette peinture a été détachée d'un évangéliaire, copié et peint pour l'empereur Othon. La preuve de cette mutilation se voit à la Bibliothèque de Munich, dans un livre des Évangiles provenant de l'église de Bamberg, et contenant deux peintures analogues à celle que possède Monsieur le duc d'Aumale : dans l'une, l'empereur Othon est assis sous un dais ; à sa droite sont deux hommes d'Église, et à sa gauche deux hommes de guerre ; dans l'autre, quatre femmes, symbolisant quatre nations, apportent leurs tributs au maître de l'Occident ; on lit au-dessus de leurs têtes : SCLAVINIA. GERMANIA. GALLIA. ROMA (1). Ce manuscrit, recouvert de deux plaques d'ivoire, avait été donné par l'empereur Henri VII (1282-1313) à l'église de Bamberg. Voici ce que dit de ces portraits d'empereur M. Wilhelm Vöge, dans son ouvrage intitulé : *Eine deutsche Malerschule um die Wende der ersten Iahrtausends*. (Trèves, 1891, in-8°, p. 15.) « Un autre portrait semblable, aujourd'hui perdu, se reconnaît visiblement d'après la description que R. Stettner en a trouvée dans le catalogue du musée archiépiscopal de Cologne (1855) : « L'empereur Othon, assis sur un trône avec cette inscription : *Otto imperator Augustus*, entouré de figures allégoriques représentant les différents royaumes, avec ces mots écrits au-dessus d'elles, d'un côté *Germania-Francia*, de l'autre côté *Alamania-Italia*. » Cette description n'est-elle pas celle qui convient à la peinture de la galerie de Chantilly ? Vöge ajoute en note : « La

---

(1) Ces deux peintures ont été reproduites, avec le nom d'Othon II donné à l'empereur, aux p. 74 et 75 du livre de M. J.-Henry MIDDLETON : *Illuminated manuscripts in Classical and Medieval times*, publié à Cambridge, en 1892.

photographie d'un feuillet tout à fait semblable se trouve à Berlin, dans les archives de la *Gesells. für ält deutsche Geschichtskunde.* » Cette photographie ne serait-elle pas celle de la peinture du musée de Condé? Si oui, l'Othon de ce musée serait celui-là même que Stettiner signalait au musée archiépiscopal de Cologne (1).

Le nom d'Othon II, dit *le Roux*, a été donné à l'empereur représenté dans cette peinture (2). On a cru probablement que la couleur rousse des cheveux imposait cette dénomination ; mais on n'a pas songé à des considérations d'un ordre supérieur qui plaident ici en faveur d'Othon I*er*, surnommé le Grand (3). Si le peintre a inscrit ce nom d'Othon, sans le faire suivre du numéro d'ordre qui lui assigne son rang dans la dynastie des Othon, c'est sans doute parce qu'il se trouvait en présence du premier des empereurs qui ait porté ce nom, et qu'il ignorait ceux du même nom qui allaient suivre. Une peinture à ce point apologétique ne convient-elle pas, d'ailleurs, beaucoup plus à un fondateur d'empire tel qu'Othon le Grand, dont la vie fut longue et d'un bout à l'autre triomphale, qu'à son successeur, dont l'existence fut courte et traversée de revers? L'histoire, en outre, ne fournit-elle pas ici toutes ses preuves en faveur d'Othon I*er*, et n'apporte-t-elle pas des témoignages probants contre Othon II? Othon I*er* était entré deux fois en France : en 946, pour combattre et vaincre Louis IV d'Outre-mer, qui avait soutenu la révolte des ducs de Lorraine et de Franconie ; en 948, pour délivrer ce même Louis d'Outre-mer et le tirer de la prison où le retenait Hugues le Grand. La première fois, il s'était avancé jusqu'en Champagne ; la seconde fois, il avait poussé presque jusqu'à Paris. On comprend donc que la

(1) Dans une note manuscrite adressée à Monsieur le duc d'Aumale, M. Léopold Delisle nous a prêté, pour cette *Notice*, l'appui de sa grande érudition.
(2) Nous l'avons dit à la note de la page précédente. — Othon II, né en 955, était fils d'Othon I*er* le Grand et d'Adélaïde de Bourgogne ; il mourut à l'âge de vingt-huit ans, en 983.
(3) Othon I*er*, surnommé le Grand, né en 912, fut le premier prince allemand qui ait réellement porté le titre d'empereur, quoique ce titre soit souvent donné à son père Henri l'Oiseleur. Il fut élu roi des Germains par les prélats et seigneurs assemblés à Aix-la-Chapelle en 936. Il battit, en Westphalie, les Hongrois et les Huns, et leur ferma l'Occident, que depuis longtemps ils dévastaient. La Bohême fut rendue par lui tributaire de la Germanie, etc. Othon le Grand mourut couvert de gloire, à Minsleben, dans la Thuringe, à l'âge de soixante et un ans, en 973.

France (FRANCIA) soit parmi les royaumes qui rendent hommage à Othon Ier. Pour Othon II, on ne saurait l'admettre. La guerre qu'il avait faite à Lothaire, parce que celui-ci faisait valoir des prétentions sur la Lorraine, s'était terminée par une déroute au passage de l'Aisne, et l'investiture de la Basse-Lorraine, qu'il avait été obligé de donner au frère du Roi, avait été la consécration d'une défaite. La France n'a donc pas à paraître dans une attitude soumise en présence d'Othon II. Parmi les nations conquises, l'Italie elle-même n'est-elle pas bien mieux en situation vis-à-vis d'Othon Ier que vis-à-vis d'Othon II? Othon le Grand (Othon Ier) venait de perdre sa première femme, Édithe, fille d'Édouard Ier, roi d'Angleterre, quand il fut appelé par Adélaïde de Bourgogne, veuve de Lothaire, roi des Lombards, que Béranger, marquis d'Ivrée, assiégeait dans Canossa. Il délivra Adélaïde et l'épousa, conquit la Lombardie et mit sur sa tête la couronne de fer, marcha sur Rome et s'en empara, prit les noms de César et d'Auguste, se fit couronner empereur d'Occident par le pape Jean XII, et reçut du pontife romain le serment de fidélité sur le tombeau de saint Pierre. Continuateur des Césars de Rome, des empereurs de Byzance et de Charlemagne, Othon Ier avait rétabli le Saint-Empire romain. « Plus que Charlemagne, dit Sismondi, il mérite le nom de Grand, parce qu'après avoir achevé de civiliser et de christianiser l'Allemagne, il avait fondé l'établissement des municipalités italiennes (1). » En mettant l'Italie parmi les nations qui lui font cortège, le peintre faisait donc acte d'historien. Quant à Othon II, quoique l'Italie lui soit restée fidèle, ce n'est pas dans la liste de ses propres conquêtes qu'il faut l'inscrire. N'est-ce pas enfin Othon le Grand qui avait mis la Germanie (GERMANIA) et l'Allemagne (ALAMANIA) dans l'écrin impérial où les trouva Othon II?... La peinture de la galerie de Chantilly convient donc parfaitement à Othon Ier, et ne s'adapterait que bien incomplètement à Othon II.

L'art grec-byzantin a laissé sa forte marque dans cette peinture. Othon le Grand, dépositaire du Saint-Empire romain, avait fait alliance avec Constan-

---

(1) SISMONDI, *Histoire des Républiques italiennes*, t. I, ch. II et VI.

tinople. Après une guerre heureuse contre Byzance, il avait marié son fils, Othon II, à Théophanie, fille de l'empereur Phocas, qui lui apportait des droits sur l'Italie méridionale, et c'est avec quelque chose de la pompe byzantine qu'il s'est fait peindre ainsi en tête de ses évangéliaires. Précieuse pour l'histoire, cette enluminure est également intéressante au point de vue de l'art. Elle prouve qu'au dixième siècle, en Allemagne comme en Italie, à la cour de l'empereur Othon le Grand aussi bien qu'à celle des papes Jean XII et Léon VII, les peintres parlaient uniformément la langue pittoresque de Byzance. Ce que devaient être trois ou quatre siècles plus tard les peintres de l'Allemagne et de la Flandre, il était impossible de le soupçonner en l'an 1000. Rien, dans les peintures de l'évangéliaire d'Othon le Grand, ne fait présager ce que seront l'école du Rhin et celle de Bruges. Si donc nous plaçons la peinture exécutée pour Othon Ier en tête de la seconde partie de ce volume, c'est parce que cette peinture a été faite à l'intention d'un empereur allemand, mais non pour nous renseigner sur les origines de telle ou telle école. Elle aurait eu la même signification pittoresque, si elle avait été peinte vers le même temps pour le roi de France ou pour le pontife romain. L'histoire de l'art n'a guère connu de plus sombres époques. Aux approches de l'an 1000, les peintres, beaucoup plus encore que les sculpteurs, avaient presque tout désappris de leur art (1). Les liens qui les rattachaient à l'antiquité s'étaient à l'excès relâchés; et aucun pressentiment de l'avenir ne les tourmentait encore. La nature semblait s'être voilée devant eux; ils ne voyaient plus rien en elle de l'amour dont Dieu l'avait couverte du haut de la croix. Sur les bords du Rhin, aussi bien que sur les rives de l'Adriatique ou de la Méditerranée des formules toutes faites leur arrivaient de Byzance ou du mont Athos, et ils les transcrivaient partout avec servilité. Cependant, les images qu'ils peignaient, toutes déformées qu'elles fussent, n'en gardaient pas moins l'empreinte d'un caractère imposant, presque gran-

---

(1) Dans aucun des évangéliaires, des antiphonaires et des nécrologes du dixième siècle, on ne trouverait des peintures comparables aux ivoires du même temps, au triptyque byzantin (agiothyride) de la collection Narbaville, par exemple, actuellement au musée du Louvre.

diose. Témoin cet empereur d'Occident rébarbativement assis dans son sanctuaire maladroitement construit. Cette figure et celle des *Royaumes* qui l'entourent prouvent, d'ailleurs, malgré toutes les ignorances dont elles portent l'empreinte, que l'antique symbolisme, bien qu'enchaîné à la barbarie, vivait encore, prêt à renaître au souffle de la nature, pour s'adapter à des besoins nouveaux. Cet empereur d'Occident est de même temps et de même famille que les peintures des ménologes du Vatican, que les mosaïques de Ravenne, et que la *Pala d'Oro* exécutée en 976 à Constantinople pour la basilique de Saint-Marc à Venise. Quelques années encore, et les grandioses compositions de Panselinos au couvent d'Aghia-Labra, ainsi que dans l'église de Vatopedi, nous diront que la peinture, au moment où on la croyait morte, portait en elle le germe d'une vie indestructible. Dans l'enluminure presque barbare de la galerie de Chantilly, on sent une noblesse d'origine devant laquelle on est forcé de s'incliner toujours.

Monsieur le duc d'Aumale aurait pu réserver cette peinture pour sa bibliothèque, qui contient tant de trésors ; nous le remercions de l'avoir placée dans sa galerie de tableaux, où elle est d'un si haut enseignement pour l'histoire même de la peinture.

ÉCOLE FLAMANDE

(Commencement du quinzième siècle.)

CIII. — *Portrait de Jean Sans peur.*

Sur panneau cintré. — H. 0^m,24 ; L. 0^m,26.

Ce portrait, plus petit que nature, est en buste et de profil à gauche. Le personnage a la tête nue et les mains jointes ; il porte une robe violette dont le col et les manches sont garnis d'une fourrure fauve, et, par-dessus cette robe, une pèlerine de drap blanc en forme d'aumusse, ornée d'emblèmes héraldiques entremêlés de perles bleues. Les cheveux, coupés ras et formant comme une calotte découpée à l'emporte-pièce sur le front et autour de la tête, donnent à la physionomie quelque chose de monacal. L'œil est clair, et le regard en est fixe. La ligne du front est droite à son sommet et très rentrée à la base du nez, qui, ondoyant et long, surplombe démesurément la bouche. Celle-ci, grande et tombante, est grave d'expression, et le menton, saillant avec excès, en exagère singulièrement l'accentuation. Voilà le trait principal de la physionomie des ducs de Bourgogne... Toute cette figure prie avec un incontestable accent de sincérité. Les mains, fines et allongées, ont le bout des ongles noir. On lit en haut sur le fond perdu noir : JEAN DVC DE BOGNE FVC OCCIS A MOTEREAV, et au-dessous de cette inscription, la date de l'assassinat, 1419.

Né à Dijon en 1373, Jean Sans peur prit d'abord le titre de duc de Nevers. C'est sous ce nom qu'il conduisit contre les Turcs les croisés français, qui furent battus par Bajazet Ier à Nicopolis en 1396. Devenu duc de Bourgogne à la mort de son père Philippe en 1404, il balança à la cour de France l'influence de Louis d'Orléans, frère de Charles VI, et se fit donner par la bourgeoisie, en 1405, l'administration du royaume. La lutte continuant, il attira, sous prétexte de réconciliation, le duc d'Orléans dans un guet-apens et le fit assassiner (23 novembre 1407). Après avoir châtié les Liégeois révoltés, il s'allia aux Cabochiens contre les Armagnacs, et devint maître de Paris. Les excès de la populace, sur laquelle il s'appuyait, l'en firent chasser en 1413. Il garda la neutralité dans la guerre de la France contre les Anglais en 1415, et redevint maître de Paris après le massacre des Armagnacs par les Bourguignons en 1418 (1). L'année suivante (1419), il tenta de se rapprocher du

---

(1) Bernard VII, comte d'Armagnac, né vers le milieu du quatorzième siècle, avait succédé à son père Jean III, en 1391. Il s'était déclaré, en 1410, pour Charles d'Orléans, dont il avait épousé la fille, Bonne d'Armagnac, et avait donné son nom à l'une des factions qui déchirèrent la France sous Charles VI. Nommé connétable en 1413, il s'empara presque du royaume et rompit avec la reine Isabeau, qui appela Jean Sans peur et ses Bourguignons. Ceux-ci s'emparèrent du connétable, qui fut massacré par le peuple dans sa prison. (Juin 1418.)

dauphin Charles, qui lui proposa une entrevue au pont de Montereau, où il fut assassiné. Tel avait été le turbulent personnage dont nous avons ici le portrait.

Ce portrait n'est sans doute que la répétition d'un portrait qui dut être pris sur le vif par un peintre primitif flamand-bourguignon, contemporain de Jean Sans peur. L'inscription prouve que ce n'est là qu'une copie posthume, puisqu'elle mentionne la mort du duc à Montereau, et, comme elle est écrite en français, il est possible que cette copie soit le fait d'un artiste français du milieu, ou même de la fin du quinzième siècle; mais l'œuvre elle-même n'en demeure pas moins flamande, et nous la maintenons à la Flandre. La peinture flamande, d'ailleurs, au temps de Jean Sans peur, ne présageait guère encore ce qu'elle allait être sous Philippe le Bon.

EYCK (JEAN VAN), DIT JEAN DE BRUGES

(138...? † 1440. — École flamande.)

Un art national, ignorant tout de l'antiquité classique et sans aucune attache avec l'art byzantin dont l'Occident civilisé avait subi le joug durant de longs siècles, se cherchait en Flandre depuis près de cent ans, sans avoir trouvé ses moyens d'expression, quand parut Jean van Eyck, qui les lui donna. Grâce à Jean van Eyck, le rêve d'un art nouveau devint pour la Flandre une réalité. Giotto, depuis plus d'un siècle déjà, avait réalisé ce rêve en Italie... Jean van Eyck était mécontent de l'ancien mode de peinture, il en inventa un autre. Entre ses mains, la peinture à l'huile entra dans la pratique de l'art et donna, dès sa naissance, un éblouissant chef-d'œuvre. L'*Agneau mystique* de l'église de Saint-Bavon, à Gand, fut découvert le 6 mai 1432. En présence de cette merveilleuse peinture et dans l'obscurité qui s'est faite autour des humbles précurseurs qui l'avaient préparée sans doute, l'art flamand semble, à distance, surgir spontanément comme, au jour de la création, le soleil au milieu du chaos.

Hubert et Jean van Eyck naquirent probablement dans le Limbourg, à Maeseyck ou Maaseyck (Eyck-sur-Meuse), d'où leur vint le nom de van Eyck. Les portraits qu'ils ont laissés d'eux-mêmes dans l'*Adoration de l'Agneau* marquent entre eux une grande différence d'âge. Hubert naquit vers 1366 et Jean vers 1390; l'un aurait pu être le père de l'autre. Ce qu'on sait avec certitude, c'est que Jean van Eyck mourut jeune encore, le 9 juillet 1440. On pense que les deux frères firent leur apprentissage sur les bords du Rhin, à l'école des maîtres de Cologne. Hubert put connaître Guillaume de Herle, et Jean vit peut-être à l'œuvre Stephan Lockner, dont les tableaux étaient considérés comme surnaturels. De cet art mystique, ils gardèrent quelque chose. Cependant ils sentirent la nécessité de se soustraire à l'influence germanique et de se retremper aux sources de la vie. Une pièce, publiée par M. le marquis de Laborde, nous apprend que Jean van Eyck fut peintre et « varlet de chambre » de Jean de Bavière, surnommé Jean Sans pitié, oncle de Philippe le Bon, et qu'il entra au service de ce dernier, en 1425, après la mort de son premier patron. Investi de la confiance du duc de Bourgogne, il fut plusieurs fois chargé de missions confidentielles et diplomatiques. Ainsi devait être Rubens deux siècles et demi plus tard auprès de l'archiduc Albert et de l'infante Isabelle. Ces pérégrinations ne furent d'ailleurs qu'accidentelles. Jean van Eyck s'était établi à Bruges, dont l'opulence l'avait attiré, et il avait adopté pour lui-même le nom de cette ville, d'où partit la bonne nouvelle d'un art nouveau, servi par des moyens nouveaux. Il prit la vérité naturelle pour base du monument qu'il allait élever à la peinture. Son naturalisme loyal fut une réaction définitive contre le moyen âge. La nature lui enseigna la création tout entière, et il fut incomparable dans tous les genres. Ce ne fut pas seulement un inventeur, ce fut un apôtre; sa foi fut contagieuse. Avant lui, il n'y a pas d'école flamande; elle est vivante après lui.

CIV. — *Portrait d'homme.* — *Portrait de femme* [1].

Sur bois. — H. 0ᵐ,12; L. 0ᵐ,17.

Dès le début du quatorzième siècle, l'art créé en Italie par Giotto nous est apparu au château de Chantilly dans un tout petit tableau, très grand par le souffle qui l'anime (la *Mort de la Vierge*); au cours de la première moitié du quinzième, l'art créé en Flandre par Jean van Eyck s'affirme, dans la même galerie, par deux petits *Portraits,* où le naturalisme des races du Nord se montre avec sa familiarité pénétrante. Ces portraits — le mari et la femme sans doute — sont en buste sur fond rouge, se font vis-à-vis et se complètent l'un par l'autre. Ils ont inégalement vieilli; l'un a conservé plus que l'autre ses activités vitales.

L'homme, de trois quarts à droite, semble avoir toujours la pleine possession de ses forces physiques et de son énergie morale. La droiture et la fermeté sont empreintes sur ses traits. Son visage, aux pommettes saillantes, quoique sillonné de rides profondes, n'a subi aucune des déformations finales. Sa physionomie n'a rien de déplaisant, mais doit prendre à l'occasion quelque chose de rude. Dans quelque direction qu'il ait engagé sa vie, cet homme n'a pas dû reculer devant l'obstacle. Ses yeux sont intelligents, et le regard en est ferme; son nez garde une belle forme; sa bouche est volontaire, et son menton moyen. Quant à son front, quoique presque entièrement recouvert par une lourde chevelure d'un brun presque noir, semblable à une perruque négligemment posée, il a dans sa largeur quelque chose de puissant. Une robe noire, doublée de fourrure et défaite par devant, découvre le cou, un cou vigoureux, et montre ce qu'il y a de robuste dans cette figure si fortement charpentée.

[1] L'attribution de ces portraits à Jean van Eyck est contestée, sans qu'on puisse avec certitude substituer au nom de van Eyck un autre nom. Les uns inclineraient vers Hubert van Eyck plutôt que vers Jean van Eyck, et cette opinion se peut défendre. Les autres nommeraient Peter Cristus, mais sans apporter de preuves suffisantes en faveur de cette manière de voir.

JEAN VAN (EYCK)?

(138.? † 1440)

ÉCOLE FLAMANDE

PORTRAIT D'HOMME — PORTRAIT DE FEMME

JEAN VAN EYCK?

(1385？-1440)

ÉCOLE FLAMANDE

PORTRAIT D'HOMME — PORTRAIT DE FEMME

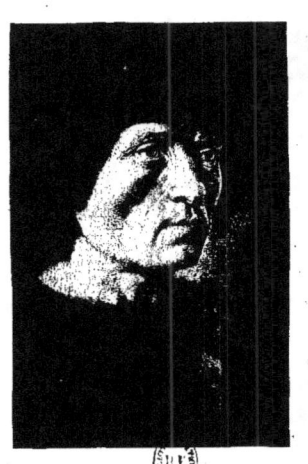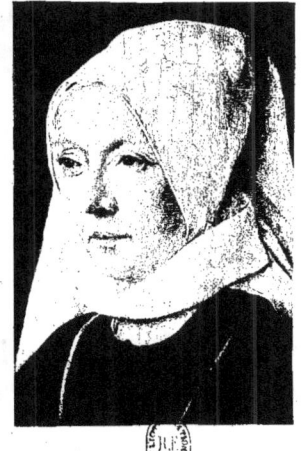

La femme, de trois quarts à gauche, a été beaucoup moins épargnée par l'âge. Un grand calme s'est fait sur son visage. La soumission et l'honnêteté l'ont marquée de leur empreinte, et se sont comme immobilisées dans ses traits. Sa tête est embéguinée de voiles blancs qui, tout en dégageant le front, enveloppent les cheveux, cachent les oreilles, tombent par derrière jusque sur les épaules, et s'arrangent tout autour du cou en larges plis presque monacaux. Cette femme, vieille maintenant, a sans doute été belle jadis. Son nez ne s'est pas trop épaissi, ses joues n'ont été déformées ni par l'embonpoint, ni par la maigreur, et si ses yeux ont perdu leur ancienne flamme, le regard en est doux encore, avec quelque chose de recueilli et de presque religieux. Un très grand artiste a pu seul peindre de tels yeux, rendre avec une telle force de vérité naturelle ces paupières bridées, ridées, plissées, mais sans dépressions excessives. Et il en est de même de la bouche, dans les plis de laquelle la bonté — une bonté maternelle — semble s'être irrévocablement fixée. Sur la robe noire, qui dégage le bas du cou, pend un cordon blanc dont la destination nous échappe.

On voit là sans doute, réunis dans un même cadre, deux fragments de tableaux, peut-être un donateur et une donatrice agenouillés de chaque côté d'une madone. La trace des coupures qui les ont détachés est visible encore dans les fonds. Ces portraits pourraient peut-être appartenir à la fin de la vie du maître, alors que son génie s'était affranchi des servitudes du métier. La largeur de l'ensemble y fait presque oublier la perfection des détails. La nature y est prise sur le vif par la main la plus sûre et interprétée par l'esprit le plus clairvoyant. La fermeté du dessin, la souplesse du pinceau, la largeur du modelé, font de cette peinture une œuvre magistrale. Elle était cataloguée, dans la collection de M. F. Reiset, sous le nom de Jean van Eyck. Faute de preuves suffisantes pour infirmer cette attribution, nous la maintiendrons dans la galerie de Monsieur le duc d'Aumale.

Si ces petits portraits sont de van Eyck, ils ont été peints de 1435 à 1440. Masaccio, d'une vingtaine d'années plus jeune que Jean van Eyck, avait exécuté depuis dix ans déjà les fresques de la chapelle des Brancacci, placées, dans les voies de la Renaissance italienne, presque à mi-chemin des fresques de l'Arena et des fresques du Vatican. L'alliance de l'idéal et de la réalité, de la poésie et du naturalisme, dont Giotto avait jeté les bases, venait de faire avec Masaccio un grand pas vers sa conclusion définitive. Masaccio, dès 1428, faisait prévoir et presque toucher du doigt Raphaël. Ce fut alors que surgit de Flandre un art nouveau, incarné dans les van Eyck. Cet art, presque exclusivement réaliste, allait avoir avec l'art italien des points de contact, qui devaient être aussi des points de fécondation.

ROGER VANDER WEYDEN (ROGER DE LA PASTURE)

(1400? † 1464. — École flamande.) (1)

Roger, qu'on a nommé pendant des siècles Rogier de Bruges, naquit à Tournai vers 1400, et s'appelait de son vrai nom Roger de la Pasture ou Roger Vander Weyden. Son premier maître fut Robert Campin; puis il devint le plus fervent disciple de Jean van Eyck, et fut lui-même une des gloires de l'école de Bruges. Il se maria, en 1425, à Élisabeth Goffaerts, dont il eut quatre enfants. Sa réputation était faite avant 1436, puisqu'à cette date il fut nommé « peintre à gages ou pourtraiteur de la ville de Bruxelles ». C'est à ce titre qu'il exécuta les quatre grandes peintures consacrées à l'empereur Trajan et au juge Merkenbald, qu'on admirait encore au dix-septième siècle dans la maison commune de la capitale du Brabant. Bruxelles fut sa rési-

(1) En attribuant à Roger Vander Weyden le portrait du Grand Bâtard de Bourgogne, nous n'ignorons pas que cette attribution est contestée, et que le nom d'Ugo Vander Goës, maintenant proposé, rallie des adhésions parmi lesquelles il en est qui font autorité. Les preuves, cependant, ne nous paraissent pas absolument concluantes, et la cause ne nous semble pas suffisamment entendue. Voilà pourquoi nous conservons le nom de Roger Vander Weyden, qui a été mis depuis longtemps déjà au bas de cet admirable portrait.

ROGER VANDER WEYDEN
(1400? † 1464)

ÉCOLE FLAMANDE

LE GRAND BATARD DE BOURGOGNE

ROGER VANDER WEYDEN

(1400 † 1464)

ÉCOLE FLAMANDE

LE GRAND BATARD DE BOURGOGNE

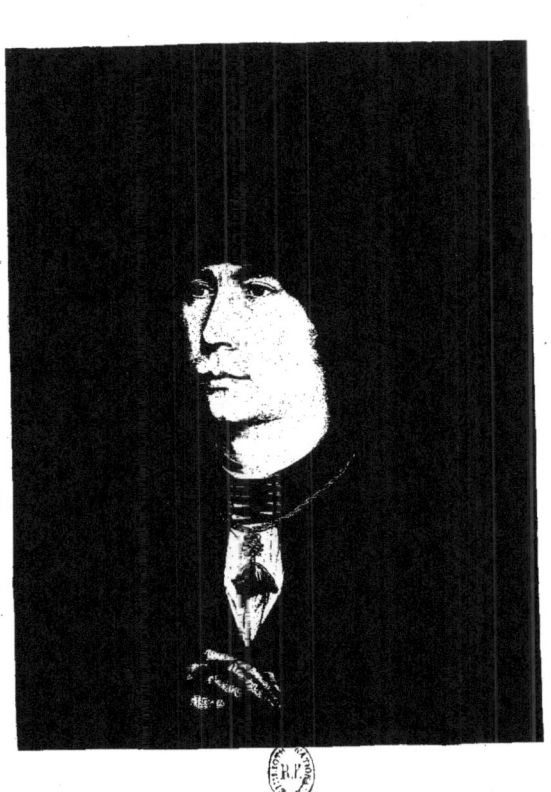

dence préférée; il y vécut, y fit école, et y mourut le 18 juin 1464. Mais sa renommée dépassa de bien loin les frontières flamandes; elle se répandit en Allemagne, en Espagne, surtout en Italie, et quand il alla à Rome pour le jubilé de 1450, il y fut reçu avec de grands honneurs. Vint-il en Bourgogne? Cela est probable; Philippe le Bon, qui l'avait en grande estime, dut l'y attirer. On lui attribue, non sans quelque raison, le *Jugement dernier* de l'hôpital de Beaune. Travailla-t-il en France? On lui a donné, avec quelques probabilités aussi, le triptyque des *Sept Sacrements*, commandé par Jean Chevrot, évêque de Tournai. En l'absence de preuves authentiques, les affirmations et les négations ont beau jeu. Ce qui est certain, c'est qu'il fut un de ceux qui contribuèrent le plus à répandre, non seulement en Flandre, mais dans toutes les parties de l'Europe civilisée, le principe de vitalité introduit dans l'art par les van Eyck. De Roger Vander Weyden, malheureusement, presque tout a péri; mais les témoignages les plus illustres répondent pour ses œuvres. Albert Dürer l'appelait « le grand maître Roger », et Lampronius restait dans de longues extases devant ses tableaux. Parmi les nombreuses peintures au bas desquelles on a mis son nom, il en est au moins deux qui semblent ne laisser prise à aucun doute : le triptyque du musée de Berlin (au centre, le *Sauveur couché sur les genoux de la Vierge;* à gauche, la *Vierge et l'Enfant Jésus;* à droite, l'*Apparition du Christ à Marie*) et la *Descente de croix* du musée de Madrid. C'est avec ces deux tableaux qu'il faut confronter ceux qu'on est tenté de lui donner.

CV. — *Portrait du Grand Bâtard de Bourgogne.*

Sur bois. — H. 0^m,45; L. 0^m,355.

Antoine, bâtard de Bourgogne, surnommé le Grand Bâtard, seigneur de Beures en Flandre, de Crèvecœur et de Vassy, comte de Sainte-Menehould, de Grand-Pré, de Guines, de Château-Thierry, de la Roche en Ardennes, de Steinberghe, etc., était le second des dix-neuf bâtards de Philippe le Bon, duc de Bourgogne. Il était né en 1421, de Jeanne de Presles, fille de Raoul, seigneur de Lisy, que le duc maria, en 1432, à son huissier d'armes, Hennequin de Fretin. Jeune encore, il donna des preuves de bravoure, qui lui méritèrent le surnom de Grand Bâtard. Le 17 février 1453, il se voua pour la Terre sainte avec son père. L'année suivante, il passa en Barbarie avec Baudouin son frère, et força les Maures à lever le siège de Ceuta. De retour dans les États du duc de Bourgogne, il prit part à la guerre contre les Liégeois, qui furent remis dans le devoir. En 1456, Philippe le Bon l'avait décoré de l'ordre de la Toison d'or, institué à Bruges, en 1430, pour trente et un chevaliers. Le Grand Bâtard, après la mort de son père, continua de se signaler par sa vaillance. Il commanda l'avant-garde au combat de Grandson en 1476, et, l'année suivante (janvier 1477), il fut fait prisonnier à la bataille de Nancy, où périt Charles le Téméraire. Aussitôt, le roi Louis XI demanda à René, duc de Lorraine, de le lui céder. En vain Antoine de Bourgogne, qui craignait de voir tomber le Grand Bâtard aux mains du plus implacable ennemi de sa maison, s'efforça-t-il de s'opposer à ce marché. Le duc de Lorraine conduisit lui-même son prisonnier au roi de France, qui l'acheta pour la somme de dix mille écus; mais, à l'étonnement de l'Europe, Louis XI combla le prisonnier de biens et d'honneurs. Dès lors, le Grand Bâtard fut acquis à la France et la servit fidèlement jusqu'à sa mort. Charles VIII lui octroya des lettres de légitimation en 1485, et le fit chevalier de Saint-Michel. Le 12 juin 1493, on le voit parmi les ambassadeurs du roi de France chargés de reconduire Marguerite d'Autriche et de la remettre aux mains des envoyés de l'empereur Maximilien, son père. Le Grand Bâtard avait alors soixante-douze ans. Il vécut onze ans encore, et mourut en 1504, à l'âge de quatre-vingt-trois ans. Il était blasonné comme les derniers ducs de Bourgogne :

« Écartelé, aux 1 et 4, de *Bourgogne moderne*. Au 2, parti de *Bourgogne ancien* et de *sable au lion d'or*, qui est Brabant. Au 3, parti de *Bourgogne ancien* et de *Luxembourg*. Et, brochant sur le tout, de *Flandre*, au filet d'argent mis en barre. »

Le portrait de la galerie de Chantilly montre le Grand Bâtard pris au vif, dans la force de son âge, vivant de la vie personnelle et vaillante du quinzième siècle. On lui a donné de vingt-cinq à trente ans, ce qui assignait à cette peinture la date de 1445 à 1450. La Toison d'or est là pour prouver qu'on s'est trompé d'une dizaine d'années. C'est en 1456 seulement que Philippe le Bon nomma son Grand Bâtard chevalier de la Toison d'or. Ce portrait a donc été fait très certainement après 1456 et très probablement avant 1460. Le Grand Bâtard, étant né en 1421, était alors âgé de près de quarante ans. C'est bien là, en effet, l'âge qu'il paraît avoir sur son portrait... Il est peint en buste, de trois quarts à gauche, sur fond perdu d'un gros vert. Une chevelure brune très épaisse couvre le front presque jusqu'aux yeux, cache les oreilles et tombe lourdement sur le cou. Un petit chapeau de feutre noir, haut de forme et à rebords très étroits, est posé au sommet de cette chevelure, où il tient on ne sait comme. Pour costume, une robe d'un violet très foncé, à parements de velours noir, ouverte par devant sur une chemise blanche à plis épais et lacée sur le cou par-dessus cette chemise. La main droite, dessinée avec la sécheresse coutumière aux maîtres flamands de cette époque, repose sur la barre d'appui qui coupe la figure, et porte une petite bague d'émeraude à la deuxième phalange du petit doigt. Au milieu des masses sombres du vêtement et de la chevelure, et sur la profonde tonalité du fond, le visage s'enlève en lumière et suffit à lui seul pour éclairer le tableau. Le peu qu'on voit du front a quelque chose de contracté, de tendu. Les yeux, sous les sourcils accentués qui les couronnent, sont plutôt petits que grands; mais ils vont droit au but, et le regard qui s'en échappe rappelle « ce regard de fière inspection » que les chroniqueurs donnent au duc Philippe le Bon. On sent que, par ces yeux-là, il vaut mieux être regardé en ami qu'en ennemi. Le nez est léger de forme et bien dessiné. La distance qui le sépare de la lèvre supérieure est très grande, ce qui imprime à la physionomie quelque chose d'étrange. La bouche a une grande fermeté d'expression. Le menton est accentué. Les joues, complètement rasées, n'ont ni embonpoint, ni maigreur. La physionomie est celle d'un homme parvenu à la pleine maturité de son âge et à la pleine possession de lui-même. Sur ce visage si largement modelé, où chacun des traits est accusé avec une si puissante simplicité, un pinceau d'une extrême souplesse et d'une étonnante vigueur a répandu les chaudes colorations de la vie.

Les preuves abondent pour démontrer qu'il n'y a aucun doute sur l'identité du personnage que représente ce portrait. L'emblème, la devise et le monogramme du Grand Bâtard de Bourgogne sont peints à l'envers du panneau, de la main même qui a peint le portrait : une hotte d'artifice, d'où s'échappent des tisons; au bas de cette hotte, la devise : NVL NE SI FROTTE; à droite, à gauche et au faîte, les initiales N. I. E., reliées entre elles par une cordelière qui est le cordon de saint François, le Grand Bâtard appartenant au Tiers Ordre, comme la plupart des seigneurs de son temps. La devise et l'emblème parlent d'eux-mêmes et sont ceux d'un homme de guerre. Quant au monogramme, pour nous incompréhensible, c'est peut-être un chiffre d'amour, semblable au VE du duc de Berry et à d'autres encore, dont les initiés seuls avaient la clef. Ce même emblème et cette même devise se retrouvent identiques, à côté des armoiries d'Antoine, bâtard de Bourgogne, dans les manuscrits qui lui ont appartenu. Le Grand Bâtard tenait de son père, Philippe le Bon, l'amour des arts et des lettres. Sa bibliothèque était célèbre. « Rien, dans nos collections, dit M. Léopold Delisle, ne rappelle le nom de Charles le Téméraire; mais le manuscrit français 17,267 est un précieux débris de la collection qu'avait formée son frère naturel Antoine, bâtard de Bourgogne, et dans laquelle ont figuré le *Boccace* de l'Arsenal, le *Froissart* de Breslau, l'*Apocalypse* de Dresde, le *Quinte-Curce* de Copenhague, un livre d'heures acquis par M. Didot et deux volumes de la collection de lord Ashburnham, le *Miroir historial de France* et un *Monstrelet* (1). » — La gravure en médailles nous apporte un complément de preuves. Une médaille attribuée par M. Armand à Guaccialotti d'abord,

(1) « L'origine des manuscrits du Grand Bâtard est indiquée : 1° par un écusson semblable à celui de Philippe le Bon, brisé d'un bâton de gueules; 2° par la devise *Nul ne si frotte*, surmontée d'un nœud et des lettres N. I. E. Dans le *Froissart* de Breslau, et dans quelques autres manuscrits, les mots *Nul ne si frotte* accompagnent une sorte de machine infernale. » (*Cabinet des manuscrits de la Bibliothèque impériale.*)

puis à Niccolò Fiorentino (1), restituée maintenant par M. Valton au médailleur de Jacopo Galeota (2), confirme, à dix ou quinze ans de distance, l'authenticité du portrait. — On pourrait également invoquer un crayon tiré du recueil d'Arras... Tous ces témoignages, à des dates différentes, sont entre eux d'une parfaite concordance.

On n'est pas, malheureusement, dans la même sécurité vis-à-vis de l'artiste qui a exécuté cette peinture. Comme elle est de premier ordre, on l'a tour à tour attribuée aux plus fameux maîtres flamands du quinzième siècle. Si Jean van Eyck n'était pas mort en 1440, quinze ou vingt ans avant l'exécution de ce portrait, c'est à lui sans doute qu'on aurait songé tout d'abord. Ce maître des maîtres se trouvant écarté, on a nommé tour à tour Roger Vander Weyden, Ugo van der Goës, Thierry Bouts, Memling (3); mais en procédant par élimination, on est arrivé à ne plus garder que Roger Vander Weyden et Ugo van der Goës. C'est au premier de ces deux peintres que nous nous rallions encore. Voici pourquoi. A l'époque où fut peint le portrait du Grand Bâtard, entre 1456 et 1460, Roger Vander Weyden, né vers 1400, était à l'apogée de sa force; nul peintre flamand ne jouissait alors d'une réputation égale à la sienne. Rien donc de plus naturel qu'un aussi puissant personnage que le fils naturel du duc de Bourgogne s'adressât à lui pour se faire *pourtraiturer*. Plus qu'aucun autre, Roger Vander Weyden tenait par des liens intimes à Van Eyck, et autant qu'aucun autre il a été

(1) *Les médailleurs italiens du quinzième et du seizième siècle*, t. II, p. 40.
(2) *Notice sur une médaille faite au quinzième siècle, à la cour de Bourgogne*. (*Revue numismatique*, janvier 1887.) Jacopo Galeota, condottiere napolitain au service du duc de Bourgogne, était connu en France sous le nom de Jacques Galéot. (Commines, liv. I, ch. vi.) Sa médaille offrant de frappantes analogies avec les deux médailles qui représentent, l'une Charles le Téméraire, l'autre Antoine, Grand Bâtard de Bourgogne, on est en droit d'en conclure que ces trois médailles sont de la même main. Elles sont, en outre, du même temps. Celle de Charles le Téméraire, portant le titre de *duc de Bourgogne*, n'a pu être faite qu'entre 1467, date de l'avènement du duc, et 1477, date de sa mort. Celle de son frère naturel, Antoine, le montrant dans un âge déjà mûr, doit être de la même époque. Elle le montre alors aux approches de la cinquantaine.
(3) On a songé aussi à Dierick, à Jean et à Huc de Boulogne, qui avaient été à gages également auprès de Philippe le Bon. C'est par eux — les comptes nous le disent — que le duc avait fait peindre les armoiries des chevaliers de la Toison d'or, pour décorer la salle où se tenait le chapitre de l'Ordre. Quant aux portraits des chevaliers, il n'est fait mention nulle part qu'aucun de ces artistes les ait peints.

capable de cette franche et loyale interprétation du modèle vivant. Jean van Eyck excepté, nul peintre flamand du quinzième siècle ne s'est plus résolument mesuré avec la nature et n'a mis plus d'audace dans le rendu d'une physionomie. N'a-t-on pas, d'ailleurs, ou ne croit-on pas avoir de lui des portraits, notamment le portrait de Charles le Téméraire au musée de Bruxelles (1), et ces portraits ne présentent-ils pas des traits d'analogie avec le portrait du Grand Bâtard de Bourgogne? Le nom de Roger Vander Weyden a donc ici pour lui des chances de probabilité. De plus, Roger Vander Weyden était en possession avant qu'on songeât à Ugo van der Goës, et, pour déposséder un maître, il faut avoir la preuve absolue d'une usurpation.

Cependant un courant d'érudition pousse en ce moment vers Ugo van der Goës. C'est en 1465, à l'occasion du mariage de Charles le Téméraire et des fêtes de *joyeuse entrée* dans cette ville, qu'il est fait mention de ce maître pour la première fois. De 1473 à 1475, il est nommé doyen de la gilde des peintres gantois, et en 1476 il revêt la robe noire des Augustins au couvent de Rouge-Cloître, ce qui ne l'empêche pas, durant six ans encore, d'exercer librement la peinture. Puis il est frappé d'une maladie mentale et meurt en 1482. Dürer, van Mander, van Vaernewyck, se portent garants de l'importance de ses œuvres; mais sur une seule d'entre elles on est, grâce à Vasari, parfaitement renseigné. De 1470 à 1475, Ugo van der Goës exécuta, sur la commande de Tommaso Portinari, représentant des Médicis à Bruges, le triptyque de l'*Adoration des bergers* pour Santa Maria Nuova à Florence, et cette importante peinture a conservé jusqu'à nos jours sa destination primi-

(1) Le portrait de Charles le Téméraire (n° 55 du Catalogue du musée de Bruxelles) ne se peut confondre, comme ressemblance, avec celui du Grand Bâtard de Bourgogne, son frère naturel. Vêtu d'une robe noire et portant la Toison d'or, coiffé d'un chapeau de même forme posé sur une chevelure moins épaisse et moins longue, mais mêmement arrangée, Charles le Téméraire tient de la main droite une flèche, insigne de la confrérie de Saint-Sébastien, à laquelle il appartenait. Son visage est plus délicat et moins ferme d'expression que celui du Grand Bâtard. Ses yeux sont plus grands, sa bouche est plus petite, ses lèvres sont plus épaisses, son menton est plus allongé. Le nez a même forme de part et d'autre, mais la distance qui le sépare de la bouche est moins grande chez Charles le Téméraire. La main a la même ossature accentuée dans les deux portraits, la même rigueur et la même sécheresse de forme. Il paraît probable que le même peintre a exécuté ces deux peintures. Le portrait de la galerie de Chantilly est, cependant, d'une exécution plus forte que celui du musée de Bruxelles.

tive. Quant aux autres tableaux attribués à Ugo van der Goës, on n'a sur aucun d'eux les éléments de la certitude. La chronique de Rouge-Cloître, écrite par un religieux qui fut l'ami du peintre, nous apprend « qu'Ugo excellait à peindre le portrait », et M. Alphonse Wauters, qui a fait de ce maître une étude approfondie, croit avoir retrouvé plusieurs de ces portraits, notamment le *Portrait du duc Antoine de Bourgogne* de la collection Strafford et celui de *Laurent Froimont* à l'Académie des beaux-arts de Venise. M. Wauters donne également à Ugo le *Portrait de Charles le Téméraire* du musée de Bruxelles, et, comme conséquence, il lui attribue aussi le *Portrait du Grand Bâtard* de la galerie de Chantilly. Tous ces portraits, qui sont parmi les plus beaux portraits du quinzième siècle, ont, en effet, entre eux de grandes analogies. Mais les maîtres flamands de cette époque ne se ressemblent-ils pas au point de donner le change à chaque instant? Voici d'ailleurs une objection grave. Les dix-sept années de la vie active d'Ugo van der Goës vont de 1465 à 1482; de sorte qu'Ugo n'en était encore qu'à ses débuts, quand, depuis près de dix ans déjà, le *Portrait du Grand Bâtard* était fait. Les dates ont ici une singulière valeur, et nous mettent en méfiance devant Ugo van der Goës. Elles sont, au contraire, nous l'avons vu, un argument en faveur de Roger Vander Weyden. Sans affirmer ce nom devant le *Portrait d'Antoine de Bourgogne*, nous ne croyons donc pas devoir l'abandonner.

Il est un autre peintre, bien loin et bien près de la Flandre, auquel on ne peut se défendre de songer aussi devant le *Portrait du Grand Bâtard*, c'est Antonello de Messine. Rapprochez ce portrait du *Portrait de condottiere* au Salon carré du Louvre, vous serez frappé de la ressemblance (1) Cependant, si l'analogie du procédé est évidente et si la poursuite à outrance de la vérité naturelle est la même, la différence de l'esprit et la dissemblance de la race ne sont pas douteuses. Il n'en est pas moins évident que le rapprochement, sinon la fusion des deux arts, était chose faite vers le milieu du quinzième

(1) On se peut convaincre de cette ressemblance dans la galerie même de Chantilly, où l'on trouve une copie très juste, exécutée à l'aquarelle, du portrait d'Antonello de Messine, par M. Tourny.

siècle, et que la peinture flamande fournissait dès lors aux peintres de la Renaissance italienne les exemples d'un naturalisme nouveau, servi par des moyens d'exécution jusqu'alors inconnus dans la Péninsule.

C'est de la galerie du duc de Sutherland que ce portrait a passé dans celle de Monsieur le duc d'Aumale. Il avait appartenu à Gaignières à la fin du dix-septième siècle, et l'on trouve encore au revers du panneau les restes du cachet du célèbre collectionneur, à côté du cachet de Torcy, communément appelé cachet de Colbert (1). Une très bonne répétition du *Portrait du Grand Bâtard* se trouve au musée de Dresde; elle est loin, cependant, d'avoir la fermeté d'accentuation du portrait original (2). Une autre copie du même portrait se voit dans la collection Strafford, à Londres. Ces répliques ne font que confirmer l'autorité tout exceptionnelle de la peinture du musée de Condé.

THIERRY BOUTS

(1420? † 1475. — École flamande.) (3)

Vers l'époque où l'on posait la première pierre de l'hôtel de ville qui allait être un des plus beaux types de l'architecture des Pays-Bas, un peintre d'origine hollandaise, Thierry Bouts de Haarlem, vint se fixer à Louvain, pour y devenir une des gloires de la peinture flamande. C'est par suite d'une confusion aujourd'hui reconnue, qu'on l'a appelé aussi Stuerbout. On

---

(1) On sait que ce fut Torcy, le neveu de Colbert, qui présida à l'inventaire des tableaux de Gaignières, en juillet 1717, et qui apposa son cachet au dos de ces tableaux.

(2) Elle y est indiquée : « d'après Memling. »

(3) C'est sous le nom de Thierry Bouts que le tableau qui va suivre est entré chez Monsieur le duc d'Aumale, et c'est sous ce nom aussi qu'il a été catalogué dans les différentes collections auxquelles il a appartenu, notamment dans la collection Reiset. Ce nom, cependant, est maintenant mis en doute; mais, tout en le contestant, on ne fournit pas contre lui des preuves décisives, et surtout on ne propose, avec vraisemblance, aucun autre nom. Nous le maintiendrons donc, tout en l'accompagnant d'un point d'interrogation. Le haut intérêt du tableau n'est, d'ailleurs, mis en doute par personne. C'est l'essentiel.

THIERRY BOUTS

(1420? † 1475)

ÉCOLE FLAMANDE

TRANSLATION DE LA CHASSE DE SAINTE PERPÉTUE

DANS L'ÉGLISE DE BOUVIGNES

APRÈS LE SAC DE DINANT EN 1466

THIERRY BOUTS

(1420?-1475)

ÉCOLE FLAMANDE

TRANSLATION DE LA CHASSE DE SAINTE PERPÉTUE
DANS L'ÉGLISE DE BOUVIGNES
APRÈS LE SAC DE DINANT EN 1466

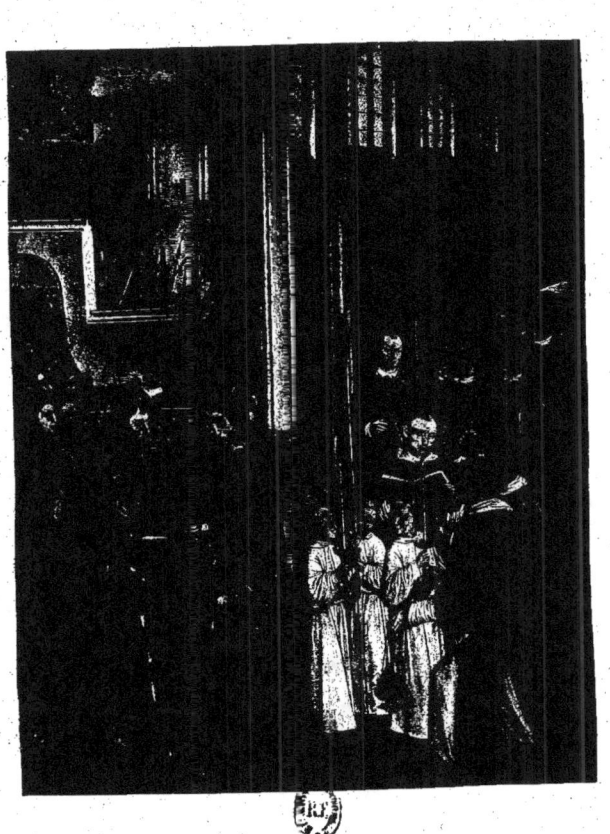

ne sait rien de lui ou presque rien. On l'avait fait naître en 1400; on le vieillissait d'une vingtaine d'années. On a maintenant les preuves qu'il naquit vers 1420. Comme ses œuvres ne sont pas sans quelque ressemblance avec celles de Memling, on suppose qu'il fut, comme Memling, élève de Roger Vander Weyden... Dès 1448, Thierry était établi et marié à Louvain. Il y exécuta, de 1466 à 1468, la *Cène* et le *Martyre de saint Érasme* pour la confrérie du Saint-Sacrement. Ces peintures sont encore à Saint-Pierre, sur les deux autels qui appartenaient à la confrérie. Elles furent tellement appréciées que les magistrats de Louvain, créant pour Thierry Bouts une charge publique semblable à celle que Roger Vander Weyden occupait à Bruxelles, lui conférèrent le titre de *pourtraiteur* de la ville. C'est à ce titre que Bouts peignit en 1472, pour l'hôtel de ville de Louvain, le triptyque du *Jugement dernier*, aujourd'hui perdu. On lui demanda ensuite, pour la même destination, quatre tableaux dont les sujets fussent propres à inciter les âmes à la vertu. Deux seulement furent exécutés : la *Sentence de l'empereur Othon* et *L'empereur Othon réparant l'injustice par lui commise*. On les voit au musée de Bruxelles. La mort surprit le peintre avant qu'il ait pu peindre les deux autres... Grâce aux savants travaux de M. van Even, archiviste de Louvain, et de M. Wauters, on est parvenu à restituer à Thierry Bouts une vingtaine de tableaux, dont la plupart étaient attribués à Memling : le triptyque de l'*Adoration des mages* à Munich, le *Couronnement de la Vierge* à Vienne, le *Martyre de saint Hippolyte* à Bruges, etc. On lui avait donné jusqu'ici le tableau de la galerie de Chantilly, on le lui conteste aujourd'hui.

CVI. — *Translation de la châsse de sainte Perpétue dans l'église de Bouvignes, après le siège et le sac de Dinant, en 1466.*

Sur bois. — H. 0ᵐ,78; L. 0ᵐ,58.

A la gauche du tableau, une châsse — un vrai chef-d'œuvre de l'orfèvrerie du quinzième siècle — est portée processionnellement par quatre personnages de marque, dont les contemporains du peintre connaissaient certainement les noms. Tous sont vêtus de longues robes, opulentes de forme autant que de couleur : le premier, chaussé de rouge, est enveloppé d'une robe de brocart d'or à ramages écarlates, doublée de fourrure et largement ouverte sur un pourpoint noir; celui qui suit, chaussé de jaune, est vêtu d'une robe rouge, qui découvre complètement le bras droit, d'où pend une longue manche verte; des deux autres, relégués au second plan, on ne voit que les têtes. A côté de la châsse et sur le premier plan, s'avance, comme un portrait vivant, un jeune seigneur, qui est la figure principale du tableau. C'est un homme de guérre; il tient respectueusement son armet de ses deux mains, et, pour cette cérémonie religieuse, il s'est revêtu, par-dessus son armure, d'un surcot de drap d'or bordé de rouge et coupé transversalement de bandes noires. Ce sont les couleurs de Bourgogne. Des hommes d'armes suivent en longue file; ils ont déjà franchi l'enceinte fortifiée du lieu saint. Du côté opposé (à droite), vis-à-vis de la châsse, les clercs et les prêtres sont sur le seuil de l'église pour recevoir les reliques. Sur le premier plan, deux diacres, vêtus de longues dalmatiques de brocart d'or passées par-dessus leurs robes blanches, fléchissent le genou et s'apprêtent à les encenser. Devant eux, trois enfants de chœur portent la croix et les cierges, tandis que trois jeunes clercs chantent, en suivant leur leçon dans un grand livre ouvert. Viennent enfin les prêtres au nombre de neuf, avec leurs chapes brodées et couvertes de pierreries. Il n'y a guère là aussi que des portraits d'une étonnante puissance d'individualité; tous se ressemblent entre eux, avec une saveur de terroir, où la Flandre d'aujourd'hui se retrouve dans la Flandre d'autrefois. Pour fond à ce cortège sacerdotal, les fines colonnettes de l'église, et la loge qui couronne le porche. Dans cette loge, se trouve l'évêque, qui bénit toute l'escorte de la châsse (1). Derrière cette escorte, enfin, dans les lointains du tableau, des lueurs d'incendie, et Satan lui-même qui gambade au milieu des flammes.

(1) On pourrait dans ce fond d'architecture trouver peut-être, comme facture, de quoi faire songer aux fonds des deux grands tableaux de Thierry Bouts, au musée de Bruxelles.

Quelle est cette châsse? Sous la conduite de qui est-elle ainsi triomphalement portée, et quelle est l'église à laquelle on en va confier la garde? L'*Histoire des ducs de Bourgogne* donne réponse à ces questions.

« En 1466, Philippe le Bon et son fils le comte de Charolais avaient assiégé Dinant, où les Liégeois révoltés avaient placé une garnison de quatre mille hommes, en leur promettant de venir bientôt au nombre de quarante mille. Confiants dans cette promesse et aussi dans la protection du roi de France, les habitants de cette ville s'étaient résolus à se bien défendre... La ville fut bientôt battue de tous côtés par une terrible artillerie que dirigeait le sire de Hagenbach. Quel que fût le danger, les habitants ne montraient ni moins de courage, ni moins d'orgueil. Ils répondaient par des injures aux hérauts qui les sommaient de se rendre : « Quelle fantaisie, disaient-ils, a donc pris à votre vieille momie de duc de venir mourir ici? N'a-t-il donc tant vécu que pour finir d'une vilaine mort? Et votre comte Charlotel, que fait-il ici? Qu'il s'en aille plutôt combattre à Montlhéry le noble roi de France, qui nous viendra secourir et ne nous manquera pas; il nous l'a bien promis. Pour votre comte, il est venu chercher son malheur; il a le bec encore trop jeune pour nous prendre, et ceux de la cité de Liège vont bientôt le déloger honteusement... » Ils firent décapiter et écarteler les messagers des gens de Bouvignes qui les poussaient à capituler... Irrités de tant d'outrages et d'obstination, les deux princes jurèrent de raser la ville, d'y faire passer la charrue et d'y semer le sel, comme on faisait dans les temps anciens. Dinant fut prise. Les femmes et les gens d'Église ayant été emportés de la ville, on saisit huit cents bourgeois parmi ceux qui avaient échappé au massacre, on les lia deux à deux et on les jeta dans la Meuse... Il y avait quatre jours que le pillage durait, lorsque le feu éclata au logis du sire de Ravenstein. Tandis qu'à grand'peine on arrêtait l'incendie d'un côté, il éclatait soudainement de l'autre. Enfin l'hôtel de ville fut atteint; c'était là que se trouvait le dépôt de la poudre à canon, l'explosion fut terrible. Le feu gagna l'église Notre-Dame. Le comte de Charolais, qui avait surtout recommandé qu'on respectât les églises, montra une vive affliction. Tout le premier et au péril de sa vie, il se jetait à travers les flammes pour sauver les saintes reliques et les joyaux de l'autel. Il ne s'occupait de rien autre chose et laissait brûler, sans y pourvoir, ses propres bagages dans son quartier. Enfin on réussit à préserver la châsse de sainte Perpétue, qui fut emportée à Bouvignes, petite place forte sur la rive gauche de la Meuse, en face de Dinant (1). »

N'est-ce pas dans l'épilogue de ce récit que se trouve l'explication du tableau attribué à Thierry Bouts?... De l'église Notre-Dame de Dinant, qui a été la proie des flammes, le comte de Charolais, au péril de sa vie, a sauvé la châsse de sainte Perpétue, et triomphalement il la conduit à Bouvignes, afin de la confier à l'église de cette ville. Pour la porter, il a fait choix des plus grands de la cour de Bourgogne. Son frère naturel, Antoine (le Grand Bâtard), qui avait été comme lui à la peine pendant le siège, est peut-être à l'honneur aussi parmi les porteurs. Le comte de Charolais, vêtu aux couleurs de Bourgogne, s'avance lui-même à côté de la châsse, que suivent ses hommes d'armes. Et l'évêque, du haut de la tribune extérieure de l'église, bénit ce cortège triomphal et religieux tout ensemble, tandis que, sous le porche du lieu saint, le clergé vient en pompe recevoir les reliques. Cependant une réminiscence de carnage se mêle à cette odeur d'encens, et l'incendie qui flambe encore tout au fond du tableau rappelle celui dont les flammes, en ce moment même, achèvent de consumer la ville de Dinant; et le diable qui se démène au milieu des flammes incarne en lui les rebelles voués à la damnation. Pour assurer leur perte, non seulement en ce monde, mais aussi dans l'autre, Philippe le Bon, avant de les exterminer, avait pris soin de les faire excommunier par le Pape... La preuve en faveur de cette explication serait irréfutable, si l'on pouvait identifier le fils de Philippe le Bon avec le jeune seigneur en armes qui marche à côté de la châsse sur le premier plan

(1) La ville de Bouvignes, où se trouvait le château de Crèvecœur, fut ruinée par le siège de 1554... Quant à la ville de Dinant, le comte de Charolais fit avertir tous les gens des pays voisins, et promit à chacun trois patars par jour pour travailler à sa démolition. En quatre jours tout fut rasé. (DE BARANTE, *Histoire des ducs de Bourgogne*, t. VIII, p. 272 et suiv.)

du tableau. Ce personnage, qui par son importance commande à tous les autres, est revêtu, par-dessus son armure, d'un surcot aux couleurs de Bourgogne; c'est là une quasi-preuve en faveur du comte de Charolais. Mais il a toute sa barbe, et, dans ses portraits les plus connus, — notamment dans celui du musée de Bruxelles, — le fils de Philippe le Bon est sans barbe. Il est vrai que, dans ces portraits, c'est Charles le Téméraire qui est représenté, et qu'il ne s'ensuit pas qu'avant la mort de son père le comte de Charolais se soit ainsi rasé. Rien ne prouve qu'en 1466, alors que les assiégés de Dinant le regardaient comme ayant « le bec encore trop jeune » pour les prendre, il ne portait pas toute sa barbe. M. Perrault-Dabot, qui prépare une étude sur Charles le Téméraire, nous fournit même la preuve qu'il en faisait ostentation. En tête de cette étude, il donne une image authentique et très barbue de ce prince, et cette image n'est pas sans offrir une certaine ressemblance avec le jeune prince de la maison de Bourgogne qui conduit la procession dans le tableau de Chantilly Ce personnage, d'ailleurs, ne dément en rien dans ses traits ce que montrera plus tard le portrait rasé de Charles le Téméraire. Rien donc d'invraisemblable à voir ici le comte de Charolais, et rien que de très probable aussi à ce que le tableau attribué à Thierry Bouts représente l'épisode qui imprime une sorte de consécration religieuse aux horreurs du sac de Dinant. Quant à la date de 1466 attachée à cette translation, elle deviendrait une présomption en faveur de Thierry Bouts. Cet artiste, alors dans sa période de grande activité, était en train d'exécuter la *Cène* et le *Martyre de saint Érasme* commandés pour la confrérie du Saint-Sacrement à Louvain, et se trouvait tout désigné au choix du duc de Bourgogne pour perpétuer par la peinture le souvenir de la translation à Bouvignes de la châsse de sainte Perpétue.

La foi religieuse répand sur toutes les parties de ce tableau comme un parfum de mysticisme et de recueillement. Chacune des figures y vit d'une vie extérieure qui lui est propre, et toutes y gardent l'empreinte d'une vie intérieure qui leur est commune. On s'attache à elles, et par la réalité qu'elles reflètent, et par la candeur qu'elles respirent. Dans un temps et dans un pays où tous les luxes et toutes les luxures étaient poussés à l'extrême, un souffle de pureté passe sur toutes ces têtes et les enveloppe d'un calme attendri. Le peintre, en rompant avec la symétrie traditionnelle et en donnant le pas à l'élément pittoresque sur les anciennes règles de la scolastique picturale, a mis dans l'exécution de son œuvre toutes les délicatesses et toutes les minuties d'un miniaturiste; ce qui ne l'a pas empêché de se hausser au niveau de la grande peinture d'histoire. Quelle légèreté de main! quelle finesse de pinceau! quelle douceur de tons! quelle fraîcheur d'atmosphère! Le jour qui éclaire cette scène d'une lumière argentine, quoiqu'un jour de plein air, projette sur toutes les figures comme une aube d'encens. Le coloris est bien celui de l'école de Van Eyck, mais avec des tonalités moins chaudes. Il y a aussi de la parenté entre cette manière de peindre et celle de Memling. Cependant, en y regardant bien, il y a de notables dissemblances. Le choix des modèles, çà et là, laisse à désirer; les physionomies ne sont pas sans monotonie; les corps sont trop grêles, les têtes trop allongées, les attitudes trop raides; le modelé des chairs n'est pas exempt d'une certaine sécheresse, et, dans l'arrangement des draperies, le goût quelque peu laisse à désirer. Rien de semblable chez Memling. L'âme surtout est bien autrement vibrante dans sa peinture. Toutefois, dans cette peinture, les défauts sont petits et les qualités grandes.

Ce très intéressant tableau fut acheté par M. Frédéric Reiset, sous le nom de Thierry Bouts, à la vente Lebreton, en 1842, et confirmé par lui dans cette attribution. C'est sous ce nom aussi qu'il est entré, en 1878, dans la galerie de Monsieur le duc d'Aumale. L'attribution à Thierry Bouts, nous l'avons dit en commençant, est aujourd'hui contestée, sans qu'on puisse en proposer une autre. On a parlé vaguement du peintre de la *Messe de saint Gilles*. Mais quel est ce peintre? Peut-on, d'ailleurs, sur un unique tableau, spécifier sa manière?

MEMLING (JEAN)

(Né à Mayence (?), mort à Bruges en 1494. — École flamande.)

C'est à Bruges que Jean van Eyck nous a conduit dans la première moitié du quinzième siècle ; c'est à Bruges que Memling nous ramène dans la seconde partie du même siècle, pour nous y retenir captif encore devant une œuvre d'un sentiment exquis.

D'épaisses ténèbres se sont accumulées durant des siècles autour de Memling (1). Cependant, tout est lumière dans son œuvre, et sa vie s'était éteinte au milieu de clartés presque triomphales. Il avait survécu à tous les grands Flamands du quinzième siècle : Hubert van Eyck était mort en 1426 et Jean en 1440, Roger Vander Weyden en 1464, Thierry Bouts en 1475, Ugo van der Goës en 1482, Simon Marmion en 1489, et il était resté comme le plus illustre représentant de l'art dans les Pays-Bas. Les corporations et les grands de la terre s'étaient disputé ses tableaux : pour l'hôpital Saint-Jean, il avait peint la *Châsse de sainte Ursule* et le *Mariage mystique de sainte Catherine* ; pour Jean Floreins, boursier de cet hôpital, l'*Adoration des mages* (musée de Bruges) ; pour Jacques Floreins, la *Vierge aux donateurs* (musée du Louvre) ; pour Guillaume Vryland, doyen de la corporation des enlumineurs, les *Sept Douleurs de la Vierge* (musée de Turin) ; pour le juré de la corporation des tanneurs, les *Sept Joies de la Vierge* (Pinacothèque de Munich) ; pour John Clifford, le triptyque de la collection du duc de Devonshire, à Chatsworth ; pour Charles le Téméraire, le triptyque de l'*Adoration des mages*, devenu plus

---

(1) C'est surtout grâce aux travaux de M. A.-J. Wauters qu'on voit clair maintenant au milieu des œuvres de Memling, et que la personne même de Memling commence aussi à sortir de l'obscurité.

tard l'oratoire portatif de Charles-Quint (musée du Prado), etc. Bien antérieurement à ces chefs-d'œuvre, il avait exécuté pour Jeanne de France le diptyque de la galerie de Chantilly. La mort l'avait donc pris en pleine gloire et en pleine prospérité à la fin du quinzième siècle. Sa célébrité lui survit encore au commencement du seizième; l'anonyme de Morelli le cite alors parmi ceux dont les Italiens eux-mêmes recherchaient les œuvres. Cinquante ans plus tard, Vasari rapproche son nom de celui de Roger Vander Weyden, mais l'oubli se fait déjà sur ses œuvres, et l'on ignore tout de sa vie. Au commencement du dix-septième siècle, Carel van Mander, tout en le mettant parmi ceux qui ont illustré l'art de peindre, ne connaît plus guère de lui que la *Châsse de sainte Ursule* (1). L'obscurité s'épaissit ensuite de plus en plus autour de Memling. Au dix-huitième siècle, on ne sait même plus écrire son nom (2). La légende, dès lors, a beau jeu, et Descamps met en circulation, vers 1753, la fable qui avait cours, il y a vingt-cinq ans encore, parmi les historiens de la peinture... Hans Memling, de Damme près Bruges, soudard et peintre tout ensemble, est incorporé dans les bandes de Charles le Téméraire et blessé à la bataille de Nancy (5 janvier 1477). Il revient à Bruges mourant de faim et de misère, frappe à l'hôpital Saint-Jean, y est recueilli, remis sur pied, et peint la *Châsse de sainte Ursule* pendant sa convalescence. Entre temps, il noue une intrigue amoureuse avec la religieuse qui lui donnait des soins, ce qui ne l'empêche pas d'épouser ensuite une riche héritière. Ses chevauchées à travers l'Italie et l'Espagne, et sa mort à la Chartreuse de Miraflorès, complètent le roman. C'est en 1871 seulement qu'un savant anglais, M. James Weale, s'avise de ce qu'il y a là d'invraisemblable. Pour être reçu à l'hôpital Saint-Jean, il fallait être né sur le territoire de Bruges ou sur celui de Maldeghem. Or, Memling n'était né ni sur l'un ni sur l'autre. M. Weale le soupçonnait déjà. La preuve en a été faite depuis. Tout l'échafaudage élevé par Descamps s'écroulait donc. On avait indiqué pour la naissance de Memling des dates variant de 1425 à 1440, et l'on ne peut rien

(1) Voir le *Livre des peintres*, 1604.
(2) Descamps l'appelle *Kemmelinck*.

préciser encore à cet égard ; mais l'orthographe du nom était fixée, la situation de l'artiste dans la ville de Bruges était acquise, et son état civil en partie retrouvé. Memling avait épousé une femme nommée Anne, qui était morte en 1487, en lui laissant trois enfants mineurs, que lui-même laissait orphelins en 1494 (1). Voilà le peu qu'on sait sur lui. Mais les vraies archives d'un peintre, ce sont ses tableaux, et pour Memling ils sont en nombre. On en compte plus de cinquante. Aucun artiste flamand du quinzième siècle n'en peut montrer autant. Le caractère général de son œuvre permet de se rallier à l'opinion généralement admise depuis Guichardin et Vasari jusqu'à nos jours, qui fait de Memling l'élève de Roger Vander Weyden; il prouve, en outre, que l'influence des maîtres de Cologne a été pour beaucoup dans la formation de son génie. Ses voyages, enfin, ne sont pas des chimères. Memling a connu certainement à Milan les Sforza, et Jeanne de France probablement à la cour de son frère Louis XI; de sorte qu'il y a une petite part de vérité au milieu des nombreuses erreurs mises en circulation par Descamps. Mais voici une découverte récente qui donne la clef de bien des choses. C'est que Memling est né à Memlingen, sur le territoire de Mayence, et que, comme avaient fait les Van Eyck, il a pris le nom de sa ville natale (2). Ainsi s'explique cette spiritualité qui surprenait chez un peintre d'origine flamande. Faudrait-il pour cela enlever Memling à la Flandre pour en faire honneur à l'Allemagne? Nullement. L'âme allemande du peintre, tout en gardant sa sentimentalité native, a obtenu en Flandre des lettres de grande

(1) Romboudt de Doppare, greffier du chapitre de la collégiale de Saint-Donatien, adjoint au gardien du trésor de l'église et notaire public, ayant signé au procès-verbal de l'acte de translation des reliques dans la nouvelle châsse de l'hôpital de Bruges, enregistre le décès de Memling à la date du 11 août 1494, ainsi que son inhumation dans l'église Saint-Gille, à Bruges : *Die XI Augusti, Brugis obiit magister Johannes Hemmelinc, quem prædicabant peritissimum fuisse et excellentissimum pictorem totius tunc orbis christiani. Oriundus erat Magunciaci, sepultus est Brugis ad Ægidii*. Memling, à la date de sa mort, « était donc réputé comme le plus habile et le meilleur peintre de la chrétienté », c'est encore le journal de Romboudt qui le dit. (A.-J. WAUTERS, *Sept études pour servir à l'histoire de Hans Memling*. Bruxelles, 1894, in-8°.) M. Wauters a tiré des archives locales de très curieuses explications sur ce peintre exquis et sur nombre de ses tableaux. Nous renvoyons ceux qui ne pourraient lire le livre de Wauters à l'excellent article publié sur ce livre par M. André Michel, dans le *Journal des Débats* du 19 février 1894.

(2) Cette découverte est due à M. A.-J. Wauters.

naturalisation; c'est à Bruges qu'elle a vécu sa vie terrestre, c'est à Bruges qu'elle a souffert et qu'elle a aimé, c'est à Bruges que les nobles visions évoquées par elle vivent encore aujourd'hui, c'est de Bruges, enfin, qu'elle est partie pour le voyage dont on ne revient pas. Laissons-la donc planer sur la ville où elle rayonne encore.

Diptyque consacré a Jeanne de France, duchesse de Bourbon.

Chacun des deux volets de ce diptyque est de forme ogivale. Le cadre doré, pris dans le panneau même, la charnière et sa broche, ainsi que les deux anneaux fixés au sommet, sont du même temps que la peinture. Ce précieux petit monument est donc, à la fin de notre dix-neuvième siècle dans la galerie de Monsieur le duc d'Aumale, tel qu'il était au quinzième siècle dans l'oratoire de Jeanne de France.

CVII. — *La Vierge et l'Enfant Jésus apparaissent à Jeanne de France.*

Sur bois. — H. 0^m,340; L. 0^m,225. (Volet de gauche.)

Jeanne de France, quatrième fille du roi Charles VII (1), née vers 1435, fut accordée, à l'âge de onze ou douze ans, avec Louis II de Bourbon (2), par contrat passé au château de Montils-lez-Tours, le 11 mars 1447, d'autres disent le 23 décembre 1446, et mariée six ans plus tard, en 1452 (3). Sur ce diptyque, elle paraît avoir environ trente ans, ce qui nous porterait aux

---

(1) Charles VII eut de Marie d'Anjou, fille de Louis II, roi de Sicile, duc d'Anjou, et de Yolande d'Aragon, sept filles et quatre fils.
(2) Louis II, duc de Bourbon et d'Auvergne, comte de Clermont, etc., connétable de France le 23 octobre 1483, mourut en 1488. (*Histoire des ducs de Bourbon et des comtes de Forez*, par Jean-Marie de la Mure, publiée d'après un manuscrit de 1675, à Paris, chez Potier, en 1868.)
(3) Jeanne de France, duchesse de Bourbon, mourut à Moulins, sans lignée, le 4 mai 1482.

MEMLING (JEAN)

(...? † 1494)

ÉCOLE FLAMANDE

LA VIERGE ET L'ENFANT JÉSUS
APPARAISSENT A JEANNE DE FRANCE

(Diptyque — Volet de gauche)

MEMLING (JEAN)

(...? † 1494)

ÉCOLE FLAMANDE

LA VIERGE ET L'ENFANT JÉSUS
APPARAISSENT A JEANNE DE FRAYSOE

(Diptyque — Volet de gauche)

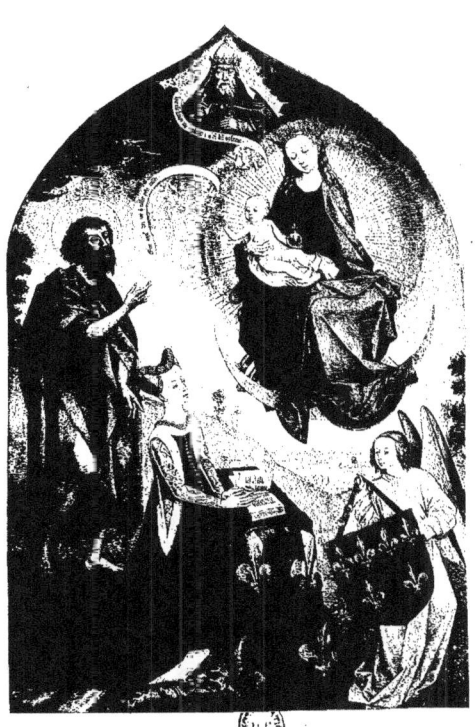

alentours de 1465. Elle est vêtue d'une robe de brocart d'or décolletée et collante sur les bras, par-dessus laquelle est passée une seconde robe à traîne en velours grenat, doublée et bordée d'hermine. A son cou s'enroule un riche collier de pierreries. Dans ses cheveux blonds, relevés en coques de chaque côté du front agrandi par l'épilage, un diadème de joaillerie, presque semblable au collier, suit le mouvement de la coiffure. Ainsi parée, Jeanne de France est agenouillée sur un coussin de velours rouge semé de chardons d'or, emblèmes de la maison de Bourbon, devant un prie-Dieu recouvert d'un tapis de velours aux couleurs et aux armes de France et Bourbon. Sur ce prie-Dieu est placé un livre d'heures, un de ces précieux manuscrits qui sont restés les meilleurs témoins de la peinture française au cours du quinzième siècle, et sur ce livre la duchesse de Bourbon appuie ses mains jointes. Dans cette posture, sa tête, aux traits affinés, se rejette en arrière, et de ses yeux, dont le regard rayonne d'une sainte joie, elle contemple l'apparition divine. Rien de plus délicat et de plus vrai que ce consciencieux portrait, de plus scrupuleusement peint que les moindres détails qui s'y rattachent. Tout prie dans cette figure, les mains aussi bien que les yeux. — Pour en compléter le sens historique, un ange, un de ces beaux anges familiers à Memling, se tient devant la princesse, porteur du double blason : *d'azur à trois fleurs de lys d'or* (France); *de France, à la bande de gueules brochant* (Bourbon). Cet ange, debout, de trois quarts à gauche, vêtu d'une longue robe blanche, coiffé de cheveux blonds séparés en bandeaux au sommet de la tête et frisés au petit fer sur les côtés, respire l'éternelle jeunesse, résume en lui toutes les virginités, répand autour de lui la fraîcheur et le charme. Au réalisme de Bruges, Memling ajoute ici cette pureté que rien ne trouble, cette sentimentalité mystique et cette poésie du rêve qu'il a recueillies auprès des vieux maîtres de Cologne. Une pareille figure suffirait à elle seule pour constituer ce tableau à l'état de chef-d'œuvre.

Le saint Jean-Baptiste, qui se tient de trois quarts à droite derrière Jeanne de France, est moins heureusement inspiré. Il a quelque chose d'indécis dans sa pose, de gauche dans son accoutrement, de mou dans son expression.

Vêtu d'un manteau bleu passé par-dessus la toison légendaire, il présente de sa main gauche la princesse à la Madone, et laisse échapper de sa main droite une banderole qui s'envole en emportant au ciel la parole sacramentelle : *Ecce Agnus Dei, ecce qui tollit peccata mundi.*

Dans le ciel, en effet, apparaît à Jeanne de France l'Agneau de Dieu, l'Enfant Jésus dans les bras de la Vierge. La Madone, enveloppée d'un ample manteau rouge passé par-dessus sa robe bleue, est assise, de trois quarts à gauche, sur un trône en forme d'X, qui a pour fond le soleil et pour marchepied le croissant de la lune. Sa tête, que couronne un diadème d'orfèvrerie constellé d'étoiles, posé sur ses cheveux blonds dénoués et tombant jusque sur ses épaules, est faite de douceur et de chasteté. De ses mains respectueuses, elle porte sur le corporal blanc l'Enfant Jésus, qui tient dans sa main gauche le globe du monde surmonté d'une croix, et qui, de sa main droite, bénit la fille de Charles VII. Cette Vierge et ce *Bambino*, avec quelque chose de primitif, ont en eux quelque chose de divin. Au-dessus d'eux, au plus haut du ciel, Dieu le Père, le παλαιος των ημερων, vêtu d'une dalmatique rouge et coiffé d'une tiare fleurdelisée, émerge des sombres profondeurs de l'éther pour confirmer la bénédiction du Verbe. Une banderole l'entoure, sur laquelle sont écrits ces mots : *Hic est Filius meus, in quo mihi bene complacui.* Le Saint-Esprit, enfin, sous la forme d'une colombe, plane entre Dieu le Père et Dieu le Fils, complétant l'unité divine dans sa Trinité mystérieuse...
A l'horizon terrestre, illuminé de toutes ces belles clartés, on aperçoit une ville, peut-être la ville de Moulins, résidence des ducs de Bourbon.

CVIII. — *Le Calvaire.*

(Volet de droite.)

Les trois gibets sont dressés au sommet du Golgotha. De chaque côté, les deux larrons achèvent de mourir sur leurs croix posées de biais, tandis que, sur une croix plus haute et plantée de face au milieu du tableau, le Fils de

MEMLING (JEAN)
(...? † 1494)

ÉCOLE FLAMANDE

LE CALVAIRE

(Diptyque — Volet de droite)

MEMLINC (JEAN)

(....? † 1494)

ÉCOLE FLAMANDE

LE CALVAIRE

(Diptyque – Volet de droite)

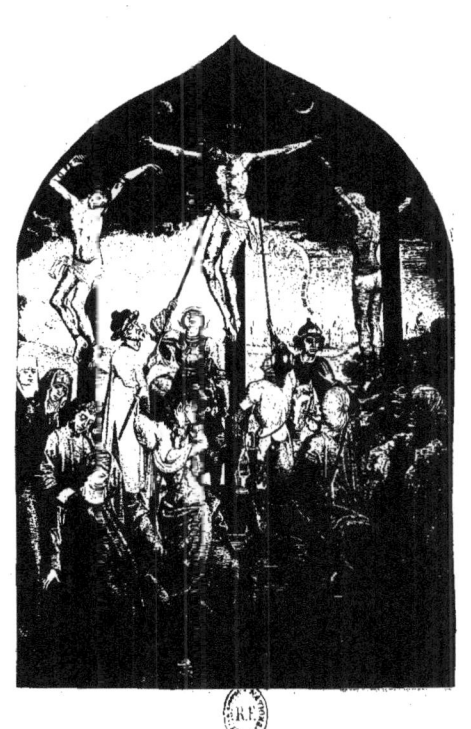

Dieu répand pour le salut du monde le reste de son sang; sa tête se penche sur son épaule droite, et il expire. Du haut du ciel alors les ténèbres descendent sur la terre; le soleil se voile, et la lune se montre à travers les nuées. Un moment encore, et l'horizon qui brille au sein de la lumière, et Jérusalem qui apparaît radieuse, avec son temple, ses palais, ses remparts, seront plongés dans l'obscurité mystérieuse. Au pied de la croix, deux soldats à cheval, armés de cuirasses bourguignonnes, tiennent la lance enfoncée au flanc du Sauveur. Un autre garde porte, au bout d'une longue perche, l'éponge imbibée de vinaigre. Plus loin, le centurion, monté sur un cheval blanc; et plus près, en tirant vers la droite, deux gardes encore, dont les accoutrements relèvent à la fois d'un Orient que le peintre a rêvé, d'une antiquité qu'il n'a peut-être pas même entrevue, et d'un réalisme qui est celui de ses contemporains. Ces cavaliers, habillés à la turque et coiffés de lourds turbans, rappellent que les croisades avaient laissé dans les Flandres quelque chose de vivant encore au quinzième siècle. Les corporations de Bruges avaient pris leur part de ces campagnes glorieuses, et, ayant été à la peine, elles se croyaient à l'honneur en s'affublant de costumes qui évoquaient le souvenir de l'Orient : « Quand la corporation des archers se rendait en corps à une solennité quelconque, réception de prince ou procession, c'est un personnage coiffé du turban, habillé à la mode orientale et qui, dans les archives, est appelé *den Turk*, qui allait en tête, à cheval, immédiatement derrière les trompettes, et tenait l'étendard de la corporation. » C'est ainsi que les peintres de Bruges, qui avaient la continuelle vision de ces travestissements, introduisaient à tout propos des Turcs dans leurs tableaux. Témoin le petit *Calvaire* peint par Memling à l'intention de Jeanne de France. Au milieu de ce monde officiel si bizarrement costumé, se trouve Joseph d'Arimathie, vêtu d'une longue robe blanche et coiffé d'un lourd turban de même couleur. Et au-dessus de toutes ces figures, descend du ciel une banderole avec ces mots : *Vere Filius Dei erat iste*. Du côté opposé, à gauche, voici Marie-Madeleine coiffée aussi d'un lourd turban, et la taille finement prise dans un corsage rouge taillé à la mode flamande du quinzième siècle. Vue de profil, les traits enflammés d'ardeur, la tête et les mains levées vers Jésus, elle est toute âme et tout cœur en présence du divin Crucifié. Derrière elle, la Vierge, enveloppée dans son manteau bleu comme dans un suaire, s'évanouit entre les bras de saint Jean, vêtu de rouge. Plus loin, deux saintes femmes. Et, sur le milieu du premier plan, une tête de mort... Dans toutes les parties de ce tableau, que de science déjà et que d'inexpérience encore ! Quelle naïveté de sentiment ! Quelle sincérité d'expression ! Que d'émotion vraie ! Quelle richesse et quelle résonnance de coloration !

On a tenté de donner ce diptyque à Simon Marmion, né à Valenciennes vers 1425. Les anciens chroniqueurs tenaient ce peintre comme « digne de très grande admiration »; mais il faut les croire sur parole, car on n'a pu établir avec certitude l'authenticité d'aucune de ses œuvres. Les éléments de comparaison faisant défaut, on a beau jeu pour user et pour abuser de son nom. Le nom de Memling, au contraire, peut être ici prononcé avec toute certitude. L'histoire et la chronologie le permettent ; et l'émotion dont on se sent pénétré devant ces deux tableaux est celle-là même que l'on ressent devant les œuvres les plus indiscutables du peintre. Memling était le sujet de Philippe le Bon et l'un de ses peintres de prédilection. Il avait peint le portrait d'Isabelle de Portugal, femme du duc de Bourgogne. Dès lors, rien de plus naturel qu'il ait fait aussi, pour le duc de Bourbon, dont les terres étaient limitrophes de celles de Bourgogne, le portrait de Jeanne de France, nièce de Philippe le Bon et cousine germaine de Charles le Téméraire. Jeanne de France — nous l'avons dit — était née vers 1435. Comme elle a ici une trentaine d'années, la date probable de 1465 nous est donnée pour ce diptyque. Memling, né presque en même temps que Jeanne de France, était alors âgé aussi d'environ trente ans. Depuis plusieurs années déjà il datait ses tableaux, et, du *Portrait* de la *National Gallery* (1462) au polyptyque de la *Passion* à Lubeck (1491), une longue période de vie active et féconde allait s'ouvrir devant lui. C'est de 1477 à 1484 qu'il est dans sa plus grande force. Tous les admirables tableaux de Bruges tiennent entre ces deux dates. Le diptyque peint pour Jeanne de France est antérieur

ÉCOLE FLAMANDE

SECONDE MOITIÉ DU XV° SIÈCLE

LE CARDINAL DE BOURBON

ÉCOLE FLAMANDE

SECONDE MOITIÉ DU XVᵉ SIÈCLE

LE CARDINAL DE BOURBON

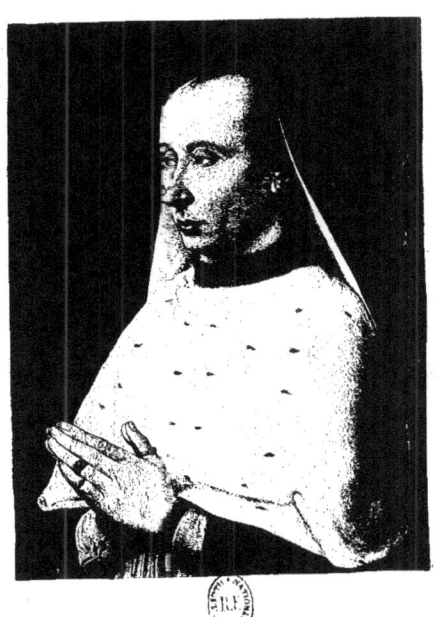

d'une dizaine d'années au moins à cette brillante époque. C'est encore une œuvre de jeunesse, singulièrement forte déjà, surtout singulièrement touchante. Aux prises avec le même sujet, van Eyck, de qui Memling descend par Roger Vander Weyden, eût fait plus large, se fût montré plus savant, plus robuste ; mais il eût mis dans sa peinture moins d'élégance, de pureté, de tendresse et de sensibilité. Ces deux petits tableaux, qui n'en font qu'un, sont de ceux qui ne vieillissent point. Ils ont quatre cent vingt-huit ans d'âge et semblent jeunes encore, parce qu'ils reflètent quelque chose d'éternel, l'émotion dans la vérité.

Ce diptyque a été acheté par Monsieur le duc d'Aumale en 1885. Il était en Angleterre dans la collection du Révérend John Fuller Russel depuis 1854 sous le nom de Memling. M. A.-J. Wauters, qui, nous l'avons dit, a fait de Memling une étude approfondie, confirme cette attribution.

ÉCOLE FLAMANDE

(Seconde partie du quinzième siècle.)

CIX. — *Portrait du cardinal de Bourbon.*

Sur bois. — H. 0^m,33 ; L. 0^m,25.

La maison de Bourbon, la plus ancienne et la plus illustre maison de l'Europe, nous apparaît pour la première fois au musée de Condé dans la personne de Charles, deuxième du nom, cardinal du Saint-Siège, né en 1434, troisième fils des onze enfants de Charles Ier, duc de Bourbon et d'Auvergne, comte de Clermont, etc., et d'Agnès de Bourgogne, fille puînée de Jean Sans peur et de Marguerite de Bavière. Nature fine et excellemment douée, homme d'Église remarquable et homme de plaisir à l'occasion, politique habile, négociateur heureux, érudit, passionné pour les arts, il a laissé sa trace dans toutes les directions de la vie où le conduisit la fortune (1). Chantre et chanoine de l'église de Lyon, administrateur de l'évêché de Clermont, prieur de la Charité-sur-Loire, abbé de Fleury et de Saint-Vast d'Arras, il fut nommé archevêque de Lyon en 1446, à l'âge de douze ans, et fit tenir en 1449 un concile où Nicolas V, qui venait d'obtenir l'abdication de l'antipape Félix V, fut acclamé comme vainqueur du grand schisme. Louis XI, après avoir choisi, en 1470, Charles de Bourbon pour parrain de son fils (Charles VIII), et l'avoir employé comme négociateur des traités avec Charles, duc de Bourgogne, et François II, duc de Bretagne, demanda pour lui à Sixte IV le chapeau de cardinal et ne l'obtint que le 18 décembre 1476. Le cardinal Charles de Bourbon prit le nom de Charles II et le titre de duc de Bourbon à la mort de Jean II, son frère aîné, mort sans enfants légitimes le 1ᵉʳ avril 1488. Il mourut à Lyon le 13 septembre 1488, à l'âge de cinquante-quatre ans, et fut enterré dans l'église de Saint-Jean, en la chapelle qu'il s'y était fait bâtir. C'est l'homme d'Église que montre l'intéressant portrait de la galerie de Chantilly, l'homme d'Église en action, dévot, fervent, pour ainsi dire dans son tête-à-tête avec Dieu.

Le cardinal Charles de Bourbon est en buste et de trois quarts à gauche. Il prie, et sa physionomie est intelligente autant que recueillie. Son visage est complètement rasé, ses joues ont une certaine maigreur, et ses traits sont fatigués déjà, quoiqu'il n'y ait en lui rien de vieux encore. Les cheveux bruns se font rares sur les tempes et au sommet du front. Les yeux sont beaux, bien ouverts sur les idées comme sur les choses, et la bouche est en parfait accord avec les yeux. Les mains sont jointes et dévotement élevées à la hauteur de la poitrine, la gauche sur la droite, avec des bagues à la deuxième phalange du pouce, de l'annulaire et du petit doigt. Le cardinal était raffiné dans ses goûts, recherché dans sa mise. Il porte une robe rouge garnie de martre zibeline aux manches et au cou, un rochet de mous-

---

(1) Ce qui reste de sa bibliothèque témoigne en faveur de son goût.

seline blanche transparente passé par-dessus la robe, un manteau rouge jeté par-dessus le surplis, et une aumusse d'hermine doublée de rouge ramenée sur la tête en forme de capuchon. Pour fond : à gauche, l'intérieur d'une église gothique, peut-être la propre chapelle de Charles de Bourbon dans l'église Saint-Jean; à droite, une tapisserie brodée de fleurs de lis blanches et de barrettes rouges sans doute une de ces hautes lisses où figuraient les emblèmes et les armoiries de la maison de Bourbon, tout spécialement appropriées à l'usage de l'opulent cardinal, la fameuse *Dame à la Licorne* (1), par exemple, ou les *Armes* tirées de la cathédrale de Lyon (2). De pareilles décorations suffisent pour témoigner en faveur de notre art français du quinzième siècle et pour honorer les Mécènes qui en étaient les promoteurs. Le cardinal Charles de Bourbon se trouvait au premier rang parmi eux. Il n'était d'ailleurs, au point de vue des mœurs, ni meilleur ni pire que la plupart des cardinaux de son temps. Sous Sixte IV, les membres du Sacré Collège, quels que fussent leurs débordements, étaient sûrs de rester au-dessous du Pape. Charles de Bourbon laissa une fille naturelle, du nom d'Isabelle, qui épousa Gilbert de Chantelot, seigneur de la Chaise, et mourut en 1497.

Le cardinal de Bourbon, peu sévère pour lui-même, était plein d'indulgence aussi pour les autres. Philippe de Commines raconte qu'après l'entrevue de Pecquigny, qui eut lieu entre le roi Louis XI et Édouard IV, roi d'Angleterre, à l'effet de confirmer le traité intervenu entre les deux couronnes, « le roi de France ayant invité le roi d'Angleterre à venir à Paris afin de s'y divertir avec les dames, lui proposa en même temps le cardinal pour confesseur, comme celui qui l'absoudroit très volontiers de son péché; ce que le

---

(1) Dans un parterre de fleurs, une princesse est assise tenant une licorne appuyée sur ses genoux, avec cette devise : *Venena pello* et le mot *Espérance* répété sur les huit banderoles qui flottent à l'entour.

(2) « Sous un pavillon comblé du chapeau de cardinal, les deux costez du pavillon soutenus par deux bras qui tiennent des épées flamboyantes et qui ont des manipules, les armoiries sont portées par un lion, avec la croix d'archevêque derrière l'escu. Sans couronne. Le pavillon semé de chiffres de son nom, sur bandes alternées blanc, bleu et rouge. » (P. MENESTRIER, *Origine des ornements des armoiries*, p. 20.)

roi d'Angleterre prit à grand plaisir, scachant bien que le cardinal étoit bon compagnon... (1) ». Mais, sur le cardinal de Bourbon, le portrait de Chantilly ne dit rien que d'édifiant. Le mondain et le politique y disparaissent sous l'homme d'Église. A peine, en examinant le fond du tableau, soupçonne-t-on quelque chose de la somptuosité de ce seigneur.

Ce portrait, qui provient de la collection Fillon, fut acheté par Monsieur le duc d'Aumale en 1881. Il appartient encore au bon temps de l'art flamand du quinzième siècle. La probité de la peinture, son accent de vérité, ce qu'elle a de serré dans le dessin, de franchise et de clarté dans les tons, tout démontre sa haute origine. Elle est plus voisine du mysticisme de Memling que de la vigueur de Roger Vander Weyden et d'Ugo van der Goës. On peut lui prêter bien des noms, il est difficile de lui en donner un avec certitude. On en voit, au musée de Stuttgard, une reproduction attribuée à l'école de van Eyck.

ÉCOLE ALLEMANDE

(Fin du quinzième siècle.)

CX. — *Portrait de Philippe de Clèves.*

H. 0m,33; L. 0m,23.

Ce portrait, peint avec des couleurs à l'eau sur un fond perdu d'un bleu clair, est en buste et de trois quarts à gauche. La tête est coiffée d'une sorte de tricorne noir enfoncé sur le front et le cachant presque tout entier. Les joues sont maigres et osseuses, les pommettes saillantes; une apparence de barbe se voit seulement au bas du visage; les yeux ont une belle clarté; le

---

(1) *Mémoires de Commines*, liv. IV, ch. x.

nez est tombant et lourd du bout, la bouche assez grande; de longs cheveux bruns et ondulants couvrent les oreilles et descendent jusque sur le cou largement découvert. Pour vêtement : une robe rouge, ouverte par le haut et laissant paraître la chemise finement plissée; par-dessus cette robe, un manteau noir garni de parements de fourrure, retenu sur la robe, à la hauteur de la poitrine et des bras, au moyen de pattes en étoffe noire, fixées par des agrafes d'or. Une longue chaîne d'or rehausse ce costume, sévère de forme et sobre de couleurs. La main droite, posée sur la barre d'appui qui coupe la figure, tient une feuille de papier entre le pouce et l'index; la main gauche disparaît presque derrière cette barre d'appui, sur le soubassement de laquelle on lit en lettres d'or :

PHILIPES . DE . CLEVES . Sʳ . DE . RAVESTEIN.

La franchise et la simplicité d'expression de cette peinture disposent en faveur du personnage représenté, qui mourut jeune et qui semble être ici aux environs de sa trentième année. Philippe de Clèves, seigneur de Ravestein, mort sans postérité le 30 mai 1505, à l'âge de trente-six ans, était fils puîné d'Adolphe V, duc de Clèves, et petit-fils d'Adolphe IV, comte de la Marck, qui avait été créé duc de Clèves par l'empereur Sigismond au concile de Constance en 1417. Par sa mère, Philippe de Clèves était petit-fils de Jean Sans peur, deuxième duc de Bourgogne, dont Adolphe IV avait épousé la fille, Marie de Bourgogne, en 1406. En remontant jusqu'au commencement du huitième siècle, il pouvait compter parmi ses ancêtres ce mystérieux chevalier du Cygne, qui hanta l'esprit romantique du moyen âge et dont la poésie lyrique allemande vit encore aujourd'hui.

Ce portrait était attribué à Holbein par Lenoir, dans la collection duquel il se trouvait; mais Lenoir ne songeait pas que Holbein, né en 1497, n'avait que huit ans en 1505, quand mourut Philippe de Clèves. Ce qui avait sans doute porté Lenoir vers cette attribution, c'est l'accent tudesque assez vivement prononcé dans cette peinture.

ÉCOLE FLAMANDE

(Fin du quinzième siècle ou commencement du seizième.)

CXI. — *La Vierge de la Miséricorde.*

Sur toile. — H. 0ᵐ,66; L. 1ᵐ,87.

La Vierge, vêtue d'une robe de brocart d'or, est debout et de face au milieu du tableau. Un ample manteau noir, doublé de blanc, tombe du sommet de sa tête sur ses bras étendus, et de ses deux mains elle en fait un abri, sous lequel sont agenouillés le Pape, l'Empereur, un roi, une reine, un cardinal, un évêque, un moine, et, derrière eux, une foule de personnes de moindre importance. De chaque côté de cette Vierge et de ceux qui se sont réfugiés sous sa protection, un donateur et une donatrice se tiennent agenouillés devant de grands livres d'heures posés sur des prie-Dieu. Ce sont de vivants portraits. Grâce aux armoiries peintes sur les prie-Dieu, peut-être un jour saura-t-on les noms de ces personnages. Le donateur est patronné auprès de la Vierge par saint Jean-Baptiste, et la donatrice lui est présentée par saint Jean l'Évangéliste. Le Précurseur soutient de sa main gauche un agneau couché sur un livre, d'où pend une banderole sur laquelle on lit : *Ecce Agnus Dei.* L'apôtre bien-aimé tient un calice d'où s'échappe un serpent. Ces deux figures sont démesurément longues, et l'on peut en dire autant de celle de la Vierge... Cette scène mystique, peinte sur fond d'or, est d'une excellente tenue religieuse. Il n'y a rien à reprendre au maintien, au geste, au sentiment intime de chacun des personnages, quoique aucun d'eux ne soit animé d'une émotion vive.

Cette peinture est flamande, avec des influences bourguignonnes. Les costumes des deux donateurs ne peuvent laisser de doute à cet égard, témoin le bonnet haut monté de la donatrice, qui rappelle la coiffe des religieuses de l'Hôtel-Dieu de Beaune et nous reporte ainsi jusque vers le milieu du quinzième siècle. Cependant, on ne peut se défendre d'une certaine hésitation. L'Italie, l'Italie du Nord surtout, a laissé dans notre mémoire quelque chose de semblable. N'oublions pas que, pour les peintres primitifs de la Flandre, l'inspiration nationale passa avec la rapidité des beaux jours, que le mysticisme sentimental de l'école de Bruges disparut en même temps que s'effondra la splendeur de l'ancienne capitale des ducs de Bourgogne, et que la peinture flamande, qui avait conquis l'Allemagne, l'Espagne, le Portugal, la France et jusqu'à un certain point l'Italie, fut conquise à son tour. Dès la fin du quinzième siècle, surtout dès le commencement du seizième, les peintres flamands se firent les copistes des peintres italiens. La *Vierge de la Miséricorde* nous semble en être la preuve. Dans ce tableau, les descendants de van Eyck en sont encore à s'inspirer des *quattrocentisti*. Ils allaient être bientôt les tributaires de Raphaël et de Michel-Ange, pour se faire ensuite les plagiaires des imitateurs dégénérés de ces incomparables maîtres. Et les choses devaient marcher ainsi jusqu'au jour où surgirait, dans la personne de Rubens, le fondateur d'une nouvelle école flamande.

HOLBEIN (HANS) LE JEUNE

(1478 † 1543. — École allemande.)

Hans (Jean) Holbein le Jeune naquit à Augsbourg en 1498, d'après Woltmann en 1497. Il fut l'élève de son père, Hans Holbein le Vieux, qui lui transmit cette faculté maîtresse du portrait, généralement inséparable du vrai bon sens. A dix-huit ans, il vint s'établir à Bâle, où il resta dix ans, de 1516 à 1526, illustrant des livres pour l'imprimeur Fröben, qui était à Bâle ce que les Alde étaient à Venise. Pour montrer l'importance de ses inventions pittoresques, il suffit de rappeler l'*Alphabet des paysans* et l'*Alphabet des morts*. Membre de la confrérie des peintres de Bâle en 1519, il obtint le droit de bourgeoisie dans cette ville en 1520. Érasme, qui vint se fixer à Bâle en 1521, lui donna dès lors toute son amitié. Le comte d'Arundel, s'étant arrêté à Bâle à son retour d'Italie en 1525, proposa à Holbein de l'emmener en Angleterre. Holbein accepta, sur le conseil d'Érasme, qui le recommanda chaudement à Thomas Morus. Il partit de Bâle à la fin d'avril 1526, après avoir peint, pour le bourgmestre Jacques Meyer, la fameuse *Madone* dont les musées de Darmstadt et de Dresde se disputent l'original. Arrivé en Angleterre, il descendit chez Thomas Morus, à Chelsea. En 1528, il fut présenté à Henri VIII, qui s'empara de lui et le logea à Whitehall. C'est alors que commence cette admirable suite de portraits, crayonnés et peints, qui fournit à l'histoire d'Angleterre de si précieux documents. Le Roi, les reines, les ministres, les plus hauts personnages et les plus grandes dames du royaume, les riches marchands de la Cité et jusqu'aux membres de la corporation des barbiers de Londres, vinrent poser devant lui. Sauf de courtes absences sur le continent en 1529, en 1538 et peut-être en 1539, Holbein séjourna en Angleterre, où il mourut de la peste en 1543. Malgré l'éclat et la renommée de quelques-unes de ses peintures religieuses, et malgré la fécondité de son imagination comme dessinateur, Holbein reste avant tout un peintre de portraits. Comme tel, il est au premier rang.

CXII. — *Portrait de Jean Bugenhagen.* (Attribué à Holbein.)

H. 0^m,37; L. 0^m,24.

Le personnage représenté dans ce portrait a atteint et même dépassé la cinquantaine. Il est à mi-corps et de trois quarts à gauche. Sa coiffure et son vêtement sont ceux d'un ministre du culte réformé. Il porte le bonnet de docteur, une robe noire tout unie, laissant paraître à peine un peu de linge blanc à la hauteur du cou, ainsi qu'au bout des manches, et, par-dessus cette robe, un manteau de moire noire garni d'un large collet. Ses mains, qui tiennent un mouchoir blanc, sont croisées horizontalement, les doigts enchevêtrés les uns dans les autres. Du milieu de tout ce noir se dégage la tête, haute en couleurs et sans rien de lugubre. Les yeux bleus éclairent le visage ; par un défaut de nature, sans doute, le droit est sensiblement plus haut que le gauche. Le nez, qui a été fort retouché, est d'un dessin un peu lourd, et la bouche exprime une certaine bonté. Les joues sont pleines, mais de chairs molles et flasques, fatiguées et déjà pendantes. Une barbe rare, courte et presque rousse, se montre à peine au bas du visage, et les cheveux, dans les quelques mèches qu'on en voit dépassant le bonnet, sont châtains. Sur le fond perdu noir, on lit, à gauche : CALVINUS ETATIS, 44 ; et à droite : 1538. Cette inscription, sauf la date, est fausse. Calvin, né en 1509, avait vingt-neuf ans et non quarante-quatre en 1538. Il est trop connu, d'ailleurs, avec sa tête en lame de couteau, sa face maigre et patibulaire, sa barbe de bouc et sa physionomie sinistre, pour qu'on puisse retrouver rien de lui dans cette peinture. On sait, d'ailleurs, le nom du personnage ici représenté. C'est Jean Bugenhagen, né à Wollin en 1485, mort en 1558. Bugenhagen avait adopté les idées de Luther, et fondé les Églises réformées de la Poméranie, d'où son surnom de *Pomeranus*. Il prit part à la Confession d'Augsbourg, formula la constitution ecclésiastique du Danemark en 1542, aida Luther dans sa traduction de la Bible, prononça l'oraison funèbre du Réformateur, et rédigea, avec Mélanchthon, l'*Interim* de Leipzig. Un portrait de lui, conforme à celui-ci, se trouve au musée de Versailles, et plusieurs gravures du seizième siècle confirment ces portraits.

Le portrait de Jean Bugenhagen est venu à Chantilly après avoir passé par la collection Lenoir, où il était attribué à Holbein. C'était peut-être beaucoup oser. Cependant, si la présence réelle du maître ne s'y fait pas irrésistiblement sentir, son influence directe et son voisinage immédiat y sont tout au moins manifestes... Holbein ayant fait un voyage sur le continent en 1538 et une courte apparition en 1539, pour y dessiner le portrait d'Anne de Clèves, a pu voir Jean Bugenhagen, soit à la cour du duc de Clèves, soit ailleurs, et faire alors son portrait. En 1538, Jean Bugenhagen avait cinquante-trois ans. C'est bien l'âge, en effet, qu'il paraît avoir sur ce portrait, et c'est l'âge aussi que donnerait cette date de 1538, écrite sur le portrait même. A cette date, on aurait ultérieurement ajouté, bien à tort : *Calvinus etatis, 44*.

BRUYN (BARTHOLOMEUS DE)

(... † 15... — École allemande.)

Quoique Bartholomeus de Bruyn se tienne presque au premier rang de l'école de Cologne dans la première moitié du seizième siècle, naguère encore on ne connaissait rien de sa vie, et les quelques renseignements maintenant recueillis sur lui sont obscurs et contradictoires. Ses œuvres, cependant, ont été soigneusement étudiées par M. Merlo (*Kunst und Künstler in Köln*), et de cette étude on a tiré par induction une sorte de biographie. Il est avéré maintenant qu'en 1529, Barthélemy de Bruyn, né à Cologne on ne sait quand, jouissait de la réputation d'un vrai maître. C'est alors, en effet, que la riche abbaye de Xanten, voulant décorer de peintures le principal autel de son église, s'adressa au « noble maître Bartholomeus de Bruyn, peintre et bourgeois de Cologne ». Presque tous les tableaux de Bartholomeus de Bruyn sont en Allemagne : à Cologne, à Berlin, à Munich, à Francfort. Ses portraits sont ses meilleurs titres, et il en a laissé quantité d'après des personnages illustres. Deux d'entre eux se trouvent au musée de Bruxelles, deux autres sont dans la galerie de l'Ermitage à Saint-Pétersbourg. Ce sont ces derniers surtout qui, par analogie, nous ont conduit à mettre son nom au bas du *Portrait de Catherine de Bore*. En 1525, date probable de ce portrait, Barthélemy de Bruyn était parfaitement en passe de peindre un semblable portrait.

CXIII. — *Portrait de Catherine de Bore.*

Sur bois. — H. 0ᵐ,34; L. 0ᵐ,23.

Ce portrait, sur fond vert, est en buste, de trois quarts à gauche, presque de face, et la femme qu'il représente est en plein épanouissement de jeunesse. Elle porte dans sa main gauche un emblème religieux avec le monogramme du Christ I. H. S., et tient de sa main droite un anneau nuptial, qu'elle montre avec ostentation. Si c'était pour nous dire qu'elle est l'épouse du Christ, elle y mettrait moins de coquetterie. Si c'est, au contraire, pour nous faire comprendre qu'ayant appartenu d'abord au Christ, elle a contracté ensuite un mariage qui n'a rien de mystique, en elle alors tout s'explique. Rien d'austère, en effet, dans son habillement, ni de recueilli dans sa physionomie. Une coiffe de mousseline blanche transparente, brodée et garnie d'une fine dentelle, enveloppe ses cheveux châtains, arrangés en bandeaux; sur cette coiffe, un large bonnet de tulle empesé et brodé se dresse comme une tente au-dessus de la tête, retombe en larges pans de chaque côté des joues, et s'arrange par derrière en forme de traîne. Sous cette pittoresque coiffure, le visage, plaisant et haut en couleur, présente de fort agréables traits : un front élevé, mais étroit, déprimé même du côté des tempes; de beaux yeux, au regard curieux et provocant, nullement ouverts sur l'âme, mais très éveillés sur les choses du dehors, le droit notablement remontant; un petit nez fureteur, aux narines sensuelles; une bouche rieuse, avec des fossettes au coin des lèvres, ainsi qu'au menton; des joues fraîches, saines, exubérantes de vie, hâlées par le grand air, et sur lesquelles la dévotion n'a pas laissé sa marque. Pour costume, une robe gros vert, bordée de noir et largement ouverte sur la poitrine, avec une guimpe blanche transparente, terminée par une collerette ruchée garnie de dentelle; de larges manches semblables à la robe, des manches de dessous tirant sur le grenat, et, sous ces secondes manches, les manches de la chemise débordant jusque sur les mains, de mignonnes petites mains potelées, trop petites même relativement à la tête.

« Catherine de Bore, par Holbein », tel est le titre sous lequel ce portrait a passé de la collection Lenoir dans celle de Monsieur le duc d'Aumale. De cette double affirmation, la première seule est admissible. Tout s'explique, en effet, dans cette peinture, si l'on y voit la jeune femme qui, avec huit de ses compagnes et à l'instigation de Léonard Coppe, conseiller de la ville de Torga, jeta par-dessus les moulins le voile qui l'enveloppait dans le monastère de Nimptschen. Cela s'était passé en 1523. Née en 1499, Catherine de Bore avait alors vingt-quatre ans. Elle fut menée à Wittenberg, où, selon Seckendorf, elle vécut « avec toute sorte de liberté » parmi les étudiants de l'Académie, « leur accordant des baisers à profusion ». En 1525, Luther, qui avait fait déjà son apologie, la vit, la trouva à son gré et l'épousa. Le Père Maimbourg, dans son *Histoire du luthéranisme*, dit qu'elle était « fort belle »; mais ce témoignage est suspect. Celui d'Érasme l'est moins. Érasme était contemporain de Catherine de Bore, peut-être l'avait-il vue, et il loue aussi sa beauté : « *Lutherus duxit uxorem, puellam mire venustam, ex clará familiá Bornæ, sed ut narrant indotatam, quæ ante annos complures Vestalis esse desiderat* (1). » D'autres, tels que Seckendorf, ont taxé d'exagération ce renom de beauté. Il est probable, en effet, que Catherine de Bore n'était pas d'une grande beauté, qu'elle était simplement agréable, telle, en un mot, que la montre le portrait de la galerie de Chantilly. Ce portrait aurait été peint en 1525, au moment du mariage avec Luther. Catherine de Bore n'était alors âgée que de vingt-six ans. Ce qu'elle pouvait avoir de beauté battait son plein, ou plutôt elle avait encore quelque chose de la beauté du diable. A la bien regarder, cependant, on voit déjà que cette fleur de jeunesse une fois tombée, le charme s'envolera, et que d'étranges disgrâces ne seront pas loin d'ad-

(1) ÉRASME, *Epist. XL*, liv. XVIII.

venir. C'est ce que prouve, au musée des Offices, le portrait de Catherine de Bore par Lucas Cranach. Entre ce dernier portrait et celui de la galerie de Chantilly, vingt ans ont passé peut-être. Les rigueurs de la vie, les épreuves de la maternité, ont pesé sur cette femme et produit en elle d'irréparables outrages. En 1525, Catherine de Bore était soigneuse de sa personne, désireuse de plaire, recherchée dans sa mise. En 1545, elle est peu soucieuse d'elle-même et plus vieille que son âge. L'orgueil dont elle était possédée l'a pour ainsi dire enlaidie. L'histoire la représente alors impérieuse et hautaine, plus qu'économe dans son intérieur, et presque fastueuse au dehors. Lucas Cranach, qui était l'inséparable ami de Luther et sans doute aussi de Catherine de Bore, l'a peinte alors avec quelque chose de sec et de négligé, pire que cela, de voulu dans sa négligence. Réaliste à outrance, il a souligné les points faibles et exagéré ce que la nature avait de défectueux. La tête, tout en conservant sa forme ronde, a subi des déformations fâcheuses : les joues, de pleines qu'elles étaient jadis, se sont creusées par le bas, et les pommettes sont devenues saillantes à l'excès ; les yeux ont perdu leur éclat, le regard s'est attristé, comme durci ; l'œil droit, qui remontait déjà vers le front en 1525, est bien autrement remontant encore en 1545 ; les dépressions latérales du front, indiquées jadis, se sont déplorablement accentuées, et la coiffure n'est pas arrangée en vue de les dissimuler, au contraire ; les cheveux, relevés, sont jetés comme avec dédain dans un filet vulgaire ; le nez s'est épaté ; les lèvres se sont épaissies, la bouche est devenue maussade. Catherine de Bore, gentille et avenante dans sa jeunesse, n'a pour ainsi dire plus ni âge ni sexe dans sa maturité précoce. Les discordances entre ces deux portraits sont telles, qu'on se refuserait à reconnaître le même modèle, si certains signes particuliers et permanents ne se retrouvaient dans l'un aussi bien que dans l'autre (1).

(1) Catherine de Bore mourut en 1552 six ans après Luther. Tous les portraits gravés de Catherine de Bore au seizième siècle reproduisent à peu près le portrait de Lucas Cranach. Ce n'est qu'au dix-septième et surtout au dix-huitième que les graveurs reproduisent des portraits dont la jeunesse et la coiffure rappellent le portrait appartenant à Monsieur le duc d'Aumale.

Quant au nom de Holbein, c'est à tort qu'on l'a mis au bas de ce portrait. Holbein, qui ne quitta Bâle qu'en 1526, aurait pu le peindre, cependant, en 1525. Le bruit qui s'était fait, dès 1523, autour des échappées du couvent de Nimptschen, l'admiration que Catherine de Bore provoquait chez les uns et le dénigrement qu'elle excitait chez les autres par son mariage avec Luther en 1525, étaient assurément de nature à éveiller la curiosité d'un tel maître; mais on ne retrouve aucune de ses qualités spécifiques dans cette peinture. On y remarque, au contraire, certains traits de ressemblance avec les peintures de Barthélemy de Bruyn. Entre autres portraits de ce maître, rappelons-nous les *Portraits d'une dame et de sa fille* à la galerie de l'Ermitage. N'est-ce pas la même rigueur un peu sèche de dessin, les mêmes tonalités fortes et un peu dures, surtout la même coloration d'un rouge briqueté dans les chairs? Nous inscrirons donc ici le nom de Barthélemy de Bruyn de préférence à celui de Holbein.

ALDEGRAEVER (HENRI)

(1502-1562. — École allemande.)

Henri Aldegraever, Aldegraef ou Aldegrever, naquit en 1502 à Soest, en Westphalie. Il fut élève d'Albert Dürer, et, plus qu'aucun autre peut-être, s'approcha du maître. Après s'être livré à la peinture d'histoire et à celle de portraits, il se donna presque tout entier à la gravure et fit bien, car ses estampes valent mieux que ses tableaux. Vers la fin de sa carrière, il travailla surtout pour les orfèvres. La vie, d'ailleurs, ne lui fut pas clémente. Il mourut pauvre dans sa ville natale, en 1562, à l'âge de soixante ans. C'était un artiste d'imagination. Les tableaux qu'on voit de lui dans les musées de Vienne, de Berlin, de Munich, de Madrid et de Rotterdam en sont la preuve;

ils témoignent d'un sincère amour de la vérité naturelle, mais ils sont souvent d'un assez mauvais goût.

CXIV. — *Portrait d'Aldegraever, par lui-même.*

<small>Sur bois. — H. 0^m,25 ; L. 0^m,20.</small>

Ce portrait est en buste et de trois quarts à gauche. Sur la tête, un béret noir posé de biais et incliné sur le côté droit. Pour vêtement, une sorte de froc brun, laissant à peine entrevoir une robe rouge, que dépasse une chemise blanche plissée et bordée de rouge à la hauteur du cou. Les yeux, tournés vers la droite, en sens inverse du mouvement de la tête, sont beaux, mais d'une gravité étrange, presque sinistre ; le nez, grand et busqué, est tombant ; la bouche, sous la moustache qui la surmonte, est grande également et d'un sentiment mélancolique. Les cheveux, coupés court, sont roux ; et rousse aussi est la barbe, qui couvre tout le bas du visage et se déploie en carré sous le menton, ainsi qu'au bas des joues... Comme fond, une niche quasi noire, taillée dans un mur du même ton.

On a là plutôt une indication qu'une œuvre définitivement écrite, quelque chose de sommairement peint et qui n'est guère qu'une esquisse. Ce portrait rappelle la belle estampe où le peintre-graveur s'est représenté lui-même, et au bas de laquelle il a écrit : ANNO M. D. XXXVII. IMAGO HENRICI ALDEGREVERS AB IPSO AVTORE AD. VIVAM EFFIGIEM DELINEA^T. ANNO ETATI SVE XXXV. Aldegraever paraît avoir, dans cette peinture, le même âge que sur la gravure, qui est d'ailleurs très supérieure au tableau.

Provient de la collection Lenoir. On trouve, au dos du panneau, un large cachet rouge et le nom presque effacé de *Jean de Mabuse*.

POURBUS (PIERRE)

(1510 † 1583.—École flamande.)

Les Pourbus forment une dynastie qui va de 1510 à 1622 : Pierre Pourbus (1510?-1583); François Pourbus l'Ancien, fils de Pierre (1545-1581); François Pourbus le Jeune, fils de François Pourbus l'Ancien (1569-1622). Louis XII aurait pu assister à la naissance du premier, Louis XIII aurait pu voir la mort du dernier.

Pierre Pourbus était d'origine hollandaise. On croit qu'il naquit à Gouda vers 1510; mais Bruges fut sa ville d'adoption; il s'y fixa, y tint le premier rang parmi les artistes de son temps, et y produisit la plus grande partie de ses œuvres. Il y est inscrit en 1540 parmi les membres du Vieux Serment des arbalétriers de Saint-Georges; on l'y retrouve comme franc-maître à Saint-Luc, en 1543, et, pour le connaître, c'est à Bruges encore qu'il faut aller, à Notre-Dame, à Saint-Sauveur, à Saint-Jacques, à l'Académie. Il avait épousé la fille de Lancelot Blondel, peintre, sculpteur, architecte, ingénieur, graveur sur bois, dessinateur pour les verriers et les tapissiers, et, comme son beau-père, il toucha à tout avec succès. Son intelligence était universelle, et sa main savante se pliait à tous les métiers. Carel Van Mander dit que son atelier était le plus beau qu'il eût vu. En 1562, quand les échevins du Franc voulurent avoir la carte pittoresque de Bruges et de ses environs, ils s'adressèrent à Pierre Pourbus. C'est principalement comme portraitiste qu'il tient sa place dans l'histoire de l'art. Van Mander parle du portrait du duc d'Alençon, que Pierre Pourbus avait fait à Anvers, comme du plus beau portrait de son temps. Nous ne savons pas où est cette peinture. Mais les deux portraits datés de 1551, un portrait d'homme et un portrait de femme, que l'on voit à l'Académie de Bruges, suffiraient à eux seuls pour assurer la renommée du peintre. Le portrait du maréchal d'Aumont, de la galerie de Chantilly, ne serait pas de nature à la compromettre.

CXV. — *Portrait du duc d'Aumont.*

Sur bois. — H. 0^m,30; L 0^m,24.

Jean, duc d'Aumont, d'une des plus anciennes maisons de France, naquit en 1522, fit ses premières armes en Italie sous le maréchal de Brissac, et resta, sa vie durant, fidèle à la royauté, ne marchandant jamais sa vie pour elle, ni contre les huguenots, ni contre les ligueurs. Blessé à la bataille de Saint-Quentin (1557), il prit une part brillante à la prise de Calais, aux batailles de Dreux, de Saint-Denis et de Moncontour, au siège de la Rochelle, etc., et fut fait maréchal de France en 1579. A la mort de Henri III, il n'hésita pas à reconnaître Henri IV et à le servir comme il avait servi les cinq rois qui avaient précédé. Nommé gouverneur de Champagne, il combattit à Arques en 1589, et prit une telle part à la bataille d'Ivry en 1590, que, le soir de cette journée, Henri IV lui dit, en l'invitant à souper : « Il est juste que vous soyez du festin après m'avoir si bien servi à mes noces. » En Bretagne ensuite, dont le gouvernement lui fut donné, le maréchal d'Aumont tint tête au duc de Mercœur, et rendit au Roi une partie du pays que les ligueurs lui avaient pris. Blessé enfin au siège de Camper, il mourut des suites de cette blessure, à l'âge de soixante-treize ans, le 19 août 1595... Le duc d'Aumont avait été la droiture même dans un temps d'universelle dissimulation. Il avait conseillé à Henri III de faire publiquement trancher la tête au duc de Guise, mais il s'était refusé de prendre part à un assassinat. Marié d'abord à Antoinette Chabot, de qui descendent les derniers ducs d'Aumont, il avait épousé en secondes noces une fille de Florimond Robertet, veuve de Jacques Babou de la Bourdeisière et mère de cinq filles. Une d'elles, mariée à Antoine d'Estrées, marquis de Cœuvres, eut pour fils Annibal d'Estrées, maréchal de France, et pour fille Gabrielle d'Estrées, tant aimée du roi Henri et si digne d'un tel amour... Voilà une grande figure pour un aussi petit portrait; mais l'esprit souffle où il veut et fait grandes au besoin les plus petites choses.

Le duc d'Aumont, dans ce portrait, peut avoir environ soixante-dix ans; il touche au terme de sa carrière. Bien campé sur une selle à la française, munie d'un haut troussequin et garnie en velours cramoisi, de la main gauche il ramasse son cheval, et de la main droite il tient son bâton de maréchal. Dans ce vieillard, plein de vigueur encore, on reconnaît le compagnon de Henri IV, le héros d'Arques et d'Ivry, aussi vaillant aux approches de la mort que dans le plein de sa vie. Ses forces, trempées dans cinquante ans de combats, ont été de celles qui ne faiblissent pas. Sans rien perdre de sa longue taille, il se tient toujours fier sur le cheval de bataille qui semble fier aussi de le porter. Son corps paraît d'acier dans son armure de fer, et sur cette armure entièrement noire tranche seul, avec le cordon du Saint-Esprit, un simple col de linge blanc rabattu sur le hausse-col. La tête, de trois quarts à gauche, est nue; des cheveux blancs la couronnent; la barbe, blanche aussi et taillée en pointe, allonge la face déjà longue; les joues sont maigres, sans rien de décharné; le front est haut; les yeux, au regard loyal, sont beaux encore; le nez est tombant sur la bouche, dont les lèvres aux plis sévères sont serrées et comme inflexibles. Voilà bien le soldat royaliste des guerres de religion, que les mémoires de Nevers et de l'Estoile, ainsi que d'Aubigné dans la *Confession de Sancy*, représentent comme un Franc-Gaulois, un preux de l'ancienne roche. Son cheval est un de ces robustes flamands créés exprès pour la guerre. Portant sa tête avec noblesse, il ne fait qu'un avec son cavalier, et d'un pas relevé le conduit au combat. Ses oreilles sont coupées, ce qui était assez de mode en ce temps-là. Sa robe est baie, et *il boit dans son blanc* (1); il a les quatre *balzanes* (2) et la crinière blanches. Les brides qui le garnissent sont noires; des lanières

---

(1) Expression familièrement employée pour exprimer que tout le devant de la tête est blanc.
(2) Taches blanches circulaires aux pieds du cheval.

de cuir du même ton pendent sur sa croupe et lui font une sombre parure. Pour fond à cette peinture, les vastes perspectives d'une campagne qui a pour horizon la mer, et dont les plans intermédiaires sont coupés d'une ville et d'un château fort. C'est le pays breton sans doute, peut-être Mayenne et le château de Rochefort, que le maréchal d'Aumont avait repris aux ligueurs... L'arrangement de ce petit tableau est sévère et simple. La physionomie du personnage est austère et d'une étonnante gravité. Une inscription, maintenant illisible, se trouve sur le premier plan à gauche. On y distingue encore le mot DAVMONT.

Ce portrait est passé de la collection Lenoir dans celle de Chantilly. C'est le parfum du seizième siècle qui s'en exhale avec son arome le plus pur. Le peintre qui l'a exécuté ne saurait être confondu avec la foule des Flamands qui se noyaient alors dans les flots débordants de la décadence italienne; il est du petit nombre de ceux qui étaient restés fidèles au vieil esprit national. Une ancienne tradition, recueillie par Lenoir, attribuait cette peinture à Pourbus, et, sans y regarder d'assez près, on la donnait au plus connu des Pourbus, François Pourbus le Jeune. Mais ce peintre, n'ayant guère que vingt-cinq ans à la mort du maréchal d'Aumont, était bien jeune pour peindre un si important personnage. De plus et surtout, par sa manière de voir et de faire, il n'appartient déjà plus au seizième siècle. Sa peinture est faite à l'image des vingt premières années du dix-septième. Pourquoi, sans abandonner le nom de Pourbus, ne pas songer à l'aïeul de François le Jeune, à Pierre Pourbus, qui avait été le contemporain du maréchal d'Aumont et qui se rattachait par toutes les fibres de son cœur aux vieux maîtres flamands, déjà tant délaissés de son temps? Le caractère d'austérité de ce petit portrait ne répond-il pas au caractère même du peintre?... Quant à François Pourbus l'Ancien, fils de Pierre et père de François Pourbus le Jeune, on ne peut guère songer à lui devant cette peinture. Il est le moins connu des trois Pourbus. Sa vie fut courte (1545-1581), et ses œuvres sont rares [1]. Moins

[1] La date de sa naissance a été fixée par une déclaration de l'artiste lui-même par-devant le secrétaire de la maison de ville d'Anvers.

modernes que celles de son fils, elles n'ont pas la même tenue sévère que celles de son père. Le portrait peint par lui au musée de Bruxelles (1564), celui de la galerie impériale de Vienne (1568), et celui de Vigilius dans l'église de Saint-Bavon à Gand (1571), sont d'une observation sagace et d'une habile exécution, mais rien ne les rapproche du portrait du maréchal d'Aumont.

CXVI. — *Portrait d'homme.*

Bois. — H. 0ᵐ,16; L. 0ᵐ,13.

On pourrait, avec quelque probabilité, donner aussi à Pierre Pourbus ce petit portrait, qui provient encore du cabinet Lenoir. L'ardent collectionneur y reconnaissait, à tort, l'amiral Gaspard de Coligny. Il y voyait en même temps une œuvre de François Pourbus le Jeune, qui n'aurait eu que trois ans à la mort de son modèle. Cette peinture rappelle, non pas le dernier des Pourbus, François Pourbus le Jeune, mais le premier des peintres de ce nom, Pierre Pourbus, et il y a quelque chance de ne pas se tromper en la lui attribuant... Le personnage, en buste et de trois quarts à droite, vêtu d'un pourpoint de velours noir, se tient raide, la tête haut montée sur un long cou et comme emprisonnée par une collerette blanche tuyautée. Pour coiffure, un petit chapeau de velours également noir, orné d'une plume de même couleur. Le visage, éclairé par de beaux yeux au franc regard, est long et maigre; la bouche, surmontée d'une longue moustache blanche, est sévère, et le nez est tombant sur la bouche. Les cheveux, coupés court, sont blancs, et la barbe est blanche aussi.

Ce petit portrait, chaud de couleur et grave d'accent, est aussi l'œuvre d'un peintre qui avait conservé ce qui restait de vraiment flamand dans l'ancienne peinture des Flandres au seizième siècle. On trouve, au revers du panneau, une longue notice écrite de la main de Lenoir sur Gaspard de Coligny, seigneur de Châtillon. Mais si l'on confronte ce personnage avec

ÉCOLES ÉTRANGÈRES.

les portraits authentiques de l'amiral, notamment avec l'admirable crayon appartenant à Monsieur le duc d'Aumale, on demeure convaincu de l'erreur de cette attribution. Les yeux de Gaspard de Coligny, quand on les connaît bien, sont inoubliables.

ÉCOLE FLAMANDE

(Fin du seizième siècle.)

CXVII. — *Portrait d'homme.*

Sur plaque de fer. — H 0^m,30; L. 0^m,17.

La figure est en buste, de trois quarts à droite, et vêtue d'un pourpoint noir, sur lequel est jeté le manteau, garni d'un collet de fourrure. La tête, aux cheveux grisonnants, repose sur une grande collerette tuyautée. Le visage est largement épanoui; les joues sont garnies d'une barbe grise aussi et coupée ras. Le front est haut et sillonné de rides, qui ne sont pas encore profondes. Le nez est gros. Les yeux sont bons et rieurs. La bouche, sous la moustache abondamment fournie, est rieuse également. Le menton porte barbiche en pointe. Sur le fond perdu noir, on lit en haut du tableau, du côté gauche :

ÆTATIS SVE 45

ANNO DNI 1594

et l'on voit à droite des armoiries.

Au revers de ce portrait est une note, signée d'Hozier, ainsi conçue : « Portrait de François Porbus, peintre célèbre de la ville de Bruges (né l'an 1549 et âgé de quarante-cinq ans l'an 1594), mort dans le siècle passé vers l'an..... 3. Ce portrait original de sa main..... peint sur une plaque de fer, ce... est singulier en peinture..... Pour... Pierre Clairembault, Ec`r`..... Roi..... éalogiste de..... es, etc..... et très obéissant..... re et doyen de 81 ans. D'hozier. » Cette note est du dernier des d'Hozier, Louis-Pierre (1685-1767), neveu de Charles-René (1640-1732), lequel était fils de Pierre d'Hozier, sieur de la Garde (1592-1660). Elle prouve un singulier dédain de l'art de vérifier les dates. Pour donner quarante-cinq ans à François Pourbus en 1594, d'Hozier le fait naître en 1549, vingt ans avant sa naissance. François Pourbus le Jeune — le seul des trois Pourbus auquel on peut songer devant ce portrait, puisque François Pourbus l'aîné était mort en 1581 et Pierre Pourbus en 1583 — naquit en 1569 et n'avait que vingt-cinq ans en 1594. Comment aurait-il blasonné son propre portrait, et comment d'Hozier, qui avait toute autorité en matière de blason, n'a-t-il pas songé à retrouver le propriétaire de ces armoiries? Au milieu de l'écu, un petit personnage à mi-corps porte en tête une couronne royale, tandis que du sommet des plumes qui empanachent cet écu, surgit une seconde figure, également couronnée. Ne sont-ce pas là des armes parlantes? Ces figures couronnées ne désignent-elles pas, presque par son nom, le personnage représenté, et ne peut-on reconnaître là un membre de la famille Koning ou de Conninck, dont le nom est assez fréquemment prononcé en Flandre vers la fin du seizième siècle?... Quant à la peinture en elle-même, elle est flamande assurément, mais elle a perdu la meilleure part de sa tonalité primitive, et il serait téméraire de dire l'artiste qu'il faut nommer devant elle.

Ce portrait est gravé sous le nom de Frans Pourbus dans la collection Lenoir. C'est de cette collection qu'il a passé dans celle de Monsieur le duc d'Aumale.

MIEREVELT (MICHIELS VAN)

(1568 † 1641. — École hollandaise.)

Mierevelt naquit à Delft en 1568. Son père, qui était orfèvre, le plaça chez le graveur Hieronimus Wierx, où il fit de si rapides progrès que, dès l'âge de douze ans, il publia des planches de sa composition. Bientôt, cependant, il quitta le burin pour le pinceau et entra dans l'atelier de Blockland, à Utrecht. De retour dans sa ville natale, il acquit une telle réputation comme portraitiste, que Charles Ier, roi d'Angleterre, voulut se l'attacher. Sans la peste qui sévissait à Londres, il aurait probablement quitté la Hollande. Il y resta, et fit bien, car sa clientèle fut immense et son succès considérable. L'archiduc Albert, voulant le fixer dans les Pays-Bas, lui paya pension et le couvrit de sa protection pour qu'il pût suivre en paix sa religion. Il était de la secte des Mennonites, dont les membres étaient rigoureusement proscrits. Tous les personnages importants des Provinces-Unies se firent peindre par lui. D'après Sandrart, il aurait exécuté près de dix mille portraits. Ce nombre est exagéré sans doute, mais la quantité qu'il en fit ne peut se compter, et il fut pour beaucoup dans l'habitude de se faire peindre, que contractèrent dès lors ses compatriotes. Les portraits de Mierevelt ont trop souvent quelque chose de conventionnel. On sent rarement en eux la chaleur de la vie. Il en a peint néanmoins de fort bons... Paulus Moreelse (1571-1638) fut son élève, et, s'il ne l'égala par la réputation, il le surpassa par le talent... Mierevelt mourut à Delft, chargé de biens et d'honneurs, à l'âge de soixante-treize ans, le 27 juillet 1641.

CXVIII. — *Portrait d'Élisabeth Stuart, reine de Bohême.*

Sur bois. — H. 0ᵐ,68; L. 0ᵐ,57.

Élisabeth Stuart, fille et sœur de roi, voulut être reine aussi, et le fut; mal lui en prit. Elle naquit en 1596 de Jacques Iᵉʳ, roi d'Angleterre, et d'Anne, fille de Frédéric II, roi de Danemark. A l'âge de dix-sept ans (1613), elle épousa l'électeur palatin du Rhin Frédéric V, et, pour payer les frais de noces, son père préleva sur ses sujets un don gratuit de cinq millions. Les fêtes données à Londres à cette occasion coûtèrent des sommes énormes et durèrent près de trois mois. Six ans après (1619), les États de Bohême, ayant prononcé la déchéance de l'Autriche, offrirent la couronne à l'époux d'Élisabeth, qui ne l'accepta qu'à contre-cœur et sur les instances de sa femme. « J'aimerais mieux, lui disait-elle, ne manger que du pain à la table d'un roi, que de vivre dans l'abondance à la table d'un électeur. » La ville de Prague fit à la jeune reine une entrée triomphale; mais les mauvais jours suivirent de près les jours de gloire. L'Allemagne aussitôt revendiqua son bien. Pour soutenir le choc des armées impériales, Élisabeth avait compté sur les secours de l'Angleterre, qui lui manquèrent. Le 8 novembre 1620, Frédéric perdit la bataille de Prague et le trône de Bohême, et ne put même recouvrer ses États héréditaires. Élisabeth voulut partager en tout sa mauvaise fortune. Quoique dans un état avancé de grossesse, elle le suivit en Silésie d'abord, et dans le Brandebourg ensuite, où elle accoucha d'un fils, qui fut nommé Maurice par le prince d'Orange. Dès qu'elle fut rétablie, elle gagna la Hollande, où elle trouva près du stathouder un asile et des soins assidus. Son charme était grand, sa bravoure communicative. Le prince de Brunswick se déclara son champion, et jura de lui rendre le trône qu'elle avait perdu. Il reçut d'elle un gant, qu'il mit à son chapeau, avec promesse de ne l'en point ôter avant d'avoir ramené Frédéric dans son royaume. « Tout pour Dieu et pour elle! » Telle était la devise qu'il avait fait broder sur ses dra-

MIEREVELT

(1568 † 1641)

ÉCOLE HOLLANDAISE

ÉLISABETH STUART, REINE DE BOHÊME

MIEREVELT

(1568 † 1641.)

ÉCOLE HOLLANDAISE

ÉLISABETH STUART, REINE DE BOHÊME

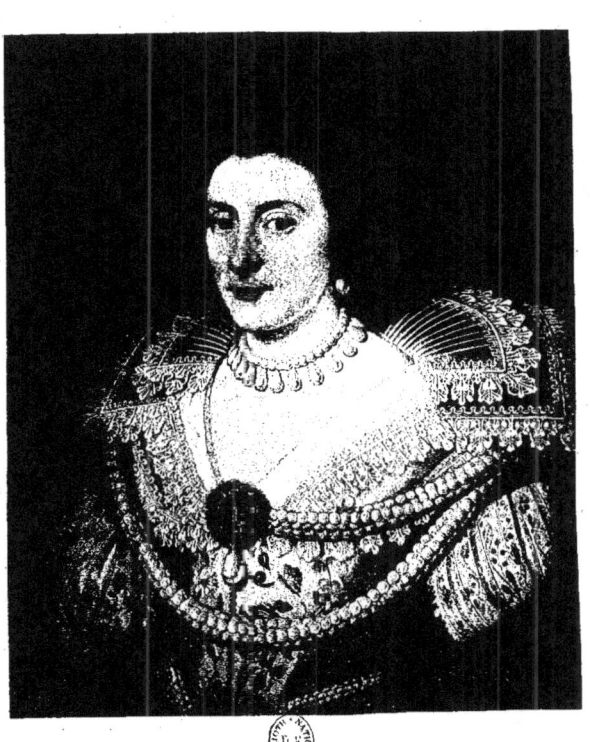

peaux. Mais il mourut en 1626, après quelques campagnes infructueuses, et Frédéric lui-même descendit dans la tombe en 1632. Dès lors, Élisabeth se consacra tout entière à l'éducation de ses enfants. Elle en avait eu treize. Les lettres et la philosophie furent son refuge et sa consolation. A la paix de Westphalie (1648), son fils Charles-Louis fut réintégré dans une partie de ses États, et elle y alla vivre avec lui. En 1660, enfin, elle se rendit en Angleterre avec son neveu Charles II, et mourut à Londres à l'âge de soixante-six ans, le 13 février 1662. Une de ses filles, Sophie, mariée à l'électeur de Hanovre, eut un fils qui, à la mort de la reine Anne en 1714, fut roi d'Angleterre sous le nom de George Ier. C'est ainsi que le petit-fils d'Élisabeth Stuart monta sur le trône d'Angleterre, d'où son grand-oncle, Charles Ier, était descendu soixante-cinq ans auparavant pour porter sa tête sur l'échafaud. Après une existence aventureuse et tourmentée, mais non sans grandeur, la reine de Bohême repose à Westminster dans le tombeau de son frère aîné Henri, dont la mort prématurée avait fait passer à son frère Charles le privilège d'une royauté qui devait finir dans le sang.

Quand Élisabeth arriva en Hollande en 1621, elle avait vingt-cinq ans, et, lorsqu'elle en partit en 1648, elle en avait cinquante-deux. Comme elle paraît avoir de trente à trente-cinq ans dans le portrait de Mierevelt, ce portrait doit avoir été peint de 1626 à 1631. La sœur de Charles Ier était alors une reine sans royaume, une exilée dans l'hospitalière maison du stathouder de Hollande. Elle gardait néanmoins son titre de reine, avec quelque chose de royal encore dans ses atours et dans son ajustement. Mierevelt la montre à mi-corps et de trois quarts à gauche, se détachant comme une apparition sur un fond perdu noir. Son visage est pâle et fatigué; sa tête, fine et noblement placée sur ses épaules, est bien celle d'une Stuart. La fraîcheur de la jeunesse s'en est allée, et la maturité déjà se fait sentir. Elle n'en conserve pas moins la distinction, le charme et la grâce. Ses traits sont réguliers. Des cheveux châtains, crêpés en masses épaisses, encadrent largement le front et les joues, couvrant les oreilles, d'où pendent de grosses perles en forme de poire. Le nez est droit. Les yeux, couronnés de sourcils bien arqués, sont beaux et intelligents; ils semblent avoir beaucoup pleuré, ce qui ne les empêche pas de conserver la hauteur et la fermeté de leur expression. Le sourire de la bouche est discret et nuancé de tristesse. Quant au vêtement, il dénonce un goût d'élégance et de faste, que la fortune contraire n'a point encore lassé. Élisabeth Stuart est habillée d'une robe de gala en soie noire brochée, avec plastron de soie blanche semé de fleurs et chargé de perles. Les longues manches tailladées de bandes verticales, semblables au plastron, sont coupées au milieu des bras par de larges pièces de soie noire tenant à la robe. Une grande et double collerette en tulle empesé, garni de guipure, s'étale en forme d'ailes au-dessus des épaules. De lourdes torsades de soie blanche entremêlées de perles, s'enroulant en brandebourgs sur la poitrine et autour de la taille, complètent ce costume. Autour du col, un collier de perles rondes, à chacune desquelles pend une perle en poire, et au milieu du corsage une broche noire, à laquelle tient encore une énorme perle.

Très intéressant au point de vue pittoresque, ce portrait est surtout attachant par ce qu'il reflète au point de vue moral. Étrange nature que celle d'Élisabeth Stuart! Mélange de courage et de vanité, d'ambition déréglée et de calme raison, héroïque et romanesque, enchanteresse et fastueuse jusque dans l'adversité, elle a pénétré Mierevelt de son étrange séduction, et d'un portraitiste ordinairement superficiel elle a fait un peintre capable d'émotion. Van Dyck, cependant, devant un tel modèle, eût été tout autrement inspiré. Sa peinture aurait eu plus d'élégance et de distinction. Il eût fait sentir d'une façon plus pénétrante la noblesse du sang, la pureté de la race. La sœur de Charles Ier lui aurait sans doute inspiré un de ces chefs-d'œuvre dont son génie était coutumier en présence des Stuarts. Mierevelt y a mis simplement son talent.

Ce portrait provient de la collection Lenoir.

CXIX. — *Portrait de Gilles de Glarges.*

Sur bois. — H. 1ᵐ,07; L. 0ᵐ,84.

Un portrait pareil à celui-ci et de mêmes dimensions, peint également sur bois et signé de Mierevelt, se voit au musée de Harlem. Outre la signature du peintre, on y trouve l'âge du personnage et la date du tableau : ÆTATIS, 77, A° 1637. On lit relativement à cette peinture, dans le catalogue de cette galerie : « Portrait de Gilles de Glarges, seigneur d'Eslemmes, conseiller et pensionnaire de la ville de Harlem, curateur de l'Université de Leyde, né à la Haye, en 1559, décédé à Harlem, le 26 octobre, et inhumé le 2 novembre 1641. Le tableau des armoiries de M. de Glarges est placé au-dessus de ce portrait. » Cette peinture resta dans la famille de Glarges, jusqu'au jour où l'un des descendants de Gilles de Glarges, M. Gerlings d'Utrecht, partant pour les Indes en 1889, en fit don à la ville de Harlem.

Le portrait de la galerie de Chantilly reproduit identiquement celui du musée de Harlem. Gilles de Glarges, dans ce portrait, est âgé et ne fait pas triste figure à la vieillesse. Il est debout, de trois quarts à droite, coupé par le cadre à la hauteur des genoux, et se détachant sur un fond perdu noir. Sa tête, ronde et haute en couleurs, émerge joyeusement d'une large collerette blanche tuyautée à la mode hollandaise de la première moitié du dix-septième siècle. Sa physionomie est fine et souriante. Ses cheveux blancs, qui se font rares sur le front, sont coiffés d'une calotte noire, posée sur le derrière de la tête. Le visage porte toute sa barbe, qui est blanche aussi et coupée ras. Le front est largement construit, le nez a pris de la lourdeur, les yeux et la bouche sont enjoués; les traits, dans leur ensemble, n'ont pas de distinction, mais ne manquent ni d'esprit ni de bonne humeur. Le vêtement se compose d'une robe noire, par-dessus laquelle est jeté un manteau noir aussi avec collet et parements de fourrure. L'attitude, enfin, concourt à la bonhomie de toute la figure. Tandis que la main droite est ramenée vers le bas de la poitrine, la main gauche pend naturellement le long du corps.

Ce portrait est encore d'une qualité très supérieure à celle de la plupart des portraits de Mierevelt. Il semble avoir été exécuté par le maître lui-même. La peinture a du corps et de la solidité, les traits ont du relief, la couleur est chaude et la physionomie parlante. On sent dans cette image quelque chose de vivant.

CXX. — *Portrait de Janus Rutgerius.*

Sur bois. — H. 0m,63; L. 0m,51.

Le personnage est en buste et de trois quarts à droite. Il paraît âgé d'environ trente ans. Sa tête est ronde et son front très développé; ses cheveux bruns sont coupés ras, et il porte moustache en broussailles et barbiche en pointe. Ses joues sont massives, son nez est court et lourd du bout, ses lèvres sont épaisses et sa bouche est grande; mais des yeux intelligents éclairent ce visage et font passer sur ce qu'il a d'ordinaire dans ses traits et de presque vulgaire dans son expression. Pour costume, une simple robe noire, avec un large col de linge blanc, rabattu et garni d'une guipure. Une longue chaîne d'or, enrichie de grenats, tombe jusqu'au bas de la poitrine... Le nom de cette solide figure, JANVS RVTGERIUS, est écrit sur la plinthe qui coupe le portrait. On lit en haut, à gauche : NATUS, 1589, et à droite : OBIIT 1625.

Jean Rutgers, en latin *Janus Rutgerius,* poëte et philosophe, était né de parents pauvres à Dordrecht en 1589. Après avoir été d'abord l'élève de Vossius, il fut envoyé en 1605 à l'Académie de Leyde, où il suivit les leçons de Scaliger et de Heinsius, qui devint peu après son beau-frère. Il se rendit en France en 1611, y resta deux ans, retourna en Hollande, y fit la connaissance de l'ambassadeur de Suède, fut nommé conseiller d'État à l'âge de vingt-trois ans, et alla trouver Gustave-Adolphe, qui guerroyait alors en Livonie contre les Russes. La politique absorba dès lors la plus grande partie de sa vie. A chaque instant chargé de missions qui le forçaient de se partager entre les pays scandinaves et la Hollande, il n'en cultivait pas moins les lettres avec ardeur; mais les agitations d'une pareille vie abrégèrent ses jours. Jean Rutgers mourut à la Haye, le 25 octobre 1625, à l'âge de trente-six ans. Il avait honoré les lettres, tout en servant les intérêts de son pays. Micrevelt ne nous donne de lui qu'une image un peu molle, médiocrement définie et insuffisamment accentuée, un de ces portraits dont on sent la ressemblance, mais dont on ne garde pas l'impression.

CXXI. — *Portrait d'Hugo Grotius*.

Sur bois. — H. 0ᵐ,63; L. 0ᵐ,51.

De même que le portrait de Janus Rutgerius, celui d'Hugo Grotius est en buste, de trois quarts à droite et coupé par une bande d'appui, sur laquelle est écrit le nom du personnage : HVGO GROTIVS. En haut du tableau, sur le fond perdu noir, sont également inscrites les dates de la naissance et de la mort : à gauche, NATVS, 1583; à droite, OBIIT, 1646. Grotius est jeune encore dans ce portrait. Sa carnation est claire, blanche, rosée, lymphatique; sa tête est longue, avec quelque chose de mou dans la physionomie; ses cheveux châtain clair, arrangés en toupet, recouvrent l'oreille, qui est grande; son front est élevé et bien développé en largeur, la boîte cranienne est volumineuse; ses yeux sont beaux, le regard en est clair et intelligent; son nez est long; sa bouche est d'expression bienveillante. Une large collerette blanche plissée est rabattue sur la robe noire... Ce portrait est correct et doit avoir été ressemblant, mais la physionomie et le caractère y font absolument défaut. On a là une de ces peintures minces, lisses, propres, dont le souvenir est promptement effacé.. Connaissons Grotius et voyons s'il ne méritait pas quelque chose de plus.

Hugues de Groot, dont le pédantisme hollandais de la fin du seizième siècle avait fait Hugo Grotius, était né à Delft en 1583. Il étonna ses contemporains par sa précocité : dès l'âge de huit ans, il composait des vers; à onze ans, l'Université de Leyde était fière de le posséder; à seize ans, il donnait une édition, avec commentaires, du *Satiricon* de Martianus Capella. Il publiait ensuite les *Phénomènes* d'Aratus. Ses poésies latines et grecques, ainsi que ses tragédies, achevaient sa réputation. En 1598, — il n'avait alors que quinze ans, — le grand pensionnaire Barneveldt l'avait emmené en France. Henri IV voulut le retenir. Grotius fut nommé historien des États de Hollande en 1601, et avocat fiscal de la Hollande et de la Zélande en 1607. En 1609, il publia son *Mare liberum*, traité de la liberté des mers, auquel l'Anglais Selden répondit par le *Mare clausum*, traité de la souveraineté des mers britanniques. Son *De antiquitate reipublicæ Bataviæ* est de 1610. En 1613, il fut pensionnaire de Rotterdam, puis membre des États de Hollande et député aux États Généraux. Il resta fidèle à Barneveldt, qui l'avait lancé dans la vie politique, et le soutint dans sa lutte contre le stathouder Maurice. Barneveldt, ayant succombé en 1619, l'entraîna dans sa chute. Grotius fut condamné à la prison perpétuelle et à la confiscation de ses biens. Après deux ans de captivité au château de Lœwenstein, sa femme le fit échapper dans une caisse de livres. Il se réfugia en France, où il vécut onze ans avec une pension de Louis XIII. A la mort de Maurice, en 1631, il demanda la permission de rentrer en Hollande et ne l'obtint pas. Il se retira à Hambourg, puis à Stockholm, et reparut à Paris en 1635 comme ambassadeur de Suède. Richelieu, qui ne l'aimait pas, demanda son rappel en 1645. Il s'embarqua pour l'Allemagne, fut jeté par une tempête à Rostock, où il mourut en 1646... Hugo Grotius ayant vécu soit en prison, soit en exil, à partir de 1619, Mierevelt a dû faire son portrait antérieurement à cette date. Grotius ne peut donc avoir plus de trente-cinq ans sur ce portrait. C'est l'âge, en effet, qu'on lui peut donner.

POURBUS (FRANS) LE JEUNE

(1569 † 1622. — École flamande.)

Né à Anvers en 1569 et admis comme franc-maître dans la compagnie de Saint-Luc d'Anvers en 1591, François Pourbus le Jeune marcha au premier rang de la phalange des peintres qui portèrent en dehors des Flandres la bonne renommée de l'école flamande. Il travailla en Italie et en France autant que dans les Pays-Bas. A trente ans (1599), il quitta Bruxelles avec le duc de Mantoue qui l'emmena dans son duché, où il resta dix ans, partageant avec Rubens le titre de peintre ducal, peignant les princes et les seigneurs de cette cour fastueuse, et réunissant dans la fameuse *Chambre des Beautés* « toutes les plus belles dames du monde, princesses ou particulières (1) ». En 1606 et 1609, il fit, pour le service du duc, deux voyages en France, y reçut l'accueil le plus flatteur de Marie de Médicis et de toute sa cour, et se fixa définitivement à Paris avec le titre de *peintre de la Reine*. Il y mourut en 1622, et fut enterré dans l'église des Petits-Augustins. Peu d'artistes ont joui d'une telle vogue parmi les grands, et il en est peu dont les œuvres soient aussi rares et aussi mal connues que les siennes. Que sont devenus les nombreux portraits qu'il peignit à Mantoue? La plupart d'entre eux ont dû passer en Angleterre avec la collection ducale, et c'est là sans doute qu'il les faudrait chercher. A part le *Bal à la cour d'Albert et d'Isabelle* que l'on voit au musée de la Haye, que peut-on citer des tableaux qu'il peignit à Bruxelles? Les ouvrages qu'il exécuta en France sont heureusement mieux connus : témoin les portraits de Marie de Médicis, de Louis XIII et de

(1) V. Armand BASCHET, *François Pourbus, peintre de portraits à la cour de Mantoue*. (*Gazette des Beaux-Arts*, 1868, t. XXV, p. 276 et 438.)

Gaston d'Orléans. Le portrait de Henri IV est surtout populaire. On le voit au Louvre et on le retrouve dans la galerie de Chantilly.

CXXII. — *Portrait du roi Henri IV.*

Sur bois. — H. 0^m,34; L. 0^m,26.

Le roi Henri IV est debout, de trois quarts à droite, tête nue et l'épée au côté, les cheveux gris coupés court, la barbe et la moustache blanches, tout habillé de noir (pourpoint, rhingrave, chausses et chaussures), ce qui n'empêche pas chacune des parties du vêtement d'accuser l'étoffe dont elle se compose (moire, satin broché, soie), avec les qualités plastiques qui lui sont propres. Sur ce vêtement se détachent la fraise et les manchettes blanches, ainsi que le cordon bleu du Saint-Esprit. La main gauche est posée sur la hanche, et la droite s'appuie à une table garnie d'un tapis de velours rouge galonné d'or. Sur cette table, un grand chapeau de feutre noir. Au fond, un rideau vert, relevé et ramené vers la gauche, laisse apercevoir les pilastres d'une chambre somptueuse, dallée de marbre.

Ce portrait, dont les chaudes harmonies appartiennent à la Flandre, est une page d'histoire vraiment française. La vie circule à pleins bords dans cette fière et robuste figure. La physionomie, loyale et franche, témoigne d'une hauteur en présence de laquelle toute familiarité se contient. Nulle part mieux que devant cette image, on ne sent la fausseté de cette tradition, relativement récente d'ailleurs (elle n'est pas antérieure au dix-huitième siècle), qui a fait de Henri IV *le bon roi,* comme une sorte de roi bourgeois. Assurément Henri IV était bon, bonhomme même à l'occasion; mais la bravoure et le génie d'organisation primaient en lui de très haut la bonhomie et même la bonté. Pour triompher de la Ligue, qui avait fait main basse sur la moitié de la France, et de l'étranger, qui s'apprêtait à prendre le reste; pour fonder l'unité nationale et faire rentrer dans le devoir les gouverneurs de province qui s'étaient rendus presque indépendants sous les derniers

Valois; pour restaurer l'autorité royale et préparer l'œuvre de Richelieu et de Louis XIV, il lui avait fallu avoir la main ferme, dure même à l'occasion. Biron, son ancien compagnon d'armes, y laissa sa tête; le comte d'Auvergne et le duc de Bouillon faillirent y perdre la leur. Sous des dehors d'affabilité, le portrait peint par Pourbus laisse entrevoir cette volonté calme. Il fut deux fois répété par le maître. Celui du Louvre est signé et daté F. PORBVS. FE : A° 1610. C'est celui-là même, sans doute, que garda le roi Louis XIII. Celui de Chantilly, large de facture et de couleur chaude, entra vraisemblablement dans la maison d'Orléans dès le dix-septième siècle. Il y était sûrement à la fin du dix-huitième, car l'inventaire du duc d'Orléans, du 13 décembre 1785, porte, sous le n° 794 : « Un tableau, portrait en pied d'Henri quatre, par François Porbus. Prisé 1,500 livres. » L'accent de nature qui caractérise ce portrait autorise à croire qu'il a été fait aussi par le maître lui-même. Le coup de poignard de Ravaillac étant du 13 mai 1610, ces deux portraits seraient du commencement de la même année. Henri IV est là tel qu'on le voit, à Chantilly même, dans l'émouvante et inoubliable cire moulée sur nature à l'heure même de la mort. Cette cire confirme la parfaite ressemblance du portrait de François Pourbus le Jeune.

Ce portrait, après la disparition de la galerie d'Orléans, avait été recueilli par Lenoir, et c'est de la collection Lenoir qu'il est rentré, grâce à Monsieur le duc d'Aumale, dans la maison d'Orléans. Il a été gravé par Alexandre Tardieu en 1788.

POT (HENDRICH-GERRITSZ)

(1590? † 1657. — École hollandaise.)

Ce fut dans les seize dernières années du seizième siècle et dans les trente-sept premières années du dix-septième que les vrais peintres de la Hollande surgirent presque tous et partout à la fois, à Haarlem, à Delft, à Utrecht, à Leyde, à Rotterdam, à Dordrecht, à Amsterdam. Frans Hals naquit en 1584, Hendrich-Gerritsz Pot en 1590, Thomas de Keyser et Van Goyen en 1596, Wynants en 1600, Cuyp en 1605, Rembrandt en 1606, Brauwer et Terburg en 1608, Adrian van Ostade, Ferdinand Bol et les deux Both en 1610, Gérard Dow et Van der Helst en 1613, Gabriel Metsu en 1615, Pieter van der Faes en 1618, Aart van der Naer en 1619, Wosterman en 1620, Allard van Everdingen et Weenix en 1621, Berghem en 1624, Paul Potter en 1625, Jean Steen en 1626, Jacques van der Ulft en 1627, Pieter de Kooch, Hobbema et Jacques Ruisdaël en 1630, Wilhelm van de Velde en 1633, Adrian van de Velde en 1635, Jan van der Heyden en 1637... Hendrich-Gerritsz Pot, Pieter van der Faes, Everdingen, Jacques van der Ulft, Ruisdaël et Wilhelm van de Velde se sont seuls détachés de cette glorieuse phalange pour témoigner en faveur de la Hollande du dix-septième siècle dans la galerie de Monsieur le duc d'Aumale.

D'Hendrich-Gerritsz Pot on ne sait presque rien. Descamps ne connaît pour ainsi dire pas son nom. Après deux siècles d'oubli, c'est de nos jours seulement qu'on le regarde. Ses qualités, cependant, sont incontestables; mais on en faisait honneur à d'autres peintres. Tantôt on confondait Pot avec Van der Helst, tantôt avec Dirck Hals, quelquefois avec Duch, plus souvent avec Thomas de Keyser. Élève sans doute de Frans Hals et Harlémien comme son maître, il fut lieutenant de la garde civique de Harlem de 1633 à 1639, et durant cette période Frans Hals fit deux fois son portrait. Le premier de ces portraits, daté de 1633, montre un homme qui a certainement dépassé quarante ans. Pot serait donc né vers 1590. Dès 1632, il avait été appelé en Angleterre pour y peindre le portrait du Roi; ce qui prouve qu'il était célèbre antérieurement à cette date. Il vint se fixer à Amsterdam vers 1648, et il y mourut en 1657. Là se bornent sur lui les détails biographiques qu'on a pu jusqu'ici recueillir.

Les œuvres d'Hendrich Pot sont extrêmement rares. Le plus important de ses tableaux porte la date de 1630; il représente les *Officiers de couleuvriers de Harlem*. On avait essayé, jusqu'à ces derniers temps, de tous les noms au bas de ce tableau, sans pouvoir se tenir à aucun (Van der Helst, Ravesteyn, Soutman, etc.), et l'on ne songeait pas à celui de Pot, lorsque, très récemment, le musée Boymans, à Rotterdam, acheta un tableau signé Pot et daté 1633, en présence duquel toute hésitation devint impossible au sujet du tableau de Harlem. Ce tableau fut dès lors restitué à Hendrich Pot. C'est sous ce nom, d'ailleurs, qu'il avait été mentionné en 1638; cette mention avait été ensuite oubliée, le tableau avait été inscrit sous un autre nom, et l'œuvre même de Pot avait été considérée comme perdue. Il n'y avait eu d'égaré que le nom du peintre... Pot était donc dès 1630 en possession de tout son talent.

Relativement au portrait de Charles Ier, que Pot alla peindre deux ans plus tard en Angleterre et que l'on voit au musée du Louvre, il n'y a aucun doute, puisque ce portrait est signé et daté : H. P. *fecit*, 1632. C'est une peinture élégante et consciencieuse, qui dénote chez l'artiste un tempérament plus distingué que robuste. La tête du Roi, dans son aristocratique pâleur, est pour l'histoire un précieux témoignage. Burger a retrouvé, dans le récit du voyage de Reynolds en Hollande, la trace de ce portrait, qui faisait partie de la galerie du prince d'Orange à la Haye, en 1781.

Quant au portrait d'Andries Hooftman, il entra en 1876 dans la galerie de Monsieur le duc d'Aumale, comme étant l'œuvre de Bartolomeus van der Helst. Pareille attribution n'était pas absolument invraisemblable. A regarder attentivement cette peinture, on se sentait, néanmoins, beaucoup plus porté vers Thomas de Keyser que vers Van der Helst. Thomas de Keyser, né en 1596, élève de Van der Voort et d'Aert Pietersz, était contemporain d'Hendrich Pot, et, par sa touche si fine et si ferme à la fois, se pouvait confondre avec lui. Thomas de Keyser et Hendrich Pot avaient excellé l'un et l'autre dans les petits portraits ; entre eux il était donc permis d'hésiter. Grâce aux indications qui nous ont été données récemment par M. E. W. Moes, sous-bibliothécaire de l'Université d'Amsterdam, aucune confusion n'est permise désormais relativement au portrait d'Andries Hooftman.

Andries Hooftman, né à Harlem, avait fixé sa résidence à Amsterdam, et, pour qu'on ne pût se méprendre sur son origine harlémienne, il avait donné à sa maison (keerengracht) le nom de Saint-Bavon, patron de sa ville natale. C'est dans cette maison que se trouvait le portrait qui nous occupe. Dans l'inventaire de la succession d'Éva Voets, veuve de Zacharias Hooftman (frère d'Andries), morte en 1653, le portrait d'Andries Hooftman est indiqué par ces mots : *A Contrefeytsel van Andries Hooftman, van Pot.* C'est donc, à n'en pas douter, Hendrich-Gerritsz Pot qui a peint le portrait d'Andries Hooftman (1).

CXXIII. — *Portrait d'Andries Hooftman.*

Sur bois. — H. 0^m,18; L. 0^m,155.

Sur un fond perdu d'un gris verdâtre, Andries Hooftman se montre debout et de trois quarts à gauche, dans la force de son âge, quoique déjà penchant peut-être un peu vers le déclin, la main gauche fièrement posée sur la hanche et la droite ramenée vers le milieu de la poitrine. La tête, de physionomie fine, est coiffée de cheveux châtains frisants, qui se font rares au sommet du crâne. Les yeux, sous des arcades sourcilières d'un dessin régulier, sont beaux, et le regard en est doux; le nez est moyen et d'une forme agréable ; la bouche, dont la lèvre supérieure porte moustaches retroussées en croc, est d'une expression bienveillante ; le menton est pourvu d'une barbiche taillée en pointe; les joues, sans embonpoint ni maigreur, dénotent une certaine délicatesse, et sont garnies d'un léger collier de barbe presque blonde. Comme vêtement : un pourpoint de velours noir gaufré, enserrant tout le torse ; une collerette blanche, finement tuyautée, largement rabattue sur le pourpoint; des manchettes de guipure, que laissent

---

(1) Pot a peint également le portrait de Zacharias Hooftman. Ce portrait, qu'on avait aussi attribué à Thomas de Keyser, se trouve dans la collection Th. de Stuers, à la Haye, où il est donné à tort à Duch.

POT (HENDRICH-GERRITSZ)

(1590? † 1657)

ÉCOLE HOLLANDAISE

ANDRIES HOOFTMAN

ANDRIES HOOFTMAN

ÉCOLE HOLLANDAISE

(1500? † 1637)

POT (HENDRICH-GERRITSZ).

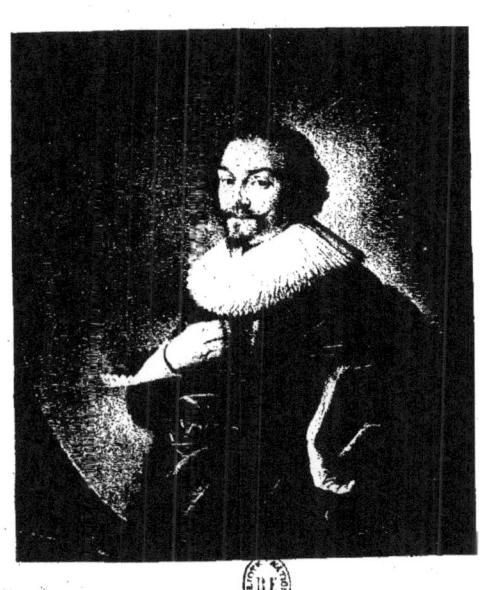

paraître les longs crevés ménagés sur les avant-bras; un manteau noir, enfin, tombant de l'épaule gauche pour s'enrouler au milieu du corps.

La figure, ainsi présentée, est encore dans le cadre hollandais où elle a été primitivement placée, cadre formant chapelle, d'une architecture un peu lourde, avec colonnes, soubassement et fronton. Sur le soubassement est écrit le nom du personnage, en lettres gravées et imprimées d'or : ANDRIES HOOFTMAN. Sur le fronton sont les armoiries des Hooftman, en relief colorié : *Écartelé, au 1 et 4, de gueules à trois glands d'or posés 2 et 1 ; au 2 et 3, d'argent à la tête de bœuf de sable clariné d'or.*

Ce petit portrait a grand air. Par sa belle tournure, sa pose élégante et naturelle, sa bonhomie rehaussée d'une certaine fierté, sa couleur chaude et tempérée tout ensemble, il va de pair avec les admirables portraitistes qui faisaient tant d'honneur à la Hollande durant la première moitié du dix-septième siècle. Vers 1630, Hendrich-Gerritsz Pot était en communauté de tempérament et d'idées avec Van der Voort, Van Valckert, Élias et Thomas de Keyser. Il avait comme eux, dans ses portraits, la précision, la clarté, la sagesse, un dessin d'une irréprochable correction, la parfaite ressemblance, une expression vivante et juste, la fidèle observation du caractère et de la physionomie... Depuis Mierevelt, c'est par le portrait que les peintres hollandais avaient pris possession de la Hollande. Le portrait, dès lors, leur avait tenu lieu de peinture d'histoire ; c'est à l'aide du portrait qu'ils avaient écrit leurs annales ; le portrait avait été pour eux le genre national et patriotique par excellence. La Hollande se retrouve dans leurs portraits avec une incroyable intensité de chaleur et de vie. Quoique Hendrich-Gerritsz Pot ait fait à l'occasion des tableaux réunissant un grand nombre de portraits, on peut dire de lui qu'en fait de portraits il est un petit maître. Comme tel, il est parfait. Le portrait d'Andries Hooftman montre quel charme il savait mettre dans ces délicates peintures, quelles minutieuses caresses de pinceau il leur prodiguait, et de quel faire robuste en même temps il les marquait. Tout est parfait dans ce petit portrait; et cependant il manque au peintre qui l'a exécuté le petit grain de folie qui est le génie.

HONTHORST (GÉRARD VAN), surnommé GERARDO DELLA NOTTE

(1592 † 1666. — École hollandaise.)

Gérard Honthorst suivit le courant qui avait entraîné vers l'Italie les peintres des Pays-Bas durant tout le seizième siècle et qui continuait à y pousser encore quelques-uns d'entre eux dans la première moitié du dix-septième. Ce ne fut pas dans les hauts lieux de la peinture qu'il alla chercher des leçons. Le Caravage fut son modèle de prédilection. Honthorst en exagéra les défauts, et n'en prit pas les qualités maîtresses. Il lui déroba les violences, les vulgarités, les laideurs, et, voulant surenchérir encore sur les brusques oppositions d'ombres et de lumières, il proscrivit de ses tableaux le soleil, auquel il préféra les lueurs fumeuses des flambeaux et des torches... La vogue qu'il obtint au delà des Alpes donne la mesure du mauvais goût italien de cette époque... Honthorst, après avoir séjourné plusieurs années à Rome, où il eut pour protecteur des princes et des cardinaux, passa en Angleterre, puis se fixa à la Haye, où le prince d'Orange lui prodigua ses faveurs.

CXXIV. — *Le Repas d'Emmaüs.*

H. 1^m,24 ; L. 1^m,73.

Il fait nuit. La table est dressée dans l'humble hôtellerie d'Emmaüs, et sur cette table une bougie de cire, plantée dans un court flambeau, éclaire de lueurs incertaines et blafardes les quatre figures qui composent le tableau. Le Christ, assis à gauche, prend le pain, le bénit, et les deux disciples, assis en face, reconnaissent en lui le Sauveur. Un valet, relégué dans l'ombre, apporte un plat qu'il s'apprête à poser sur la table. Le Christ manque de beauté, et les disciples ne manquent pas de laideur... Voilà le triste spectacle que donnait un peintre hollandais fourvoyé en Italie dans la première moitié du dix-septième siècle, à Rome même, en présence des chefs-d'œuvre de Michel-Ange et de Raphaël, aux applaudissements des plus illustres contemporains d'Urbain VIII et d'Innocent X.

VAN DYCK (ANTOINE)

(1599 † 1642. — École flamande.)

Antoine van Dyck, comme portraitiste, dispute la première place même à Rubens. Pour le reste, venant après un tel maître, il est de second rang. Il naquit à Anvers le 22 mars 1599 et sa précocité fut inouïe. A dix ans, son père le mit en apprentissage chez Van Balen; à quinze ans, il entra dans l'atelier de Rubens; à dix-neuf ans, il fut admis à la maîtrise. Son premier voyage à Londres eut lieu en 1620. Il alla en Italie en 1621, visita Rome, Florence, Venise, se fixa à Gênes pour deux ans, y laissa de quoi immortaliser son nom, et retourna en 1625 à Anvers, où il resta sept années, qui furent la période la plus active de sa vie. C'est de cette époque que datent ses eaux-fortes, aussi célèbres en leur genre que ses meilleures peintures. En 1632, il passa de nouveau en Angleterre, cette fois pour n'en plus sortir. Ses clients furent le Roi et la Reine d'abord, les grands du royaume ensuite : Pembroke, Warwick, Strafford, Buckingham, Arundel, Cowper, lady Venetia Digby, lady Stanhope, Marguerite Lemon, la duchesse de Richmond, lady Carlisle, etc. Durant sept ans (1632-1639), rien ne put lasser son ardeur. Malheureusement, il poussait tout à l'excès, le travail jusqu'à la fatigue, le plaisir jusqu'à l'épuisement, l'amour jusqu'à la folie, la générosité jusqu'à la prodigalité.

En 1639, il était à bout de forces. Charles Ier crut le sauver en le mariant à la plus charmante des filles d'honneur de la reine Henriette, Marie Ruthven, petite-fille du comte de Gowrie et nièce de la duchesse de Montrose. Van Dyck était atteint jusqu'aux sources de la vie. Il traîna pendant deux ans encore son incurable langueur en voyageant avec sa jeune femme, et revint mourir à Londres le 9 décembre 1641, à l'âge de quarante-deux ans.

Le portrait du cardinal Bentivoglio, au palais Pitti, est le plus beau type des portraits de l'époque italienne de Van Dyck. A Gênes, les portraits qu'il a laissés dans les palais Rosso, Cattaneo, Spinola, Durazzo, etc., sont encore aujourd'hui triomphants. Quant aux portraits qu'il peignit en Angleterre, c'est à Windsor surtout, puis à Clarendon-House, à Pansanger-House, et dans les galeries du duc de Bedford, de Petworth, de Bothwell-Castle, etc., qu'on en peut juger. Le portrait de Charles Ier, au musée du Louvre, à lui seul suffirait à sa gloire... Les portraits que possède la galerie de Chantilly, enfin, permettent de prendre la mesure du grand portraitiste. Ils appartiennent aux sept années que Van Dyck passa dans sa patrie, de 1625 à 1632, après avoir séjourné en Italie et avant d'aller se fixer définitivement en Angleterre.

CXXV. — *Portrait de Gaston de France, duc d'Orléans.*

Sur toile. — H. 1^m,93; L. 1^m,49.

Un peintre espagnol nous a donné, dans la galerie même de Monsieur le duc d'Aumale, le portrait d'Élisabeth de France, fille de Henri IV et de Marie de Médicis; Van Dyck nous montre le plus jeune des frères de cette princesse, Gaston-Jean-Baptiste de France, né à Fontainebleau, le 25 avril 1608, d'abord duc d'Anjou, puis duc d'Orléans, de Chartres, de Valois et d'Alençon, après son frère Nicolas, né le 16 avril 1607, mort le 17 novembre 1611.

« Gaston, dit le P. d'Avrigny, étoit né avec des inclinations qui lui auroient fait honneur, si elles avoient été mieux cultivées »; mais l'éducation, au lieu

VAN DYCK

(1599 † 1641)

ÉCOLE FLAMANDE

GASTON DE FRANCE, DUC D'ORLÉANS

VAN DYCK

(1599 † 1641)

ÉCOLE FLAMANDE

GASTON DE FRANCE, DUC D'ORLÉANS

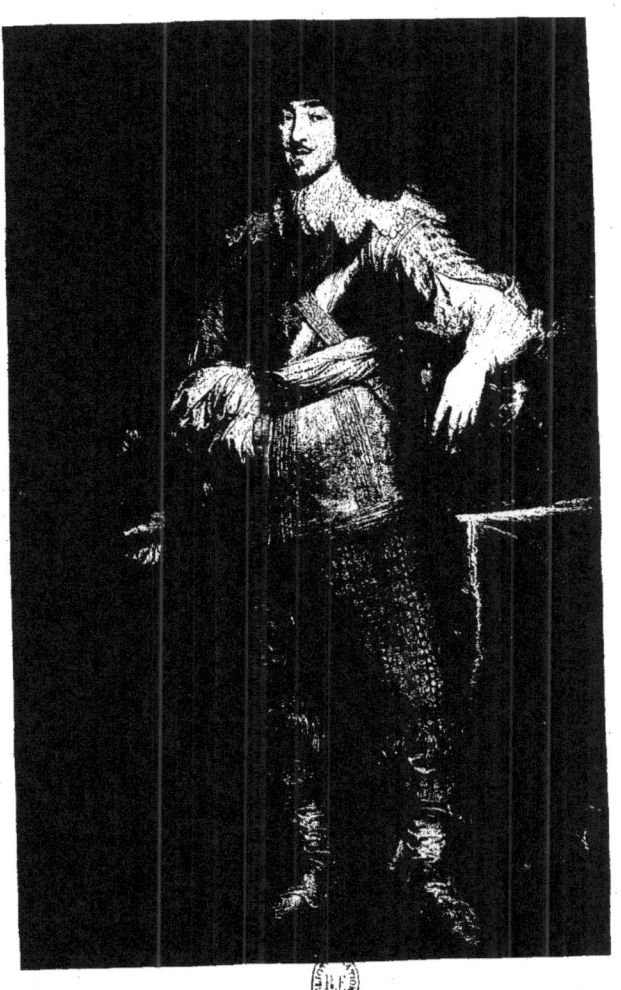

de développer en lui le bon grain, l'avait stérilisé. Son premier gouverneur, le sévère Savary de Brèves, en aurait sans doute fait un homme digne de son rang; on trouva qu'il réussissait trop bien, et il fut remplacé par du Lude, qui déprava le cœur du jeune prince. D'Ornano vint ensuite : il exalta l'ambition de Monsieur, auquel il fit entrevoir le rang suprême; mais devant ces visées coupables, Richelieu se dressa comme un invincible obstacle. A vouloir briser ou tourner cet obstacle, Gaston passe la première partie de sa vie. Il est l'âme de toutes les conspirations, et le plus pur du sang français, abondamment versé, retombe sur lui et le couvre de honte. Il abandonne d'Ornano, qui est enfermé à Vincennes et mystérieusement supprimé, trahit Vendôme, qui est arrêté à Blois, livre Bouteville, des Chapelles et Chalais, qui ont la tête tranchée. Forcé de se soumettre au Roi, il épouse Mademoiselle de Montpensier (1626), qui presque aussitôt devient grosse. Il espère un fils, et entrevoit en lui un Dauphin. C'est une fille qui vient au monde, et Madame meurt trois jours après... L'homme de plaisir qu'était Gaston d'Orléans reprenait, d'ailleurs, à chaque instant ses droits sur l'homme d'action qu'il n'était pas. Le jeu était sa passion favorite, et Richelieu lui donnait de quoi la satisfaire. Il avait aussi des maîtresses, et Louis XIII, si sévère pour lui-même, fermait les yeux sur les débordements de son frère. Cependant, tout en avilissant ses goûts, on n'avait pu éteindre en lui l'amour des arts, et, dans une certaine mesure aussi, celui des lettres. Voiture et Vaugelas avaient des charges dans sa maison. Il aimait le faste et se plaisait au milieu de toutes les somptuosités. Peut-être se serait-il engourdi dans une opulente oisiveté, si les mécontents dont il était le chef, non pour les commander, mais pour les suivre et finalement pour les trahir, n'avaient réveillé en lui les anciennes colères et les anciens désirs. Poussé par eux, il passe en Lorraine en 1629; il en revient en 1630, se mêle à la *journée des Dupes*, abandonne Marillac et sa mère elle-même au ressentiment de Richelieu, se retire une seconde fois à Nancy, où il épouse secrètement Marguerite de Lorraine (1631), et se jette aux bras de l'Espagne, dans le but avoué de lui livrer une partie de la France. Après la bataille de Castelnaudary, où Henri II de Montmorency est battu et fait prisonnier par Schomberg, il signe le traité de Bézier (29 septembre 1632). Le supplice de Montmorency le rejette du côté de l'Espagne. Il rejoint sa mère à Bruxelles en janvier 1633, rentre en France en 1635, se tourne contre les Espagnols en 1636, encourage le comte de Soissons qui veut assassiner Richelieu, devient l'âme de la conspiration de Cinq-Mars et livre ses complices (1642). Aussi Champigny écrivait-il à Richelieu que la peur était un excellent conseiller pour obtenir de Gaston d'Orléans ce qu'on voulait de lui. « Gaston, dit aussi Montrésor, n'avait de crainte que pour sa personne ; c'est la seule qu'il ait eue tout le temps que je l'ai servi, ne lui en ayant jamais vu pour aucun des siens, en quelque péril qu'ils se fussent exposés pour lui... » Richelieu meurt le 4 décembre 1642, Louis XIII le 14 mai 1643, et Gaston d'Orléans a fini de jouer le premier acte de sa vie.

Quand le rideau se lève sur le second acte, on l'appelle *Son Altesse Royale* et il est lieutenant général du Roi mineur; Anne d'Autriche est régente, Mazarin premier ministre, et la France plus que jamais divisée. Gaston d'Orléans se met alors avec le jeune vainqueur de Rocroy, puis conçoit bientôt contre lui une mortelle jalousie. Il sert le Roi de 1644 à 1646 contre les Espagnols et contre son beau-frère le duc de Lorraine. Mais l'ennemi flottant de Richelieu ne pouvait être l'ami constant de Mazarin, et celui qui avait pris tant de part aux troubles de la France sous le roi Louis XIII devait se mêler aux troubles de la régence pendant la minorité de Louis XIV. La Fronde commence en 1648 et finit en 1652. Singulière époque, où l'on voit Condé assiéger Paris pour le Roi et bientôt après combattre dans Paris contre le Roi. Dans de pareils temps, le plus difficile n'est pas de faire son devoir, mais de savoir où est le devoir. Un homme de caractère aussi divers que Gaston d'Orléans, aux mains de conseillers tels que Retz et Gondi, change alors de politique sans savoir se tenir à aucune : il fait le blocus de Paris avec Condé en 1649, et s'unit à la duchesse de Chevreuse pour emprisonner Condé en 1650; il est tour à tour avec le Roi contre les princes et avec les princes contre le Roi; il traite avec les Espagnols en compagnie de M. le prince, et tourne contre eux pour se mettre du côté de la Reine en compagnie de Turenne et du duc de Bouillon ; plusieurs fois regagné et perdu par chacun des partis, il reste indécis entre eux jusqu'à leur complet épuisement. La Fronde enfin était usée. Le 21 octobre 1652, Paris passa de l'enthousiasme de la révolte à l'enthousiasme de la soumission. Gaston d'Orléans lui-même se soumit à Mazarin et reçut ordre de se retirer à Blois. Son rôle politique était fini. Il se jette dans la dévotion, et meurt à l'âge de cinquante-deux ans, le 2 février 1660 (1)... Voilà, au point de vue de l'histoire, une des plus ingrates figures du dix-septième siècle. Voici, au point de vue pittoresque, un des beaux portraits du plus grand portraitiste flamand de ce temps-là.

C'est en pleine jeunesse que Gaston d'Orléans est représenté dans le portrait de Van Dyck. Il est debout et en pied dans une des salles de son palais. A gauche, un grand rideau rouge tombant à terre et relégué dans l'ombre ; à droite, une table recouverte d'un tapis de brocart fleurdelisé d'or. Sur cette table, Gaston a déposé son casque, et, tandis que de sa main droite il tient le bâton de commandement, sur ce casque il appuie son bras gauche, laissant pendre avec affectation sa main gauche, une de ces mains à la Van Dyck, brillantes d'exécution, mais peintes d'après un type de convention... On sait que Van Dyck se servait de modèles à gages pour les mains de ses portraits ; en quoi il avait tort. « Pour montrer ce qu'un personnage a dans l'âme, a dit Léonard de Vinci, ce n'est pas seulement son visage qui doit parler, c'est le corps tout entier. » Rubens pensait comme Léonard. Il estimait que les mains surtout ont un rôle nécessaire dans l'expression de la vie, et il les voulait vivantes de la vie même des personnes qu'il avait à peindre. Aussi, quand il y a doute entre Van Dyck et Rubens au sujet d'un portrait, observez les mains, et vous serez fixé... Revenons à Gaston d'Orléans. Sa

---

(1) Son fils unique, le duc de Valois, était mort à l'âge de deux ans, en 1652. Outre Mademoiselle, qui était née de son premier mariage avec Mademoiselle de Montpensier, il avait eu, de Marguerite de Lorraine, sa seconde femme, trois filles, dont l'aînée fut mariée à Côme III, grand-duc de Toscane, la seconde au duc de Guise, la troisième à Charles-Emmanuel II de Savoie.

chevelure noire, abondante et longue, tombe sur ses épaules, couvre son front presque tout entier et donne à sa physionomie quelque chose de sombre. Le regard n'a ni fermeté ni franchise. De grands yeux bruns à fleur de tête, d'où rien ne jaillit de chaud ni de communicatif, sont couronnés de gros sourcils noirs régulièrement arqués et voilés de lourdes paupières. La bouche, aux lèvres épaisses et sensuelles surmontées d'une moustache en broussailles, est petite et d'expression indécise. Le menton porte barbiche; et les joues, qui sont pleines et hautes en couleur, sont soigneusement rasées. Dans son ensemble, cette tête, dont chacun des traits ne manque pas de beauté, produit une impression qui est loin d'être heureuse. On n'y sent ni dignité de caractère, ni grandeur d'âme, et l'on y pressent l'égoïsme et les défaillances qui furent la vie courante du personnage. Gaston d'Orléans était plutôt Médicis que Bourbon. Au moral comme au physique, Marie de Médicis l'avait fait à son image. On ne retrouve rien dans ses traits de la forte accentuation des traits de Henri IV, et l'on cherche en vain dans son cœur quelque chose de la vaillance du Béarnais. En présence d'un semblable modèle, Van Dyck, malgré les artifices de son rare talent, n'a pu s'empêcher d'être vrai. Le costume est somptueux : ordres royaux, brocarts d'or et d'argent, soieries et satins aux couleurs chatoyantes, guipures et dentelles, toutes les élégances du temps de Louis XIII y sont accumulées, sans rien pouvoir distraire de l'ingrate physionomie. La cuirasse, sur laquelle s'étale un large col dentelé en point de Venise, est passée par-dessus la tunique de buffle lamée d'argent, qui descend jusqu'au milieu des cuisses. Les manches, largement échancrées, laissent une place importante pour le linge qui enveloppe les avant-bras et pour les dentelles qui garnissent les poignets. La culotte de satin rouge, brodée d'or et d'argent, tombe flottante jusqu'au milieu des jambes, chaussées de bottes molles en daim couleur fauve, sur lesquelles elle est fixée par des jarretières d'or; sur la cuirasse, l'ordre du Saint-Esprit, soutenu par le cordon bleu passé en sautoir, et le baudrier d'or, qui va de l'épaule droite au côté gauche, où il soutient l'épée. A la taille, enfin, une large écharpe bleu clair et orange, nouée par un gros nœud sur le côté droit. Malgré cet appareil presque royal et quasi héroïque, ce portrait garde quelque chose de timide et d'oblique, où Gaston d'Orléans se montre tout entier. Dans cette figure robuste et sans caractère, très jeune encore, on reconnaît l'homme aux fuites promptes et aux évanouissements faciles (1). On lit au bas du tableau, à gauche : GASTON DE FRANCE FRERE VNIQVE DV ROY LOIS... Van Dyck, si grand coloriste dans ses portraits, n'a guère produit d'harmonies plus chaudes et plus contenues tout ensemble que dans celui-là.

Ce portrait provient de la succession de Sa Majesté la reine Marie-Amélie. Il fut, en 1829, donné à Mgr le duc d'Orléans par George IV, roi d'Angleterre, et probablement il était entré dans la maison des Stuarts dès la première moitié du dix-septième siècle. Peut-être même a-t-il été fait à l'intention d'Henriette de France, sœur de Gaston d'Orléans et femme de Charles Ier. Van Dyck aurait pu peindre Gaston d'Orléans, soit à Paris en 1625, quand il y passa en revenant de Gênes pour retourner à Anvers; soit en Flandre, durant les sept années qu'il y resta de 1625 à 1632; soit en Angleterre, où il vécut ensuite jusqu'à sa mort. En 1625, Monsieur n'avait encore que dix-sept ans, et quoiqu'il soit jeune sur son portrait, il y semble plus âgé que cet âge. Trois ans plus tard, en 1628, il avait vingt ans, et c'est à peu près l'âge qu'ici lui a donné Van Dyck. Le siège de la Rochelle était alors engagé, et Louis XIII en avait confié la direction à son frère, avant que Richelieu la revendiquât pour lui-même. L'écharpe et le bâton de commandement que Van Dyck a donnés à Gaston d'Orléans ne répondent-ils pas à la dignité militaire dont il fut alors investi? Notons que parmi les estampes du temps exécutées d'après ce portrait, il en est dans lesquelles le graveur a substitué, à la table qui est au côté droit du tableau, un fond de plein air où l'on voit la mer et les fortifications de la place assiégée. Il y a donc tout lieu de

---

(1) Le 23 juin 1652, à la veille de la rencontre du faubourg Saint-Antoine, dans la tumultueuse séance du Parlement, les princes présents, Monsieur se trouve mal. « C'était l'habitude. Gaston s'en tirait par des évanouissements. » (*Histoire des princes de la maison de Condé pendant les seizième et dix-septième siècles*, par Monsieur le duc D'AUMALE, t. VI, p. 178.)

croire que ce portrait ait suivi d'assez près la date de 1628. L'histoire, il est vrai, ne dit pas que Monsieur ait été à Bruxelles vers cette époque; mais que de choses sur lesquelles l'histoire est muette! Quant à reculer l'exécution de cette peinture jusqu'à l'époque où Van Dyck se fixa définitivement en Angleterre, on n'y peut guère songer, car cela nous porterait vers le temps où Gaston d'Orléans touchait à sa trentième année, et il ne paraît pas avoir cet âge dans cette peinture. Nous tenons donc comme plus probable une date voisine de 1628. Monsieur était alors aux alentours de sa vingtième année. Ce portrait aurait été envoyé par lui à Henriette de France, sa sœur, et serait resté dans la maison royale d'Angleterre jusqu'au jour où il passa dans la maison d'Orléans (1).

CXXVI. — *Portrait du comte Henri de Berghe.*

Toile. — H. 1^m,19; L. 0^m,95.

Henri de Berghe, d'une des plus illustres familles de la Flandre, naquit à Anvers entre 1575 et 1580. Ces dates nous sont indiquées par le portrait même de Van Dyck, qui fut peint sans doute peu après 1625 et qui représente un homme de quarante-cinq à cinquante ans. Le comte de Berghe, comme général au service de l'Espagne, prit une part brillante aux guerres contre la Hollande. Il porta la consternation dans la Gueldre en 1624, se rendit maître de Mundbergn et de Clèves, fit sa jonction avec Spinola devant Breda et s'empara de cette ville en 1625. Plusieurs fois encore il battit les Hollandais de 1626 à 1628. Repoussé devant Bois-le-Duc en 1629 et mécontent du gouvernement espagnol, il se retira à Liège. Bien qu'allié par sa famille au prince d'Orange, il avait fidèlement servi l'Espagne. On lui fit l'injure de croire à une défection. L'archiduchesse gouvernante des Pays-Bas

(1) Parmi les variantes que la gravure du dix-septième siècle a tirées de la peinture de Van Dyck, il faut citer surtout les portraits en buste gravés par P. Van Sempel et par Vosterman.

VAN DYCK

(1599 † 1641)

ÉCOLE FLAMANDE

LE COMTE HENRY DE BERGHE

VAN DYCK

(1599 † 1641)

ÉCOLE FLAMANDE

LE COMTE HENRY DE BERGHE

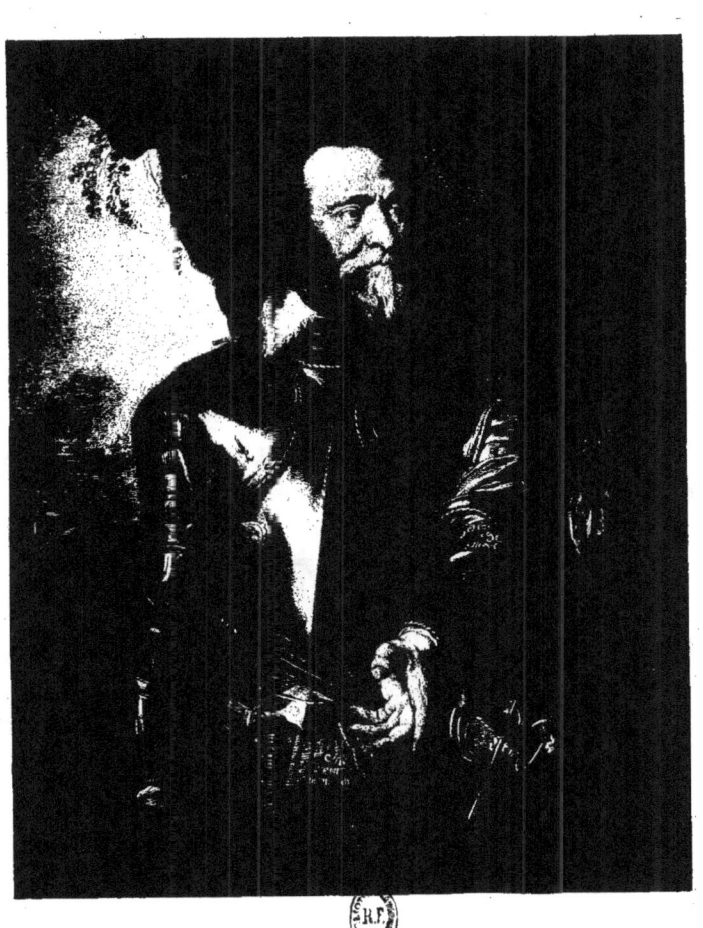

en fut alarmée. Le comte de Berghe, à qui l'on promit de réparer les injustices dont il se plaignait, fut invité à revenir à Bruxelles. Ayant résisté à toutes les instances, il fut déclaré traître à la patrie et condamné à perdre la tête sur un échafaud. Il se rendit près de Frédéric-Henri de Nassau, qu'il assista dès lors de ses conseils, passa ensuite en Angleterre, et mourut à Londres en 1641.

C'est l'homme de guerre que Van Dyck a peint dans le portrait de Chantilly, l'homme de guerre en costume militaire, dans le feu de l'action, dans l'ardeur du combat. Debout et vu jusqu'à mi-jambes, la figure est de face, la tête, de trois quarts à droite, vivement tournée sur l'épaule gauche. Les cheveux noirs, bouclant au naturel et flottant au vent, s'agitent comme des flammes sur le front largement découvert; les yeux sont menaçants; le nez est droit et fermement dessiné, la bouche énergique; la moustache et la barbe sont déjà grisonnantes. Et le corps robuste est à l'avenant de cette tête de soldat. La cuirasse, les brassards et les cuissards d'acier sont passés sur une tunique en daim de couleur fauve, où la première lettre du mot Henri (H) est indéfiniment répétée. L'épée de combat, à large coquille, est suspendue au côté gauche par des lanières de cuir rouge, et le bâton de commandement est tenu par la main droite, qui pend le long du corps. Une écharpe rouge est nouée par un gros nœud au bras gauche, qui est tendu en avant, la main gauche, vue en raccourci, appuyant avec autorité de son index un ordre sans doute, et complétant par le geste ce qu'il y a d'impérieux et de soudain dans le mouvement de la figure, ainsi que dans l'expression du visage. Tout est impétueux dans ce portrait, où se résume un drame militaire au plus fort de l'action. Au fond du tableau : à droite, des rochers; à gauche, une ville maritime, avec ses remparts et son château fort, et des horizons bleuissant sous un plafond de ciel bleu... Cette peinture est remarquable autant par la verve du dessin que par l'éclat de la couleur. Van Dyck dut l'exécuter pendant le séjour qu'il fit en Flandre de 1625 à 1632, probablement au commencement de ce séjour, et certainement avant la disgrâce de 1629. Henri de Berghe s'était signalé par la prise de Breda en

1625, et il n'y a rien d'improbable à voir dans le fond de ce tableau une allusion au siège de cette ville.

Le portrait de Henri de Berghe provient de l'ancienne galerie des Condé et figure dans l'inventaire qui fut fait en 1709, après la mort de Henry-Jules de Bourbon, fils du Grand Condé (1). Transporté de Chantilly au Louvre en 1793, il fut restitué à M. le duc de Bourbon en 1815. On en voit au château royal de Windsor une répétition, qui est loin d'être à la hauteur de l'original (2).

CXXVII. — *Portrait de la princesse Marie de Barbançon, duchesse d'Arenberg.*

Sur toile. — H. 1m,19; L. 0m,95.

Sur un fond perdu coupé à gauche par un rideau rouge, la princesse Marie de Barbançon, en pleine jeunesse et en pleine beauté, est debout, revêtue d'un costume de gala, vue jusqu'à mi-jambes et de trois quarts à gauche, les mains ramenées l'une sur l'autre vers le milieu du corps, la gauche sur la droite, avec un anneau d'or enrichi de turquoises passé au pouce de la main gauche. Ces mains, comme presque toujours dans les portraits de Van Dyck, manquent de physionomie. La tête, au contraire, est vivante d'une séduction particulière. Les cheveux blonds, soyeux et abondants, sont coiffés à l'espagnole, rabattus en pinceau sur le front, massés sur les oreilles en touffes épaisses et frisées. Des plumes de marabout blanches, épinglées d'or derrière la tête, donnent à cette coiffure quelque chose d'aérien. Des yeux d'un bleu de ciel, grands et doux, éclairent le visage, qui

---

(1) C'est le plus ancien, en date, des inventaires conservés dans les archives du château de Chantilly.

(2) Le portrait du comte Henri de Berghe a été gravé par Balthazar Moncornet, avec cette inscription : *Illustrissimus excellentissimusque Dominus D. Henricus Vander Berghe Catholicæ Majestati a Consiliis Status, est Belli Gubernator et Capitaneus generalis, Ducatus Geldriæ et comitatus Zutphanis Præfectus Tormentorum bellicorum generalis.*

VAN DYCK

(1599 † 1641)

ÉCOLE FLAMANDE

PRINCESSE MARIE DE BARBANÇON

VAN DYCK

(1599 † 1641).

ÉCOLE FLAMANDE

PRINCESSE MARIE DE BARBANÇON

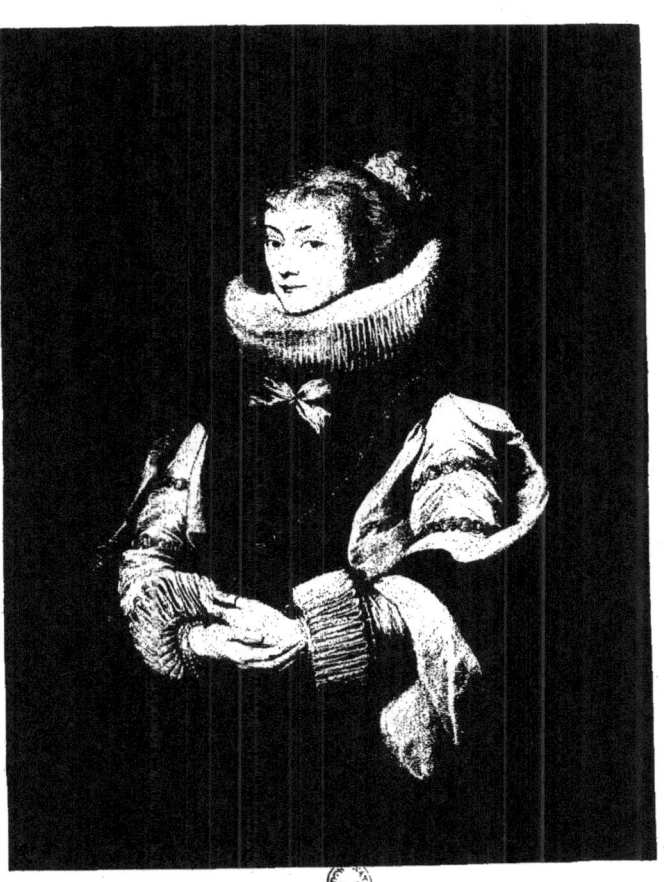

est rayonnant de jeunesse et de fraîcheur. La bouche mignonne et douce d'expression, aux lèvres roses et souriantes, répète avec un charme particulier ce que disent les yeux. Le nez est d'une finesse exquise. Le menton et les joues, sans embonpoint ni maigreur, sont irréprochables dans leurs proportions délicates; et le cou qui porte cette adorable petite tête, bien que pris tout entier dans l'épaisse collerette tuyautée de l'époque, ne laisse aucun doute sur son élégance et sa légèreté. Quant au costume, il est opulent, mais de tons discrets, et admirablement ordonné pour bien mettre en valeur cette rare beauté. La robe est noire et doublée de satin blanc, avec de larges manches ouvertes sur des manches de dessous, également en satin blanc et garnies de tuyaux de dentelle, que des chaînes d'or retiennent en haut et au milieu des bras. Dans ce portrait, comme dans tant d'autres, Van Dyck a été un incomparable habilleur.

Naguère encore on ignorait le nom de la jeune femme représentée dans cette peinture. Les archives de la maison de Condé viennent de le révéler. Dans l'inventaire fait en 1709 après la mort de Henry-Jules de Bourbon, fils du Grand Condé, on lit : « Un tableau fait par Vandec (Van Dyck) montrant la princesse de Barbanson (Barbançon), et un autre aussi de Vandec qui est celui du comte Henri de Borghe, tous deux encastrés dans une boiserie d'un appartement de Chantilly (1). » C'est ce qui explique l'agrandissement de la toile du portrait de la princesse de Barbançon. Ce portrait avait primitivement 0^m,98 de haut sur 0^m,75 de large; comme on voulut qu'il servît de pendant au portrait du comte de Berghe, on lui donna les mêmes dimensions que ce portrait, 1^m,19 sur 0^m,95. Une note écrite en marge de l'article consacré au portrait du comte de Berghe, dans cet inventaire de 1709, ajoute que ces deux portraits furent retenus, en 1710, par Louis-Henri, duc de Bourbon. C'est ainsi qu'ils restèrent à Chantilly durant le dix-huitième siècle. Attribués au Louvre en 1793, ils furent réintégrés

---

(1) C'est à M. Macon, le savant et infatigable archiviste de Monsieur le duc d'Aumale, que nous devons cette indication. (Inventaire après décès du prince de Condé. Archives de Chantilly. Série A.)

à Chantilly en 1815... Voici ce qu'il nous a été possible de recueillir sur la princesse de Barbançon (1).

Marie de Barbançon, vicomtesse de Dave et dernière du nom de Barbançon (2), était fille et héritière d'Évrard de Barbançon, vicomte de Dave, seigneur de Villemont, Mont-Jardin, Soy, Nettines, Royaumez, Jenneffes, Grand et Petit Han, Nanine, Leuchin, etc., et de Louise, comtesse d'Oossfrise. Elle épousa le rhingraaf Albert de Ligne-Arenberg, duc d'Arenberg, prince de Barbançon en 1644, comte d'Aigremont et de la Roche, chevalier de la Toison d'or, gouverneur du pays et comté de Namur, né le 22 juillet 1600, décédé à Madrid en 1674 (3). Quand naquit Marie de Barbançon, quand se maria-t-elle et quand mourut-elle? On l'ignore. Les dates de sa naissance et de son mariage, cependant, sont à peu près données par le portrait de Van Dyck. La princesse paraissant avoir de vingt à vingt-cinq ans et se présentant comme une très jeune mariée sur ce portrait, qui fut certainement exécuté pendant le séjour que le peintre fit en Flandre de 1625 à 1632, dut naître de 1605 à 1610 et épouser Albert de Ligne vers 1625.

Détail intéressant à noter pour l'histoire des portraits du comte de Berghe et de la princesse de Barbançon : Albert de Ligne, l'époux de Marie de Barbançon, était lié par une affection filiale au comte de Berghe, qu'il appelait son père et par qui il était traité comme un fils. La princesse de Barbançon ne dut-elle pas partager cette affection et être considérée comme une fille aussi par le comte de Berghe? Étant établie cette intimité, n'est-il pas vraisemblable que le comte Henri de Berghe ait donné son portrait à Albert de Ligne, et que ce portrait ait été réuni à celui de la princesse de Barbançon

---

(1) C'est à M. Ch. Piot, archiviste général du royaume de Belgique, que nous nous sommes adressé, et c'est lui qui nous a très obligeamment renseigné.

(2) Marie de Barbançon eut une sœur, Bonne de Barbançon, qui mourut sans enfants après avoir été mariée d'abord à Philippe, comte de Mérode, marquis de Westerloo, puis à Arnoul, comte Scheyffart de Mérode, baron de Clairmont.

(3) Albert de Ligne était fils de Robert de Ligne-Arenberg, en faveur de qui l'archiduc Albert d'Autriche érigea, le 8 février 1644, Barbançon en principauté, et de Claude, fille du rhingraaf Jean-Philippe, comte de Salm. Son grand-père était Jean de Ligne, qui releva le nom d'Arenberg et qui s'était marié à Marguerite de la Marche d'Arenberg, dernière du nom, alliée au comte de Berghe. Van Dyck a fait un portrait d'Albert de Ligne, gravé par Bolswert.

dans le palais d'Arenberg, à Bruxelles, avant d'en être rapproché, à Chantilly, dans le logis de Condé? Si l'on considère, en outre, que le Grand Condé séjourna dans les Pays-Bas de 1653 à 1660, et qu'il fréquenta avec assiduité chez la princesse de Barbançon, — la preuve de cette fréquentation est historiquement établie, — n'est-il pas probable que c'est aux mains de Condé lui-même qu'ont été remis ces portraits? La princesse de Barbançon les lui offrit sans doute. S'il les acheta, ce fut avant 1675, car on a, dans les archives de Chantilly, ses livres de dépense à partir de 1676, et l'on n'y trouve rien qui se rapporte à une pareille acquisition (1).

CXXVIII. — *Portrait de Guillaume de Neubourg.*

Sur toile. — H. 1m,30; L. 0m,99.

Guillaume Wolfgang, comte palatin de Neubourg, était fils de Philippe-Louis, duc de Neubourg, et d'Anne de Juliers et de Clèves. Il naquit le 29 octobre 1578 et mourut le 10 mars 1653, en laissant la réputation d'un prince sage, actif et bienfaisant. La succession de Juliers fut une des causes de la guerre de Trente ans. Les deux prétendants au duché de Juliers et de Clèves, Guillaume de Neubourg et Jean Sigismond, électeur de Brandebourg, l'un luthérien et l'autre calviniste, se réunirent à Dusseldorf et ne purent s'entendre. Ils discutèrent d'abord, se querellèrent ensuite; un soufflet fut donné au comte palatin par l'électeur de Brandebourg, et la brouille fut irrévocable. Guillaume de Neubourg chercha un appui en Bavière. Pour l'obtenir plus sûrement, il épousa la sœur du duc Maximilien (10 novembre 1613) et se fit catholique. C'est ainsi qu'il obtint la neutralité de la France et le secours de l'Espagne. Pendant la guerre de Trente ans (1618-1648), il soutint la

---

(1) Condé aimait les arts et avait acheté des tableaux pendant son séjour dans les Pays-Bas. Cela ressort du document suivant, signé de sa main le 30 juillet 1666 : « M. de la Fuye paiera au Sr de la Tour, la somme de 3,517 livres, que je luy dois pour reste de sa subsistance en Flandre et *payement de tableaux* que j'ay eu de luy et de toutes choses généralement quelconques que je peux luy devoir de ce temps-là. »

cause de la maison d'Autriche. Comme allié catholique de l'Espagne, le comte palatin de Neubourg dut venir en Flandre pendant le séjour qu'y fit Van Dyck de 1625 à 1632. Il avait alors de quarante-sept à cinquante-quatre ans, et se fit peindre par le portraitiste flamand.

Guillaume Wolfgang est debout et vu jusqu'à mi-jambes. Malgré ses cinquante ans, il est encore de belle tournure et de traits réguliers. Ses cheveux bruns, presque noirs, tombent jusque sur ses oreilles; ses moustaches relevées en croc et sa barbe abondamment fournie sont également brunes. Pour costume, il porte une tunique noire, par-dessus laquelle est jeté un court manteau noir, une culotte bouffante noire, des bas de soie noirs, des manchettes et un col blancs, qui sont comme de vives lumières au milieu de tout ce noir. Sur la poitrine, la Toison d'or est suspendue par le cordon noir de l'ordre, dans lequel sont passés le pouce et l'index de la main droite. Au côté gauche, une épée, sur laquelle s'appuie la main gauche. Un énorme chien de race danoise se tient à droite de son maître. Au fond, à gauche, le piédestal et le fût tronqué d'une colonne; à droite, un rideau rouge drapé derrière le personnage... Ce portrait a très grand air. Aussi Van Dyck l'a-t-il plusieurs fois répété. L'exemplaire de la galerie de Chantilly est une réplique remarquable, quoique fragmentée, du grand portrait en pied que l'on voit à la Pinacothèque de Munich... Van Dyck avait fait encore un portrait en buste du comte palatin de Neubourg, revêtu d'une armure. Ce portrait a été gravé par Vosterman.

OSTADE (ADRIEN VAN)

(1610 † 1685. — École hollandaise.)

La peinture de genre, qui avait fait son apparition en Flandre dès la fin du quinzième siècle, avec Jérôme Bosch et Quentin Matsys, et qui n'avait guère fait parler d'elle au seizième, prit au dix-septième siècle un développement inattendu, et compte Adrien van Ostade parmi ses plus illustres représentants. La vie d'Adrien, il y a vingt-cinq ans encore, appartenait à la légende; grâce aux recherches de M. A. van der Willigen, elle appartient désormais à l'histoire. Houbraken faisait naître Adrien à Lubeck, ce qui lui assignait une origine germanique. On sait maintenant, par preuves authentiques, qu'Adrien van Ostade est un vrai Hollandais, né à Harlem le 10 décembre 1610, mort dans la même ville, à l'âge de soixante-quatre ans, le 27 avril 1685. Son père habitait Harlem et s'y était marié le 16 janvier 1605, et, dans le registre où est inscrit le premier mariage d'Adrien avec Machtelgen Pietersen, le 26 juillet 1638, il est dit que les deux époux sont « tous deux de Harlem ». C'est dans la grande église de Harlem qu'eut lieu l'enterrement de Machtelgen Pietersen le 27 septembre 1642, et celui de la seconde femme d'Adrien le 24 novembre 1666. Adrien van Ostade lui-même fut inhumé dans la même église, le 2 mai 1685. Donc il est né, il a vécu et il est mort à Harlem; c'est là qu'il a conquis fortune et célébrité. Dès lors, que devient le roman d'Houbraken, qui montre Adrien van Ostade abandonnant Harlem pour Lubeck en 1662 à l'approche des Français, s'arrêtant à Amsterdam et s'y établissant jusqu'à sa mort? En 1662, Adrien était doyen de Saint-Luc à Harlem, et il n'y eut ni trouble ni guerre dans cette ville avant 1672... Adrien van Ostade avait eu pour maître Frans Hals et pour condisciple Adrien Brauwer. Dans la voie des paysanneries et des joyeusetés populaires, nul ne l'a non seulement dépassé, mais même égalé. L'esprit et la précision de son dessin, la souplesse et la verve de son pinceau, la puissance de sa couleur, la délicatesse de son clair-obscur, sont inimitables.

CXXIX*. — *Paysanne assise devant sa chaumière.*

Peinture à l'eau sur vélin. — H. 0^m,107; L. 0^m,087.

Une vieille femme, son chanvre et sa quenouille en main, est assise à la porte de sa chaumière. Survient un paysan, vers qui elle se retourne et avec lequel elle cause ; il est debout, vu de dos et appuyé sur son bâton. Pour fond, la façade d'une maison rustique, que tapisse un cep de vigne. Un coq et des poules picorent devant cette chaumière. Et c'est tout. Comme invention, c'est bien peu ; comme talent, c'est beaucoup. Dans cet humble milieu, toutes choses sont à leur place, et les moindres d'entre elles ont la physionomie qu'il leur faut. Rien de beau dans tout cela, mais rien aussi que de plaisant. Parmi les *petits maîtres* de la Hollande, nul n'a fait plus large part qu'Adrien van Ostade à la vie populaire et à la vie campagnarde. Cette bonne vieille a des formes si libres et si justes, un tel air de franchise et de bonhomie, que volontiers on lui pardonne sa vulgarité.

Cette petite peinture, très terminée, a passé des collections Revil et Reiset dans celle de Monsieur le duc d'Aumale (1).

TENIERS (DAVID) LE JEUNE

(1610 † 1690. — École flamande.)

David Teniers le Jeune naquit à Anvers en 1610. Il avait reçu ses premières leçons de son père, David Teniers le Vieux, un assez piètre peintre de paysanneries, mais il revendiquait Rubens pour son véritable maître. En 1633, il fut reçu franc-maître, un an avant Brauwer, à qui souvent on le donne pour élève, et, en 1637, il épousa la fille de Breughel de Velours, pupille de Rubens. Jeune, brillant, admirablement doué, il fut bientôt célèbre et fit promptement fortune. L'archiduc d'Autriche, Léopold-Guillaume, gouverneur des Pays-Bas, le nomma son peintre particulier, aide de

(1) Bien qu'exposée dans la galerie de tableaux, elle pourrait être réclamée par le cabinet des dessins, qui en possède, d'ailleurs, une réplique presque identique.

sa chambre, conservateur de la galerie de tableaux qu'il avait installée au palais de Bruxelles (1); don Juan d'Autriche, qui succéda à Léopold-Guillaume, le confirma dans toutes ces charges. Quoique vivant à Bruxelles, Teniers n'eut garde d'oublier Anvers, sa ville natale, où il fonda une Académie des Beaux-Arts, dont il fut le premier directeur (1663). Ses tableaux sont partout, et leur nombre est considérable. Smith en a catalogué 685. Madrid en possède 52, Vienne 43, Saint-Pétersbourg 40, le Louvre 34, Dresde 24, la *National Gallery* 10, etc., etc. Louis XIV, patron de Lebrun, dédaignait ces *magots*. Philippe IV, protecteur de Velasquez, s'en éprit à tel point qu'il en forma une galerie spéciale, qui se retrouve aujourd'hui au musée du Prado... Teniers, dans ses tableaux, a raconté avec une verve sans égale la vie du peuple flamand, familière jusqu'à la trivialité, et les joies du paysan, grossières jusqu'à la débauche; ce qui ne l'a pas empêché de faire à l'occasion de véritables tableaux d'histoire, témoin la *Confrérie des arquebusiers d'Anvers*, au musée de l'Ermitage. David Teniers, par sa manière de penser, se rattache au vieux Breughel, tandis qu'il fait songer à Rembrandt par sa manière de peindre; à l'un il emprunte son goût pour les humbles et le don d'en saisir les côtés pittoresques; à l'autre il dérobe la virtuosité du pinceau, les harmonies chaudes et les transparences du ton. Teniers s'était fait inscrire dans la Gilde de Bruxelles le 28 juillet 1675. Il avait acheté, entre Vilvordes et Malines, le domaine de Perck, connu sous le nom de *Gry Toren*, et il y passait, au milieu de ses chers paysans, le meilleur de son temps. Il mourut à Bruxelles, le 25 avril 1690, à l'âge de quatre-vingts ans. L'aîné de ses onze enfants, qui s'appelait aussi David, fut peintre également et signa ses tableaux David Teniers Junior (2).

(1) Presque tous les tableaux de cette galerie, dont Teniers a laissé de nombreuses *Vues*, sont aujourd'hui dans la galerie impériale de Vienne.
(2) Voir l'intéressante monographie que M A.-J. Wauters lui a consacrée dans sa *Peinture flamande*.

CXXX. — *Portrait de Louis II, prince de Bourbon, surnommé le Grand Condé.*

Sur cuivre. — H. 0ᵐ,22; L. 0ᵐ,16.

Ce n'est pas un portraitiste qu'on est accoutumé de voir en David Teniers, et c'est cependant un remarquable portrait que celui qu'il nous a laissé du Grand Condé. Il l'a signé et daté D. TENIER — 1653, et il y a mis l'âge du personnage représenté, ÆT. 31. A trente et un ans, le Grand Condé avait accompli ses plus grandes actions et commis ses plus grandes fautes. Monsieur le duc d'Aumale ayant placé lui-même ce portrait dans le milieu historique où il avait été peint, c'est à lui qu'il faut s'adresser d'abord pour être renseigné.

Louis II de Bourbon, né le 8 septembre 1621, arriva à Paris à l'âge de quinze ans pour faire sa première révérence au Roi (19 janvier 1636). « Robuste et gaillard quant au corps et quant à l'esprit, dit le P. Pelletier, on lui voyait déjà cet air noble et galant qu'on lui connut depuis. » La grande Mademoiselle dit quelque part dans ses Mémoires qu'il était impossible de mieux danser (1). Chez Madame la Princesse, sa mère, il rencontrait mademoiselle de Scudéry, madame de Sablé, la marquise de Rambouillet, Julie d'Angennes, la plus intime amie de sa sœur, Marie et Isabelle de Montmorency, Anne d'Attichy, Marie et Anne de Gonzague, Marthe du Vigean, qu'il aima dès lors d'un amour profond; mais M. le Prince ne laissa pas son fils s'amollir en aussi aimable compagnie... En avril 1638, le duc d'Enghien prend possession du gouvernement de Bourgogne, et le 6 mai se place l'escarmouche de Selongey, le premier fait de guerre engagé par lui et dont il sortit à son honneur. Richelieu devine dès lors les services que ce jeune prince pourrait rendre à l'État, et, le 16 février 1641, il lui fait épouser

---

(1) *Histoire des princes de Condé*, t. III, p. 338.

DAVID TENIERS (LE JEUNE)

(1610 † 1690)

ÉCOLE FLAMANDE

LE GRAND CONDÉ

DAVID TENIERS (LE JEUNE)

(1610 † 1690)

ÉCOLE FLAMANDE

LE GRAND CONDÉ

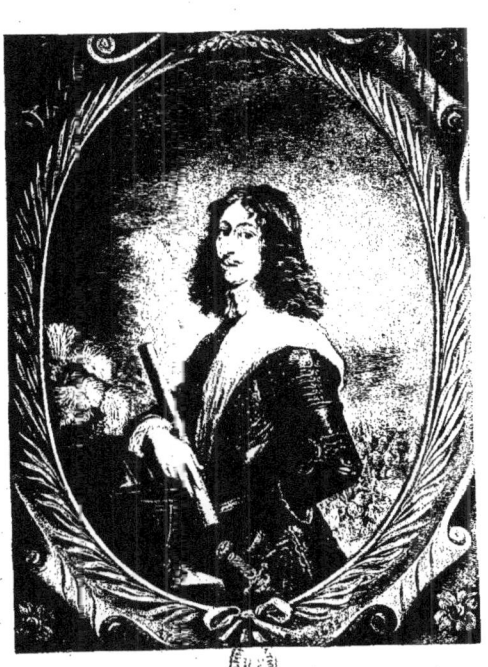

sa nièce, Claire-Clémence de Maillé; mariage politique, où le cœur ne fut pour rien. Aux sièges d'Arras, d'Aires, de la Bassée, de Bapaume, M. le duc donne, sous le maréchal de la Meilleraye, de grandes preuves d'application et de courage; presque en même temps, dans l'affaire des préséances, il fournit la mesure de cette violence et de cet orgueil sans frein qui, plus tard, l'entraîneront si loin. La mort de Richelieu (6 décembre 1642) l'affranchit d'un joug pesant. Le voilà libre d'écouter son goût pour le plaisir, et de donner cours à sa passion pour mademoiselle du Vigean... Le 17 avril 1643, il prend le commandement de l'armée de Picardie, où il va jouer un rôle d'une grandeur inattendue. Louis XIII meurt le 14 mai, et, dans le mystère de son agonie, il voit la France victorieuse et le duc d'Enghien triomphant. Le 19, à neuf heures du matin, les funérailles royales se font à Saint-Denis; le même jour et à la même heure, le duc d'Enghien gagne la bataille de Rocroy. Le 8 août, il prend Thionville, le 27 septembre de l'année suivante, il s'empare de Fribourg, et le 3 août 1645 il gagne la bataille de Nordlingue. Ce qui ne l'empêche pas de songer à son « démariage » et d'aimer toujours mademoiselle du Vigean. Quand il lui dit adieu en 1644, il s'évanouit. « Jamais amour ne fut plus passionné d'une part, ni, de l'autre, écouté avec plus d'honnêteté et de modestie (1)... » Ce fut mademoiselle du Vigean qui renonça d'elle-même à ce rêve de bonheur, en se cloîtrant aux Carmélites de la rue Saint-Jacques. On ne cessait, d'ailleurs, de songer à M. le duc dans la « chambre des filles », où il eût trouvé de brillantes consolations; mais personne ne prit la place de Marthe du Vigean. Il ouvrit alors sa porte aux libertins : Bussy, Saint-Évremont, Rivière, Bourdelot; mais la gloire ne tarda pas à le reconquérir... Le 23 août 1646, il est blessé, presque aveuglé au siège de Nordick; il prend Furnes le 5 septembre et Dunkerque le 11 octobre. M. le Prince meurt le 26 décembre, et le duc d'Enghien devient prince de Condé. Mazarin, qui en avait pris ombrage et ne cessait de le harceler, l'envoie en Catalogne dans l'espoir d'un échec, et la levée du siège

(1) LENET, *Mémoires*...

de Lerida justifie ses prévisions. Condé retourne en Flandre (avril 1648), prend Ypres (29 mai), ne peut empêcher Sfondrato de s'emparer de Furnes (3 août), gagne la bataille de Lens le 20 août, est blessé en voulant reprendre Furnes le 8 septembre, et revient à Chantilly pour s'y reposer de cette dure campagne. La paix de Munster fut le prix de la victoire de Lens... Viennent alors les désordres de la Fronde, au milieu desquels Condé, incapable de modération, finit par succomber. Il était parmi les mécontents, et ne fut pas d'abord parmi les *frondeurs;* il resta fidèle à la cour, et Mazarin s'en servit pour amener la paix, ce qui n'empêcha pas la haine de redoubler entre eux : « *Causa periculi non crimen ullum, sed gloria viri.* (TAC., *Agricola.*) Il n'y avait pas de crime à punir, de péril à écarter, mais la gloire d'un homme faisait peur (1). » Condé voulut empêcher le mariage de la nièce de Mazarin avec le duc de Mercœur. Injustement arrêté le 18 janvier 1650, il fut enfermé à Vincennes d'abord, à Marcoussy ensuite, enfin au Havre, et sortit de prison après treize mois de captivité, aveuglé par la colère, affamé de vengeance. Aussitôt libre, il lève des troupes et engage la guerre contre le Roi. Il bat à Gien l'armée royale commandée par le maréchal de Hocquincourt, se mesure avec Turenne au faubourg Saint-Antoine (2 juillet 1652), et passe dans les rangs de l'Espagne afin de se dérober au ressentiment de la cour. « M. le Prince avait le droit de dire : « Je suis entré en prison innocent », et il n'avait que trop raison d'ajouter : « J'en suis sorti le plus coupable des hommes... » Toute tyrannie est haïssable. L'homme de bien a le devoir de protester à tout risque contre l'acte tyrannique qui, dans sa personne, atteint le public, de résister, de lutter même, si, au péril de sa vie, il peut mettre un terme à l'oppression de tous ! Il n'a pas le droit de troubler sa patrie, de la déchirer, d'y porter la guerre pour venger une offense personnelle (2)... » En parlant ainsi, Monsieur le duc d'Aumale a été non seulement un des grands écrivains de l'histoire, il a été par-dessus tout et avec le plus pur patriotisme un de ceux qui la font... M. le Prince fut reçu à bras ouverts dans les Pays-Bas.

(1) *Histoire des princes de Condé,* t. V, p. 378.
(2) *Id.,* t. V, p. 383.

Les dames surtout l'accueillirent avec enthousiasme. Elles voyaient en lui, en même temps que le vainqueur de Rocroy, l'amant de mademoiselle du Vigean, et leur admiration se mêlait d'attendrissement. La galanterie ajoutait quelque chose de romanesque à la gloire dont la guerre avait tant de fois déjà couronné le jeune héros... Il importait de rappeler ce double caractère de la physionomie de M. le Prince avant de regarder le portrait de Teniers.

Condé, après la rencontre du faubourg Saint-Antoine (2 juillet 1652), était donc passé au parti de l'Espagne et avait fixé sa résidence à Bruxelles. Par sa bonne grâce et son urbanité, il y avait bien vite conquis tous les cœurs. « Implacable dans sa fierté vis-à-vis des personnes royales ou des maisons souveraines, des ministres et hauts fonctionnaires, il faisait bon marché de l'étiquette avec les autres, avec les dames surtout, habituées à un tout autre accueil par les infants ou archiducs à l'allure gourmée, et si souvent froissées par les impertinences de M. de Lorraine. L'empressement fut très grand; on se disputait l'honneur de le recevoir; on courait chez lui dès que sa porte était ouverte, surtout s'il donnait à danser au coup d'archet de ses violons français... Il pouvait à peine suffire aux invitations dont on l'accablait, festins, banquets, comédies. Les dames se sentaient sous le charme de sa tournure élégante et martiale, de son esprit étincelant, de sa gloire; il en avait distingué particulièrement quelques-unes (1), mais l'entraînement était général. « Toutes en ce pays, nous aimons si parfaitement Vostre Altesse!... » lui écrivait la comtesse de Vils; et, bien qu'il fût loin d'avoir une beauté régulière, elles se disputaient son portrait. On s'adressa d'abord au peintre des *Kermesses* et de la *Danse au cabaret*, transformé par la volonté de l'archiduc en peintre d'actions et de visages héroïques. Avec un pinceau précieux et une touche exquise de finesse, Teniers a fixé sur le cuivre ces traits séduisants dans leur étrangeté; les contours semblent plus anguleux, l'œil paraît

---

(1) Nous avons rencontré déjà, dans la galerie du musée de Condé, le portrait par Van Dyck d'une de celles que le Grand Condé avait le plus particulièrement *distinguées*, la princesse de Barbançon.

agrandi, le regard plus perçant encore, au milieu de ce visage pâli, amaigri, allongé par la fièvre, toujours encadré par une abondante et soyeuse chevelure au ton châtain doré. »

Le Condé de Teniers est encadré de lauriers, tête nue, vu plus qu'à mi-corps et de trois quarts à gauche. Ses longs cheveux sont châtains, virant au blond. Son corps est revêtu d'une armure de fer, garnie de cuir rouge et rehaussée de clous d'or, avec une collerette de guipure rabattue sur le hausse-col. Par-dessus l'armure, une écharpe bleue passée en sautoir. On lit dans les *Mémoires de Mademoiselle* : « Le Grand Condé avait l'écharpe bleue à l'allemande. » Le casque, empanaché de plumes blanches, bleues et jaunes, est posé devant le héros; le bras droit s'y appuie, la main droite tenant le bâton de commandement, tandis que la main gauche est campée sur la hanche à portée de l'épée. Le visage, amaigri par la fièvre, est pâle, émacié. Le peintre a régularisé ce qu'il présentait d'irrégulier, aplani ce qu'il avait de heurté. Les traits sont accusés avec moins de vigueur que dans la nature. Le front et le menton sont moins fuyants, les pommettes moins saillantes. Les yeux, fort beaux, sont moins à fleur de tête; sans avoir le feu des grands jours, ils n'en ont pas moins quelque chose de troublant. Le nez s'est allongé, a perdu sa violente courbure; ce qu'il y avait de l'aigle et de l'oiseau de proie dans cette face humaine fait place ici à quelque chose de joli, de presque coquet. La ferme compression des lèvres indique cependant une nature où abondent les contrastes, où la bonté se voile d'une indomptable énergie, tranquille et froide, incapable de jamais reculer ni céder.

Il y a dans toute cette figure je ne sais quelle élégance mâle et sans apprêt, quelque chose de haut et qui sent toujours son héros. Sous une pointe de rudesse, on découvre la droiture et la courtoisie du chevalier parlant aux dames sur le ton d'une galanterie faite de noblesse et de grâce. On voudrait sans doute, sous cette calme surface, ressentir quelque chose de la fougue et de l'impétuosité qui couvaient toujours en cette âme; mais Teniers a eu beau mettre au fond de son tableau un combat en miniature plafonné d'un ciel chargé de nuages, il n'a rien montré du Condé des batailles, du Condé qui apparaissait naguère à Mademoiselle « terrible et sublime (1) »! C'est un Condé arrangé et embelli à l'usage des dames qui se disputaient son portrait, un Condé plus jeune que les trente et un ans qu'il avait alors et qui nous reporte vers le duc d'Enghien, d'Isabelle de Montmorency et de Marthe du Vigean.

Ce portrait prouve que Teniers savait être à l'occasion gentilhomme dans ses goûts et dans sa manière de peindre, mais démontre en même temps qu'en fréquentant en si haut lieu il perdait quelque chose de sa chaleur communicative et de son entrain habituel. Le petit maître flamand avait d'ailleurs essayé de tous les genres, et certains d'entre eux ne lui avaient pas réussi. Quand il s'était aventuré dans le domaine de la peinture héroïque et religieuse, il s'était complètement égaré ; témoin l'*Histoire de Renaud et d'Armide* au musée du Prado, le *Sacrifice d'Abraham* à la galerie du Belvédère, et l'*Ecce homo* du musée de Cassel. Sur le terrain de l'histoire et de la peinture de portraits, on le sent dépaysé. Un tel peintre, cependant, ne se pouvait fourvoyer complètement. Le portrait du Grand Condé en est la preuve.

C'est M. le marquis de Biancourt qui a cédé à Monsieur le duc d'Aumale, en 1890, ce précieux petit portrait (2).

(1) A la fin de cette journée du faubourg Saint-Antoine (2 juillet 1652), Mademoiselle fit ouvrir les portes de Paris et se rendit, tout près de la Bastille, dans la maison de M. de La Croix, maître des Comptes, où elle fit appeler M. le Prince... « Soudain il apparaît devant Mademoiselle, l'épée nue à la main (il avait perdu le fourreau), la cuirasse martelée de coups, la chemise tachée de sang, les cheveux tout mêlés, les yeux étincelants à travers le masque de sueur et de poussière qui couvrait son visage, terrible et sublime! A peine est-il en présence de la princesse que les larmes éteignent le feu de son regard ; il tombe en pleurant sur un siège : « Pardonnez à ma douleur! J'ai perdu mes amis, tous mes amis! » — « Après cela, que l'on dise qu'il n'aime rien! » s'écrie Mademoiselle. Le vrai Condé n'est-il pas là? N'est-ce pas lui que l'on retrouve encore une heure après, descendant du clocher de l'abbaye de Saint-Antoine? » Tous les ordres sont donnés. La chaleur est toujours accablante. M. le Prince descend du clocher, traverse le préau ; la fraîcheur du tapis vert qui s'étend sous ses pieds à l'ombre de grands arbres le tente, l'attire. Soudain il jette ses armes, ses habits, et, tout nu, comme un poulain sauvage il se roule dans l'herbe touffue. Après ce bain improvisé, il se fait vêtir et armer, saute à cheval et donne un dernier coup d'œil au dispositif de son armée... » (*Histoire des princes de Condé*, etc., t. VI, p. 202.)

(2) Il a été gravé par Lisebetten.

EGMONT (JOOST VERUS CONSTANT VAN EGMONT, DIT JUSTE D')

(1602? † 1679? — École flamande.) (1)

Parmi les peintres célèbres du dix-septième siècle, il en est peu dont la vie soit entourée d'autant d'obscurité. Selon Corneille de Bie, cité par Mariette, Juste d'Egmont, qui « estoit excellent pour peindre les portraits », naquit à Leyde en 1602, et, selon Descamps, il mourut à Anvers le 8 janvier 1674. Il appartiendrait donc, par sa naissance, à l'école hollandaise, et serait mort en Flandre, à l'âge de soixante-douze ans. Or, M. Dussieux, sur la liste des membres de l'Académie de peinture fondée en 1648 et dont Juste d'Egmont fut un des *Anciens*, trouve qu'Egmont (Juste d'), peintre de portraits, né à Anvers, mourut le 8 janvier 1674, à l'âge de cinquante-six ans. Voilà donc Juste d'Egmont restitué à l'école flamande; de plus, il serait né, non plus en 1602, mais en 1618. M. Jal, enfin, copie sur les registres de Saint-Germain l'Auxerrois : « Le mardi 31 janvier 1679, fut inhumé Constantin d'Egmont, surnommé le Juste (*sic*), peintre ordinaire du Roy et de S. A. Mgr le duc d'Orléans, âgé de cinquante ans environ, décédé dimanche dernier (29 janvier) (2). » Juste d'Egmont ne serait donc pas mort à Anvers, comme le disait Descamps, mais à Paris, et serait né vers 1629. Jamais documents authentiques n'ont plus complètement embrouillé les choses. Voici, d'ailleurs, une pièce tirée des papiers de Condé, qui les contredit de la façon la plus for-

(1) Si nous plaçons Juste d'Egmont, né en 1602, après David Teniers le Jeune, né en 1610, c'est que ces deux maîtres se trouvent représentés dans la galerie de Chantilly par des portraits du Grand Condé, et que, vu l'importance du personnage, alors surtout que nous sommes dans la maison qui fut la sienne, l'ordre chronologique des portraits doit prévaloir sur l'ordre chronologique des peintres. Nous avons donc étudié le portrait peint par Teniers, en 1653, avant les portraits peints par Juste, en 1656 et en 1663 probablement.

(2) A. JAL, *Dictionnaire critique de biographie et d'histoire*.

melle (1). Le 23 mai 1646, la princesse de Condé écrit à son fils, encore duc d'Enghien : « Dites à Tourville (2) qu'il me mande s'il a donné ordre à Juste de me donner vostre peinture. S'il ne l'a pas fait, dites-luy qu'il le luy mande. » Si Juste d'Egmont était né en 1618, comme l'indiquent les listes de l'Académie royale, il n'aurait eu que vingt-huit ans en 1646. Aurait-il pu jouir, aussi jeune encore, d'une célébrité suffisante pour qu'une princesse de sang royal réclamât de lui avec instance le portrait de son fils? Cela est peu probable. La chose eût été tout à fait impossible s'il était né en 1629, comme cela ressort du registre de Saint-Germain l'Auxerrois, car il n'aurait eu que dix-sept ans en 1646, et c'est sur les bancs de l'école qu'il eût fallu l'aller chercher. Si, au contraire, on s'en réfère à la date de naissance (1602) donnée par les auteurs du dix-huitième siècle, Juste avait quarante-quatre ans en 1646; il était en pleine force, en pleine réputation, et tout s'explique dans la lettre de la princesse de Condé. Pour motiver ces contradictions, on a eu l'idée de voir deux peintres différents dans Constant ou Constantin d'Egmont et dans Verus d'Egmont, connu sous le nom de Juste; mais ce dédoublement devient inadmissible, quand on voit le nom de Constantin apposé sur les actes les plus importants de la vie de Juste, notamment sur l'acte de son second mariage : « Le 29 novembre 1656, Constantin d'Egmont, escuyer, natif d'Anvers, épousa, à Saint-Étienne-du-Mont, Marie-Antoinette des Brière, native de Reims en Champagne (3). » Le seul moyen d'expliquer ces erreurs de chiffres, c'est de les mettre au compte de la légèreté avec laquelle on enregistrait quelquefois les dates et souvent les âges dans des actes qui devaient être appelés un jour en témoignage devant l'histoire. ... Juste d'Egmont est donc né à Anvers, très vraisemblablement en 1602. Il étudia d'abord sous Gaspard van den Hoeck, dans l'atelier duquel on le

(1) Les papiers des Montmorency et des Condé, conservés et classés dans les archives de Chantilly, forment une suite de cinq cent quatre-vingts volumes grand in-folio.
(2) Premier gentilhomme du duc d'Enghien.
(3) Juste d'Egmont avait épousé en premières noces une de ses parentes, Émérantianne d'Egmont. On ne sait au juste ni le lieu ni la date de la mort de cette première femme. Juste d'Egmont eut de sa seconde femme deux filles jumelles, Marie-Henriette et Charlotte, nées le 29 mai 1666. (Reg. de Saint-Sulpice.)

trouve en 1615, puis fut élève de Rubens. Mariette fait de lui cet éloge : « Personne n'estoit plus capable de bien peindre une teste. J'en ai vu qui sont dignes de Van Dyck, tant elles sont peintes avec fraîcheur. » Félibien nous apprend aussi que Simon Vouet employait Juste d'Egmont à peindre les animaux, les paysages, les fleurs et les ornements des tapisseries dont il faisait les modèles (1)... Juste d'Egmont, selon ses biographes, était encore à Anvers en 1628. Quand vint-il se fixer en France? On ne sait précisément. Ce qui est certain, c'est qu'il y était établi en 1635, car, le 3 janvier 1636, il tient sur les fonts de Saint-Sulpice « Denise, fille de Jean Fleur, maître peintre », et le baptistaire de Denise Fleur nomme Verus van Egmont « Justin d'Egmont, peintre de la chambre du Roy ». En 1638, Juste d'Egmont tient encore sur les fonts de Saint-Sulpice « Marie, fille de Pierre Dubois, peintre ».

Juste d'Egmont, comme peintre d'histoire, est au-dessous de l'ordinaire, témoin les *Premiers Pas de l'Enfant Jésus* et le *Saint Joseph*, dont la Bibliothèque nationale de Paris possède des gravures datées de 1645; mais il est maître dans l'art du portrait : le *Portrait du maréchal de la Meilleraye* (1638), si admirablement gravé par Nanteuil en 1662, suffirait à lui seul pour en fournir la preuve. Les gravures de Rousselet et de N. Pitou, que l'on trouve également à la Bibliothèque nationale, d'après les portraits de Bertier et de Gaspar Daillon, donnent également une haute idée de ce que sont les portraits de Juste d'Egmont. C'est à Vienne, à Saint-Pétersbourg et en Suède qu'il faut aller surtout pour en juger... La peinture de Juste est claire de tons, fraîche d'aspect, d'une exécution un peu molle, avec plus d'agrément que de solidité... Trois des portraits de la galerie de Chantilly répondent assez bien à ce signalement.

(1) FÉLIBIEN, *Entretiens*, t. III, p. 400.

JUSTE D'EGMONT

(1602? † 1679)

ÉCOLE FLAMANDE

LE GRAND CONDÉ

JUSTE D'EGMONT
(1602? † 1679)
ÉCOLE FLAMANDE

LE GRAND CONDÉ

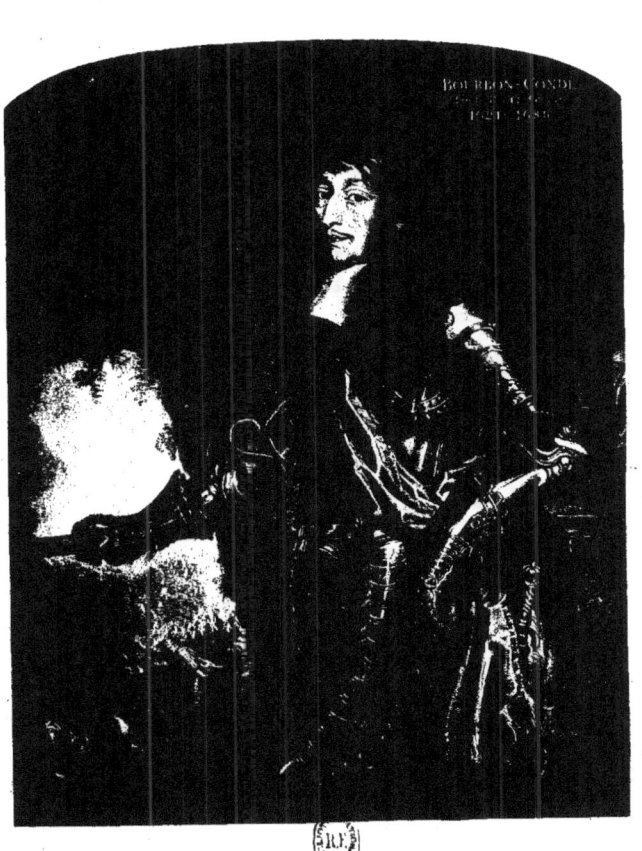

ÉCOLES ÉTRANGÈRES. 277

CXXXI. — *Portrait de Louis II, prince de Bourbon, surnommé le Grand Condé.*

(Peint entre 1654 et 1658.) — Sur toile. — H. 1m,46; L. 1m,10.

Hurtaut, dans son *Dictionnaire historique de la ville de Paris et de ses environs* (1), signale à Chantilly, au bout de la *Galerie des Batailles*, « un portrait du Grand Condé, peint par le vieux Juste. Ce héros y est représenté en pied. On voit d'un côté l'ordre de la bataille de Rocroi, et de l'autre le combat. » Qu'est-il advenu de ce portrait? On ne sait. Mais deux autres portraits du Grand Condé, peints sans doute aussi par Juste d'Egmont, l'un dans les Pays-Bas entre 1654 et 1658, l'autre en France après 1662 probablement, permettent de nommer, dans le logis du Grand Condé, l'artiste qui fut en quelque sorte le peintre en titre des princes de Bourbon. Nous avons cité déjà la lettre que la princesse de Condé écrivait au duc d'Enghien, son fils, le 23 mai 1646 : « Dites à Tourville qu'il me mande s'il a donné ordre à Juste de me donner vostre peinture. S'il ne l'a pas fait, dites-luy qu'il le luy mande. » Juste avait donc peint en France, dès 1646, le portrait du duc d'Enghien (2). Il peignit certainement d'autres portraits de Condé entre 1654 et 1658, quand le prince, passé au service de l'Espagne après « cette fatale prison », se fut fixé à Bruxelles. En voici la preuve. Le 26 avril 1658, Pierre Caillet, intendant à Rocroy, place qui appartenait à Condé, écrivait à son cousin Jacques Caillet, premier secrétaire du prince : « Je vous prie de songer au portrait de Son Altesse Sérénissime, que Juste devroit m'avoir envoyé depuis longtemps. » Comme le dit Monsieur le duc d'Aumale dans son *Histoire des princes de Condé*, le Grand Condé était fort recherché, fort aimé dans les Pays-Bas ; toutes les dames s'arrachaient ses portraits. Le 18 janvier 1655, la comtesse

(1) Tome II, p. 221 ; 1779.
(2) Ce fut l'année suivante, en 1647, que Juste fit le portrait du duc d'Anjou, frère de Louis XIV.

de Vils lui écrit de Bruxelles : « Nous aimons toutes, en ce pays, si parfaitement Votre Altesse, que c'est à qui aura l'avantage de dire : J'ay l'honneur d'avoir son portrait bien fait. J'écris à Mme de Lincourt que j'envie son bonheur, et la prie de m'envoyer un portrait de Votre Altesse (1). » Ici le peintre n'est pas nommé; mais Juste d'Egmont, dont on constate la présence dans les Pays-Bas de 1654 à 1658, dut alors être mis à contribution (2). Nous pensons que l'un des portraits peints par lui vers cette époque se retrouve aujourd'hui dans la galerie de Chantilly.

Le Grand Condé est debout, presque en pied, dans une attitude héroïque, s'appuyant de son avant-bras gauche sur un soubassement de pierre où il a posé son casque, et tendant en avant son bras droit, dont la main tient le bâton de commandement. Le geste est celui de l'action, ce qui n'empêche pas l'attitude d'être reposée, d'avoir même quelque chose de presque abandonné; d'où une certaine confusion sur la signification du tableau. Le corps du prince est de profil à gauche, tandis que sa tête, tournée vers le spectateur, se montre de trois quarts, portant avec majesté la lourde perruque de cour, qui déborde sur le front, encadre les joues de ses masses épaisses et se répand, comme une crinière puissante, sur les épaules et jusque sur la poitrine. Les traits du visage sont adoucis, par conséquent amoindris. Les yeux sont beaux, et sortent moins de leur orbite que dans la nature; leur beauté même est exagérée aux dépens de ce qu'ils avaient de pénétrant et de redoutable; leur regard ne rend pas, comme il le faudrait, l'ardeur et la fierté de cette âme hautaine. Le nez n'a pas sa vraie rudesse d'accentuation, non plus que la bouche ses plis d'une si énergique décision. La moustache est plus

(1) Les premiers mots de cette lettre ont été cités déjà par nous à propos du portrait de Teniers.
(2) Juste d'Egmont avait fait le portrait de la reine Christine de Suède, quand elle arriva aux Pays-Bas après son abdication, en août 1654. L'archiduc Léopold alla visiter la Reine à Anvers, le 7 septembre 1654, et la relation dit que, dans le couvent de Saint-Michel, il contempla le portrait de Sa Majesté, peint par Justus van Egmont. Un autre portrait de cette reine, également peint par Juste, fut envoyé, le 21 février 1656, au comte Dohna. Ce portrait est signé et porte cette mention : « Peint à Bruxelles, 1656, par Justus van Egmont. » Ce portrait était encore en Suède, en 1878, à Askermud, et appartenait au comte Dohna. (Communication de M. de Burenstam, ministre de Suède à Bruxelles.)

fine aussi que dans la réalité, et les joues ont une fraîcheur et une sorte de plénitude qui toujours leur ont fait défaut. Quant au corps, il est tout entier revêtu d'une armure de fer dont la cuirasse seule affirme la rigidité. Les gantelets, les brassards et les cuissards sont articulés et quasi annelés, avec des garnitures de cuir rouge et des clous d'or qui rehaussent ce qu'il y a de sombre dans un semblable accoutrement. Le rabat blanc sous le menton, ainsi que l'opulente écharpe bleue frangée d'or, passée en sautoir et tombant sur la hanche gauche, où bat la lourde épée tenue par le ceinturon, apportent aussi quelque chose de sonore et de magnifique au milieu de cette peinture... Comme fond : à droite, un escarpement de rochers presque noirs, sur lequel se détache la figure; à gauche, dans un lointain tout poudroyant des derniers feux du combat, le vainqueur achevant sa victoire, le héros dans la promptitude de son action, « plus vite que les aigles et plus courageux que les lions ». C'est l'image du prince, dit Bossuet, empruntant la parole du Psalmiste (1).

Les qualités et les faiblesses de Juste d'Egmont se reconnaissent dans cette peinture. Sous de brillants dehors, on sent des dessous qui manquent de solidité. L'éclat et la clarté des chairs sont bien personnels au peintre anversois naturalisé Français. Par la liberté du pinceau et par certaines harmonies de coloration, Juste se rapproche de Van Dyck, quelque éloigné qu'il soit encore d'un tel maître.

Voilà un de ces portraits apologétiques, tout d'apparat et de déclamation, où l'adulation tient une trop grande place pour que la vérité y trouve suffisamment son compte. Il est probable que Juste le peignit à Bruxelles entre 1654 et 1658, qu'il fut répété un certain nombre de fois pour satisfaire à toutes les exigences, et qu'il devint en quelque sorte le portrait officiel du prince, alors âgé d'environ trente-cinq ans... Monsieur le duc d'Aumale recevait récemment, par l'intermédiaire de Madame la comtesse de Paris, la photographie d'un de ces portraits. Ce portrait, en tout semblable à celui de

---

(1) *Aquilis velociores, leonibus fortiores.* (II Reg., 1, 23.)

Chantilly, est aujourd'hui dans la maison d'Albe, où il est attribué à Van Dyck (1); le Grand Condé, pendant qu'il était au service de l'Espagne, l'avait donné, dit-on, à don Luiz Mendez de Haro y Gusman, marquis del Carpio, comte-duc d'Olivarès, mort en 1661, ministre du roi d'Espagne et gouverneur des Pays-Bas. Une réplique de ce même portrait appartient à Monsieur le duc de Nemours, une aussi à M. le marquis du Lau, et il en doit exister d'autres encore. L'exemplaire de Monsieur le duc d'Aumale vient de la maison de Condé. Il y a donc lieu de croire qu'il a été peint par Juste d'Egmont lui-même.

CXXXII. — *Portrait de Louis II, prince de Bourbon, surnommé le Grand Condé.*

(Postérieur à 1662.) — Sur toile. — H. 1m,60; L. 1m,34.

Dans les « Courses de testes et de bagues faites par le Roy et par les princes et seigneurs de sa cour, en l'année 1662, sur la place devant les Tuileries », qui prit dès lors le nom de *place du Carrousel*, les « Nations les plus redoutées » furent représentées par cinq quadrilles. Louis XIV commandait les Romains; Monsieur, les Persans; Condé, les Turcs; le duc d'Enghien, les Indiens; le duc de Guise, les sauvages d'Amérique... Quelque chose de cette fête semble se retrouver dans le portrait que nous avons ici. Le costume ne rappelle que de très loin, il est vrai, celui que Louis II de Bourbon portait dans ce carrousel fameux (2), mais il est également théâtral, et ce n'est ni à la cour ni à la guerre qu'on s'habillait ainsi au dix-septième siècle, en France et dans les royaumes circonvoisins. Le combat qui se livre au loin, en contre-bas du personnage et dans la partie gauche du tableau, est encore plus probant. Les Romains et les Orientaux, les chevaux et les éléphants s'y rencontrent dans une mêlée à laquelle Louis XIV et Condé

---

(1) Van Dyck mourut à Londres, en 1641, alors que le duc d'Enghien avait à peine vingt ans.
(2) Voir les planches et la description de ce costume dans la *Relation du carrousel de 1662*, dont Monsieur le duc d'Aumale possède un exemplaire colorié de la plus grande beauté.

n'ont pu prendre part qu'en se donnant eux-mêmes en représentation devant la fastueuse cour du Grand Roi. Voici ce portrait.

Louis II de Bourbon est debout, de trois quarts à gauche, vu jusqu'à mi-jambes, presque semblable d'attitude et de geste à ce qu'il était dans le portrait peint par Juste en Flandre entre 1654 et 1658. Il paraît seulement de quelques années moins jeune; il a, en effet, passé l'âge de quarante ans. La main gauche fièrement campée sur la hanche, il tient de sa main droite, tendue en avant, le bâton de commandement. La tunique de drap d'or dont il est vêtu est attachée sur la poitrine par des pattes chargées d'une lourde joaillerie; la jupe, frangée d'or, descend jusqu'au-dessous des genoux, et les manches, doublées de bleu, sont retroussées jusqu'aux coudes, de manière à laisser à nu l'avant-bras. Une large écharpe en soie d'un bleu clair forme ceinture autour de la taille et soutient sur la hanche gauche l'épée, dont on ne voit que la lourde poignée d'or. Au bas du cou, est nouée et fixée par une pierrre précieuse une cravate semblable à l'écharpe. Un ample manteau rouge, jeté sur les épaules, accompagne cette figure de ses plis opulents. La tête pose devant le spectateur, qu'elle regarde avec hauteur. La lourde perruque brune dont elle est coiffée tombe sur les épaules, où ses larges ondulations se fondent dans la pourpre du manteau. On retrouve, d'ailleurs, les mêmes traits que dans les portraits déjà vus : même fierté du front, même beauté des yeux, même éclat du regard, même sentiment impérieux de la bouche, mêmes pommettes saillantes, même nez bourbonien, trop régularisé pour être vraiment celui du Grand Condé... Pour fond, comme précédemment aussi : à droite, un pan de roche noire sur lequel se détache la figure; à gauche, une large échappée sur la campagne, dont on aperçoit les lointains en contre-bas et dans laquelle fourmillent les acteurs d'un combat idéal. Le cavalier le plus en vue, vêtu en empereur romain et lancé à fond de train dans sa course victorieuse, ne rappellerait-il pas Louis XIV dans le carrousel de 1662, et les éléphants portant des Turcs ne feraient-ils pas allusion au quadrille que dirigeait Condé dans cette même fête? Cela n'est pas invraisemblable.

Comme faire, les plus grandes analogies se retrouvent entre ce portrait et celui qu'avait peint Juste d'Egmont en Flandre, six ou huit ans auparavant. Ces portraits, l'un et l'autre, ont grand air; mais ils sont trop pompeux pour être vraiment vrais. Il y a loin de là au buste en terre cuite et au médaillon en bronze doré que Coyzevox a laissés dans la maison de Bourbon et qui sont une des richesses du château de Chantilly. Si l'on veut connaître le Grand Condé dans sa jeunesse d'abord et dans sa vieillesse ensuite, c'est là qu'il faut regarder. L'apologie, en peinture, est vaine. Aux grands comme aux humbles, le peintre doit la vérité, toute la vérité ; les louanges pittoresques languissent auprès d'elle. Pour peindre le prince qui avait, selon l'expression de Bossuet, « honoré la maison de France, tout le nom françois, son siècle, et pour ainsi dire l'humanité tout entière », il eût fallu Raphaël ou Titien, Rubens ou Van Dyck, Vélasquez ou Rembrandt. Juste d'Egmont, tout habile qu'il fût, était insuffisant.

CXXXIII. — *Portrait de Françoise-Angélique de la Mothe-Houdancourt, duchesse d'Aumont.*

Sur toile. — H. 1^m,27; L. 1^m,04.

Tout est fleuri dans cette peinture… La figure est en buste, de trois quarts à gauche et tout enguirlandée de fleurs formant encadrement. La main droite, tendue en avant, est en train de cueillir une de ces fleurs, tandis que la main gauche, dont le bras repose horizontalement sur un coussin rouge galonné d'or, tient un pan de manteau. Des fleurs, semblables aux fleurs de l'encadrement, sont jetées à profusion dans les cheveux bruns, dont les bandeaux largement ondulés sont ramenés derrière la tête et tombent en masses épaisses jusque sur le dos. Le visage au teint clair, où brille la jeunesse, a le charme des floraisons printanières : le front est calme et haut; les yeux, fort beaux, sont pleins d'une douce langueur; le nez est aquilin et la bouche petite ; les lèvres charnues ont l'incarnat d'un fruit savoureux ; les joues,

JUSTE D'EGMONT

(1602? † 1679)

ÉCOLE FLAMANDE

FRANÇOISE-ANGÉLIQUE
DE LA MOTHE-HOUDANCOURT
DUCHESSE D'AUMONT

JUSTE D'EGMONT
(1602 † 1679)

ÉCOLE FLAMANDE

FRANÇOISE-ANGÉLIQUE
DE LA MOTHE-HOUDANCOURT
DUCHESSE D'AUMONT

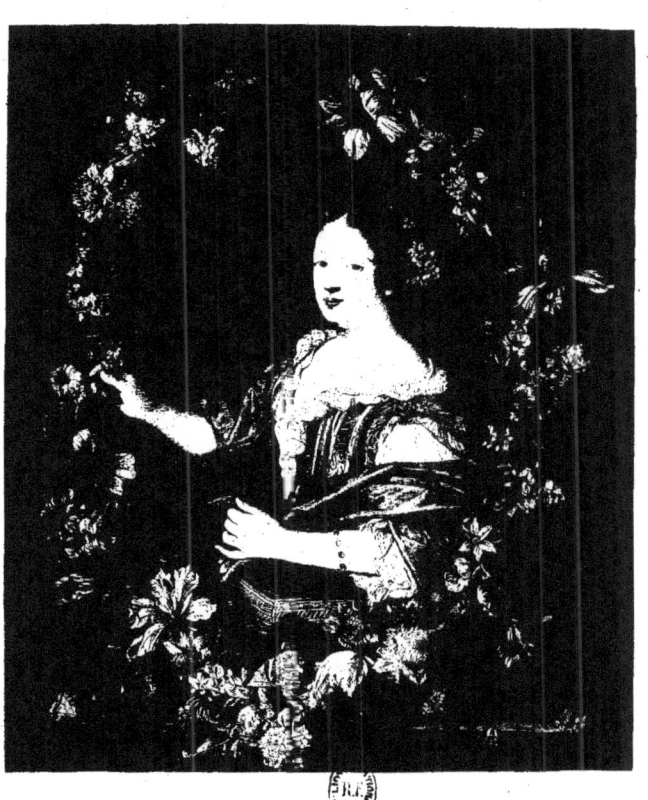

sans trop d'embonpoint, respirent la santé ; les carnations sont de lis et de rose. Le costume lui-même emprunte aux fleurs environnantes leurs couleurs claires et riantes. Une robe blanche, à larges manches flottantes sur les bras, est garnie de dentelles, qui débordent sur les avant-bras, s'enroulent autour de la gorge et descendent devant la poitrine, où elles forment jabot. Sur cette robe de dessous, une robe sans manches en soie brochée, à rayures verticales bleues et or, est ouverte par devant, largement décolletée et fixée sur l'épaule gauche par une fleur détachée des fleurs d'alentour. Un ample manteau bleu, enfin, jeté sur le bras droit et ramené sur le milieu du bras gauche, est maintenu par la main gauche, dont l'avant-bras est entouré d'un bracelet de rubis. A ces raffinements d'une élégance particulière, à la coiffure qui est la caractéristique d'un temps, à tout ce qu'il y a de précieux dans cette saine beauté si bien française, on reconnaît une contemporaine de Mme de Montespan. C'en est une, en effet, puisque, sur la plinthe qui sert de base au tableau, on lit : FRANÇOISE DE LA MOTTE DE DAVMONT.

Françoise-Angélique, fille aînée de Philippe de la Mothe-Houdancourt, duc de Cardonne, maréchal de France, et de Louise de Prie, gouvernante des Enfants de France (1), naquit en 1650 et mourut à soixante et un ans, en 1711. Elle avait dix-neuf ans en 1669, quand elle épousa Louis-Marie-Victor d'Aumont et de Roche-Baron, duc d'Aumont, pair de France, chevalier des ordres du Roi et premier gentilhomme de sa chambre, gouverneur de Boulogne et du pays boulonnais, veuf depuis un an seulement, de Magdeleine le Tellier, fille de Michel le Tellier, chancelier de France (2). De Louis-Marie-Victor d'Aumont et de Françoise-Angélique de la Mothe-Houdancourt

(1) Louise de Prie avait été l'objet d'une passion vive de la part du duc d'Enghien, qui fut plus tard le Grand Condé.
(2) Louis-Marie-Victor d'Aumont avait épousé en premières noces, au mois de novembre 1660, Magdeleine Fare le Tellier, morte le 22 juin 1668, à l'âge de vingt-deux ans... Comme gouverneur du pays boulonnais, il avait mis les côtes dans un tel état de défense, que les flottes ennemies furent forcées de respecter cette partie du territoire français... Il était né le 9 décembre 1632. Nommé colonel de cavalerie à dix ans et à seize capitaine des gardes, en survivance, il accompagna Louis XIV dans les Pays-Bas avec le titre de brigadier, et prit Armentières, Bergues, Furnes et Courtrai. Il fut membre de l'Académie des inscriptions, et mourut subitement à Paris en 1704, en sa soixante-douzième année.

naquit, en 1671, Louis-François d'Aumont, qui épousa, le 15 mai 1690, Anne-Louise-Julie de Crevant, fille de Louis de Crevant, duc d'Humières, à la charge de prendre le nom et les armes d'Humières. Louis-François d'Aumont, duc d'Humières, eut à son tour une fille, Louise-Françoise d'Aumont, mariée en 1720 à Louis-Antoine-Armand de Gramont, duc de Gramont, comte de Guiche, qui fut tué à Fontenoy en 1745. C'est ainsi que Françoise-Angélique de la Mothe-Houdancourt, qui, par son mariage avec Louis-Marie-Victor d'Aumont, était devenue l'arrière-petite-fille du maréchal Jean d'Aumont, l'héroïque compagnon de Henri IV (1), se trouva être l'aïeule d'un descendant de la belle Corisande (Diane d'Andouin, comtesse de Guiche).

Françoise-Angélique se montre sur son portrait dans le plein de sa beauté, dans l'éclat de ses vingt-cinq ans. Elle a été peinte vers 1674, entre 1669 et 1679 certainement, puisque avant 1669 Mlle de la Mothe-Houdancourt n'était pas encore duchesse d'Aumont, et qu'après 1679 Juste d'Egmont n'existait plus. C'est dans la succession de Condé que Monsieur le duc d'Aumale a trouvé ce tableau. L'inscription qui désigne la duchesse d'Aumont avait depuis longtemps disparu, et les attributions fantaisistes n'avaient pas fait défaut. Parmi toutes les grandes dames du siècle de Louis XIV, la confusion d'ailleurs était possible, la coiffure et le fard leur faisant à toutes presque la même tête, le costume presque le même corps. Ajoutez « ce vernis de grâce qui donne comme un air de famille aux portraits de femmes du dix-septième siècle (2) ». Aussi avait-on maintes fois baptisé et débaptisé cette peinture : tantôt c'était Julie d'Angennes, marquise de Rambouillet (c'est sous ce nom qu'on en voyait un double chez le comte Spencer à Althorpe), et tantôt Charlotte de Hesse de Rheinfeld, princesse de Condé (bien que cette princesse eût vécu en plein dix-huitième siècle). Dans l'inventaire du Palais-Bourbon, en 1830, le portrait de la duchesse d'Aumont était ainsi catalogué : « Un tableau sur toile par Mignard et fleurs de Baptiste, représentant la princesse Charles de

---

(1) Jean d'Aumont, né en 1522, mort en 1595, dont nous avons vu le portrait par Pierre Porbus l'Ancien dans la galerie de Chantilly. (Voir à la page 229 du présent volume).
(2) *Histoire des princes de Condé*, t. V, p. 21.

Rohan. » Ce fut pendant son séjour à Twickenham que Monsieur le duc d'Aumale, en faisant nettoyer ce tableau, vit réapparaître sous la couleur dont on avait repeint la plinthe le nom de Françoise de la Mothe, duchesse d'Aumont. La valeur de cette inscription ne se trouve point infirmée par la confrontation de ce portrait avec les portraits gravés du dix-septième siècle.

En même temps qu'on retrouvait le nom de la duchesse d'Aumont, on désignait le peintre ou plutôt les deux peintres auxquels on attribuait ce tableau : Juste d'Egmont pour la figure et Van Thielen pour les fleurs. — Van Thielen étant mort en 1667, deux ans avant que Françoise-Marie devînt duchesse d'Aumont et sept ans sans doute avant l'exécution de ce portrait, doit être mis hors de cause (1). Les fleurs mêlées à la figure avec tant d'abondance feraient songer, d'ailleurs, beaucoup plutôt à Baptiste qu'à Van Thielen. Nous allons voir que ni l'un ni l'autre ne doit être nommé, et qu'il n'y a pas lieu de recourir ici à un spécialiste. — Quant à Juste d'Egmont, le charme de la composition, l'agrément de la couleur, la clarté du ton, la mollesse même de l'exécution, plaident en sa faveur. De plus, les dates concordent avec cette attribution, puisque ce portrait a dû être fait vers 1674, et qu'il est avéré maintenant que Juste passa la dernière partie de sa vie à Paris, où il mourut en 1679. Aussi bien que Van Thielen, j'écarterais tout autre peintre de fleurs, pour ne voir dans toutes les parties de cette peinture qu'une seule et même main, celle de Juste. Les fleurs elles-mêmes fournissent un argument à l'avantage de ce peintre. Considérez l'unité d'impression que procure ce tableau ; voyez à quel point toutes les parties, depuis les moindres jusqu'aux plus importantes, se fondent et ne font qu'un toutes ensemble, avec quelle justesse les fleurs

---

(1) Thielen (Jean-Philippe van), peintre de fleurs, né à Malines, en 1618, mort en 1667. (École flamande.) Il était de famille ancienne et noble, seigneur de Couwenberg, élève et ami de Daniel Zegers. Sa sœur Anne avait épousé, en 1632 ou 1637, Théodore Rombouts, chez qui il avait aussi travaillé. Il fut reçu franc-maître de Saint-Luc à Anvers, en 1641, et à Malines, en 1660. De tous côtés on se disputait ses ouvrages. Le roi d'Espagne en faisait grand cas. Ses guirlandes de fleurs ont été comparées à celles de son maître Daniel Zegers, quoiqu'elles leur soient inférieures.

encadrent la figure, avec quelle intimité elles s'y mêlent, débordant jusque dans les cheveux et sur le costume. Un simple peintre de fleurs aurait-il mis autant d'indépendance dans son intervention? Rappelons aussi que Van Egmont, avant d'être médiocre peintre d'histoire et peintre de portraits fort en vogue, avait fait œuvre de peintre décorateur, et que Simon Vouet — c'est Félibien qui nous l'a dit — l'avait employé pour peindre les animaux et les paysages de ses tapisseries, les arabesques et les fleurs de leurs encadrements. Juste d'Egmont se trouvant en mesure de jeter lui-même à profusion des fleurs où bon lui semblait, nous ne nommerons donc que lui devant le portrait de la duchesse d'Aumont.

Ce portrait vient de la succession de Condé.

WOUWERMAN (PHILIPPE)

(1619 † 1668. — École hollandaise.)

Paul Ioosten Wouwerman, peintre d'histoire fort médiocre, était né à Alkmaar, avait vécu à Harlem et y était mort en 1642; marié trois fois, il avait eu de sa troisième femmes trois fils, qui furent peintres. Philippe, l'aîné de tous, naquit à Harlem en 1619, apprit de J. Wynants à peindre le paysage, et, pour les figures et les animaux, reçut les leçons de Pieter van Laar. A l'âge de dix-neuf ans, il se prit d'amour pour une jeune fille de religion catholique, qu'il épousa clandestinement à Hambourg, où il travaillait dans l'atelier d'Évrard Decker. De retour à Harlem, il fut membre de la confrérie de Saint-Luc en 1640, tint école de 1642 à 1656, fut *vinder* de la corporation en 1645, et mourut, à peine âgé de quarante-neuf ans, en 1668. Il avait cru d'abord à sa vocation pour la grande peinture. La *Prédication de saint Jean-Baptiste* et l'*Annonciation aux bergers* donnent, dans la galerie de l'Ermitage, à Saint-Pétersbourg, sa mesure comme peintre d'histoire. Comprenant que la peinture biblique n'était pas son fait, il se réfugia dans un genre plus facilement accessible et y devint maître. Après s'être essayé dans des groupements d'hommes et d'animaux d'un intérêt secondaire, il trouva enfin sa voie sur le terrain des escarmouches tapageuses et des sanglantes rencontres. Il excelle à peindre les chevaux dans toutes leurs allures et les cavaliers dans toutes leurs attitudes. Sa couleur harmonieuse, sa touche ferme et délicate à la fois, la belle distribution des ombres et du clair-obscur, la lumière ambrée dont il enveloppe ses compositions, les reflets dorés dont il les chauffe, ses lointains vaporeux, ses ciels lumineux, quoique chargés de nuages, lui assignent un rang à part au milieu des petits maîtres de la grande époque hollandaise. Son amour du travail et son assiduité étaient extrêmes; aussi, malgré le soin et la délicatesse qu'il apportait à ses moindres figures, a-t-il énormément produit. Smith a enregistré huit cents de ses tableaux. Nombre d'entre eux se répètent, il est vrai, et leur intérêt est en général assez mince, mais le charme y est toujours incontestable. Le Louvre possède de Ph. Wouwerman quatorze tableaux, le musée d'Amsterdam douze, celui de la Haye neuf, parmi lesquels la plus grande de ses batailles. Le petit tableau de la galerie de Chantilly est un fort bon spécimen de cette œuvre considérable (1).

CXXXIV. — *Combat de cavalerie*

Sur bois. — H. 0^m,235; L. 0^m,465.

Des cavaliers, lancés à fond de train les uns contre les autres et engagés dans un meurtrier corps à corps, occupent tout le premier plan du tableau. Les uns, coiffés de feutres empanachés et portant cuirasse, appartiennent sans doute à des troupes régulières; les autres, vêtus à la diable et coiffés de

---

(1) Les deux frères de Philippe Wouwerman, Pierre (1626 † 1683) et Jean (1629 † 1666), l'imitèrent, sans l'égaler.

turbans, semblent de véritables bandits. De part et d'autre, la lutte est sans merci. On se sabre et l'on se brûle à bout portant. Déjà nombre de cadavres sont couchés à terre, nombre d'autres vont y être bientôt. Sur les plans secondaires également, on se fusille et l'on se tue. Le carnage est dans l'air. Des nuages de fumée noire, percés de lueurs d'incendie, se montrent dans le ciel bleu, dont ils obscurcissent les clartés. Comme dans presque toutes les batailles peintes par Philippe Wouwerman, parmi les chevaux du premier plan, il en est un blanc, qui est la note claire et le centre lumineux du tableau... La vivacité de l'action, la précision des mouvements, la belle allure des chevaux, une couleur chaude et harmonieuse dans toutes les parties, font de ce petit tableau une œuvre précieuse en son genre.

FAES (PETER VAN DER), dit LE CHEVALIER LELY

(1617 ou 1618 † 1680. — École hollandaise.)

Quoique né en Allemagne, Pierre van der Faes est Hollandais. Son père, officier dans l'armée du stathouder, était de la Haye, et sa mère était d'Utrecht. Les hasards de la vie militaire les ayant conduits à Soest en Westphalie, il y naquit dans une maison dont la façade était décorée d'un lis, d'où le nom de *Lely* qui lui fut donné. Il eut pour maître François de Grebber de Harlem, remarquable peintre de portraits, et, en vrai Hollandais qu'il était lui-même, il eut, très jeune encore, le don de faire ressemblant et d'envelopper la ressemblance de colorations harmonieuses. Il avait vingt-trois ou vingt-quatre ans en 1641, quand il fut emmené par le prince d'Orange en Angleterre, où Van Dyck expirant lui laissait le champ libre et des modèles de grande marque, dont il allait s'efforcer de reproduire l'élégance et la grâce. Dans cette cour qui jetait alors ses derniers feux, il fit les

ÉCOLES ÉTRANGÈRES.

portraits du Roi et de la Reine. Lely, d'ailleurs, servit tous les régimes, sans s'inféoder à aucun. Charles Ier l'avait honoré de ses faveurs, ce qui ne l'empêcha pas de peindre le portrait de Cromwell (1). Créé chevalier par Charles II, qui le nomma gentilhomme de la chambre avec une pension de quatre mille livres, le chevalier Lely est surtout le peintre de la restauration des Stuarts. C'est sans doute en 1660, l'année même où Charles II fut proclamé roi et lors du voyage qu'Henriette de France fit en Angleterre à cette occasion, qu'il fit le portrait appartenant à Monsieur le duc d'Aumale. La mort le surprit brusquement, pendant qu'il peignait le portrait de la duchesse de Sommerset. Sa vie avait été heureuse, fortunée, comblée d'honneurs. Il n'en reste pas moins de second ordre, se tenant derrière Van Dyck, dont il s'était approprié le style, et avec lequel on lui a fait quelquefois l'honneur de le confondre (2).

CXXXV. — *Portrait d'Henriette de France, reine d'Angleterre.*

Sur toile. — H. 0^m,48; L. 0^m,39.

Henriette-Marie de France, fille, sœur, femme et mère de rois, était le dernier des enfants de Henri IV et de Marie de Médicis. Née au Louvre le 23 novembre 1609, six mois avant le crime de Ravaillac, elle reçut une éducation profondément religieuse, à laquelle saint François de Sales ne fut pas étranger. Le 11 mai 1625, Richelieu, entré depuis un an au conseil, la maria à Charles Ier, roi d'Angleterre. Elle n'avait pas encore seize ans. Le pape Urbain VIII, son parrain, lui avait donné les dispenses pour la différence de religion, comptant sur ce mariage pour la réunion de l'Angleterre à l'Église. Aux termes des conventions matrimoniales, la jeune reine devait jouir d'une liberté complète dans l'exercice du culte catholique. Elle emmenait avec elle son confesseur, Pierre de Bérulle, le fondateur de l'Oratoire,

---

(1) Ce portrait est à Florence.
(2) La plus grande partie des portraits de Lely est en Angleterre.

et douze prêtres de cette congrégation; la Mère Madeleine de Saint-Joseph, religieuse carmélite en grande réputation de sainteté, l'accompagnait aussi. Cet appareil religieux attira sur elle l'animadversion de toute l'Angleterre. Elle eut beau se prodiguer avec une infatigable charité pendant la peste qui désola Londres en 1626, elle ne put désarmer ses ennemis. L'influence jalouse de Buckingham se dressait entre elle et le Roi, et, jusqu'à la mort du favori, elle vécut inquiète et persécutée. L'Angleterre, appelée par les protestants français en 1627, se déclara contre la France. Cette guerre fut pour la Reine un surcroît de douleur; mais la paix de Suse, qu'elle fit conclure en 1628 entre son mari et son frère, lui valut ces années de prospérité accomplie dont Bossuet a écrit l'histoire. Le calme, cependant, n'était que de surface, et la vieille haine contre Rome, attisée par la dévotion de la Reine, allait faire explosion. L'Écosse se soulève en 1639, et l'Angleterre ne tarde pas à se soulever aussi. Stafford et Laud sont mis en jugement, et le Roi, épouvanté des excès de la révolution, se décide à les abandonner (1640). Concession cruelle et inutile! L'audace des rebelles redouble, et Henriette de France, dont le cœur surpassait la naissance, ne répond aux outrages que par des bienfaits... Elle fut invincible dans la mauvaise fortune... Charles Ier est obligé de quitter Londres et de se séparer de sa femme. Aussitôt Henriette de France, sous prétexte de conduire en Hollande la princesse royale récemment mariée au prince d'Orange, va chercher pour son mari des secours d'hommes et d'argent. A son retour, elle est assaillie, mais non vaincue par la tempête. « L'Océan, étonné de se voir traverser tant de fois en des appareils si divers et pour des causes si différentes », se révolte, et, au lieu de porter la Reine en Angleterre, la rejette en Hollande. Elle perd deux vaisseaux, une partie de ce qu'elle apportait, et dans son équipage désemparé elle fait renaître l'espérance, disant et faisant croire autour d'elle que les reines ne se noyaient pas. Quinze jours après, en plein hiver, elle reprend la mer et arrive cette fois en Angleterre, où elle échappe miraculeusement aux révolutionnaires prévenus de son débarquement. La voilà, pour la dernière fois, rendue à la tendresse du Roi, que partout elle accompagne et seconde de tous ses efforts. Il faut, pourtant, qu'elle s'en sépare encore. Elle est grosse, et son terme est proche. C'est à Exeter qu'elle cherche un refuge, et c'est là que, le 16 juin 1644, elle accouche de sa fille Henriette. Au bout de dix-sept jours, elle est obligée de fuir précipitamment devant l'armée des révoltés. Elle laisse sa fille aux mains de la comtesse de Morton et se réfugie en France, où la misère la poursuit jusque dans le Louvre. Charles Ier lui adresse alors le plus bel éloge, en lui écrivant du fond de sa prison « qu'elle seule soutient son esprit, et qu'il ne faut craindre de lui aucune bassesse, parce que sans cesse il se souvient qu'il est à elle ». Abandonnée, réduite à demander l'aumône au parlement, « reine fugitive, à qui sa propre patrie n'est plus qu'un triste lieu d'exil », la mort du Roi son époux la vient frapper en plein cœur le 9 février 1649. Dès lors, elle vit ignorée, solitaire. Cromwell meurt en 1658, Charles II est reconnu roi en 1660, et elle se rend à Londres, où elle voit mourir de la petite vérole la princesse d'Orange, sa fille aînée, et le duc de Glocester, son troisième fils (1)... Revenue en France, le monde « n'eut plus de retour dans son cœur (2) ». Elle vécut neuf ans encore, se partageant entre sa retraite de Colombe, près Paris, et le couvent de Sainte-Marie de Chaillot, qu'elle avait fondé. Le 10 septembre 1669, la mort la prit presque subitement. Son corps fut déposé à Saint-Denis et son cœur dans l'église des religieuses de Chaillot, où Bossuet prononça son oraison funèbre le 9 novembre suivant : « *Et nunc, reges, intelligite, erudimini qui judicatis terram.* Entendez, ô grands de la terre; instruisez-vous, arbitres du monde ! »

De 1632 à 1641, Van Dyck avait fait maintes fois le portrait d'Henriette de France. Après la mort de cet incomparable maître (9 décembre 1641), ce fut le tour de Lely. Le portrait de la galerie de Chantilly est probablement de 1660.

(1) Cinq enfants, trois fils et deux filles, étaient nés du mariage de Charles Ier avec Henriette de France : Charles II; Jacques, duc d'York, qui fut roi après la mort de son frère; Henri, duc de Glocester, mort en 1660, âgé de vingt ans; Henriette-Marie, femme de Guillaume de Nassau, prince d'Orange, morte à Londres, le 24 décembre 1660, âgée de vingt-neuf ans; Henriette-Anne, première femme de Philippe de France, duc d'Orléans, morte à Saint-Cloud, le 30 juin 1670, âgée de vingt-six ans et quinze jours.

(2) BOSSUET, *Oraison funèbre*.

A cette date, Henriette de France était allée en Angleterre pour rendre hommage à son fils Charles II, qui venait de monter sur le trône de ses pères. Lely l'a représentée en buste et de trois quarts à gauche, vêtue d'une robe de satin blanc décolletée, avec plastron d'hermine. Sur cette robe est jeté un voile de gaze noire, à peine visible. Une profusion de perles et de saphirs — vraie parure de reine et de veuve — rend somptueux ce costume, sans lui donner rien de voyant. De grosses perles en poire pendent aux oreilles; un rang de perles rondes entoure le cou; de lourds colliers de saphirs et de perles descendent des épaules jusque sur la poitrine. Les cheveux bruns très abondants, couronnés d'un petit diadème constellé de perles aussi, forment toute une frange de frisons disposés avec art autour du front, s'arrangent en masses épaisses derrière la tête et de chaque côté des joues, couvrent les oreilles et se répandent sur le côté droit de la gorge. Malgré ses cinquante ans, et bien qu'elle ait montré « dans une seule vie toutes les extrémités des choses humaines (1) », Henriette de France n'a rien encore des apparences de la vieillesse. Les traits se sont épaissis, mais ne se sont pas déformés, et la ressemblance paternelle est de plus en plus frappante. Henri IV revit dans sa fille. On s'en peut convaincre au château de Chantilly, en rapprochant de la cire du Roi le portrait de Lely. De part et d'autre, les yeux sont beaux et reflètent une même bonté; le nez est tombant et massif du bout; la bouche est aimable, avec la lèvre inférieure portée en avant. La bienveillance et la douceur mêlées à la fermeté marquent également de leur empreinte ces deux physionomies. Quelque chose de la séduction et de la vaillance du roi Henri se retrouvait, en effet, dans la reine Henriette : « Douce, familière, agréable autant que ferme et vigoureuse, elle savait persuader et convaincre aussi bien que commander, et faire valoir la raison non moins que l'autorité (2). »

La chaleur des colorations flamandes et un parti pris d'imitation de Van Dyck donnent à ce portrait de Lely un faux air des portraits du maître

---

(1) Bossuet, *Oraison funèbre*.
(2) *Id.*

d'Anvers. Lely est loin, cependant, d'avoir l'élégance et la grâce aisée de ce maître. Ses qualités sont empruntées, sa pâte a de la lourdeur, et son art n'est guère qu'un art d'imitation. Le portrait qu'il nous a laissé d'Henriette de France n'en est pas moins intéressant. Il complète la série des portraits que Van Dyck avait faits de la même princesse et qu'on retrouve presque tous dans la galerie de Windsor. Parmi ces portraits, deux surtout sont inoubliables, le premier et le dernier en date. Van Dyck vient se fixer à Londres en 1632, et tout aussitôt Charles Ier lui commande le portrait de la Reine. Il peint alors ce délicieux portrait coupé à mi-jambes et vu de trois quarts à gauche, dans lequel Henriette de France apparaît avec la fraîcheur de ses vingt-trois ans; ses traits ont la suavité des floraisons printanières, tout y est fondu, rien n'y marque, et rien ne s'y perd d'une beauté sur laquelle le temps n'a pas eu de prise encore. Huit ans se passent; nous sommes en 1640. Henriette de France, éprouvée par le malheur, prévoit peut-être déjà les suprêmes angoisses et Van Dyck, qui touche au terme de sa vie, peint ce profil fameux où la Reine, âgée seulement de trente et un ans, se montre sous des traits fatigués, presque altérés déjà. Le visage s'est amaigri, a pris son accentuation définitive; la ressemblance avec le grand roi Henri est irrécusable. Henriette de France, à vingt-trois ans, mariée depuis sept ans déjà, était jeune encore comme la jeunesse; à trente et un ans, elle semble plus âgée que son âge. Le dernier portrait de Van Dyck fait pressentir ce que sera, vingt ans plus tard, le portrait de Lely.

Collection Lenoir.

EVERDINGEN (ALBERT ou ALLART VAN)

(1621 † 1675. — École hollandaise.)

Allart van Everdingen, né à Alkmaar en 1621, fut élève de Roland Savery et de Peter Molyn, dit Tempesta. Bon paysagiste et excellent peintre de marines, il se plut à représenter les forêts de sapins, les chutes d'eau et surtout les orages. D'un voyage en Suède et en Norvège, où il fut à plusieurs reprises assailli par la tempête, il rapporta une foule d'esquisses et d'études, qui le défrayèrent pendant le reste de sa vie. Aucun peintre n'a mieux connu la mer, plus fidèlement rendu la vague. S'étant marié en 1645 à Harlem, il y séjourna et s'y fit inscrire dans une compagnie d'archers en 1648. Il dut s'établir ensuite à Amsterdam, où il mourut sans doute au mois de novembre 1675; car un avis du *Haarlemsche courant* de 1676 annonce que la veuve et les héritiers de feu Allart van Everdingen feront vendre dans cette ville (Amsterdam) les tableaux laissés par le maître, tant ceux exécutés par lui-même que ceux d'autres peintres qu'il avait recueillis... Allart van Everdingen avait eu deux frères, César et Jean, qui furent peintres aussi, et trois fils (au dire d'Houbraken), Corneille, Pierre et Jean, « qui ont plus ou moins manié le pinceau ». La couleur d'Allart van Everdingen est chaude, quoiqu'un peu monotone; son dessin est serré, bien que sa facilité soit extrême. La verve et la fougue de son talent l'ont fait très justement appeler le Salvator Rosa du Nord. S'il se rapproche de Van Goyen par l'aspect général de sa peinture, il lui est supérieur par la vigueur de l'exécution. L'influence qu'il exerça sur Ruisdael est incontestable. Ses œuvres, d'ailleurs, sont fort inégales; s'il en est de fort bonnes, il en est de médiocres; la *Tempête par un temps de neige* de la galerie de Chantilly est au premier rang parmi les meilleures.

CXXXVI. — *Tempête par un temps de neige.*

Toile. — H. 0^m,97; L. 1^m,21.

Everdingen nous transporte en plein Zuyderzée, contrée mélancolique et nuageuse, à chaque instant visitée par la tempête. C'est l'heure où l'orage glacé prend des proportions grandioses. Les vents déchaînés font rage, la mer est désemparée. Les vagues écumantes, heurtées avec fracas les

EVERDINGEN (ALLART VAN)

(1621 † 1675)

ÉCOLE HOLLANDAISE

TEMPÊTE PAR UN TEMPS DE NEIGE

VERVLIEGEN VAN VERFS DE NEIGE

ECOLE POLYTECHNIQUE

(1831 † 1832)

EVERDINGEN (ATTILA LTZ)

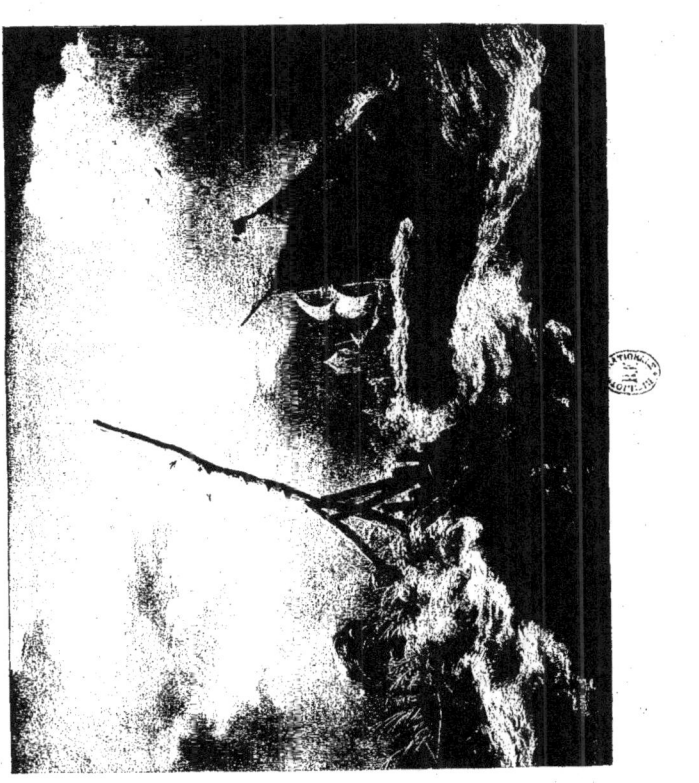

unes contre les autres et chassées par le vent du large, se soulèvent et se précipitent vers le fond du tableau, où l'on aperçoit un port avec son clocher, qui surgit comme une espérance au milieu du tumulte des eaux. A gauche, sur un plan intermédiaire, deux pêcheurs sont blottis dans une petite barque abritée au milieu de roseaux follement secoués par la bourrasque, et, sur un des poteaux qui servent d'amarre, une nasse est renversée, couverte de neige. Devant ce refuge, une estacade, grossièrement construite, dresse son mât fragile pourvu d'échelons à peine ébauchés, et la neige aussi n'en veut pas démordre ; le vent ébranle furieusement cette ramure maingre, et contre ce rempart improvisé les lames se brisent avec fracas. Du côté opposé, à droite, on aperçoit la grande mer, qui fait gronder dans l'air des retentissements solennels. Une grosse barque a déployé ses voiles, et, perchée sur le flot, s'efforce à gagner le large ; tandis que, tout au fond, un brick, toutes voiles dehors, cherche à doubler la jetée du port. Et sur cet amoncellement d'eaux en désordre, les nuages, entraînés par de formidables courants, portent partout avec eux la tempête et la foudre. Cependant, le vent fait au milieu d'eux une large trouée, à travers laquelle apparaît le bleu pâle et glacé du ciel ; mais cette lumière ne peut percer l'épais chaos qui rase la dune et s'étend sur toute la largeur des flots jusque dans leur infini lointain.

Dans cette fuite rapide du ciel aussi bien que dans cette prodigieuse mobilité des eaux, le peintre n'a rien donné au hasard. Tout a été vu, et tout est voulu. Chacun des nuages a la forme qui lui convient ; chacune des vagues a son dessin, sa physionomie, sa raison d'être. De là l'imposant effet de cette peinture, dont les tons d'un brun grisâtre et presque monochromes ne sont rompus que par des éclaboussures d'écume blanche. Parmi tous les tableaux d'Allart van Everdingen, il n'en est pas de plus beau que celui-là. Apporté de Londres en France en 1848, il fut acheté par M. Frédéric Reiset, et c'est de la collection Reiset qu'il a passé dans la galerie de Monsieur le duc d'Aumale.

ULFT (JACOB VAN DER)

(1627 † 1690? — École hollandaise.)

Jacob van der Ulft naquit à Gorcum, en 1627, dans la ville même où, dix ans plus tard, devait naître Van der Heyden, dont il fut le précurseur. On ne sait rien, d'ailleurs, de sa vie; ses œuvres seules l'ont sauvé de l'oubli. Houbraken dit qu'il ne voyagea pas en Italie. Il n'en sacrifia pas moins à l'italianisme de son temps, en peignant, d'après des estampes, nombre de paysages italiens, des vues de Rome surtout, qu'on dirait prises au vif de la nature et de la vie. Son dessin est correct et un peu minutieux; sa couleur est bonne. Il avait commencé par le paysage et par la marine, et fit merveille ensuite comme peintre d'architecture. Il animait ses tableaux d'une quantité de petits personnages qui donnaient la vie aux cités dont il avait à rendre la physionomie. Son chef-d'œuvre en ce genre représente le *Nouvel Hôtel de ville d'Amsterdam* et se trouve au Stathuis de cette ville. La très remarquable peinture que possède Monsieur le duc d'Aumale reproduit le même sujet... Van der Ulft s'occupa aussi de chimie et fit des peintures sur verre fort estimées. Il avait été nommé bourgmestre de Gorcum, où, selon Waagen, il vivait encore en 1688. Il y mourut vers 1690.

CXXXVII. — *La Place du Dam à Amsterdam, en 1659.*

Gouache. — H. 0^m,405; L. 0^m,475.

L'Hôtel de ville occupe le fond occidental de la place du Dam, où il est isolé des édifices et des maisons qui l'avoisinent (1). C'était une construction toute neuve en 1659. L'ancienne maison commune avait été brûlée en 1652 et rebâtie aussitôt par Jacques van Kampen, dans le goût soi-disant classique du dix-septième siècle, avec deux ordres de colonnes et de pilastres superposés, une tour centrale, un avant-corps au milieu de la façade et deux autres sur les côtés, un fronton solennel contenant des figures allégoriques dans le style italien, sans préjudice des statues de la Paix, de la Prudence et de la Justice, juchées sur la corniche de ce fronton. Ces imitations de l'antique, froides en tous pays, devenaient de glace sous le ciel hollandais. Elles se trouvent ici fort heureusement réchauffées par les anciennes constructions municipales, ainsi que par les maisons particulières, dont les pignons aux colorations pittoresques s'étalent en façade sur les autres côtés de la place. C'est là que la vraie Hollande a laissé sa marque. Elle a imprimé quelque chose aussi de sa physionomie à la Nieuwe Kerke (nouvelle église), construite en 1408 et reconstruite en 1500. On la voit à côté et un peu en arrière de l'Hôtel de ville, précédée de sa grande tour, du haut de laquelle la vue s'étend sur la ville et sur le Zuyderzée.

Sur cette place du Dam, si bien encadrée par les monuments, Van der Ulft a répandu toute une multitude de petites figures, dans lesquelles il a résumé toutes les conditions de la vie hollandaise de son temps : marchands, hommes d'affaires et hommes de corporation, bourgeois, artisans, ouvriers, matelots, cavaliers, chevaux de charge avec leurs conducteurs, mendiants, soldats, gentilshommes, grandes dames, femmes de service, paysannes, et jusqu'aux inévitables Turcs, que leur négoce transportait des rives du Bosphore dans les eaux du Zuyderzée. Ces innombrables figures, dessinées avec précision, peintes d'une touche libre et spirituelle, quoique d'une couleur un peu crue, vivantes d'une vie saine et bien ordonnée, prises sur le vif des occupations de chaque jour, distribuées, sans encombrement

(1) En 1808, cet Hôtel de ville devint la résidence du roi Louis-Napoléon. Il est resté, depuis lors, affecté à la résidence royale, tandis que l'ancien palais du Roi, *Prinsenhof*, a été converti en Hôtel de ville.

et avec un goût très sûr de l'effet, sur toute cette place, dont elles mesurent l'étendue par leur nombre et dont elles donnent la profondeur par la dégradation de leur taille, font, à tous les points de vue, de ce tableau une œuvre rare. Il est signé (à gauche) *Jacques vander Ulft,* et daté 1659 (1). On le trouve dans l'inventaire du Palais-Bourbon en 1830, parmi les objets venant de l'hôtel Lassay (2). Il faisait donc partie de l'ancienne collection de Chantilly, et fut peut-être rapporté en France par le Grand Condé, après son passage aux Pays-Bas, entre 1652 et 1660.

RUISDAEL (JACOB VAN)

(1628 ou 1629 † 1682. — École hollandaise.)

Jacob Ruisdael naquit à Harlem en 1628 ou 1629. Sa précocité fut extraordinaire. Dès 1648, — il avait alors environ vingt ans, — son nom était inscrit sur la gilde de sa ville natale, et sa période d'activité va de 1646 à 1669. On ne sait pour ainsi dire rien de sa vie. Son oncle Salomon, et peut-être aussi son père, Isaac, lui apprirent le métier; la nature elle-même lui enseigna l'art. Dès ses premiers essais, sa vocation se révèle; les environs de Harlem prennent possession de lui tout entier, et ce pays, dont il s'assimile avec une patience obstinée tous les éléments, l'enveloppe d'un charme qui sera la consolation de ses tristesses et l'enchantement de sa vie. De cette terre sablonneuse et plate, à peine couverte par places de maigres végétations, se dégage devant lui une impression de solitude et de mélancolie, toute une

---

(1) On pourrait lire aussi bien 1657.
(2) « Une gouache flamande, représentant l'hôtel de ville d'Amsterdam, du nom de Jacob Vand (Van der) Ulft, 1659, prisée avec sa glace en verre et son cadre en bois doré la somme de trois cents francs. »

RUISDAEL (JACOB VAN)

(1628 † 1682)

ÉCOLE HOLLANDAISE

LA PLAGE DES DUNES A SCHEWENINGEN

LA PLAGE DES DIGUES A SCHEVENINGEN

ÉCOLE HOLLANDAISE

(1658 † 1685)

KLISZLEL (JACOB VAN)

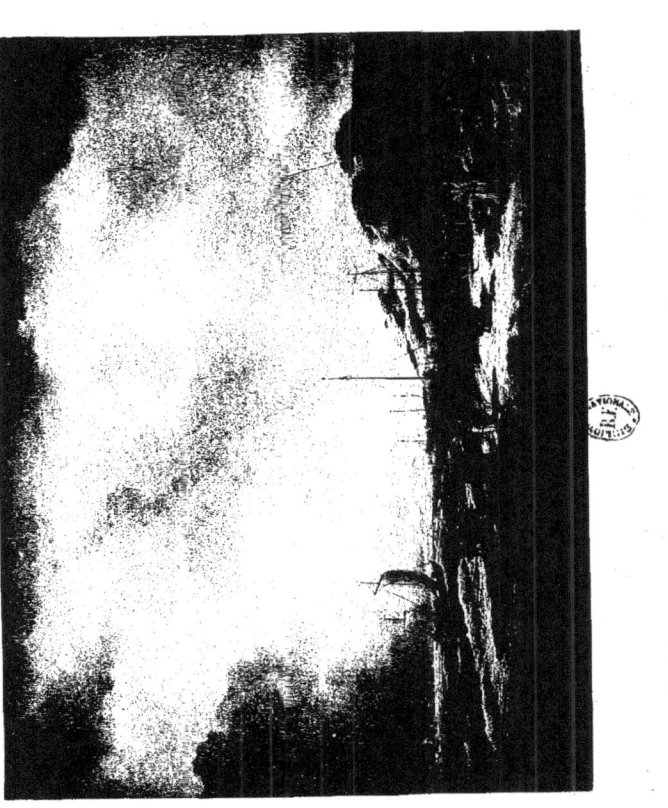

poésie qu'on retrouve dans ses meilleurs ouvrages. Nulle part on ne la ressent plus vivement que devant la *Plage et les dunes de Scheweningen*. Aucun peintre n'a fait comprendre aussi bien que Ruisdael la terre où il est né. Si parfois il s'en éloigne, c'est pour y revenir bien vite et pour s'y reprendre au plus tôt. Fut-il un peintre voyageur? Probablement pas. L'Italie ne le détourna jamais de sa voie. Le Midi ne le tentait pas. Un certain aimant l'attirait vers le Nord. Entraîné par Everdingen, il alla peut-être en Norvège et en Suède, et en rapporta l'idée de quelques-uns des grands partis pittoresques qu'il introduisit dans ses paysages composés, qui ne valent pas ses paysages copiés. Ruisdael n'est pas un peintre d'architecture, c'est un peintre de nature. Quoi qu'il fît il était misérablement payé. Il avait beau varier son répertoire, les prix ne changeaient pas. Jamais il ne fut en possession de la vogue; jamais il ne figura parmi les dignitaires de la gilde de Harlem. Il alla se fixer à Amsterdam, dans l'espoir d'y être mieux compris; il y obtint le droit de bourgeoisie en 1659, y resta jusqu'en 1681, s'y perfectionna, et n'en fut pas plus riche. A la gêne succéda la misère. Il revint à Harlem, où ses coreligionnaires, — il était de la secte des mennonites, — sollicitèrent pour lui une place à l'hospice. Il y entra le 28 octobre 1681, et y mourut le 24 mars 1682. La vie lui avait été dure. Il avait été méconnu, et, après un labeur opiniâtre, il était mort dans la pauvreté. Deux siècles d'oubli ont passé sur lui, et il est encore absent de sa ville natale. Partout ailleurs, cependant, l'heure de la réparation a sonné (1). C'est à l'un des premiers rangs qu'il se tient dans la galerie de Chantilly.

CXXXVIII. — *La Plage et les dunes de Scheweningen.*

Sur toile. — H. 0^m,84; L. 1^m,10.

Les Hollandais, si fort attachés à l'action, ont eu des paysagistes portés au

---

(1) *Voyage autour du Salon carré au musée du Louvre.*

rêve. Ruisdael, le plus grand peintre de la Hollande après Rembrandt, a donné surtout son âme à la nature dans ceux de ses tableaux où il semble l'avoir le plus servilement copiée. Il a peint la plage et les dunes de Scheweningen telles qu'il les voyait, sans rien ajouter à la nature sous prétexte de la compléter, et, dans cette représentation textuelle, on sent un peintre qui pense.

La plage dessine une courbe harmonieuse sur le premier plan du tableau. Au delà de cette plage, la mer; en deçà, les dunes. La marée monte. Des barques, atterries sur la rive, attendent le flot qui va les prendre; d'autres sont bercées déjà par les lames. Le vent souffle. La bourrasque s'annonce. A droite, les dunes, qu'on dirait soulevées comme des vagues, fléchissent et se relèvent avec un bonheur d'expression qu'on ne voit pas ailleurs. Les rares végétations qui les animent verdissent çà et là d'un vert pâle à fleur de sable, sans rien dérober de leurs formes. Une cabane chétive est blottie dans leurs plis, tandis qu'une frêle mâture pour les signaux se dresse sur un de leurs sommets. Tout s'emmêle dans cet ensemble, en s'entr'aidant pour être vu.

La simplicité des lignes et l'apparente uniformité du paysage grandissent ici le spectacle du ciel. Le ciel, en effet, joue un très grand rôle, peut-être le principal rôle, dans cette peinture. Il modèle en quelque sorte et la terre et les eaux, en les pénétrant de sa propre physionomie. Dans ce ciel encore bleu, les nuages montent avec des formes aériennes, qui sont le complément des formes de la terre. Le soleil, dans une envolée soudaine à travers la nuée, enveloppe de lumière les dunes qui se profilent à l'horizon, et apporte comme un avertissement soudain à cette plage, où tout est calme encore, mais où tout sera peut-être bouleversé bientôt.

Une foule de petites figures animent le rivage : les unes disposent en hâte les agrès de leurs embarcations ; les autres s'ébattent au bord de l'eau, semblant défier la vague qui s'avance et n'en reculant pas moins devant elles ; d'autres encore se tiennent immobiles, le regard tendu vers les barques portées par le flot près du bord, et vers celles aussi qu'on aperçoit au loin. Toutes ces figures, fort bien construites et très spirituellement peintes, ont été exécutées sans doute par Eglon van der Neer, qui faisait métier d'assister les paysagistes, Ruisdael en particulier, et d'animer leurs tableaux en y introduisant des personnages, qui expliquent par leurs mouvements le mouvement des choses. Ici, sur la plage de Scheweningen, c'est l'après-midi d'une journée d'automne, l'heure et la saison préférées du peintre. On les retrouve avec leurs couleurs tristes et d'une singulière beauté dans nombre de ses tableaux, notamment dans cet admirable *Coup de soleil*, au musée du Louvre, à côté duquel la *Plage et les dunes de Scheweningen* se tiendraient sans fléchir. Dans le bas du terrain, à gauche, on lit la signature de Ruisdael.

Ce tableau est une des gloires de Ruisdael et une des perles de la galerie de Chantilly. Il appartenait en 1809 à M. Charles Ottley, et passa ensuite dans la galerie de M. Leader, à Putney, près Londres. M. Nieuwenhuys l'acheta lors de la dispersion de cette galerie, et le céda au prince Demidoff. Le 18 avril 1868 enfin, à la vente de la galerie de San Donato, il fut adjugé à Monsieur le duc d'Aumale.

CXXXIX*. — *Paysage*.

Dessiné à la plume et peint à l'aquarelle sur vélin.
— H. 0^m,146; L. 0^m,197.

Au premier plan, vers la gauche, un gros chêne, au tronc puissant et aux ramures dégingandées, se dresse robuste encore sur un tertre verdoyant. Le vent a tenté mille et mille fois d'en désarticuler les branches, et n'est parvenu qu'à en dépouiller les cimes. Devant ce vieux témoin, qui est comme désillusionné des promesses du ciel, gît un arbre tombé, et tout auprès s'élèvent de jeunes pousses où fleurit l'espérance. Au pied du tertre, un ruisseau planté de joncs répand sur son parcours la fraîcheur de ses eaux. De l'autre côté, à droite, des pentes gazonnées, où poussent de verdoyants buissons. En suivant du regard le fil de l'eau, on aperçoit au loin un horizon de campagnes qui semble tout ensoleillé de bonheur. C'est encore ici l'heure et la saison particulièrement aimées du peintre. Ce sont les végétations plus que mûres et les teintes discrètement variées que tant de fois et avec tant d'amour il a peintes. Le ciel est serein, l'air est calme, tout semble dans la nature en pleine sécurité. Le vieux chêne est là cependant qui, par toutes les cassures de ses branches désespérément tordues, ne parle que de tempêtes. On comprend, par ce qu'il a de fort et de ramassé, ce qu'il a dû opposer de résistance au froid et au vent, la lutte pour la vie qu'il a eu à soutenir contre un dur climat, ce qu'il a souffert et ce qu'il souffrira encore jusqu'à ce qu'il tombe définitivement vaincu.

Cette petite merveille est peinte à l'aquarelle sur un dessin à la plume de l'exécution la plus large et en même temps la plus serrée. Jamais la nature n'a été observée d'un œil plus sûr et mieux pensant, ni avec une patience plus obstinée. On lit, à gauche, la signature du maître : *Ruisdael* (1).

VAN DE VELDE (WILHELM) LE JEUNE

(1633 † 1707. — École hollandaise.)

Dans l'histoire de la peinture hollandaise, les Van de Velde forment une dynastie qui remonte à la fin du seizième siècle et n'est pas éteinte encore au commencement du dix-neuvième. On sait le rôle considérable qu'Esaïas Van de Velde (1597?-1660?) joua dans la genèse du paysage hollandais. Sans lui, Van Goyen n'aurait peut-être pas existé, et la création d'une

---

(1) Si nous avons compris parmi les tableaux cet admirable dessin colorié, c'est d'abord parce qu'il est en couleur et qu'il est exposé dans la galerie des peintures; c'est ensuite et surtout parce qu'aucune œuvre exécutée de la main d'un maître ne mérite mieux d'être signalée à titre de chef-d'œuvre.

branche importante de l'art national en Hollande eût été sans doute ajournée. Vint ensuite Guillaume Van de Velde le Vieux (1610-1693), marin et incomparable dessinateur de marines, dont les deux fils, Adrien et Guillaume le Jeune, rendirent surtout célèbre le nom de Van de Velde.

C'est de Guillaume Van de Velde le Jeune que nous avons à parler ici. Il naquit à Amsterdam en 1633, fut élève de son père d'abord, de Simon de Vlieger ensuite, et devint bientôt le plus renommé des peintres de marines de son temps. Le roi Charles II, ayant vu ses tableaux, l'enleva à la Hollande en 1675 et le fixa à sa cour en le comblant de biens et d'honneurs; Jacques II lui continua les mêmes faveurs; de sorte qu'après avoir consacré la première partie de sa vie à peindre les victoires des Hollandais sur les Anglais, Guillaume Van de Velde employa la seconde à célébrer les triomphes de l'Angleterre contre la Hollande. Il mourut à Greenwich le 6 avril 1707, et, depuis sa mort, les Anglais et les Hollandais n'ont cessé de se disputer ses œuvres. Aucun peintre n'a su aussi bien que lui gréer une barque et construire un navire, mettre chaque chose et chaque homme à sa place en vue de la navigation, rendre la transparence de la mer, la lumière du ciel, la marche des nuages, et donner à ceux-ci leur valeur pittoresque relativement à celle des eaux tranquilles. Chose étrange! Guillaume Van de Velde eut constamment sous les yeux la mer du Nord et la Manche, où sévit à chaque instant la tempête, et sa spécialité fut de peindre des temps calmes. Dans les accalmies seules, il semble dans son élément; dès que la mer s'agite, une partie de ses forces l'abandonne... Le nombre de ses tableaux est considérable. Smith n'en compte pas moins de trois cent vingt-neuf. C'est l'Angleterre qui en est le plus abondamment pourvue. La Hollande vient ensuite. Le musée du Louvre n'en a qu'un. La galerie de Chantilly en possède un aussi, mais de qualité supérieure, et qui suffit à lui seul pour donner la mesure du peintre.

CXL. — *La Mer par un temps calme*

Sur toile. — H. 0^m,83; L. 1^m,05.

La mer, au calme plat, semble frappée d'immobilité. Pas un souffle d'air, pas un pli ne ride la surface des eaux. A gauche, sur le premier plan, deux grosses barques à l'ancre sur un bas-fond se reflètent dans le transparent miroir; des matelots et des mousses s'y occupent à tout ranger dans l'espoir de la brise, qui sans doute se lèvera bientôt. Plus loin, d'autres barques immobiles aussi, et, plus loin encore à droite, un grand trois-mâts, également en panne dans la profondeur de l'horizon tranquille. Sur ce navire et sur toutes ces embarcations, les voiles paresseuses tombent inertes, flasques, silencieuses. Il n'y a de mouvement qu'au ciel, et encore ce mouvement n'est-il pas sans sérénité. Des nuages floconneux s'élèvent des eaux avec lenteur et prennent des formes harmonieuses, baignées d'azur. Le soleil partout se fait sentir, sans se montrer précisément nulle part; il vient frapper cependant de ses vives clartés une des voiles verticalement pendantes, qui se mire jusqu'au plus profond des eaux, en mettant un point lumineux au milieu de ce calme monotone.

On peut citer ce tableau parmi les meilleurs du maître. La couleur y est solide et vigoureuse, quoique d'une gravité un peu froide; l'irréprochable correction du dessin s'y fait surtout remarquer. Ces sortes de tableaux sont faits de science technique et d'habileté; mais il ne faut guère leur demander au delà de cette perfection de surface. Guillaume Van de Velde le Jeune n'ignore rien des choses de la mer; dès l'enfance, il en a tout appris de son père, et, n'en ayant rien oublié, sa prodigieuse mémoire lui fournit à point nommé jusqu'aux moindres éléments de son œuvre; mais, dans ses marines, c'est l'accessoire qui prend le pas sur le principal; la mer n'est guère là qu'une toile de fond; ce sont les navires et les barques, avec leurs agrès, leurs voiles et leurs équipages, qui tiennent les premiers rôles. Comme le

GUILLAUME VAN VELDE (LE JEUNE)

(1633 † 1707)

ÉCOLE HOLLANDAISE

LA MER PAR UN TEMPS CALME

LA MER PAR RAPPORT AU JEU DES

ÉCOLE HOLLANDAISE

(1633 † 1707)

GUILLAUME VAN VELDE (LE JEUNE)

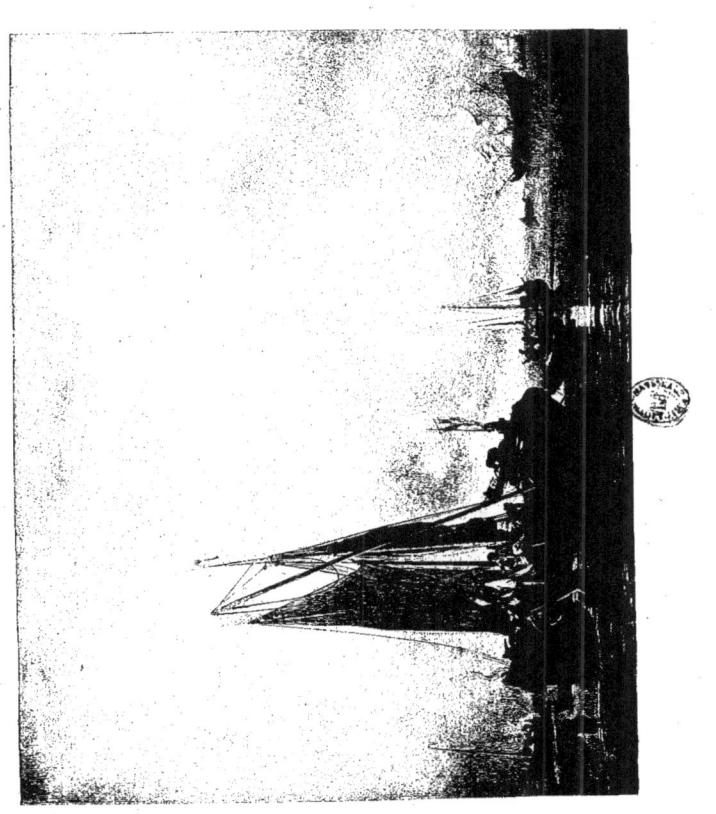

peintre leur prodigue tous ses soins et qu'il veut pour eux toute notre attention, il les environne de calme, de peur que le moindre mouvement n'en dérobe quelque chose. Voilà pourquoi il transforme le plus souvent en des eaux dormantes des mers dont l'état normal est l'agitation. Ce qui manque à cette peinture, c'est ce que nous donnait tout à l'heure le tableau de Ruisdael, une certaine création de la vie, qui constitue le vrai chef-d'œuvre et qui est, à elle seule, la marque du génie.

Cette *Mer par un temps calme* est signée, à gauche, W. V. Velde. Nous transporte-t-elle vers les embouchures de la Meuse, ou sur une de ces plages anglaises tant de fois reproduites par Guillaume Van de Velde? On ne saurait le dire. C'est d'Angleterre que ce tableau est venu sur notre continent à la fin du dernier siècle. En 1795, il passait, par héritage, de la maison de lord Bute dans celle de lord Stuart. Plus tard, M. Nieuwenhuis s'en rendit acquéreur et le revendit au prince Demidoff, et c'est lors de la vente de San Donato, en 1868, qu'il entra dans la galerie de Monsieur le duc d'Aumale (1).

HONDECOETER ou HONDEKOETER (MELCHIOR DE)

(1636 † 1695. — École hollandaise.)

Melchior de Hondecoeter, fils et petit-fils de peintres d'animaux et surtout d'oiseaux, fut lui-même le plus remarquable des peintres d'oiseaux de basse-cour. Il naquit à Utrecht en 1636, fut d'abord élève de son père, puis de Jean-Baptiste Weenix, son oncle, travailla à la Haye, où il est mentionné dans la *Pictura* de 1659 à 1663, se fixa ensuite à Amsterdam, y obtint le droit de bourgeoisie en 1688, et y mourut en 1695. Sa réputation comme

(1) Ce tableau est décrit par Smith, sous le n° 166.

peintre d'animaux était grande. Il se plaisait au milieu des coqs, des poules, des canards, des cygnes, des paons et des perroquets, connaissait, comme pas un, leur nature et leurs mœurs, les saisissait dans toutes leurs attitudes avec une vérité surprenante, les peignait vivants et morts également bien, et variait à l'infini ses sujets, en y apportant des ressources pittoresques vraiment extraordinaires. Il était pour la basse-cour ce que Weenix fut pour le gibier mort, Jan Van Huysum et Rachel Ruysch pour les fruits et les fleurs. On ne le connaît bien qu'à la Haye et surtout à Amsterdam. Le musée de la Haye possède quatre de ses meilleurs tableaux, et celui d'Amsterdam huit, parmi lesquels la *Plume flottante,* le plus célèbre de tous. Le tableau de Hondecoeter au musée de Condé donne une très juste idée d'un talent de premier ordre dans un genre secondaire.

CXLI. — *Oiseaux de basse-cour*.

Sur toile. — H. 1^m,05 ; L. 1^m,82.

Un coq de la grande espèce, l'aigrette blanche fièrement dressée sur le haut du front, le corsage cuirassé d'un or rouge, la queue coquettement empanachée de plumes noires et le bout des ailes d'un vert sombre, se tient dans une attitude superbe au milieu du tableau, faisant de son corps vigoureux un rempart à une grosse poule blanche accompagnée de ses poussins, et défiant, de sa tête qu'il porte avec orgueil, un dindon qui tente en vain de s'approcher. Au fond du tableau, à gauche, un horizon de campagne ; à droite, de sombres verdures, au milieu desquelles on distingue une poule noire.

Ce tableau est d'une belle ordonnance, la couleur en est sonore et très décorative. Il faisait partie de l'ancienne galerie de Chantilly. Transporté au Louvre pendant la Révolution, il a été restitué à M. le prince de Condé en 1815.

NETSCHER (THÉODORE)

(1661 † 1732. — École hollandaise.)

La famille des Netscher, d'origine allemande, devint hollandaise par le fait des guerres civiles. Gaspar Netscher, fils de Jean Netscher, sculpteur et ingénieur, naquit à Heidelberg en 1639. Sa mère, restée veuve, n'échappa que par miracle aux guerres qui désolaient la contrée. Réfugiée dans un château fort, elle vit périr de faim les deux aînés de ses fils, et ne put sauver ses deux autres enfants qu'en traversant les lignes d'investissement au milieu de la nuit et au péril de sa vie. Elle arriva mourante à Arnheim, et fut recueillie par le docteur Tullekens, qui se chargea de l'éducation de Gaspar et voulut en faire un médecin; mais la vocation de l'enfant fut irrésistible. Gaspar Netscher fut placé d'abord chez Koster, peintre de nature morte, où il ne tarda pas à reproduire avec succès des vases d'or et d'argent, de riches étoffes, des satins principalement, tout ce qui tenait au luxe et à la grande vie de son temps. Il avait presque déjà trouvé sa voie. Il s'y perfectionna en allant travailler avec Terburg, qui était le maître des maîtres en ce genre, et, très jeune encore, il prit rang parmi les peintres des élégances mondaines de la Hollande. A l'âge de vingt ans, il voulut visiter l'Italie. Embarqué sur un navire qui devait d'abord le conduire à Bordeaux, il s'arrêta dans cette ville, s'y prit d'amour pour la fille d'un mécanicien liégeois nommé Godyn et l'épousa (1659). C'en était fait de son voyage à Rome. Netscher revint en Hollande et s'établit à la Haye, où il peignit une quantité de petits portraits et de tableaux de genre, très inférieurs à ceux de Terburg et de Metzu, et dépassant encore en préciosité ceux de Gérard Dow et de Mieris. Charles II voulut l'attirer en Angleterre et lui fit les offres les plus avantageuses. Il refusa, et mourut, en 1684, dans la ville où il avait conquis sa réputation, laissant deux fils, Théodore (1661-1732) et Constantin (1670-1722). L'un et l'autre furent ses imitateurs ou plutôt ses copistes.

Théodore Netscher, né à Bordeaux en 1661, fut élevé à la Haye dans l'atelier de son père. A l'âge de dix-huit ans, il quitta la Hollande pour aller en France, à la suite du comte Davaux, ministre de France auprès des États Généraux. Il séjourna à Paris pendant vingt ans, de 1679 à 1699, y fut bien vu de la cour et de la ville, et y laissa quantité de petits portraits qui lui furent largement payés. Parmi ces portraits, l'histoire nous apprend qu'il y avait beaucoup de copies; le double portrait d'Henriette d'Angleterre et de Philippe Ier, duc d'Orléans, a sans doute été de ce nombre. Théodore Netscher semblait décidé à ne jamais retourner dans sa patrie. Pour vaincre sa résistance, Oudyck, ambassadeur des États de Hollande, dut s'engager à lui faire obtenir un poste honorable et lucratif dans son pays. C'est ainsi que Théodore Netscher fut nommé d'abord receveur de la ville d'Hulst, puis, après la paix de Ryswick (1715), trésorier de l'armée que les États Généraux avaient envoyée au roi George. Il resta dix ans en Angleterre, où il exécuta aussi nombre de petits portraits. De retour en Hollande en 1725, il se retira du monde et acheva de vivre paisiblement dans la ville d'Hulst. Il y mourut à l'âge de soixante et onze ans, en 1732. — Quant à Constantin Netscher, jamais il ne quitta la Hollande.

On a tour à tour attribué le double portrait qui va nous occuper à chacun des trois Netscher. Gaspar doit d'abord être écarté; cette peinture, malgré les qualités brillantes qu'on y remarque, contient certaines faiblesses de dessin dont il ne se serait pas rendu coupable. Par contre, chacun de ses fils, Théodore ou Constantin, aurait pu les commettre. Constantin n'ayant jamais quitté la Hollande, on voit difficilement comment il aurait été amené à peindre ces portraits. Théodore, au contraire, qui vécut vingt ans à Paris et dix ans à Londres, où les portraits de la fille de Charles Ier et du frère de Louis XIV étaient si répandus, se trouva tout porté, pendant la plus grande partie de sa vie d'artiste, pour peindre le double portrait qui nous occupe.

Il ne put voir Henriette d'Angleterre, qui mourut en 1670, alors qu'il avait à peine neuf ans; mais il trouva en France et en Angleterre les portraits de cette princesse, et put se servir indifféremment des portraits de Mignard, par exemple, ou de ceux de Lély. Il va sans dire qu'en copiant ces portraits, il y mettait sa propre marque, ses défauts même aussi bien que ses qualités, surtout le caractère de sa nationalité; d'après des peintres français ou anglais, il faisait de la peinture hollandaise. L'exécution du petit portrait du musée de Condé n'est pas, d'ailleurs, sans rappeler celle du petit portrait de Rotterdam, exécuté à Paris, et signé : *T. Netscher Pinxit Parisi. 1681*. Nous pensons donc que c'est le nom de Théodore Netscher qu'il convient de prononcer ici.

CXLII. — *Portraits d'Henriette d'Angleterre, duchesse d'Orléans, et de Monsieur, duc d'Orléans.*

Sur toile. — H. 0^m,33; L. 0^m,25.

Henriette-Anne d'Angleterre était la dernière fille de Charles Ier et d'Henriette de France. Elle naquit presque clandestinement à Exeter, le 16 juin 1644, au moment où la Reine proscrite mettait en danger de mort quiconque lui donnait asile. Dix-sept jours après, la femme de Charles Ier était obligée de fuir en France, où sa fille ne lui était rendue que deux ans plus tard par la duchesse de Morton. On sait la vie de douleurs et de privations qui attendait la princesse. Aux misères du Louvre succédèrent les sévérités du cloître de Chaillot. Dans les grandes solennités, la petite-fille de Henri IV, pour s'exercer à l'humilité, servait elle-même à table les religieuses du couvent. Les jours fortunés arrivèrent enfin, et Henriette d'Angleterre put reprendre son rang. Anne d'Autriche, qui « ne trouvoit rien au-dessus de cette princesse », avait d'abord songé à la donner au Roi ; mais Louis XIV la jugea trop jeune, et elle fut accordée à Monsieur, duc d'Orléans, frère unique du Roi. Ainsi promise, Henriette d'Angleterre partit pour demander le consentement de son frère Charles II, « qui lui vit remplir avec joie la seconde place de France, que la dignité d'un si grand royaume peut mettre en comparaison avec les premières du reste du monde (1) ». Au retour, et sur le vaisseau même qui la ramenait en France, « la princesse d'Angleterre fut prise de la rougeole, dont elle faillit mourir. Monsieur montra, par son chagrin, que du moins son intention étoit d'en être affligé (2). » On ne peut mieux peindre l'indifférence du futur époux. Henriette d'Angleterre méritait mieux : « le don de plaire et ce qu'on appeloit grâces étoit ce qu'elle possédoit au souverain degré... Mais le miracle d'enflammer le cœur d'un tel prince n'étoit réservé à aucune femme du monde (3). » Le mariage eut lieu le 31 mars 1661. La duchesse d'Orléans avait dix-sept ans et ne tarda pas à devenir la vraie reine de la cour. « Elle réunissoit, dit madame de La Fayette, tous les agréments que donnent la jeunesse et la beauté, ce qui lui attiroit une sorte d'hommages que l'on rendoit plus à la personne qu'à son rang. » Et Bossuet ajoute, en exaltant surtout l'intelligence et le caractère de cette princesse : « Elle connoissoit si bien la beauté des ouvrages de l'esprit que l'on croyoit avoir atteint la perfection quand on lui avoit su plaire. » Elle fut la protectrice de Racine et de Boileau. C'est elle qui, l'année même de sa mort, proposait à Corneille et à Racine le sujet de *Bérénice*. Délaissée de son époux, des intrigues de cour l'avaient enveloppée et faillirent la perdre. Son honneur, cependant, resta sauf. Ni les empressements du Roi, ni les ardeurs du comte de Guiche, ni les impertinences du chevalier de Lorraine, ni les perfidies de Vardes, ni les dénonciations de la comtesse de Soissons, n'arrivèrent à la compromettre. Après des intermittences d'excessives faveurs et de disgrâces imméritées, un grand intérêt politique la rapprocha de Louis XIV. Il s'agissait de détacher Charles II de la triple alliance qui unissait l'Angleterre à la Suède et à la Hollande. Madame fut chargée de cette négociation. La cour s'étant réunie à

---

(1) Bossuet, *Oraison funèbre d'Henriette d'Angleterre*.
(2) *Mémoires de madame de Motteville*.
(3) Madame de La Fayette, *Histoire de Madame Henriette*.

Calais, la duchesse d'Orléans prit prétexte d'aller embrasser son frère pour passer à Douvres. Elle était accompagnée d'une jolie Bretonne, mademoiselle de Kérouel, qui plut à Charles II et devint duchesse de Portsmouth. Le traité fut signé, traité sur lequel reposait le sort d'une partie de l'Europe, et Madame rentra triomphalement en France. « La confiance de deux si grands rois l'élevoit au comble de la grandeur et de la gloire », lorsque, le dimanche 30 juin 1670, « retentit tout à coup, comme un éclat de tonnerre, cette étonnante nouvelle : Madame se meurt ! Madame est morte !... Dieu aveugloit les médecins et ne vouloit pas même qu'ils retardassent une mort qu'il vouloit rendre terrible (1). » Henriette d'Angleterre avait à peine vingt-six ans. Conservant jusque dans la mort son caractère de grâce et d'amabilité, « elle passa du matin au soir, ainsi que l'herbe des champs... Qu'importe que sa vie ait été si courte ? Jamais ce qui doit finir ne peut être long. Nous mourons tous, et nous allons sans cesse au tombeau, ainsi que des eaux qui se perdent sans retour (2). » Malgré les affirmations contraires, on crut au poison, et l'on accusa le chevalier de Lorraine. Bossuet prononça l'oraison funèbre d'Henriette d'Angleterre, le 21 août 1670... Telle est la charmante figure — une des plus charmantes de l'histoire — dont Théodore Netscher va nous montrer le portrait, mais par réflexion seulement.

Sur un fond d'appartement qui équivaut à un fond perdu presque noir, Henriette d'Angleterre est debout, en costume de cour, la tête de trois quarts à gauche, le corps presque de face, légèrement tourné vers la droite et coupé à mi-jambes. Elle tient de ses deux mains le portrait de Philippe Ier, duc d'Orléans, son époux. Ses cheveux bruns, bouclés, très abondants et tout empanachés de plumes blanches et rouges, tombent en masses épaisses derrière ses épaules, et descendent en frisons sur le front et de chaque côté des joues. La robe décolletée découvre la gorge. Cette robe est d'une chaude et indéfinissable couleur ; on dirait un brocart d'or foncé, sur

---

(1) Bossuet, *Oraison funèbre d'Henriette d'Angleterre*.
(2) *Omnes morimur, et quasi aquæ dilabimur in terram, quæ non revertuntur.* (*II Reg.*, c. XIV, ≬ 14.) Bossuet, *ibid.*

lequel brillent des lucioles bleues et blanches. Sous les larges manches, d'autres manches en satin blanc garnies de dentelles. Jeté derrière les épaules, un manteau de cour en velours gros bleu fleurdelisé d'or. Partout des perles, sur la personne comme sur le costume, aux oreilles, au cou, aux bras, sur la poitrine, sur les épaules, et jusque sur la jupe. Malheureusement, la tête est maniérée, laisse même assez gravement à désirer sous le rapport du dessin. Les yeux sont beaux, le front est intelligent, le nez régulier, la bouche spirituelle, l'ovale des joues délicat; mais le nez et la bouche ne vont pas ensemble; l'un est presque de profil et l'autre presque de face. La main, de son côté, est mollement dessinée... Malgré tout ce qu'il offre de défectueux, ce portrait n'en a pas moins d'estimables qualités de couleur et d'exécution. Théodore Netscher a peint nombre de petits portraits, semblables à celui-là, d'après les personnages célèbres de son temps, et aussi, nous l'avons dit déjà, d'après des portraits de ces personnages. Le portrait d'Henriette d'Angleterre, nous le répétons, n'est pas ici ce qu'on souhaiterait qu'il fût. On n'y sent pas la présence même de la nature. Ce n'est pas, en effet, sur le vif qu'a pu être fait par Théodore Netscher le portrait de cette princesse. Sous les enveloppements de la couleur hollandaise, on ne retrouve qu'à force d'imagination l'esprit, la bonté, le charme et la grâce tant vantés chez Madame. L'élégance, néanmoins, n'est pas méconnaissable, non plus que le désir de plaire et le besoin d'hommages, qui faisaient partie de la nature de la fille de Charles Ier.

Quant au *Portrait du duc d'Orléans* (1), il ne devrait être ici que l'accessoire, et il devient presque le principal. Ce prince était beau et paraissait efféminé. Tel le montre, en effet, le portrait que tient Henriette d'Angleterre. Chez le frère de Louis XIV, le caractère était fort effacé, le cœur surtout laissait à désirer. Un mot peint Monsieur. Il est auprès de sa femme mourante, et s'adressant à sa cousine, Mademoiselle, fille de Gaston d'Orléans :

(1) Philippe Ier d'Orléans, deuxième fils de Louis XIII et d'Anne d'Autriche, frère unique de Louis XIV, né en 1640 à Saint-Germain en Laye, mort en 1701, porta le titre de duc d'Anjou jusqu'en 1661, et ensuite celui de duc d'Orléans.

« Qui pourrait-on trouver qui eût bon air à mettre dans la gazette, pour avoir assisté Madame ? » Et il fait appeler Bossuet, non comme le plus recommandable, mais comme le plus décoratif des prélats. La nature, cependant, avait déposé en Gaston d'Orléans de bons germes, mais on ne les avait pas laissés grandir, parce que le frère du Roi devait être médiocre. Mazarin avait fait pour le frère de Louis XIV ce que Richelieu avait fait pour le frère de Louis XIII, et Anne d'Autriche avait secondé les vues de son ministre en énervant dans son second fils toute volonté, toute virilité, tout amour. Philippe Ier d'Orléans fut jaloux constamment d'Henriette d'Angleterre, jamais il ne l'aima. Quant à Charlotte-Élisabeth de Bavière, sa seconde femme, « elle mit trente ans à le gagner ». Néanmoins, la chaleur du sang, qui semblait éteinte en lui devant les femmes, se rallumait à l'idée de la guerre. Écarté des armées par la défiance jalouse de Louis XIV, il donna des preuves de courage quand on lui permit de combattre. Dans la campagne de Flandre en 1667, dans celle de Franche-Comté en 1668, dans la guerre de Hollande en 1672, il est vraiment brave. Il se révèle surtout comme homme de guerre lorsque, assisté de d'Humières et de Luxembourg, il bat le prince d'Orange à Cassel et provoque la reddition de Saint-Omer. Cette fois, il avait trop bien fait. Dès lors, toute initiative lui fut retirée. Il ne parut plus ensuite que sous les ordres du Roi.

Dans le portrait de Théodore Netscher, Philippe d'Orléans est coiffé de la lourde perruque à la mode pendant la seconde moitié du dix-septième siècle. Il a de grands yeux étonnés, le nez bourbonien, la bouche souriante et hautaine, les joues pleines et soigneusement rasées. On reconnaît en lui le frère du Roi, un Louis XIV amoindri, maintenu longtemps à l'état d'enfance, intentionnellement diminué par l'éducation.

Les deux portraits de Madame et de Monsieur, ingénieusement présentés dans un même tableau, sont d'un réel intérêt. Théodore Netscher, voulant montrer tout son art dans celui de Madame, y a mis toutes ses mièvreries. Il a été plus simple et par cela même plus vrai dans celui de Monsieur. S'il s'est servi de portraits antérieurement peints d'après le modèle vivant, l'invention du tableau, l'idée de réunir dans un même cadre la sœur de Charles II et le frère de Louis XIV lui appartient sans doute en propre... On est tenté de croire, à bien regarder cette peinture, que c'est à la cour d'Angleterre plutôt qu'à celle de France qu'elle a été exécutée, et que Théodore Netscher s'est plutôt inspiré d'un portrait de Lély que d'un portrait de Mignard. Quelque chose du goût anglais ne paraît-il pas dans la parure et dans le vêtement, surtout dans l'arrangement de la coiffure?

Vendu à Londres par M. Colnaghi à Monsieur le duc d'Aumale.

GRIFF ou GRYF (ADRIEN) LE VIEUX

(École flamande du dix-septième siècle.)

Adrien Gryf le Vieux, élève de Snyders, a peint surtout des paysages, des animaux, des chasses et des natures mortes. Il imitait son maître, tâchait même de le contrefaire, mais ne l'égalait jamais. Ses tableaux, cependant, sont d'une assez bonne ordonnance... Selon Nagler, Adrien Gryf le Vieux est le père d'un autre Adrien Gryf, qu'on appelle Gryf le Jeune; mais Weyerman, qui prétend les avoir connus tous les deux, affirme qu'ils étaient frères. Weyerman, il est vrai, laisse fort à désirer sous le rapport de l'exactitude.

CXLIII-CXLIV. — *Chasse à l'ours.* — *Chasse à la panthère.*

H. 0^m,12; L. 0^m,17.

Dans le premier de ces tableaux, des chiens s'acharnent après un ours qui les bouscule et les malmène fort. Dans l'autre, des chiens montrent semblable acharnement contre une panthère qui les mord à pleines dents. De part et d'autre, ce sont les mêmes chiens ; et ce sont aussi le même paysage, les mêmes arbres, le même ciel, dénués de style et de caractère, également éloignés des âpres régions où l'on chasse l'ours, et des chaudes contrées où vivent les panthères.

Ces deux petites peintures proviennent du Palais-Bourbon ; elles ont fait partie de la collection du prince de Condé.

REYNOLDS (SIR JOSHUA)

(1723 † 1792. — École anglaise.)

Joshua Reynolds naquit à Plymton (près de Plymouth) en 1723. Son père le destinait à la médecine, mais la nature en avait fait un peintre. Dès l'âge de huit ans, il mettait à profit le cours de perspective qu'il entendait faire au collège des Jésuites, et dessinait une vue de l'école que son père dirigeait à Plymton. Le traité de Richardson sur la peinture, qui avait paru à Londres en 1719, le transportait d'enthousiasme. Il entra en 1740 chez le peintre Hudson, se brouilla avec lui au bout de trois ans, retourna dans le Devonshire en 1743, visita l'Italie en 1747 avec Keppel, capitaine de vaisseau et depuis amiral, resta trois ans dans la Péninsule, revint en Angleterre en 1752 et peignit le portrait en pied de Keppel, qui le fit reconnaître comme le premier peintre de portraits de l'Angleterre. Reynolds marcha dès lors de progrès en progrès, de succès en succès, montrant que « rien n'est impossible à un travail bien dirigé ». Pendant trente ans, ce que l'Angleterre comptait de plus illustre dans les arts et dans les lettres, le parlement et l'armée, vint s'asseoir à sa table et poser devant lui. Sa maison était un véritable musée, où il avait réuni les œuvres des plus grands maîtres, afin de se guider sur ces excellents modèles. L'Académie royale des Arts ayant été instituée à Londres en 1759, il en fut nommé président, et de 1759 à 1789 il y exposa deux cent quarante-quatre ouvrages. Il rapportait tout à la peinture. Peindre était son premier besoin, son plus grand plaisir, son unique consolation. Peu après 1759, le Roi le fit *baronnet*. Ce ne fut qu'en 1783 qu'il alla dans les Pays-Bas, pour y voir chez eux ses maîtres favoris. Il écrivit la relation de ce voyage. L'année suivante (1784), il fut nommé peintre ordinaire du Roi, en remplacement de Ramsay, qui venait de mourir. En 1789, pendant qu'il peignait le portrait de lady Bonchamps, sa vue s'affaiblit à tel point qu'il ne put continuer cet ouvrage. Puis ce fut son esprit qui baissa, et il acheva de mourir, dans sa maison de Leicester Fields, le 23 février 1792. Toute la noblesse d'Angleterre assista à ses funérailles, qui eurent lieu à Saint-Paul.

Reynolds, admirable peintre de portraits, est médiocre peintre d'histoire. La couleur est sa qualité dominante, et il lui sacrifie volontiers toutes les autres. Son dessin laisse à désirer. Ne pouvant serrer la forme au moyen de la ligne, il en donne la sensation par la seule magie de son pinceau. Moins robuste que Titien, moins brillant que Rubens, moins frais que Van Dyck, moins puissant que Rembrandt, moins vrai que Vélasquez, il est resté lui-même en s'appropriant quelque chose de chacun de ces maîtres. Ses portraits, frappants de ressemblance, sont tantôt enveloppés de douceur et de charme, comme *les deux Waldegrave*, tantôt éblouissants de vigueur et d'éclat, comme le *Portrait du duc de Chartres* (depuis duc d'Orléans). Grâce à ces deux portraits, Reynolds est très dignement représenté dans la galerie de Chantilly (1).

---

(1) Comme écrivain et théoricien, Reynolds tient une des premières places parmi les peintres.

REYNOLDS (SIR JOSHUA

(1723 - 1792)

ÉCOLE ANGLAISE

LOUIS-PHILIPPE-JOSEPH D'ORLÉANS

DUC DE CHARTRES

REYNOLDS (SIR JOSHUA)
(1723 † 1792)
ÉCOLE ANGLAISE

LOUIS-PHILIPPE-JOSEPH D'ORLÉANS
DUC DE CHARTRES

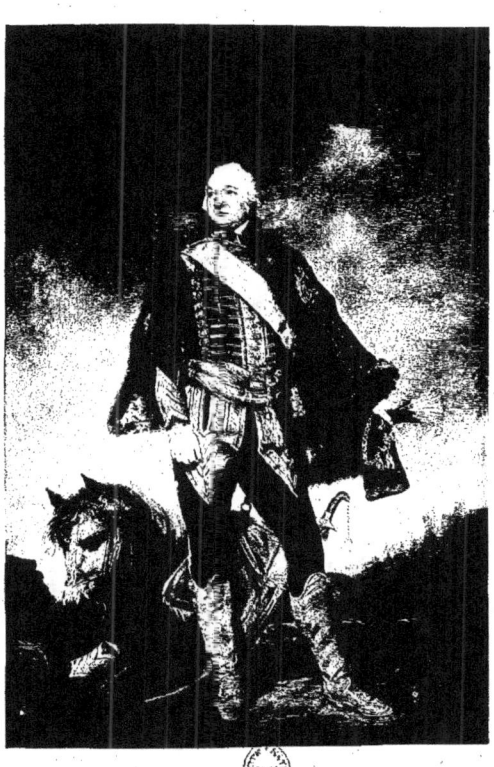

ÉCOLES ÉTRANGÈRES.

CXLV. — *Portrait de Louis-Philippe-Joseph d'Orléans, duc de Chartres, depuis duc d'Orléans.*

Sur toile. — H. 0^m,67 ; L. 0^m,43.

Louis-Philippe-Joseph d'Orléans naquit à Saint-Cloud le 13 avril 1747. Son père, Louis-Philippe, duc d'Orléans, très épris de lettres et de sciences, avait combattu avec vaillance sur les champs de bataille de l'Allemagne et de la Flandre ; sa mère, Henriette de Bourbon-Conti, avait reçu de la nature la beauté, assaisonnée d'un esprit auquel la bienveillance faisait quelquefois défaut. Louis-Philippe-Joseph les rappellera l'un et l'autre par les traits saillants de sa personne et de son caractère. Jusqu'à l'âge de trente-huit ans, il fut le duc de Chartres. C'est ainsi qu'il se nommait encore quand Reynolds peignit son portrait. Ce fut seulement après la mort de son père (18 novembre 1785) qu'il prit le titre de duc d'Orléans. Il avait épousé en 1769 Louise-Marie-Adélaïde de Bourbon-Penthièvre, petite-fille du comte de Toulouse et, par la mort du prince de Lamballe, son frère, héritière de la fortune et des terres de Penthièvre... En 1778, le duc de Chartres brigua la charge de grand amiral. Elle appartenait au duc de Penthièvre, son beau-père, qui consentait à la lui céder. La sanction royale manquait seule. Le Roi, conseillé par la Reine, la refusa. Espérant encore vaincre la résistance et voulant montrer qu'il était digne du grade auquel il aspirait, le duc de Chartres demanda de servir comme volontaire dans l'escadre de l'amiral d'Orvilliers, qui croisait dans la Manche contre les Anglais. Survint le combat d'Ouessant (27 juillet 1778). Le prince se trouvait sur le vaisseau *le Saint-Esprit*, commandé par La Motte-Piquet, et se conduisit avec autant de sang-froid que de courage. La victoire resta indécise ; les deux flottes rentrèrent soi-disant triomphantes, l'une à Brest, l'autre à Portsmouth. Le duc de Chartres fut d'abord comblé d'éloges, puis criblé d'épigrammes. Après lui avoir presque attribué la demi-victoire, on lui imputa la demi-défaite. En arrivant à Versailles, il s'attendait à être complimenté par le Roi; il reçut froid accueil, et la place de grand amiral lui fut de nouveau refusée. Dès lors, le duc de Chartres ne paraît presque plus à la cour. Il passe en Angleterre, où il se lie avec le prince de Galles (depuis George IV). Son portrait date probablement de cette époque (1779). Il était colonel des hussards du régiment Colonel général, et c'est ainsi qu'il se fit peindre. On va voir quel admirable parti Reynolds a su tirer de ce costume.

Louis-Philippe-Joseph d'Orléans n'ayant fait que deux séjours en Angleterre, le premier à partir de la fin de 1778, peu de temps après le combat d'Ouessant, le second à la fin de 1789 et pendant la première moitié de l'année 1790 (1), Reynolds, qui n'a jamais travaillé en France (2), ne peut avoir peint le portrait du prince qu'à l'une de ces deux dates. En 1779, le prince avait trente-deux ans et n'était encore que duc de Chartres; en 1789, il avait quarante-trois ans et était duc d'Orléans depuis quatre ans déjà. D'après l'examen du portrait, on croirait que le dernier de ces deux âges (quarante-trois ans) devrait être adopté; l'évidence des faits oblige, cependant, à reconnaître que c'est l'âge de trente-deux ans qui est bien véritablement ici l'âge du personnage. Quand Reynolds mourut en 1792, il était, depuis près de trois ans, dans l'impossibilité de travailler. Dès 1789, ses yeux lui avaient fait défaut, puis son intelligence s'était éteinte, de sorte que si l'homme vivait encore quand le duc d'Orléans vint s'établir à Londres pour la seconde fois (à la fin de 1789), l'artiste avait définitivement cessé d'être. En 1779, au contraire, Reynolds était dans toute sa force, et pouvait faire le remarquable portrait de la galerie de Chantilly. L'histoire, d'ailleurs, constate elle-même combien le duc de Chartres, très jeune encore, semblait plus âgé que son âge. Si ses contemporains le présentent sous les dehors les plus avantageux

(1) Ce fut sur les instances de La Fayette que le duc d'Orléans passa alors pour la seconde fois en Angleterre.
(2) Reynolds traversa seulement Paris, en 1752, en revenant d'Italie en Angleterre, alors que le duc de Chartres n'avait encore que cinq ans.

dans sa première jeunesse, ils disent aussi que les fatigues de tous genres eurent bientôt dégarni son crâne (1), surchauffé son sang, rougi son nez, bourgeonné son visage. Tel Louis-Philippe-Joseph d'Orléans nous apparaît, dès l'âge de trente-deux ans, dans le portrait de Reynolds. Quoique prématurément vieilli, il s'y montre, sinon avec les apparences de la beauté, du moins sous les dehors de la force. Sa taille est élevée, épaissie déjà, mais pleine de vigueur et bien prise encore. Il est debout, fermement campé sur la jambe droite, la jambe gauche tendue en avant, le corps tourné vers la droite, et le visage de trois quarts à gauche. Il porte avec aisance le brillant uniforme de colonel de hussards (régiment Colonel général) : dolman bleu de roi garni de brandebourgs d'or, avec parements rouges aux manches galonnées au grade de colonel, et, par-dessus le dolman, le grand cordon bleu de l'ordre du Saint-Esprit passé en sautoir; pelisse rouge, bordée d'une fourrure de martre, jetée sur l'épaule et couvrant seulement le bras gauche; culotte du même bleu que le dolman, largement galonnée d'or; bottes molles à la hongroise en cuir rouge; ceinture enserrant la taille à la hussarde avec élégance; sabretache rouge descendant jusque sur la jambe droite; sabre à la hongroise battant sur la jambe gauche; le talpach en fourrure, avec sa flamme rouge, appuyé sur la cuisse et tenu de la main gauche par le plumet blanc, tandis que la main droite pend le long du corps. La tête, dont les cheveux poudrés se font rares déjà, est haute en couleur, et les traits, couverts de rougeurs, se sont alourdis; mais, sous cet alourdissement, de même que sous cette calvitie précoce, il est possible encore de ressaisir la jeunesse et de reconstituer la beauté : le front dégarni est d'une forme puissante, la bouche est intelligente, les yeux ont un regard plein de fermeté. La physionomie, hautaine, est loin d'être dépourvue de bonté, et fait comprendre — ce qu'affirment les contemporains — combien le duc était en même temps détesté de ses ennemis et aimé de ses amis. Somme toute, ce portrait doit donner du prince une idée vraie. Le personnage a grand air et

(1) On prétendait que ses courtisans se faisaient épiler pour lui ressembler.

respire le dédain de la vie (1). Passé maître dans tous les exercices du corps, le duc de Chartres était un des premiers cavaliers de son temps. On le sent en regardant la peinture de Reynolds... Pour fond, un paysage, et, derrière un monticule placé sur le premier plan, le cheval du prince tenu en main par une ordonnance. De l'horizon tout ensoleillé de lumière s'élèvent des nuages qui montent en s'assombrissant pour former à la hauteur de la tête une masse presque noire... Reynolds n'a guère peint de plus beaux portraits que celui-là. Quoique la tête soit un peu petite relativement à la longueur du corps, cette figure est d'une belle ordonnance et la couleur en est admirable. Les tons les plus retentissants s'y calment et s'y fondent en de merveilleux accords.

Le portrait du duc de Chartres, au château de Chantilly, est la réduction, peut-être le type original du portrait de grandeur naturelle que Reynolds peignit pour le prince régent (George IV), et qui, placé dans la résidence de ce prince, à Carlton-House, fut endommagé au point de passer pour détruit dans l'incendie de cette maison. Restauré et raccommodé, après avoir été longtemps oublié, il se trouve aujourd'hui dans une des salles du château de Hampton-Court, où il fait assez triste figure (2). Quant au précieux petit portrait conservé au château de Chantilly, il est encore dans tout son éclat. Sir Thomas Lawrence le gardait dans son atelier, comme une des œuvres les plus brillantes de Reynolds. Après la mort de Lawrence, il fut acheté par M. Richard Evans, qui le vendit à Monsieur le duc d'Aumale en 1856.

(1) Ce prince la jetait à tous les vents. Il fut un des premiers à s'aventurer dans un aérostat.
(2) Monsieur le duc d'Orléans possède une copie de ce portrait de la grandeur de celui de Hampton-Court.

REYNOLDS (SIR JOSHUA)

(1723 † 1792)

ÉCOLE ANGLAISE

LES DEUX WALDEGRAVE

REYNOLDS (SIR JOSHUA)

(1723 † 1792)

ÉCOLE ANGLAISE

LES DEUX WALDEGRAVE

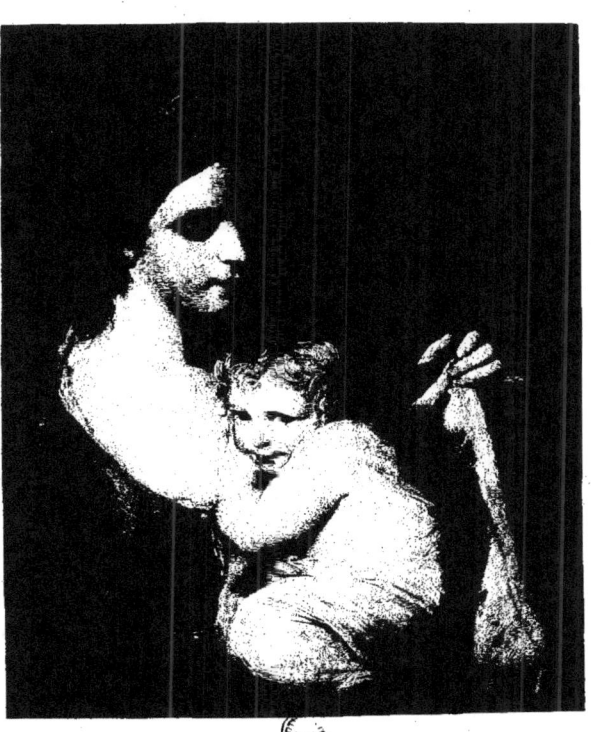

ÉCOLES ÉTRANGÈRES.

CXLVI. — *Les deux Waldegrave* (1). *(Portraits de Maria Walpole, comtesse de Waldegrave, et de sa fille lady Élisabeth-Laura, depuis comtesse de Waldegrave.)*

Sur toile. — H. 0ᵐ,76; L. 0ᵐ,64.

Une jeune mère, belle d'une beauté presque impersonnelle à force de calme et de sérénité, est assise, de trois quarts à droite, et abaisse avec recueillement les yeux sur son enfant, une toute petite fille blottie et comme réfugiée sur son sein. De la main droite, elle lui fait un support, tandis que de la main gauche elle soulève un pan du manteau dont elle s'apprête à envelopper le corps du *baby*. Les traits de la jeune femme sont d'une régularité parfaite. L'épaisse chevelure qui la coiffe, blonde de ce blond à reflets sombres que les Anglais appellent *auburn*, forme des bandeaux chastes de chaque côté du front, et s'arrange au sommet de la tête en tresses retenues par deux peignes de joaillerie superposés en forme de diadèmes. La robe, très décolletée, est d'un lilas pâle virant à la teinte neutre; deux grosses perles lui servent d'agrafes au milieu de la poitrine. Le manteau, presque du même ton que la robe, est doublé d'hermine. Quant à l'enfant, elle vit de la vie de sa mère et pour ainsi dire ne fait qu'un avec elle. De trois quarts à gauche, coiffée de petits cheveux blonds en désordre et vêtue d'une chemise de linge blanc sous laquelle on devine la délicatesse des colorations naturelles, elle a posé ses mains potelées sur le sein maternel, où elle appuie sa tête d'une façon câline, en regardant de côté le spectateur, auquel elle sourit avec espièglerie.

La couleur de toute cette peinture est d'une harmonie douce, chaude, et pour ainsi dire caressante. Partout vibrante et partout discrète, elle ne fait de bruit nulle part. Le ton chaud des chairs de la jeune mère, en si parfait

(1) C'est le nom historique du tableau.

accord avec le blond foncé de sa chevelure et la teinte quasi décolorée de son vêtement, fait valoir avec un rare bonheur les roses si pleins de délicatesse de la carnation enfantine. Ainsi fondues ensemble par l'habileté du peintre, ces deux figures ont un tel charme pittoresque, qu'elles se suffiraient à elles-mêmes pour former un tableau, sans qu'on songe à leur demander qui elles sont, si le peintre lui-même n'avait pris soin de nous le dire. En haut de la toile, à droite, on lit :

> MARIA COUNTESS OF WALDEGRAVE
> AND HER DAUGTHER
> LADY ÉLISABETH LAURA
> 1761.

De l'autre côté sont inscrits ces deux vers latins :

> Hæc occulis (sic), hæc pectore toto
> Hæret, et interdum gremio fovet.

Nous avons donc là deux portraits, celui de Maria, comtesse de Waldegrave, et celui de sa fille, lady Élisabeth-Laura. Ces deux figures nous transportent dans le plus grand monde anglais du dix-huitième siècle.

Robert Walpole, un des illustres hommes d'État de l'Angleterre (il avait été le véritable maître du royaume sous George Ier et sous George II), avait laissé trois fils : Robert (1), Edward et Horace (2). Maria était la seconde fille de sir Edward Walpole. Son portrait par Reynolds étant de 1761 et représentant une femme très jeune encore (vingt à vingt-cinq ans environ), elle dut naître entre 1735 et 1740. Elle épousa, vers 1759, le comte James de Waldegrave, dont la famille, jadis catholique, était alliée aux Stuarts. Le grand-père de James, marié à une fille naturelle de Jacques II, avait suivi ce prince en exil et y était mort; son père, rentré en Angleterre, s'était rallié à la Réforme et avait été créé comte en 1729. Le comte James de Waldegrave, né en 1715, était de vingt à vingt-cinq ans plus âgé que sa femme. Il avait mérité la confiance de George II et était devenu son ami.

(1) Robert Walpole fut comte d'Orford.
(2) Horace Walpole construisit Strawberry-Hill et se consacra aux lettres et aux arts.

Comblé de biens et d'honneurs (gentilhomme de la chambre en 1743, directeur des mines d'étain, *master of the stannaries,* en 1751, gouverneur du prince de Galles, chevalier de l'ordre de la Jarretière, etc.), il mourut de la petite vérole le 8 avril 1763, à l'âge de quarante-huit ans. La comtesse Maria de Waldegrave avait alors deux ans de plus que sur son portrait. Elle épousa en secondes noces S. A. R. William-Henry, duc de Glocester, dont elle eut un fils et une fille : William-Frédéric, duc de Glocester, et la princesse Sophie-Mathilde de Glocester. Maria Walpole mourut vers l'âge de soixante-dix ans, le 23 août 1807.

Quant à lady Élisabeth-Laura, elle était née le 24 mars 1760. C'est donc dans sa première enfance que Reynolds l'a peinte dans les bras de sa mère. Le 5 mai 1782, elle épousa son cousin lord Chewton, qui fut plus tard quatrième comte de Waldegrave, et qui mourut le 17 octobre 1789. Élisabeth-Laura mourut le 29 janvier 1816. C'est par elle que Strawberry-Hill était passé aux Waldegrave, et c'est dans la collection formée par Horace Walpole pour cette résidence que se trouvaient encore les portraits de la comtesse Maria de Waldegrave et de sa fille Élisabeth-Laura *(The two Waldegrave).* Ce double portrait fut légué à Monsieur le duc d'Aumale par Frances, comtesse douairière de Waldegrave, veuve de George-Édouard, septième comte de Waldegrave, morte le 5 janvier 1879. Reynolds a laissé nombre de portraits plus retentissants que celui-là; il n'en a guère fait où ses qualités de peintre s'affirment avec une aussi persuasive autorité.

HACKERT (PHILIPPE)

(1737 † 1807. — École allemande.)

Philippe Hackert, dit Hackert d'Italie, naquit en Prusse, à Prenzlau, en 1737. Il eut pour maître son père, qui lui apprit à peindre des fleurs et qui ne savait rien au delà; mais, de lui-même, il agrandit son horizon et devint peintre de paysage. Il parcourut l'Allemagne, la Suède, la Russie, la France et l'Italie, s'établit à Rome, et devint peintre du roi de Naples en 1786. A l'approche des Français, il se retira à Florence, où il mourut en 1807. Il avait été le peintre des résidences royales et princières de l'Europe. L'impératrice de Russie, Catherine II, l'avait eu particulièrement en goût. Il copiait habilement et méthodiquement la nature. Son dessin est correct, son coloris ne manque pas d'une certaine harmonie, et sa perspective aérienne est irréprochable; mais il ne se dégage de ses tableaux ni flamme ni poésie. Bien qu'on l'appelle *Hackert d'Italie,* le soleil italien n'a pu dégeler complètement sa nature allemande.

CXLVII. — *Le roi Ferdinand Ier chassant le sanglier à Carditello.*

Sur toile. — H. 1^m,19; L. 1^m,73.

Ferdinand Ier, roi des Deux-Siciles (Ferdinand IV, roi de Naples), chasse le sanglier dans la campagne de Carditello (1), où les accidents de terrain sont rares, — à en croire, du moins, les indications du peintre, — et où les cavaliers se peuvent donner libre carrière. Quelques groupes d'arbres disséminés sur le premier plan, avec leurs feuillages d'arrière-saison, ne sont là qu'artificiellement posés pour rompre la nudité de la vaste prairie, au fond de laquelle on aperçoit une forêt. Par delà cette forêt, des montagnes ferment l'horizon; les plus hautes sont couvertes de neige et se confondent avec le ciel, un pâle ciel d'un bleu clair, sans chaleur, où flottent de légers flocons de nuages blancs ouatés d'azur. La chasse, qui a commencé dans les bois, s'achève dans la plaine avec tranquillité, on pourrait dire avec monotonie, sans incident ni péripétie d'aucune sorte. Le sanglier est à ses fins, forcé par les chiens de meute, qui l'enveloppent, le tiennent, le coiffent et le mordent

(1) Environs de Caserte, dans la *Terra di Lavoro.*

à pleines dents. Les chasseurs à cheval accourent et s'apprêtent à le servir, tandis que, çà et là sur le premier plan, des piqueurs gardent en laisse les chiens de réserve, qui bondissent, impatients de s'élancer aussi sur la bête... Toutes les qualités, tous les soins, toute la correction du peintre sont dans ce tableau, mais aussi toutes les insuffisances de sa froide raison, que le ciel napolitain lui-même n'a pas pu réchauffer... Ce n'est là, d'ailleurs, que la réduction d'un tableau plus grand encore que celui-ci, que l'on voit au palais de Caserte.

DE CORT (HENRI)

(1742 † 1810. — École flamande.)

Henri De Cort naquit à Anvers en 1742. Il fut élève de Herreyns et d'Antonissen, s'adonna au paysage et y conquit une juste réputation. Dessinateur habile, ingénieux dans l'ordonnance de ses tableaux, il finissait avec le plus grand soin ses peintures, sans leur rien enlever pour cela des apparences de la nature et de la vérité. Ommeganck et P. van Regemorter ont peint les personnages de plusieurs de ses tableaux... Après avoir travaillé pour la maison de Condé, il passa en Angleterre en 1790, s'y fixa et y mourut en 1810.

Les deux peintures qu'on voit de lui dans la galerie de Monsieur le duc d'Aumale sont loin d'être indifférentes au point de vue de l'art, et présentent un intérêt considérable pour l'histoire de Chantilly.

CHANTILLY EN 1781

Ce que fut Chantilly antérieurement au seizième siècle, on l'ignore, et ce qu'on connaît du Chantilly d'Anne de Montmorency ne concerne que les bâtiments. Grâce à Ducerceau, on est en partie renseigné sur l'architecture du château (1). Pour le reste, on ne sait rien ; rien des richesses d'art en si grand nombre que contenait le *Grand Château,* rien de la véritable destination de la *Capitainerie* (le *Petit Château*), rien de *Bucan* (2), rien de la *Galerie des Cerfs,* rien enfin de l'aménagement des parcs. Il n'en est pas de même pour le Chantilly du dix-septième siècle, qui est le Chantilly du Grand Condé. Dans la galerie même de Monsieur le duc d'Aumale, un tableau français, brillamment exécuté à l'aquarelle vers 1683, montre ce que le vainqueur de Rocroy avait fait de cette résidence durant les dix années de repos qu'il y vint prendre à la fin de sa vie. De plus, une description très exacte et très minutieuse, écrite par un anonyme à l'occasion des fêtes données au Grand Dauphin par Monsieur le Prince, du dimanche 22 au lundi 30 août 1688, nous renseigne complètement sur les châteaux, les eaux, les parterres et les parcs (3). Bien que cette description soit antérieure de quatre-vingt-treize ans

(1) *Les plus excellens bastimens de France,* 1559, in-folio. — *Plans et dessins de Chantilly,* 1592, in-folio, à la Bibliothèque Mazarine.
(2) *Bucan* ou *Buquant* désignait une enclave qui avait appartenu aux religieux de Saint-Leu d'Esserent et qui se trouvait entre la *Pelouse* et le *Château.* Au treizième et au quatorzième siècle, on désignait cette enclave sous le nom de *Tour de Saint-Leu d'Esserent.* Cette tour fut rasée pendant la guerre de Cent ans, et le nom de *Bucan,* peut-être le nom du capitaine qui l'avait prise et détruite, fut donné à ce qui restait de ce petit domaine. En 1488, Guillaume de Montmorency acheta *Bucan* aux religieux de Saint-Leu, et en 1533 Anne de Montmorency en fit une ferme. Les Condé, enfin, transformèrent cette ferme en un château pour les gentilshommes de la maison du prince. Il n'en reste rien aujourd'hui, le nom même est oublié.
(3) *La Feste de Chantilly, contenant tout ce qui s'est passé pendant le séjour que Monseigneur le Dauphin y a faict, avec une description exacte du Chasteau et des Fontaines.* (A Paris, chez Michel Guerout, Court-Neuve du Palais, au Dauphin. M.DC.LXXXVIII. Avec privilège du Roy. Extraordinaire du *Mercure galant,* septembre 1688.)

DE CORT (HENRI)

(1742 † 1810)

ÉCOLE FLAMANDE

CHANTILLY EN 1781. — VUE PRISE DE LA PELOUSE

CHEVALIERS ES LETTRES — AGE PRISE DE LA PERRUQUE

EGGLE FLAMANDE

(1475 † 1810)

DE CORT (HENRI)

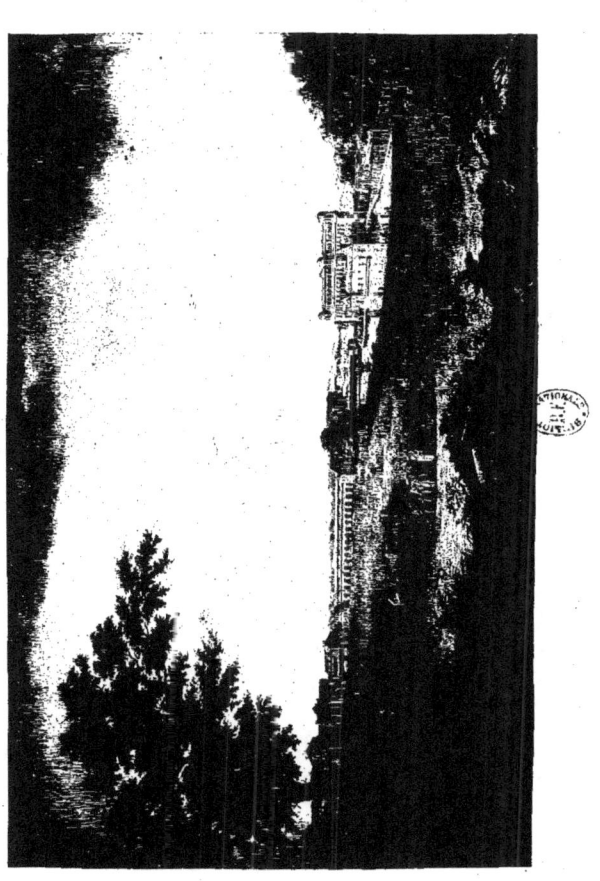

ÉCOLES ÉTRANGÈRES.

aux deux tableaux de De Cort, nous y recourrons souvent dans l'examen que nous allons faire de ces tableaux, parce que, pour la plus grande partie, elle s'y peut appliquer encore. Nous nous adresserons également aux livres que nous a laissés le dix-huitième siècle, et, parmi ces livres, nous choisirons de préférence celui de Dulaure, *Nouvelle Description des environs de Paris,* qui est de 1786 et qui a suivi de très près les peintures de De Cort (1). Ayant nous-même à décrire, dans la maison de Condé, des tableaux qui représentent le domaine des Condé, nous ne craindrons pas de donner une certaine importance à cette description.

CXLVIII. — *Vue prise de la Pelouse.*

Sur bois. — H. 0^m,78; L 1^m,22.

Nous sommes en 1781, c'est De Cort lui-même qui nous le dit. La Révolution est proche, des bruits menaçants déjà se font entendre, et, sur cette belle terre de France, tout semble encore en pleine sécurité. Chantilly est dans sa splendeur; il faut se hâter d'en considérer les merveilles. La *Pelouse*, bordée par la forêt à laquelle sert de témoin un de ses grands arbres paré déjà de son feuillage d'automne, occupe tout le premier plan du tableau. Au delà et en contre-bas de la *Pelouse*, les deux châteaux, le petit et le grand, sont assis sur leurs rocs au milieu des eaux.

En 1781, l'ancienne forteresse, appropriée par Pierre Chambige au goût du seizième siècle, avait perdu sa physionomie depuis près d'un siècle. Jusqu'à la mort du Grand Condé cependant (1686), l'élégante architecture dont Ducerceau nous a gardé les formes avait survécu au naufrage de la Renaissance française; l'art officiel et solennel du siècle de Louis XIV avait respecté l'art du siècle des Valois (2). Tout changea d'aspect dans le *Grand*

---

(1) A Paris, chez Lejay, libraire, rue Neuve des Petits-Champs, près celle de Richelieu : *Au grand Corneille*. M.DCCLXXXVI. Avec approbation et privilège du Roy.

(2) Un intéressant petit tableau français, peint à l'aquarelle et conservé dans la galerie de Chantilly, montre le château de Chantilly tel qu'il était à la fin de la vie du Grand Condé. Nous en parlerons en son lieu.

Château sous le prince Henri-Jules de Condé, communément appelé Monsieur le Prince. C'était alors en tout le règne de l'uniformité. Sur ce sol mouvementé, l'architecture prit à tâche de supprimer le mouvement ; sur un plan qui semblait dessiné pour quelque chose d'imprévu, s'élevèrent des constructions soumises à l'alignement en tous les sens. Au château des Montmorency, si plein d'indépendance et d'originalité, où les tours et les tourelles, les clochetons et les flèches, dans un désordre heureux, s'élançaient dans les airs, succéda le château des Condé, où, sous la direction de Mansart, la symétrie remplaça partout l'harmonie. Les quatre tours d'angle, de même forme et de même hauteur, encastrèrent avec rigueur les hautes murailles régulièrement ordonnées. Une caserne quasi royale prit la place des vieux donjons féodaux. Le niveau passa sur les toitures, aussi bien que sur les fenêtres, et, les choses ainsi rentrées dans l'ordre, on eut l'immense bastille que nous montre De Cort. Écoutez le narrateur de 1688 ; en ce temps-là l'ancien château demeurait encore, quoique l'on fût en train déjà de le moderniser : « Le *Grand Château* est un édifice fort ancien et très irrégulier, assis sur une roche, au milieu de grosses sources, qui forment un grand fossé. Cependant, quatre grosses tours ne laissent pas de le rendre très agréable à la veue. Monsieur le Prince fait travailler présentement à rendre le dedans de la cour régulier, et à donner au dehors une face toute nouvelle, soit par l'ouverture de trois rangs de fenêtres et deux grands balcons qui régneront tout autour du château, soit par les combles qui seront tous d'égale hauteur à la mansarde (1)... » A la fin du dix-septième siècle, l'irrégularité était partout dénoncée, la régularité partout préconisée, et Monsieur le Prince prêchait d'exemple... La lourde et triste construction que l'on voit dans le tableau de De Cort, après avoir servi de prison sous la Terreur, fut rasée, en 1795, au niveau des anciennes substructions, sur lesquelles Monsieur le duc d'Aumale éleva, de 1875 à 1880, le château qu'on admire aujourd'hui (2).

(1) *La Feste de Chantilly*, p. 50.
(2) Ces substructions sont d'une grande importance et d'une remarquable beauté. « Les

A l'ombre du massif château sur lequel la fin du dix-septième siècle avait laissé sa marque, la Renaissance française n'en est pas moins représentée par un monument exquis, dont le caractère pittoresque a été respecté. « Le *Petit Château*, dont le rez-de-chaussée est à fleur d'eau du grand fossé, dit l'historiographe anonyme de 1688, avoit été autrefois bâti par MM de Montmorency, et on l'appeloit la *Capitainerie*. Feu Monsieur le Prince (le Grand Condé) en avoit fait accommoder les dedans un an avant qu'il mourût (en 1685 par conséquent). Les ornements du dehors sont des pilastres d'ordre corinthien. Ils composent la porte d'entrée de la Court et la façade du costé d'un petit parterre (le *Jardin de la Volière*). Tout le retour est soutenu par un grand balcon en manière de fausse-braye (1)… » Et Dulaure écrit, un siècle plus tard (1786) : « Le *Petit Château*, qui communique au grand par des ponts, est simple dans ses dehors, mais son intérieur l'emporte de beaucoup en beauté sur le grand (2). » De Cort a peint de biais la grande porte d'entrée, encadrée de pilastres et flanquée de colonnes qui soutiennent un fronton, sur lequel un des suivants de Jean Goujon a sculpté les figures élégantes qui présentent aux arrivants les armes des Montmorency. Il est à noter que les *alérions* des Montmorency sont ici surmontés du tortil de baron. L'œuvre du sculpteur ayant suivi celle de l'architecte, la *Capitainerie* était donc terminée avant que la baronnie du connétable Anne eût été érigée en duché, c'est-à-dire avant 1550 (3). C'est dans notre siècle seulement que de cette porte on a fait une fenêtre. Dès lors, les proportions si justes de cet encadrement ont été faussées, un appareil aussi grandiose et un tel luxe de sculpture, conçus en vue d'une destination principale, ne pouvant convenir à une destination moindre. De Cort montre ce pavillon d'entrée tel qu'il était jadis, se mirant avec coquetterie dans les eaux, qui reflètent avec une

souterrains qui règnent autour du château, au ras des fossés, méritent l'admiration des connaisseurs, à cause des voûtes que l'on regarde comme un chef-d'œuvre de l'art. » Dulaure, *Nouvelle Description des environs de Paris*, première partie, p. 54.
(1) *La Feste de Chantilly*, p. 52.
(2) Dulaure, p. 54.
(3) On pourrait objecter que ces armoiries, probablement, ont été refaites; mais il y a tout lieu de croire qu'en les refaisant, on s'est conformé à ce qu'elles étaient primitivement.

égale complaisance la longue façade, dans le calme et dans la simplicité de ses lignes. Pierre Chambige, de 1527 à 1532, ayant été chargé par Anne de Montmorency de la réfection des façades intérieures du *Grand Château*, on se demande s'il ne conviendrait pas de lui attribuer le *Petit Château*. Cependant, c'est à Jean Bullant qu'on en fait honneur. Il avait construit le château d'Écouen pour le connétable de Montmorency; on en a conclu qu'il avait également édifié la *Capitainerie* pour le même seigneur. Aucune certitude, du reste, à cet égard.

A droite de ce *Petit Château*, on aperçoit une avant-cour tout entourée d'eau, bordée d'un côté par les fossés transformés en lacs et de l'autre côté par l'étang de *Silvie*. C'est en mémoire de Marie-Félice des Ursins, duchesse de Montmorency, qui avait été chantée par le poète Théophile sous le nom de *Silvie*, que ce nom fut donné à toute cette partie des parterres : à l'étang; à la fontaine qui coule au fond de cet étang; à la maison qui domine cette fontaine et au parc qui entoure cette maison (1). C'est ainsi qu'on

(1) Théophile Viaud ou plutôt de Viau, que Boileau a immolé dans ses *Satires* et qui, malgré ses faiblesses, n'en fit pas moins école parmi ses contemporains (Scudéry, Mairet, Pradon), naquit en 1590, à Boussière-Sainte-Radegonde, village de l'Agenois, et vint à Paris à l'âge de vingt ans, en 1610. Grand admirateur de Malherbe, il se lia avec Balzac et bientôt se brouilla avec lui. Il se fit de puissants protecteurs dans le duc et la duchesse de Montmorency, et de mortels ennemis (au premier rang desquels les Jésuites Garasse, Guérin, Raynaud et Voisin), qui exagérèrent le dérèglement de ses mœurs, grossirent la licence de ses vers et obtinrent un ordre de bannissement, que le chevalier du guet lui signifia en mai 1619. Après quelque temps d'exil à Londres, on lui permit de revenir en France, où il trouva les Révérends Pères plus que jamais acharnés à le perdre. En 1622, ils lui attribuèrent la publication du *Parnasse satirique*, recueil rempli d'obscénités. Se sentant en danger de mort, il prit la fuite et fit bien, car, le 19 août 1623, il était condamné à être brûlé vif comme criminel de lèse-majesté divine et humaine. Ce fut alors qu'il trouva à Chantilly un asile, qui, par ordre du Roi, dut être respecté. Le Parlement ayant révisé son procès, il fut simplement condamné au bannissement de la capitale et continua de vivre dans la résidence des Montmorency, où il mourut le 25 septembre 1626. La *Maison de Silvie*, recueil des dix odes qu'il composa, à Chantilly même, en l'honneur de Marie-Félice des Ursins, duchesse de Montmorency, se trouve dans la deuxième partie de ses œuvres. Théophile Viaud était à Chantilly comme dans un port de refuge. Il avait trouvé dans sa reconnaissance envers sa bienfaitrice le calme et presque l'oubli des injures, et quelques-uns aussi de ses meilleurs vers :

> Muses, laissons passer l'orage;
> Donnons plustost nostre entretien
> A louer qui nous fait du bien
> Qu'à maudire qui nous outrage.
> (*La Maison de Silvie*, ode VIII.)

Toute une portion du parc de Chantilly garde encore ce nom de *Silvie*.

eut l'*Étang de Silvie*, la *Fontaine de Silvie*, le *Château de Silvie* et le *Parc de Silvie*.

> Pour laisser, avant de mourir,
> Les traicts vivans d'une peinture
> Qui ne puisse jamais périr
> Qu'en la perte de la nature,
> Je passe des crayons dorez
> Sur les lieux les plus révérez
> Où la vertu se réfugie,
> Et dont le port me fut ouvert
> Pour mettre ma teste à couvert
> Quand on brûla mon effigie.

Ainsi débute Théophile dans la première des dix odes composées sous ce titre : *la Maison de Silvie*. Marie-Félice des Ursins avait été l'âme de Chantilly au temps de son bonheur (1). Grâce au poète Théophile de Viau, quelque chose d'elle plane encore sur ce délicieux séjour.

> Ces eaux, ces rochers et ces bois
> Prendront des âmes et des voix
> Pour en conserver la mémoire.

Malheureusement une allée de marronniers, plantée à l'extrémité de la

(1) Marie-Félice des Ursins (Maria-Felice Orsini), née à Rome en 1600, avait été mariée en 1614 à Henri II de Montmorency, filleul de Henri IV. La reine Marie de Médicis, dont elle était nièce à la mode de Bretagne, avait fait ce mariage. Marie-Félice avait quatorze ans, Henri de Montmorency, né à Chantilly en 1595, en avait dix-neuf ; l'une allait être la plus dévouée des épouses, l'autre le plus aimable et le plus aimé des seigneurs de son temps, en attendant qu'il en devînt le plus coupable. Comblé des faveurs royales, gouverneur du Languedoc, amiral et maréchal de France, il ne lui manquait que le titre de connétable, que son père et son grand-père avaient porté. On le lui refusa. Malgré les supplications de sa femme, il s'unit à Gaston d'Orléans pour se révolter contre le Roi. Vaincu par Schomberg à Castelnaudary, il fut pris, jugé et décapité à Toulouse, le 30 octobre 1632. Vivant, Marie-Félice l'avait entouré des soins les plus tendres; mort, elle lui garda une inviolable fidélité et se répandit en œuvres de charité en mémoire de lui. Emprisonnée d'abord au château de Moulins et bientôt remise en liberté, elle s'enferma dans une sorte de tombeau, fuyant jusqu'à la lumière du jour, et n'en voulut sortir que pour se retirer au couvent des Visitandines. Elle construisit l'église de la Visitation (qui sert aujourd'hui de chapelle au lycée de Moulins) et y fit porter les restes de son époux, près desquels elle demeura jusqu'à sa mort. En 1652, elle leur fit élever un superbe mausolée, dont elle confia l'exécution à Anguier, Regnaudin, Coustou et Poissant. Le 30 septembre 1657, elle prit le voile. Ce fut avec elle qu'Henriette de France vint pleurer après la mort de Charles Ier, et ce fut auprès d'elle aussi que *Mademoiselle*, les duchesses de Longueville et de Châtillon vinrent chercher le calme qu'ailleurs elles n'avaient pu trouver. Louis XIII, passant par Moulins dix ans après la cata-

Pelouse, nous masque la vue de *Silvie* dans le tableau de De Cort (1). Ces marronniers, jeunes encore en 1781, étaient plus que centenaires quand on les supprima en 1881. A l'ombre de ces arbres, on voit ici un berger paissant ses moutons ; sous ces mêmes ombrages, il y a quelques années, des bergers et des moutons se retrouvaient encore.

De l'avant-cour, on monte par un fer à cheval sur la terrasse, au milieu de laquelle est la statue équestre de Henri Ier de Montmorency, connétable de France, faisant face à l'entrée principale du grand château (2). De cette terrasse, la vue s'étend de toutes parts sur une vaste étendue, et l'on peut embrasser, presque d'un coup d'œil, ce que Mansart avait fait de Chantilly

strophe de Toulouse, lui avait dépêché un de ses gentilshommes pour la complimenter ; Louis XIV et Anne d'Autriche vinrent la visiter plusieurs fois. Elle mourut supérieure des Visitandines, le 5 juin 1666, à l'âge de soixante-six ans, et reposa auprès de son époux. Telle est la touchante figure qui, sous le nom de *Silvie,* est vivante encore à Chantilly.

(1) Monsieur le duc d'Aumale vient de restaurer la *Maison de Silvie.* Il y a rappelé dans deux délicieuses peintures, dues à M. Luc-Olivier Merson, d'abord la vertueuse princesse qui en fut la muse au commencement du dix-septième siècle, ensuite le roman d'amour de mademoiselle de Clermont et de M. de Melun, dont *Silvie* fut le théâtre en 1724. Sur une des faces latérales de cette maison, sont gravés en lettres d'or ces vers de Théophile :

M. F. des Ursins
DUCHESSE DE MONTMORENCY
1623

Dans ce parc, un vallon secret,
Tout voilé de ramages sombres,
Où le soleil est si discret
Qu'il n'y force jamais les ombres,
. . . .
Un estang dort là tout auprès ;
Là Silvie en ses promenoirs
Jette l'éclat de ses yeux noirs.
. . . .
Mes vers promettent à Silvie
Ce bruit charmeur que les neveux
Nomment une seconde vie.

On ne saurait plus naïvement décrire ce site enchanteur, que l'on retrouve encore aujourd'hui tel à peu près qu'il était il y a plus de deux siècles.

(2) Le connétable était vêtu à l'antique et tenait en main son épée nue. Sa tête était découverte, son casque, posé sur le piédestal, soutenait un des pieds du cheval. Cette statue fut brisée à la Révolution. Au lieu de la statue équestre de Henri de Montmorency, Monsieur le duc d'Aumale a mis à cette même place la statue, également équestre, du connétable Anne de Montmorency, dont il a confié l'exécution à M. Paul Dubois. Cet admirable bronze fait le plus grand effet.

sous le Grand Condé (1). On aperçoit les *Parterres*, bordés de tilleuls en quinconces, les *Parcs*, le *Grand Canal* et les bâtiments de la *Ménagerie* sur la rive opposée (2); plus loin les bois d'Apremont, et à l'horizon la forêt de la Haute-Pommeraie qui domine la vallée de l'Oise... Si on incline vers la gauche en se rapprochant de la *Pelouse*, on trouve l'*Orangerie*, construite par Mansart, qui se déploie sur une longue ligne, mais dont on ne voit ici que les derrières. A l'une de ses extrémités, du côté du *Pont de la Volière*, est *Bucan* (3); à l'autre, du côté du *Jeu de paume*, sont la *Salle de spectacle* et la *Galerie des Cerfs*... « Outre le *Grand* et le *Petit Château*, dit Dulaure, il en est un troisième, appelé *Bucan*, destiné au logement des seigneurs; il forme un carré avec l'*Orangerie* (4)... » En avant de *Bucan*, sur la *Pelouse*, remarquez les *Six arbres*, joli bouquet de tilleuls à la fin du dix-huitième siècle, massif majestueux à la fin du dix-neuvième... Du côté opposé à l'*Orangerie* et formant aussi avec elle « un carré », mais en sens inverse de *Bucan*, se trouvent la *Salle de spectacle* et la *Galerie des Cerfs;* elles ne sont pas dans ce tableau, elles seront dans l'autre (5)... Le *Jeu de paume*, enfin, édifié de 1756 à 1757 en haut de cette partie du parc, se tient comme en vedette à côté de la *Porte Saint-Denis*.

(1) Mansart avait commencé par transformer les appartements du *Petit Château*.
(2) « La *Ménagerie* est à l'extrémité du parc, de l'autre côté du *Grand Canal*. La première de ses cours est ornée de cinq pavillons. Sur la gauche, est le bassin des Castors. Dans cette cour, est une grande pièce plantée d'arbres, avec un bassin qui fait plusieurs nappes jusqu'en bas. On y voit la fable du *Pot de terre et du Pot de fer*. Des animaux rares et étrangers sont renfermés dans différents pavillons. On y voit des aigles, un duc, un tigre, un chien-loup, des chèvres de Guinée, etc. Chacune des cours a une fontaine rocaillée, avec des animaux peints de grandeur naturelle, qui expriment une fable de La Fontaine. Sur la droite est un grand bassin, dont le milieu est orné d'une colonne de granit posée sur un piédestal. On voit aussi la fontaine *de Narcisse*, où ce berger, se mirant dans l'eau, tend les bras avec transport vers son image, qu'il voudrait embrasser. La *Ménagerie* était l'œuvre de Mansart. » (DULAURE, p. 69.)
(3) Nous avons dit à la note 2 de la page 326 ce qu'avait été *Bucan*.
(4) DULAURE, p. 56. — En disant qu'il « ferme un carré avec l'*Orangerie* », Dulaure veut dire qu'il est perpendiculaire à ce bâtiment... Ce « logement des seigneurs » étant devenu insuffisant, on construisit, en 1778, le *Château d'Enghien* pour le même usage, en bordure de la terrasse et à l'entrée du *Parc de Silvie*. Dans ce tableau, le *Château d'Enghien* se dérobe derrière les marronniers de la *Pelouse*. On l'apercevra dans le tableau suivant.
(5) L'*Orangerie*, *Bucan*, la *Galerie des Cerfs* et la *Salle de spectacle* disparurent lors de la création du parc anglais.

Les *Grandes Écuries*, construites par Aubert au bord de la *Pelouse* de 1719 à 1735, se trouvent sur le côté gauche du tableau. On connaît leur belle architecture et leurs vastes proportions. Deux cent quarante chevaux s'y logeaient à l'aise, et cinquante appartements occupaient l'étage supérieur. Elles se composent d'une énorme galerie, coupée en deux parties égales par un grand pavillon central et terminée par deux pavillons d'angle de moindres dimensions, avec une balustrade qui règne au-dessus des entablements, en faisant le tour de l'édifice tout entier. De Cort n'a dessiné ces *Grandes Écuries* que de biais, et il a laissé un des pavillons d'angle (celui de gauche) hors du champ du tableau. Il représente le pavillon central en sa forme harmonieuse, avec sa façade flanquée de pilastres ioniques supportant deux groupes de lions; sa porte monumentale surmontée d'une arcade, dans le renforcement de laquelle caracolent follement trois chevaux de demi-bosse; sa couronne ducale dominant les armoiries des Condé que soutiennent deux génies ailés; son dôme majestueux, au sommet duquel plane la statue équestre de la Renommée... Douze ans se devaient passer encore, en 1781, avant que ce couronnement de l'édifice fût mis à bas par les iconoclastes de 1793, venus de Paris à cette intention... Quant au pavillon de droite, De Cort en fait voir aussi la belle ordonnance. Il nous met à même d'en distinguer la grande porte et les chevaux sculptés dans ses amortissements. Il nous présente enfin, dans toute son élégance, le *Manège découvert*, attenant à ce pavillon d'angle et déroulant en face du *Grand Château* son fronton circulaire, richement décoré aux armes des Condé (1). Ce *Manège découvert* devait être pris entre deux pavillons, le pavillon d'angle des *Grandes Écuries*, que nous montre De Cort, et un autre pavillon à peu près semblable, dont la *Porte Saint-Denis* formait la façade du côté des *Parterres*.

---

(1) Les sculptures des *Grandes Écuries* étaient probablement de Bridault. On trouve dans les archives de Chantilly, au compte de 1739, article 990 : « Dépense de la somme de vingt-sept mil cent trente-deux livres payée à Bridault, sculpteur, pour sept mémoires d'ouvrages, tant aux appartements des grand et petit château de Chantilly qu'au bâtiment des nouvelles écuries, depuis le commencement de l'année mil sept cent trente-quatre jusques et compris mil sept cent trente-six. »

DE CORT (HENRI)

(1742 † 1840)

CHANTILLY EN 1781. — VUE PRISE DU VERTUGADIN

CHAVAILLE EN 1881 — AGE PRISE DE VERILICATION

(1825 † 1910)

DE GORT (HENRI)

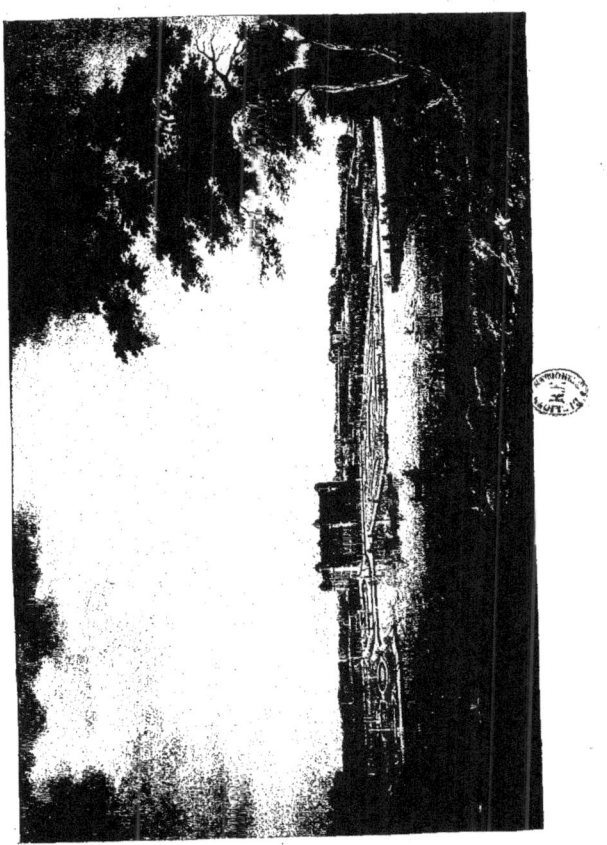

Les pierres d'attente, qui sont là depuis un siècle et demi, et qui attendront maintenant à jamais, donnent l'apparence d'une ruine grandiose à cette construction restée à l'état d'ébauche, dont le groupe des *Grandes Écuries* devait s'enrichir encore. On voit ce qu'aurait été ce pavillon dans la très importante vue cavalière, exécutée vers 1740 et exposée dans la demeure de Monsieur le duc d'Aumale. Ce beau dessin lavé à l'aquarelle montre Chantilly, non seulement tel qu'il était au cours du dix-huitième siècle, mais tel aussi qu'il devait être si les projets arrêtés alors avaient été réalisés.

En plaçant sur la *Pelouse* de Chantilly une foule de petites figures aussi finement dessinées qu'ingénieusement groupées, De Cort a donné à cette pelouse le mouvement et la vie. On aperçoit sur un arrière-plan le carrosse de Monsieur le Prince, attelé de six chevaux, qui passe devant l'*Orangerie* et regagne les *Grandes Écuries*. Plus rapprochés de nous devant ces *Grandes Écuries*, gentilshommes et piqueurs vont et viennent au milieu des valets qui rassemblent leurs chiens. Plus près encore, des groupes de bourgeois et de gens de qualité se promènent, ou stationnent en causant. Çà et là aussi, ce sont de simples paysans qui passent. La magnificence était partout dans cette résidence quasi royale. L'animation débordait du dedans au dehors, et, à l'extérieur comme à l'intérieur, tout avait la physionomie d'un pays enchanté. On sent, en regardant le tableau de De Cort, qu'il faisait bon vivre en cet endroit. La chasse vient de finir, et c'est le déclin d'un beau jour. Le ciel, où flottent de légers flocons de nuages blancs, répand de belles clartés d'arrière-saison sur ces campagnes, si richement dotées par la nature, et que l'art a si ingénieusement parées.

CXLIX. — *Vue prise du Vertugadin*.

Sur bois. — H. 0^m,73; L. 1^m,22.

Ce tableau est la contre-partie de celui qui précède. « Chantilly est situé dans un vallon au milieu de deux forêts, dont l'une est celle de Chantilly et l'autre celle Dalâtre (d'Halatte) (1). » De Cort, pour peindre le premier de ses tableaux, s'était placé en bordure de la forêt de Chantilly; pour peindre le second, il va s'adosser au bois d'Apremont, qui est comme un avant-corps de la forêt d'Halatte. Il remplit tout son premier plan d'une végétation abrupte, de broussailles et de pierres jetées au hasard de la nature, pour faire valoir l'art et l'arrangement des parterres et des parcs qui sont l'objet de ce tableau, et il place à droite un groupe de grands arbres, qui projettent avec curiosité leurs ramures sur ces *Fontaines*, où se reflètent comme dans un miroir les élégances du dix-septième et du dix-huitième siècle français. C'est en contre-bas de ce premier plan que se trouve le *Vertugadin*, glacis de gazon disposé en amphithéâtre sur la rive droite du *Grand Canal*, d'où l'on embrasse dans les conditions les plus heureuses tout l'ensemble de cette admirable résidence, le château, les eaux, les parterres et les bois (2).

Du *Vertugadin*, le *Grand Château* apparaît avec son périmètre imposant, émergeant des eaux dans toute sa hauteur, depuis la base de ses substructions jusqu'au faîte. C'est de ce point de vue qu'on prend la vraie mesure de sa force, et que, malgré ce qu'il y a de monotone dans son uniformité, on reconnaît dans sa masse quelque chose de puissant. Quant au *Petit Château*, on ne le voit pas du *Vertugadin*.

Attenant au *Grand Château*, se trouve le vaste terre-plein au milieu duquel nous avons vu déjà la statue équestre du connétable Henri de Montmorency. Nous y sommes monté, dans le premier des tableaux de De Cort, par le fer à cheval précédé de l'avant-cour, qui forme l'entrée du château du côté de la forêt de Chantilly; nous allons en descendre, du côté des parterres, par un escalier monumental, le *Grand Degré*, qui rappelle les beaux escaliers de Versailles (3). « .... Je croy, dit le narrateur de 1688, vous devoir parler de l'architecture de cet escalier et de tout ce qui l'embellit; il est estimé de

---

(1) *La Feste de Chantilly*, p. 320.
(2) Le *Vertugadin* (du latin *viridis*, vert) était fort en usage dans les jardins français du dix-septième siècle.
(3) Le *Grand Degré* fut construit par Daniel Gitard, en 1663. Les Fleuves placés dans les niches de cet escalier furent exécutés, en 1682, d'après les dessins de Le Nôtre.

tous les gens de bon goût, tant pour sa beauté que pour sa grandeur. Ce sont deux façades que les paliers et les marches séparent en deux parties égales, ornées de six colonnes cerclées, qui sont accouplées deux à deux et soutiennent une corniche d'ordre dorique. Des niches sont réservées entre les colonnes; on y voit Acis et Galatée, Alphée et Aréthuse. Du côté des marches sont deux grands arcs rampans, qui, dans leur enfoncement, forment chacun une grote. Dans chaque grote, ornée de rocailles, de joncs marins et de roseaux, est une grande figure représentant un Fleuve accoudé sur un grand vase renversé. Au pied de cette figure est un Dauphin qui porte un petit enfant De dessous les pieds de ces figures sortent trois napes d'eau (1)... » Elles se déversent, d'un côté dans le grand fossé où baignent les substructions du Grand Château, de l'autre côté dans une pièce d'eau qui fait pendant à ce fossé et s'étend le long des murs de soutènement de la terrasse. Quant aux statues, elles sont le fait d'un artisan plutôt que l'œuvre d'un artiste, mais n'en ont pas moins la physionomie du dix-septième siècle (2)... Ne quittons pas cette terrasse sans signaler le « Bastiment neuf », appelé depuis *Château d'Enghien*, que Louis-Joseph de Bourbon avait fait construire en 1769 et 1770. Derrière ce château, on aperçoit le *Parc de Silvie*.

Au pied du *Grand Escalier* se trouvent le bassin circulaire avec sa grande gerbe, les dix miroirs d'eau avec leurs jets, les *Parterres* avec leurs fleurs. « Au bas du *Grand Escalier*, dit le témoin des fêtes données au Dauphin par Monsieur le Prince en 1688, est un grand rondeau, et au milieu de ce rondeau une gerbe de plusieurs tuyaux. Au delà de ce rondeau on découvre un grand *Parterre* séparé en deux parties par la croisée du *Grand Canal*. Il y a cinq pièces d'eau dans l'une et dans l'autre partie, et chacune de ces pièces a un gros jet d'eau (3). » Cette partie du parc, si lumineuse et si largement découverte, est prise entre deux allées de tilleuls taillées en quinconce, où

---
(1) *La Feste de Chantilly*, p. 296
(2) Elles furent exécutées d'après les dessins de Le Nôtre.
(3) *La Feste de Chantilly*, p. 71.

l'ombre semble impénétrable. C'est là que Bossuet promenait ses méditations, « au bruit de tant de jets d'eau qui ne se taisent ni jour ni nuit (1) ». Ces allées de tilleuls, avec leurs arêtes rigides et leurs formes voulues, ont été depuis remplacées par des allées de platanes. Nous les regrettons, car elles étaient partie intégrante de l'architecture des parterres, et Le Nôtre, en les voulant ainsi, avait su ce qu'il faisait (2). On pouvait voir en elles comme les armes parlantes de « cette magnifique et délicieuse maison (3) » qu'on appelait alors *Palatium in Campo Tilliæ* (4); elles descendaient jusqu'au *Grand Canal*, qui était aussi l'œuvre du Grand Condé.

Le *Grand Canal*, qui nous ramène vers les premiers plans du tableau, n'est autre que la rivière de la Nonette canalisée au fond de la vallée. Il traverse le parc de part en part sur un parcours de plusieurs kilomètres, depuis le bois du Lude jusqu'à l'étang de Gouvieux. A l'endroit où se place De Cort, il prend un grand développement en largeur et dessine une sorte de croix, dont le bras gauche, de forme rectangulaire, pénètre au milieu des parterres qu'il borde dans toute leur étendue, et dont le bras droit présente une demi-lune qui développe sa courbe en bordure du *Vertugadin*. En remontant le cours du *Grand Canal*, on ne voit rien au delà des *Parterres* dans le tableau de De Cort, rien par conséquent ni de la *Grande Cascade*, ni du *Hameau*, ni du *Canal des Morfondus;* par contre, en le redescendant, l'œil embrasse les principales lignes des palais complémentaires, aujourd'hui disparus, qui comptaient jadis parmi les merveilles de ce merveilleux domaine.

L'*Orangerie,* vue du *Vertugadin,* apparaît de face, adossée à *Bucan*. On la trouve à main gauche, en sortant du *Petit Château* par le *Jardin* et le *Pont de*

---

(1) *Oraison funèbre du Grand Condé.*
(2) Les *Parterres* furent exécutés sous la direction de Le Nôtre, qui travailla à Chantilly de 1663 à 1685, avec son neveu Desgots, les archives de Chantilly en font foi. Aussi Monsieur le duc d'Aumale a-t-il fait justice en mettant la statue de Le Nôtre au milieu des *Parterres*.
(3) *Oraison funèbre du Grand Condé.*
(4) Voici sous quelle forme on dédiait un livre à Monsieur le Prince, en 1688 : *Serenissimi Principis Condei Palatium in Campo Tilliæ ruralis otii Dignæ Deliciæ.* De Campo Tilliæ (Champ de tilleuls) on a fait Chantilly.

la Volière (1). Elle a la solennité du grand siècle. C'est une longue galerie (2), couverte de toits à la Mansart, dont la façade principale est formée de vingt-huit arcades soutenues par autant de colonnes. On y accède par une grande porte ouverte à l'extrémité inférieure, au milieu d'un portique surmonté d'un fronton. Cette *Orangerie* ne fut terminée qu'à la fin de la vie du Grand Condé. On trouve, en effet, la note suivante dans les papiers de Condé (Ch. ms., 1635) : « Dans les années 1682, 1683 et 1684, il (M. le Prince) fit travailler à l'Orangerie, qui ne fut finie qu'en 1683. Il fit aussi bâtir, dans le même temps, le pavillon situé au bout de l'Orangerie, qu'on appelle le pavillon d'*Oronthée* (3). » Le *Grand Parterre*, qui s'étalait devant elle comme un tapis odorant, excitait surtout l'admiration. Il était « entouré d'orangers parfaitement beaux » et contenu dans un rectangle, dont l'*Orangerie* et un canal (le *Canal du Dragon*), parallèle à l'*Orangerie*, la *Galerie des Cerfs* et les fossés du château occupaient les quatre côtés. « On y voit, dit l'historiographe du dix-septième siècle, cinq pièces d'eau avec leurs jets. Celle du milieu a pour pied une Hydre, dont chaque teste vomit une quantité prodigieuse d'eau. On y voit aussi la *Fontaine des Grenouilles*... » De ce parterre, « on entroit dans une isle par un grand portique de treillages. A costé de cette isle, on en voyoit une autre plus petite. » Et dans chacune de ces îles on rencontrait également des jets, des bassins, des fontaines. Les eaux claires et sonores partout se faisaient voir et entendre... En 1786, Dulaure, à son tour, décrit ce *Parterre de l'Orangerie*, où, depuis plus de cent ans, les eaux jour et nuit avaient chanté toujours; dans le détail seulement, quelques changements étaient intervenus. « Les cinq bassins ornés de cinq jets qui jouent continuellement » se retrouvent à leur place; mais, dans le bassin du milieu, « l'Hydre, dont chaque tête vomissait une quantité prodigieuse d'eau », a été remplacée par « une colonne antique de porphyre, dont la base fournit une nappe d'eau.

---

(1) Dans le présent tableau, nous l'avons dit, le *Petit Château* disparaît derrière le *Grand Château*, mais le *Pont de la Volière* est parfaitement visible.
(2) « Elle avait 70 toises de long sur 27 pieds de large. » (DULAURE.)
(3) On verra plus bas que si le pavillon d'*Oronthée* date du Grand Condé, le nom d'*Oronthée* ne fut donné à ce pavillon qu'après la mort du prince.

Cette colonne est surmontée d'un méridien octogone, qui indique l'heure de midi dans différentes villes de la terre ; ouvrage savant et curieux, dû aux talents de M. de Mongez, garde du cabinet de Sainte-Geneviève (1). » Au dix-huitième siècle, la science faisait grand bruit jusque dans la demeure des princes, parmi lesquels il en était qui ambitionnaient le titre de savant. Louis-Henri de Bourbon, connu sous le nom de Monsieur le Duc, fut un de ceux-là. Les sciences naturelles lui étaient familières. C'est lui, sans doute, qui substitua le *Méridien* à l'*Hydre* classique du temps de Louis XIV... Malheureusement, dans le tableau de De Cort, une des deux allées de tilleuls dont nous avons parlé forme un rideau qui nous cache le *Parterre de l'Orangerie*.

Perpendiculairement à l'*Orangerie* et « du côté du village de Chantilly » est la *Galerie des Cerfs*. « Elle s'appelle ainsi, dit la description de 1688, parce qu'elle est ornée de beaucoup de figures de cerfs au naturel, portant tous au col l'écusson des armes de MM. de Montmorency et des Maisons avec lesquelles ils avoient fait alliance. Elle est ouverte en arcades sur le parterre des Orangers, ayant au pied de son mur un petit ruisseau d'eau vive et claire, qui coule sur un beau sable avec un murmure le plus agréable du monde. De l'autre costé, des figures de cerfs, et, entre ces figures, elle est ornée de peintures à fresque représentant l'*Histoire de Psyché*. Ces peintures, quoy qu'un peu endommagées par le temps, ne laissent pas d'estre encore d'une beauté à attacher les connoisseurs... » On attribuait ces fresques à Niccolò dell' Abbate, et cela n'a rien d'invraisemblable, étant donné les travaux que ce peintre avait exécutés dans l'église de l'abbaye de Châalis, près de Chantilly... « Cette galerie (la galerie des Cerfs) aboutit d'un costé à un grand pavillon appelé le *Pavillon des Étuves*, composé de deux grands salons et de cabinets. Un de ces salons ouvre par une grande porte sur une petite isle, dont il n'est séparé que par un canal que l'on passe sur un pont. Par l'autre bout, elle conduit à l'un des pavillons de l'*Orangerie*, composé aussi de deux

(1) Dulaure, p. 58.

ÉCOLES ÉTRANGÈRES.

salons (1). » Dans le tableau de De Cort, l'allée de tilleuls qui s'élevait tout à l'heure comme un écran pour nous cacher le *Parterre de l'Orangerie*, nous dérobe également la partie inférieure de la *Galerie des Cerfs;* elle laisse encore assez voir de cette galerie, cependant, pour qu'on la puisse reconnaître d'après la description de 1688. On distingue parfaitement ses arcades et ses pavillons extrêmes (2). Elle était donc encore en 1781 telle qu'elle avait été à la fin du dix-septième siècle, mais elle était à la veille d'être profondément modifiée, car Dulaure écrit en 1786 : « A la place de la *Galerie des Cerfs*, on vient de construire d'après les dessins et sous la conduite de M Le Roy, architecte du Prince, une terrasse découverte, bordée d'une balustrade, dont les pilastres sont chargés de mascarons de plomb qui jettent de l'eau continuellement, et sont surmontés de vases de marbre ornés de têtes de bélier (3). Tout le long règne un petit fossé, fourni par une source particulière dont s'abreuvent les habitants de Chantilly (4). » Sauf ce « petit fossé », qui est conforme à l'ancien « petit ruisseau », tout a été changé dans ces nouveaux arrangements, et rien de ces changements ne se voit dans le tableau de De Cort (5).

Quant à la *Salle de spectacle*, on l'aperçoit en prolongement de la *Galerie des Cerfs* dans le tableau de De Cort. Au dix-septième siècle, elle se trouvait dans le pavillon du bout de l'*Orangerie* que Monsieur le Prince avait fait aménager spécialement à l'occasion des fêtes qu'il avait données au Dauphin en 1688,

(1) *La Feste de Chantilly*, p. 178. — La *Galerie des Cerfs* et le *Pavillon des Étuves* furent construits par Pierre Chambige de 1528 à 1530.
(2) On montait de la *Galerie des Cerfs* dans une galerie supérieure, où étaient conservées « les armures des différens temps et des différens peuples ». On y voyait « l'épée du Grand Condé, avec des vers latins que le poète Santeui a composés exprès; l'épée de Henri IV ; le fauteuil dans lequel fut tué, en 1643, le comte de Fuentes, commandant les Espagnols à la bataille de Rocroy...; l'armure de Jeanne d'Arc ». (DULAURE, p. 59.) L'épée du Grand Condé a été placée par Monsieur le duc d'Aumale dans l'admirable trophée de Rocroy, au milieu de la *Galerie des Batailles*. Quant à l'armure de Jeanne d'Arc, on l'avait transportée au Musée d'artillerie, où elle a été reconnue fausse.
(3) Ces vases furent confisqués révolutionnairement en 1793, et restitués à Chantilly en 1815. On les voit maintenant en bordure des *Parterres* du côté de la *Manche*.
(4) DULAURE, p. 59. Cette source se retrouve à la même place aujourd'hui.
(5) De Cort ne pouvait les indiquer, car ce fut en 1785 seulement — les comptes en font foi — que fut construite la terrasse découverte de la *Galerie des Cerfs*.

deux ans après la mort du Grand Condé. « M. Berrain, dit le narrateur de ces fêtes, divisa l'Orangerie en trois parties séparées par des portiques d'architecture. La salle d'Opéra étoit dans le dernier portique. Elle avoit cent quarante-deux pieds de long en y comprenant le théâtre et l'orchestre; l'ordre de son architecture, ainsi que celui de la façade du théâtre, étoit Ionique-Composé (1). » C'est sur ce théâtre que fut représenté l'opéra d'*Oronthée*, composé spécialement pour cette circonstance. « Les vers ne pouvoient être que fort beaux, puisqu'ils estoient de M. Le Clerc de l'Académie Françoise. Ils avoient été mis en musique par M. Lorenzani, maistre de musique de la feue Reyne, dont les ouvrages sont fort estimés, et M. Pécour avoit fait les entrées, qui composoient les divertissemens, hors deux qui estoient de M. de Lestangs (2). » Et comme à Chantilly les eaux intervenaient partout et toujours, l'historiographe nous renseigne sur le rôle important qu'elles jouèrent dans cette représentation mémorable. *Oronthée*, paroles et musique, obtint un tel succès que la *Salle de spectacle* fut appelée *Oronthée*. Qui connaît aujourd'hui, même de nom, ce chef-d'œuvre? Quoique immortel, M. Le Clerc, peu de temps après sa mort, n'en mourut-il pas moins tout entier? Si l'on veut un échantillon de ses vers, que les contemporains qualifiaient de « fort beaux », en voici :

O gloire incomparable
de Louis!
Les siècles seront ébloüis
A l'éclat admirable
De ses faicts inoüis.

Cela suffit, je pense. Quant au compositeur Lorenzani, promptement aussi il fut oublié, et bientôt le nom d'*Oronthée,* accolé à ce théâtre, ne fut plus connu que des érudits. Au dix-huitième siècle, cette *Salle de spectacle* elle-même disparut, et l'*Orangerie* fut rendue à sa destination première. On construisit en 1767, « d'après les dessins de M. Belliard », un nouveau

(1) *La Feste de Chantilly*, p. 95.
(2) *La Feste de Chantilly*, p. 97.

théâtre à l'extrémité de la *Galerie des Cerfs*... « L'élégance de sa forme, écrit Dulaure dans la description qu'il en fait, la richesse de sa décoration, ne sont pas ses seuls avantages; il offre un effet que l'on chercherait en vain dans les autres théâtres de la France. Le fond s'ouvre et laisse voir en dehors une cascade ornée de la figure d'une Nymphe, et par le moyen d'un tuyau, que l'on dispose à volonté, il s'élève sur le théâtre huit nappes d'eau. Ces eaux, qui ne sont point en peinture, combinées avec les autres décorations, produisent le plus agréable et le plus étonnant des spectacles (1)... » C'est cette *Salle de spectacle* qu'on aperçoit au bout de la *Galerie des Cerfs* dans le tableau de De Cort (2).

On voit également, derrière la *Galerie des Cerfs*, les glacis de gazon qui montent vers les *Cascades de Beauvais*, ainsi que le bois qui accède à ces cascades et qui les cache dans le tableau de De Cort (3). Il y avait encore, dans cette partie du parc, des jets et des surprises d'eau inconnus à notre dix-neuvième siècle, entre autres vingt jets d'eau qui dans une allée s'entre-croisaient en formant berceau au-dessus des promeneurs, sans les mouiller jamais. Là aussi étaient l'*Isle d'Amour* (4), l'*Isle du Bois Vert* et le *Temple de Vénus*, décoré de peintures galantes par Boucher... Si l'on regarde enfin vers les derniers plans du tableau, on aperçoit, par une échappée entre le *Grand Château* et l'*Orangerie*, la *Pelouse* avec les *Six Arbres*, et, derrière la *Pelouse*, la forêt; à gauche, *Silvie* et la route de la *Table*, largement ouverte au milieu des grands bois; à droite, la *Porte Saint-Denis*, le *Manège découvert* et l'un des pavillons d'angle des *Grandes Écuries*; enfin l'église paroissiale, et ce qui existait alors du village de Chantilly.

(1) DULAURE, p. 59.
(2) Cette *Salle de spectacle* disparut en même temps que la *Galerie des Cerfs* et que l'*Orangerie*. Un théâtre fut improvisé, après 1815, dans les substructions du *Grand Château*, à l'endroit même où Monsieur le duc d'Aumale a fait installer la grande Bibliothèque.
(3) On a restitué, à côté du *Jeu de paume*, un fragment de ces cascades, derrière lesquelles se trouvaient les bâtiments de l'hôtel de Beauvais.
(4) L'*Isle d'Amour* avait été construite en 1765. On trouve dans les *Comptes*, à cette date, la somme de dix-neuf mille cinq cent vingt-deux livres payées à Bubel, sculpteur, pour travaux faits dans cette île. — Monsieur le duc d'Aumale vient de reconstituer très ingénieusement l'*Ile d'Amour*.

Revenant à notre point de départ sur le premier plan, nous assistons à la chasse qui va prendre fin. L'animal de meute, lancé en forêt, a pénétré dans le parc et s'est jeté à l'eau dans le *Grand Canal,* où il nage le long du *Vertugadin.* Les chiens le serrent de près, effarouchant les cygnes troublés dans leur domaine. Les chasseurs accourent à bride abattue sur la rive, tandis que les promeneurs se groupent sur les pentes gazonnées. Involontairement alors on songe aux fêtes données, l'année suivante, au tsarowitz Paul par Louis-Joseph de Bourbon, prince de Condé (1). « Le grand-duc de Russie, dit Dulaure, n'avoit jamais vu de chasse au cerf dans ses voyages; il étoit sur le point de partir sans jouir de ce divertissement, et il ne lui restoit que peu de tems. Au bout d'une heure tous les apprêts furent faits, et l'on ne tarda pas à rencontrer le cerf. Il enfile une allée qui aboutit à la grille du *Vertugadin* de Chantilly, et de là court dans le parc. Monsieur le duc de Bourbon le suit et le force à se jeter dans le canal. Les chiens l'assaillent, les spectateurs l'effraient... Les eaux, réfléchissant tant d'objets nouveaux et variés, offrent le plus beau cadre et le plus curieux des tableaux. Dans les transports de la joie la plus vive, on entend le grand-duc s'écrier à plusieurs reprises : Ah! mon Dieu, que c'est beau (2)! » De Cort peignait ses vues de Chantilly moins d'un an avant ces fêtes mémorables; par l'évocation d'un spectacle analogue, il a donné la vie à tant de merveilles accumulées dans un même lieu... L'heure du jour, l'aspect du ciel, le mouvement des nuages, la qualité de la lumière, sont les mêmes que dans le précédent tableau. On lit, à droite, au bas de celui-ci : *De Cort d'Anvers,* 1781 (3).

---

(1) Paul Ier Petrovitch, empereur de Russie, fils de Pierre III et de Catherine II, né en 1754, fut écarté du trône par sa mère après le meurtre de Pierre III et ne régna qu'après la mort de Catherine II, en 1796. Il fit un fastueux voyage en France, en 1782. C'est donc à cette date qu'il faut rapporter la fête de Chantilly.

(2) Dulaure, p. 70, note 1. « M. le Paon, peintre de bataille, continue Dulaure, saisit rapidement le bel instant de cette scène, et l'a rendu avec le plus grand succès dans un tableau destiné au grand-duc de Russie, et qu'on a vu quelque temps au Salon de la Correspondance, exposé à l'admiration des connoisseurs. » Ce tableau est à Saint-Pétersbourg en la possession du Tsar. Le grand-duc Wladimir en a fait faire une copie, qu'il a donnée à Monsieur le duc d'Aumale. Elle se trouve dans les collections de Chantilly, et sera mentionnée en son temps.

(3) Le 8, étant presque effacé, avait été pris pour un 6, et on avait lu 1761. Or, le château

Dans l'un et l'autre de ces tableaux, la précision du topographe se fait remarquer en même temps que l'habileté du peintre. L'art y trouve partout son compte, sans que la vérité soit sacrifiée nulle part. Le dessin y est consciencieux et juste, la couleur harmonieuse et douce, quoiqu'un peu froide. On n'y sent plus rien, sans doute, des généreuses ardeurs de l'école flamande et particulièrement de l'école d'Anvers, à laquelle De Cort appartenait cependant ; mais le beau temps de cette école était passé depuis plus de cent ans déjà. Il aurait fallu un Rubens pour rendre au vrai l'état de l'atmosphère particulier à cette résidence « où tout charme et rien n'éblouit (1) », climat spécial, froid plutôt que chaud, lumineux sans éclat, chargé d'humidité sans influence mauvaise d'aucune sorte.

Ces deux peintures sont inscrites dans l'inventaire du château de Chantilly en 1787. Elles avaient été commandées au peintre flamand, sept ans auparavant, par le duc de Bourbon, et Dulaure les voit dans le *Cabinet de Trictrac* en 1786. « Le *Cabinet de Trictrac*, dit-il, est éclairé par plusieurs fenêtres, qui offrent les plus agréables perspectives. On voit dans cette pièce plusieurs tableaux représentant des vues de Chantilly, par Cortes (De Cort), peintre flamand. »

Dans l'énumération des merveilles que nous avons faite à propos des deux vues de Chantilly par De Cort, il est un mot qui revient à chaque instant, celui de grand. Tout est grand, en effet, dans cette résidence, les choses et les noms attachés à ces choses. Les châteaux, les eaux, les parcs, et jusqu'aux forêts, prennent une voix pour y parler avec grandeur. Chantilly, on ne saurait trop le répéter, demeure, à la fin du dix-neuvième siècle, comme une des plus grandes pages de l'Histoire de France. Anne de Montmorency, et la Renaissance française avec lui, semblent y vivre encore. Le Grand Condé surtout y est inoubliable. Après une vie triomphale, il s'y est reposé de sa gloire et s'y est préparé à mourir. Et pour assistance à ce

---

d'Enghien, qui figure dans ce tableau, n'ayant été construit qu'en 1770, la date de 1761 ne peut convenir. C'est donc 1781 qu'il faut lire.

(1) BOSSUET, *Oraison funèbre du Grand Condé.*

merveilleux coucher de soleil, il a eu les plus grands esprits de notre grand siècle.

LAMPI (JEAN-BAPTISTE)

(1752 † 1830. — École allemande.)

Lampi était Autrichien. Il naquit en 1752 à Romano, dans le Tyrol, et se consacra d'abord à la peinture d'histoire. Son tableau du *Repos de Vénus*, à Vienne, donne, en ce genre, sa véritable mesure ; elle est de moyenne taille. Abandonnant ensuite l'histoire pour le portrait, il conquit, comme portraitiste, une bonne réputation. A partir de 1786, on le trouve professeur et conseiller à l'Académie de Vienne. Ce fut vers cette époque, sans doute, qu'il se rendit en Russie; il y séjourna longtemps, et fit à la cour nombre de portraits qui lui furent largement payés. Il revint enfin dans sa patrie et y mourut en 1830, à l'âge de soixante-dix-huit ans. Son propre portrait, à Vienne, et le portrait en pied de l'impératrice Marie Feodorovna, à Saint-Pétersbourg, prouvent qu'il fut un portraitiste distingué. Un autre portrait de cette impératrice témoigne également en sa faveur dans la galerie de Chantilly. Ce portrait est tout à fait à sa place dans la maison de Condé, où la Tsarine, alors qu'elle n'était encore que la femme du tsarowitz, avait reçu un si magnifique accueil et laissé de si aimables souvenirs.

CL. — *Portrait de la tsarine Marie Feodorovna.*

Sur toile. — H. 0^m,80; L. 0^m,63.

Le tsarowitz Paul, fils de l'empereur Pierre III et de l'impératrice Catherine II (la Grande Catherine), était né le 1er octobre 1754. Renié par son père et privé de l'affection de sa mère, son enfance avait été triste. La culture de son esprit, confiée à Opinus (1), n'avait pas été négligée. Tenu loin des affaires, l'oisiveté lui avait été imposée. Un premier mariage l'avait uni, en 1774, à l'une des filles du landgrave de Hesse-Darmstadt, qu'il perdit en 1775. Les funérailles à peine terminées, il fut remarié par sa mère à la princesse Dorothée de Wurtemberg-Montbéliard, nièce du prince Henri de Prusse; celui-ci se trouvait alors à Saint-Pétersbourg. Les deux princes partirent aussitôt pour Berlin, et ce fut des mains du Grand Frédéric que le tsarowitz reçut sa nouvelle épouse. Née en 1759, elle avait seize ans ; le tsarowitz en avait vingt et un. Ce mariage resserrait l'alliance des deux cours. La princesse Dorothée dut abandonner la religion luthérienne pour embrasser la religion grecque ; elle fut baptisée sous le nom de Marie Feodorovna. Les jeunes mariés, fort épris l'un de l'autre, arrivèrent à Saint-Pétersbourg en 1776, et y furent accueillis avec enthousiasme. La future tsarine avait pour elle une beauté en train de se parfaire encore et, par-dessus tout, le don de plaire. La Grande Catherine, d'emblée, lui fut acquise. Elle voulut que les héritiers de son trône promenassent leur bonheur à travers l'Europe. Ils quittèrent Saint-Pétersbourg en 1781, entourés d'une brillante escorte, et durant quatorze mois, sous les noms de comte et de comtesse du Nord, ils parcoururent triomphalement la Pologne, l'Autriche, l'Italie, la Hollande et la France. La réception qu'on leur fit à Versailles fut somptueuse, et plus somptueuses encore furent les fêtes données en leur honneur à Chantilly par le prince de Condé. Tant que durera Chantilly, — grâce à la libéralité de Monsieur le duc d'Aumale, espérons que rien ne prévaudra contre la durée de cette résidence, — on gardera le souvenir de ces fêtes, qui furent les plus belles du monde, et de ce repas qui transforma pour quelques heures le pavillon central des *Grandes Écuries* en une salle de festin d'une incomparable splendeur. La princesse Marie s'était gagné chez nous tous les cœurs. Elle devint tsarine le 9 novembre 1796, après la mort de

(1) Célèbre physicien.

Catherine II. Elle avait donné à la Russie quatre fils et cinq filles. L'aîné de ses fils régna sous le nom d'Alexandre Ier. On sait le rôle considérable qu'il joua vis-à-vis de Napoléon.

Dans le portrait de Lampi, la Tsarine, en costume de cour, est en buste, le corps de trois quarts à gauche et la tête de face, tournée sur l'épaule gauche. Elle porte haut, mais avec grâce et sans affectation de hauteur. Ses cheveux, d'un blond cendré, sont coiffés en *mousse* sur le sommet du crâne, avec une aigrette de plumes noires tenue par une griffe de diamants. Ses traits, quoique marqués déjà, ont encore leur agrément : le front est d'un beau développement ; les yeux ont de l'enjouement et de la douceur ; aimable et souriante aussi est la bouche ; le nez, sans être irréprochable, ne dépare rien du visage ; les joues, pleines sans embonpoint, sont hautes en couleur, mais le fard, sans doute, y est pour quelque chose ; la physionomie, dans son ensemble, respire la bonté. Le cou porte la tête avec légèreté ; le buste a gardé toutes ses élégances. La robe, d'un rose vineux, ouverte en carré, découvre la gorge et montre de la poitrine ce qu'il en faut montrer. Un nœud de ruban blanc s'attache au milieu du corsage, dont le côté gauche est constellé par les ordres de Russie. Un grand cordon rouge passé en sautoir complète cette parure impériale. Ce n'est pas la femme du tsarowitz que nous voyons ici, mais bien la femme du Tsar. Quand Paul Ier monta sur le trône de Russie en 1796, après la mort de la Grande Catherine, la princesse Dorothée de Wurtemberg, devenue tsarine, avait trente-sept ans ; c'est vers cet âge qu'elle semble avoir été peinte dans le portrait de la galerie de Chantilly. Le dessin de ce portrait a du caractère ; la couleur en est chaude, avec des tonalités qui, sans être étranges, sont incontestablement étrangères... On aime à retrouver dans la maison de Condé, à la fin du dix-neuvième siècle, une princesse qui, dans cette maison même, avait laissé un si charmant souvenir à la fin du dix-huitième.

ÉCOLE ANGLAISE

(Fin du dix-huitième siècle.)

CLI. — *Madame la duchesse d'Orléans aux eaux de Spa.*

Tableau circulaire sur toile. — Diamètre 0ᵐ,60.

« Dans l'été de 1787, Madame la duchesse d'Orléans, étant malade, se rendit à Spa, avec toute sa famille, pour y prendre les eaux. Celles de la fontaine de la Sauvinière ayant rétabli sa santé, ses enfants élevèrent le petit monument représenté dans ce tableau, comme un témoignage de leur amour filial et de leur reconnaissance (1). » Telle est l'inscription qui se lit sur le cartel doré fixé en haut de cette peinture.

Le tableau est de forme circulaire. Au fond, un bois épais, aux ramures profondes, projette sur la mousse le bienfait de son ombre, en laissant filtrer çà et là la lumière d'un ciel bleu. A droite, en contre-bas de ce bois, un autel circulaire, tout chargé de fleurs, sur lequel le duc de Chartres achève d'écrire cette dédicace :

A LA RECONNOISSANCE.

« Les eaux de la Sauvinière ayant rétabli la santé de Madame la duchesse d'Orléans, ses enfants ont voulu embellir les environs de cette fontaine. Ils ont eux-mêmes tracé les routes, enlevé les pierres, planté les fleurs et arbustes, et ils ont défriché ce bois avec plus d'ardeur et d'assiduité que les ouvriers qui travaillèrent sous leurs ordres. »

(1) Ce monument, détruit pendant la Révolution, fut reconstruit par les soins du roi Louis-Philippe.

Le duc de Chartres, le duc de Montpensier, Mademoiselle d'Orléans et le comte de Beaujolais, assistés de Mademoiselle Paméla, de Mademoiselle Henriette de Sèvres et de M. César Ducrest, suspendent des couronnes de roses autour de l'autel, tandis que du côté opposé, à gauche, Madame la duchesse d'Orléans et la comtesse de Genlis, suivies de la comtesse de Rully, de la comtesse Julie Potocka et de madame Plunket (depuis comtesse de Chastellan), s'empressent avec reconnaissance vers ce témoignage de piété filiale (1). En contre-bas, enfin, trois des paysans qui ont pris part à ce travail se haussent pour assister à ce spectacle. Le bas de leurs figures disparaît hors du champ du tableau.

Cette peinture a tous les caractères de la peinture anglaise de la fin du dix-huitième siècle. Le paysage, chaud de tons et largement traité à la manière du vieux Crome (old Crome, 1769-1821), nous semble faire présager la venue de Constable (1776-1837). Quant aux figures, on y peut signaler des incorrections; mais la touche en est large et spirituelle, et elles ne sont, d'ailleurs, qu'à l'état d'ébauche. Bien loin de ce qu'elles auraient été sous le pinceau de Joshua Reynolds (1723-1792), elles appartiennent cependant à l'école dont il fut un des maîtres. Au point de vue de la mode, les costumes, les coiffures surtout, sont intéressants. On lit, à droite, sur le soubassement de l'autel : *Am. F.*

LAWRENCE (SIR THOMAS)

(1769 † 1830. — École anglaise.)

Thomas Lawrence naquit à Bristol le 4 mai 1769. Jamais vocation de portraitiste ne fut plus prématurément accusée. A neuf ans, sans études préa-

(1) Les noms de tous ces personnages sont écrits sur un second cartel placé au bas du tableau.

lables, Lawrence faisait des portraits, où l'on remarquait de réelles qualités à côté de mille défauts. Son père, fils de clergyman, s'était fait aubergiste et avait vécu d'une vie nomade, à Oxford, à Weymouth et à Bath. Dans cette dernière ville, Thomas Lawrence avait reçu des leçons du vieux William Hoake et remporté, à dix-sept ans, le prix de la Société des Arts. Il vint à Londres en 1787 et fut admis comme élève à l'Académie royale, où il reçut les leçons de Reynolds. Presque aussitôt, la faveur publique lui fut acquise. Parmi les treize portraits qu'il exposa en 1790, se trouvaient ceux de la Reine et de la princesse Amélie; il n'avait encore que vingt et un ans. A vingt-deux ans, en 1791, il fut élu associé à l'Académie, contrairement aux règlements, qui fixaient pour cette admission l'âge de vingt-quatre ans. A vingt-trois ans, en 1792, il succéda à Reynolds comme peintre du Roi, et à vingt-cinq ans, en 1794, il devint académicien. Dès lors, il marcha de succès en succès, on pourrait presque dire de triomphe en triomphe. Les femmes surtout raffolaient de sa peinture. En 1801, son aventure avec la princesse de Galles, Caroline de Brunswick, qui l'avait logé sous son toit à Montagne-House, faillit lui coûter cher; il eut la chance de doubler ce cap, qui aurait pu être pour lui celui des tempêtes, et le bon vent se remit à enfler ses voiles. Il vint à Paris en 1814, et fut bientôt rappelé par le prince régent d'Angleterre, qui le chargea de peindre les portraits des hommes d'État qui venaient de concourir à la restauration des Bourbons; pour contenir ces portraits, une galerie allait être construite à Windsor. Lawrence fut créé chevalier en 1815. Il alla, en 1818, à Aix-la-Chapelle, à Vienne et à Rome, toujours en vue de cette galerie de Windsor, qu'on appela dès lors la *Galerie de Waterloo*. Après dix-huit mois d'absence, il revint en Angleterre, où il fut élu président de l'Académie à la place de West, qui venait de mourir. Ce fut durant ces dix-huit mois, à Aix-la-Chapelle ou à Vienne, plus probablement dans cette dernière ville, qu'il peignit le portrait de l'empereur d'Autriche, François Ier... Sir Thomas Lawrence mourut à Londres, dans sa maison de Russel square, le 7 janvier 1830. L'Angleterre suivit ses funérailles, qui se firent dans la cathédrale de Saint-Paul.

Depuis 1787, Lawrence avait envoyé trois cent onze tableaux aux expositions de l'Académie. Il avait exposé à Paris, en 1824, en même temps que le paysagiste Constable. Il y vint faire le portrait du roi Charles X en 1825, et fut décoré de la Légion d'honneur. S'il y a lieu d'admirer les plus beaux de ses portraits, il faut, dans l'intérêt de sa réputation, jeter un voile sur ses tableaux d'histoire. Lawrence procède de Reynolds, dont en général il exagère les défauts et dont il amoindrit les qualités. Son art ne repose guère que sur des artifices. Sous les plus brillants dehors, il dissimule d'étranges faiblesses. Il n'est pas dessinateur et trouve moyen, cependant, de peindre des figures qui semblent vivantes et presque parlantes. Sans construction anatomique, elles ont les apparences de la réalité. L'extérieur en elles prend une telle place, qu'il fait oublier les dessous. Aucun artiste n'a eu à ce degré le culte de la toilette et le don de plaire aux femmes. Elles ne demandaient à Lawrence rien de profond ni de grand. Il les faisait belles, les parait de séductions souvent mensongères, les coiffait et les habillait à la dernière mode, souvent même en devançant la mode, et elles étaient ravies. Devant elles, il redoublait d'habileté, d'esprit, d'ingéniosité. Il mettait au service des plus coquettes toutes les coquetteries de son art, et elles lui faisaient de prodigieux succès. Ses portraits d'hommes sont plus sérieusement conçus. Il en a fait de fort beaux. Celui de l'empereur d'Autriche peut être cité parmi les meilleurs... Dans le domaine de la grande peinture, les Anglais n'ont guère eu que des peintres de portraits, qui relèvent tous plus ou moins directement de Van Dyck. Lawrence se place derrière Gainsborough et Reynolds. Il a vécu, parce qu'il a laissé de l'aristocratie anglaise de son temps une image ressemblante, quoique fardée.

LAWRENCE (SIR THOMAS)

(1769 † 1830)

ÉCOLE ANGLAISE

FRANÇOIS Iᵉʳ, EMPEREUR D'AUTRICHE

LAWRENCE (SIR THOMAS)

(1769 † 1830)

ÉCOLE ANGLAISE

FRANÇOIS Iᵉʳ, EMPEREUR D'AUTRICHE

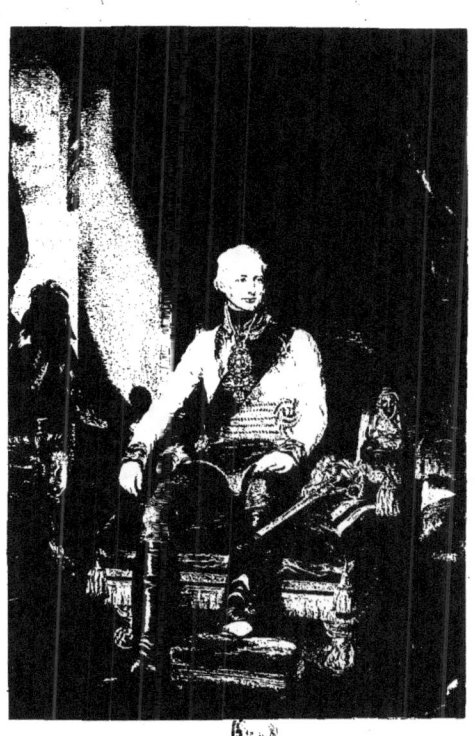

CLII. — *Portrait de François Ier, empereur d'Autriche, dernier empereur d'Allemagne sous le nom de François II.*

Peinture à l'aquarelle. — H. 0^m,50; L. 0^m,325.

François II, de la Maison Autriche-Lorraine, fut le dernier empereur d'Allemagne. Né en 1768, il succéda en 1792 à son père Léopold II. La convention de Pilnitz l'ayant forcé de prendre parti contre la France, il ne put résister au premier choc de Bonaparte en Italie, et fut forcé de signer, en 1797, le traité de Campo-Formio, qui enlevait à l'Allemagne la rive gauche du Rhin, et à l'Autriche les Pays-Bas et la Lombardie. Engagé dans une nouvelle guerre contre la France en 1799, il fut battu à Marengo, et dut subir le traité de Lunéville en 1801. Une troisième guerre, en 1805, fut pour lui plus malheureuse encore. A la suite de la paix de Presbourg, qui fut la conséquence des victoires de Napoléon à Elchingen, à Ulm et à Austerlitz, c'en fut fait de l'empire d'Allemagne. François II, dépouillé déjà de sa dignité d'empereur germanique lors de l'établissement de la Confédération du Rhin en 1806, dut se contenter du titre d'empereur d'Autriche, sous le nom de François Ier. La guerre de 1809 lui fut une dernière fois contraire. Battu à Eckmühl et à Wagram, il signa la paix de Schœnbrunn, et paya sa rançon en donnant au vainqueur la main de sa fille Marie-Louise (1810). Il fut l'allié de Napoléon contre la Russie en 1812, resta neutre après la retraite de Moscou, proposa vainement sa médiation, et n'entra dans la coalition contre la France que le 12 août 1813. Les traités de 1815, auxquels le prince de Metternich prit une si grande part, rendirent à l'empereur François Ier la plupart des provinces qu'il avait perdues et lui donnèrent le royaume Lombard-Vénitien. Triste cadeau! L'Italie, frémissante sous le joug, ne cessa dès lors d'être un péril pour la monarchie autrichienne. Les insurrections de 1821 à 1822 et de 1831 à 1832 attristèrent les quinze dernières années du règne, qui prit fin en 1835... Monsieur le duc d'Aumale, en épousant la fille de l'archiduchesse Marie-Clémentine, princesse de Salerne, était devenu le petit-fils de l'empereur François Ier, dont Lawrence va nous présenter le portrait (1).

L'empereur d'Autriche François Ier est assis, le corps presque de face et la tête de trois quarts à droite, sur un large fauteuil de velours rouge à crépines et glands d'or, au-dessus duquel de grands rideaux, également en velours rouge, s'arrangent en forme de baldaquin. Il a le costume de général autrichien : veste de drap blanc galonnée d'or et chamarrée d'ordres (celui de la *Toison d'or* suspendu au cou par un ruban rouge et débordant sur le grand cordon bleu qui soutient, à hauteur de la hanche droite, la plaque de la *Jarretière*), large ceinture d'or, enroulée autour de la taille; pantalon rouge, avec la *Jarretière* encore attachée au-dessous du genou gauche; bottes molles en cuir noir, éperonnées d'or. La tête, portée sur un long cou cravaté de noir, est découverte et coiffée de cheveux blancs, ramenés avec une négligence apprêtée sur le crâne en partie dégarni. Les traits sont fins et nettement accusés; la physionomie est bien autrichienne, quoique Lawrence lui ait donné, sans le vouloir sans doute, quelque chose d'anglais. Le front est haut et lumineux; les yeux bleus sont beaux, le regard en est clair; la ligne du nez est droite; la bouche est grande, avec une lèvre inférieure un peu épaisse; le menton, d'une assez forte accentuation, est marqué d'une fossette; les joues, sans embonpoint ni maigreur, sont soigneusement rasées, avec réserve d'un court favori blanc. L'attitude n'a rien d'emphatique ni de théâtral (le bras droit appuyé au bras du fauteuil

---

(1) François Ier avait été marié quatre fois : 1° à Élisabeth de Wurtemberg, morte en 1790; 2° à Marie-Thérèse de Naples, morte en 1807; 3° à Marie d'Autriche, morte en 1816; 4° à Charlotte de Bavière, morte en 1844. Tous ses enfants, au nombre de six, lui avaient été donnés par Marie-Thérèse de Naples, sa seconde femme : Marie-Louise, née le 12 décembre 1791, mariée à l'empereur Napoléon, en 1810, morte en 1847; Ferdinand, né en 1793, empereur d'Autriche, en 1835, sous le nom de Ferdinand Ier, mort en 1875 (il avait abdiqué, en 1848, en faveur de son neveu François-Joseph, empereur régnant); Marie-Clémentine, née en 1798, mariée au prince de Salerne en 1828, morte en 1878; François, né en 1802, père de l'empereur actuel; Léopoldine, née en 1799, mariée en 1817 à dom Pedro, empereur du Brésil, morte en 1825; Marie-Anne, née en 1804... Par son mariage avec une des petites-filles de l'empereur François II, Monsieur le duc d'Aumale se trouvait être le neveu de l'empereur Napoléon Ier, qui avait épousé l'archiduchesse Marie-Louise, sœur aînée de la princesse de Salerne.

et la main gauche abandonnée sur la cuisse, le pied droit reposant sur le tapis et le pied gauche relevé sur un coussin de velours rouge). Comme fond, à droite, des draperies d'un rouge sombre ; à gauche, une colonne commandant une baie ouverte sur un pan de ciel, et un guéridon sur lequel est posé le chapeau d'uniforme (tricorne noir, galonné d'or et empanaché de plumes noires).

Ce petit portrait est d'une rare finesse d'exécution. Le dessin en est délicat et juste ; la couleur des chairs, quoique d'un rose un peu lymphatique, ne manque pas de chaleur. L'aquarelle, maniée avec cette franchise, peut rivaliser avec tout autre genre de peinture. Elle a ses qualités propres et son charme particulier. Le procédé, d'ailleurs, importe peu ; c'est l'effet produit qui est tout, et il est ici singulièrement heureux. Les portraits de l'empereur François Ier d'Autriche ont été faits et refaits sans cesse d'un bout à l'autre du règne ; il n'en est pas de meilleur que celui-là. D'une destination tout intime, il est la réduction, par Lawrence lui-même, du grand portrait qui se voit dans la *galerie de Waterloo*, à Windsor. Le nom qu'on a donné à cette galerie en indique le sens historique. L'Europe coalisée contre la France s'y trouve au grand complet représentée par ceux qui avaient été l'âme de cette coalition : empereurs, rois, généraux, ministres. L'empereur d'Autriche avait pris parti contre l'empereur Napoléon, son gendre. Il est là l'hôte de l'Angleterre, témoin l'ordre de la Jarretière, porté par lui dans ce portrait.

Dans quel lieu et en quelle année sir Thomas Lawrence a-t-il exécuté cette peinture ? Il est possible que ce soit à Aix-la-Chapelle, où, comme nous l'avons dit, Lawrence avait été appelé par le régent pour y faire les portraits des principaux personnages de l'Europe réunis en congrès, du 30 septembre au 21 novembre 1818 (1). Il est plus probable, cependant, que ce fut à Vienne même, où Lawrence se rendit en quittant Aix-la-Chapelle. Ce portrait serait alors de la fin de 1818 ou du commencement de 1819. Ce fut sur

---

(1) Il s'agissait de régler le payement des dernières contributions imposées à la France, et de prononcer sur l'évacuation du territoire français. Les empereurs de Russie et d'Autriche, ainsi que le roi de Prusse, assistaient à ce congrès.

l'ordre de l'empereur François Ier et à l'intention de sa fille, l'archiduchesse Marie-Clémentine, que Lawrence peignit le portrait qui se trouve dans la galerie de Monsieur le duc d'Aumale. Madame la princesse de Salerne ne s'en séparait jamais.

REYNOLDS (SAMUEL-WILLIAM), dit REYNOLDS LE GRAVEUR

(1774 † 1835. — École anglaise.)

Monsieur le duc d'Aumale achetait en 1874, sous le nom de Reynolds le Graveur, un paysage d'un effet puissant, *le Pont de Sèvres, vu des rives de la Seine en bordure du parc de Saint-Cloud*. Bien que le nom de Reynolds soit très commun en Angleterre, on ne connaît guère en France, dans le domaine de la peinture, qu'un seul Reynolds, sir Joshua Reynolds, le fameux peintre de portraits, dont la galerie de Chantilly possède deux œuvres remarquables (1). Les amateurs d'estampes eux-mêmes, tout en n'ignorant pas le nom de Samuel-William Reynolds, graveur d'un réel talent, ne savent généralement pas que ce graveur à la manière noire fut en même temps un peintre de paysage d'un rare mérite. Aussi le nom de Reynolds, mis au bas du paysage qui venait d'entrer dans la galerie de Chantilly, fut-il généralement regardé comme chimérique, et, cette peinture étant incontestablement anglaise, chercha-t-on quel peintre anglais pouvait bien en être l'auteur. On pouvait, à la rigueur, nommer Richard Wilson (2), Gainsborough (3),

---

(1) Le *Portrait du duc de Chartres* et les *Deux Waldegrave*. (Voir aux pages 317 et 321 du présent volume.)

(2) Né le 1er août 1714, à Pinegas, dans le comté de Montgomery; mort en 1782.

(3) Thomas Gainsborough, le plus grand peintre de portraits et le plus grand paysagiste de son temps, né à Sudbury, dans le Suffolk, au printemps de 1727, mort le 2 août 1788. Il est, à proprement parler, le père du paysage anglais. Anglais lui-même jusqu'aux moelles, il adorait

ÉCOLES ÉTRANGÈRES.

George Morland (1), John Crome (Crome l'Ancien) (2), George Vincent (3), Calcott (4), Bernay Crome (Crome le Jeune) (5), Constable (6), Bonington (7), et c'est vers Constable qu'on se sentait porté de préférence, tant il y a d'analogie entre la peinture de ce maître paysagiste et celle de l'artiste auquel on doit le *Pont de Sèvres*. Comparons, par exemple, à ce tableau les *Bruyères de Hampstead* au musée de Kensington; n'est-ce pas presque à s'y méprendre? Malheureusement Constable, n'étant jamais venu en France, ne connaissait ni Saint-Cloud, ni son parc, ni les rives de la Seine en bordure de ce parc, ni le pont qui conduit de la rive droite du fleuve à la rive gauche, où est Sèvres (8). Constable écarté, on s'était rabattu sur Bonington, qui

son île et n'en voulut jamais sortir. Les forêts du Suffolk lui apparaissaient comme les plus belles du monde. Ses moindres paysages donnent une idée presque complète de son art.
(1) George Morland naquit à Hay-Market, le 26 juin 1763, et mourut dans une étude d'huissier, le 29 octobre 1804. Aussi débauché que peintre, il prit surtout pour modèles les maîtres hollandais et flamands.
(2) John Crome, dit Crome l'Ancien (*Old Crome*), né le 21 décembre 1769, à Norwich, où il mourut le 2 août 1821. Un des plus beaux paysagistes de l'Angleterre. Génie plus mâle que celui de Morland, plus correct que celui de Gainsborough et se possédant mieux.
(3) George Vincent, élève du Vieux Crome. Né à Norwich, où il exposa ainsi qu'à Londres, de 1811 à 1830.
(4) Sir Augustus Wall Calcott, à qui l'on a donné le nom de Claude Anglais, naquit le 20 février 1779, à Kensington, où il mourut le 25 novembre 1844.
(5) Bernay Crome, dit Crome le Jeune, élève de son père Old Crome, naquit en 1793, mourut le 15 septembre 1842. Il est remarquable surtout par la puissance de l'expression pittoresque.
(6) John Constable, né le 11 juin 1776 à East Bergholt, dans le comté de Suffolk qui avait déjà donné Gainsborough à l'Angleterre, mourut à Londres le 1er avril 1837. Il se fixa à Hampstead, où il se sentait plus près de la grande nature que partout ailleurs. Voir le *Champ de blé* (*The Corn-field*), à la National Gallery. Jamais peintre n'avait eu de pareilles audaces de coloration devant la nature.
(7) Richard Parker Bonington, peintre de genre et excellent paysagiste, aquarelliste et lithographe, naquit au village d'Arnold, près de Nottingham. Son père, gouverneur de la prison du comté, ayant perdu sa place par suite de l'irrégularité de sa conduite, se mit à peindre des portraits et à graver à la manière noire, et réussit dans ces deux genres. Il y avait du sang d'artiste dans cette famille. Richard Parker fut envoyé dès l'âge de quinze ans à Paris, où il se lia presque aussitôt avec Eugène Delacroix. Il passa par l'atelier de Gros et s'y fit aimer, alla en Italie en 1824, retourna en Angleterre en 1827, parut aux Salons de Paris en 1822, 1824 et 1827, et mourut phtisique le 23 septembre 1828.
(8) Les trois tableaux de Constable — la *Charrette à foin*, *Vue prise aux environs de Londres*, un *Canal en Angleterre* — qui parurent au Salon de 1824, à Paris, où ils obtinrent un très grand succès, furent exposés par un marchand français, qui les avait achetés à Londres, à l'Exposition de l'Académie royale. Ils valurent à Constable une médaille d'or... Constable ne connaissait pas nos peintres. « Sans doute ils étudient, et même beaucoup, écrivait-il, mais seulement les

procède de Constable. Or, voici qu'un témoignage irrécusable nous ramène vers Reynolds le Graveur; de sorte qu'ayant d'abord nommé ce graveur pour ainsi dire inconnu en France à titre de peintre, on revient à lui, après avoir fait le tour des grands paysagistes de l'Angleterre, sans pouvoir se fixer à aucun. M. Paul Mantz, dont la longue carrière a été si féconde pour l'histoire de l'art, avait, dans ses patientes recherches, découvert et acheté un paysage de Reynolds le Graveur, et il avait fait la preuve de cette attribution. L'éminent critique d'art étant mort dernièrement, et ses tableaux ayant été publiquement vendus, on put s'assurer, par suite d'une identité complète dans l'exécution, que le paysage lui ayant appartenu et le paysage appartenant à Monsieur le duc d'Aumale étaient, à n'en pouvoir douter, de la même main. L'un étant l'œuvre de Reynolds le Graveur, c'est donc également à cet artiste qu'il faut attribuer l'autre.

Samuel-William Reynolds, qui n'a rien de commun avec sir Joshua Reynolds, naquit en 1774. Il s'adonna à la gravure, et fut élève de Hodges. Son œuvre gravé d'après les différents peintres est considérable. Ses principales estampes furent exécutées d'après les portraits de son homonyme, Joshua Reynolds; une des meilleures est celle qui représente Reginald Haber, dernier évêque de Calcutta. En 1826, Reynolds le Graveur vint en France, où il fit quelques planches d'après quelques-uns des tableaux les plus renommés de Géricault, d'Horace Vernet, etc. Il eut pour élève Cousins, qui a laissé, dans le *Portrait de Pie VII*, la plus belle des gravures en manière noire. Samuel-William Reynolds mourut en 1835, à l'âge de soixante et un ans... Regardons le beau paysage qu'on a de lui dans la galerie de Chantilly.

maîtres, et, comme dit Northcots, ils ne connaissent pas plus la nature que les chevaux de fiacre ne connaissent les pâturages. » En parlant ainsi, Constable ne savait de nous que l'école de David, toute-puissante encore en ce temps-là, mais contre laquelle le flot montait déjà. Il ne soupçonnait pas Eugène Delacroix, d'autres encore, qui allaient, comme il faisait lui-même, droit devant eux en suivant la nature.

CLIII. — *Le Pont de Sèvres, vu des bords du parc de Saint-Cloud.*

Sur bois. — H. 0m,27; L. 0m,42.

Sur le premier plan, à droite du spectateur, la rive gauche de la Seine, bordée d'un parapet, s'arrondit le long du parc de Saint-Cloud, dont les massifs s'élèvent comme des dômes au-dessus d'impénétrables ombrages. Ces vieux arbres, témoins des anciens temps, sont là dans leur imposante grandeur ; ils emmagasinent les souffles de vie qui descendent des cieux chargés de nuages, et, quoique roussis déjà par l'automne, ils conservent encore les audaces de coloration dont l'été les a parés. Au delà du parc et comme fond du tableau : à droite (1), les coteaux de Bellevue et de Sèvres, avec leurs blanches villas émergeant de la verdure; au centre et en inclinant vers la gauche, les bois de Meudon dominant les sinuosités du fleuve ; à peine visible dans la profondeur de l'horizon limpide, le château bâti en 1695 par le Dauphin, fils de Louis XIV; au pied de ces collines, enfin, le village de Sèvres, et le pont qui sert de trait d'union entre les deux rives. L'atmosphère est chaude et moite. Dans le ciel profond et d'un bleu intense, s'accumulent des nuées blanches, vibrantes d'une lumière sous laquelle l'eau du fleuve semble alourdie et comme ralentie dans son cours.

Voilà une peinture grasse, ample, fougueuse, où s'est fixée la vie des cieux, aussi bien que celle des parcs aux verts éclatants, bien qu'assombris et presque noirs. Ce tableau tient sa place dans la tribune du château de Chantilly, sans fléchir devant les chefs-d'œuvre dont il est entouré. La vue n'en est pas faite, d'ailleurs, pour exalter notre présomption. Il faut bien l'avouer, on ne sait presque rien en France de la peinture anglaise des cinquante dernières années du dix-huitième siècle et des trente premières du dix-neuvième. Cette pléiade de paysagistes d'outre-Manche dont nous avons cité quelques-uns des noms, compta cependant de féconds initiateurs pour

(1) Toujours à la droite du spectateur et sur la rive gauche de la Seine.

nos paysagistes français. A côté de Constable que nous croyons connaître, combien d'autres nous sont inconnus, témoin Reynolds le Graveur! Paul Huet, qui était presque leur contemporain, s'attachait à les suivre, comme bientôt devaient faire aussi Corot, Jules Dupré, Théodore Rousseau, Troyon, Daubigny, etc.

LEYS (JEAN-AUGUSTE-HENRI)

(1815 † 1869. — École flamande.)

Leys naquit à Anvers en 1815. Il fut élève de F. de Braekeleer, et devint un des chefs de l'école flamande moderne. A l'Exposition universelle de Paris en 1855, ses tableaux furent très remarqués; déjà depuis longtemps, dans la Flandre, il marchait de succès en succès. Le roi des Belges, Léopold Ier, le créa baron en 1862. Il mourut entouré d'honneurs en 1869, à l'âge de cinquante-quatre ans. La plupart de ses tableaux, cependant, ne sont guère que des pastiches, des reflets d'œuvres antérieurement vécues. Leys a moins exprimé ce qu'il pensait que ce qu'avaient pensé les autres. On cite parmi ses meilleures peintures : le *Rétablissement du culte catholique dans l'église Notre-Dame, à Anvers* (Bruxelles); les *Trentaines de Berthall de Haze* (Bruxelles); l'*Atelier de Frans Floris* (Bruxelles); *Une rue de village en Hollande* (Munich); etc... La *Ménagère*, de la galerie de Chantilly, peut être aussi comptée parmi ses bons tableaux.

CLIV. — *La Ménagère (scène d'intérieur).*

Sur toile. — H. 0^m,45; L. 0^m,37.

En nous introduisant dans une de ces maisons hollandaises où tout est propre et admirablement rangé, Leys cherche à nous persuader que c'est un des petits maîtres de l'âge d'or de la peinture hollandaise qui nous en fait les honneurs. Dans cet intérieur, il nous montre une jeune femme, vêtue et coiffée à la mode de son pays et de son temps, les pieds posés sur un escabeau, la tête inclinée sur un ouvrage de couture qui l'absorbe tout entière. Cette ménagère, agréable sans être belle, tire son charme de son extrême honnêteté. Ses cheveux blonds, relevés sur ses tempes, sont emprisonnés sur la nuque dans une coiffe qui s'arrête au sommet du crâne, et d'où part une sorte de corne noire, étroite et bombée, qui s'avance jusque sur le front. Elle est vêtue d'un corsage noir et d'une jupe bleue bordée de noir : un fichu blanc déborde du corsage, qui est noué par des cordons sur la poitrine ; des manches de linge blanc sont retroussées sur les avant-bras par-dessus les manches noires. A gauche, une corbeille à ouvrage en osier. A droite, une paire de ciseaux tombée à terre ; un épagneul blanc et noir assis à côté de sa maîtresse ; une chaise sur laquelle sont jetés de riches vêtements d'homme ; une guitare appuyée à cette chaise, au montant de laquelle est accroché un feutre noir à larges bords. Au fond, un escalier. Comme dallage, des carreaux de marbre blanc et noir.

En peignant ce tableau, Leys a pensé sans doute à Pierre de Hoogh, et en le regardant, on ne peut se défendre d'y songer aussi. Cette figure de ménagère est d'une tenue simple autant que vraie, et tous les accessoires de cet intérieur sont fort bien rendus. L'ombre et la lumière sont partout à leur place. La couleur, cependant, a quelque chose de sourd. Leys, quelque bonne volonté qu'il y mette, ne fait sentir que singulièrement refroidie la chaleur des vieux maîtres.

Ce tableau fut donné à Monsieur le duc d'Aumale par S. M. la reine des Belges.

Telles sont les peintures des écoles étrangères dans la galerie de Chantilly... Bien des choses dites par nous dans ce volume sont connues des érudits. Les érudits eux-mêmes, au moment où ils regardent un tableau, nous sauront gré peut-être de leur rappeler ce qu'ils savent. C'est d'ailleurs à ceux qui ne savent pas que nous avons songé surtout. Notre but serait atteint si nous avions pu rendre intéressant pour tous un travail qui semble ne s'adresser qu'à quelques-uns.

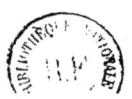

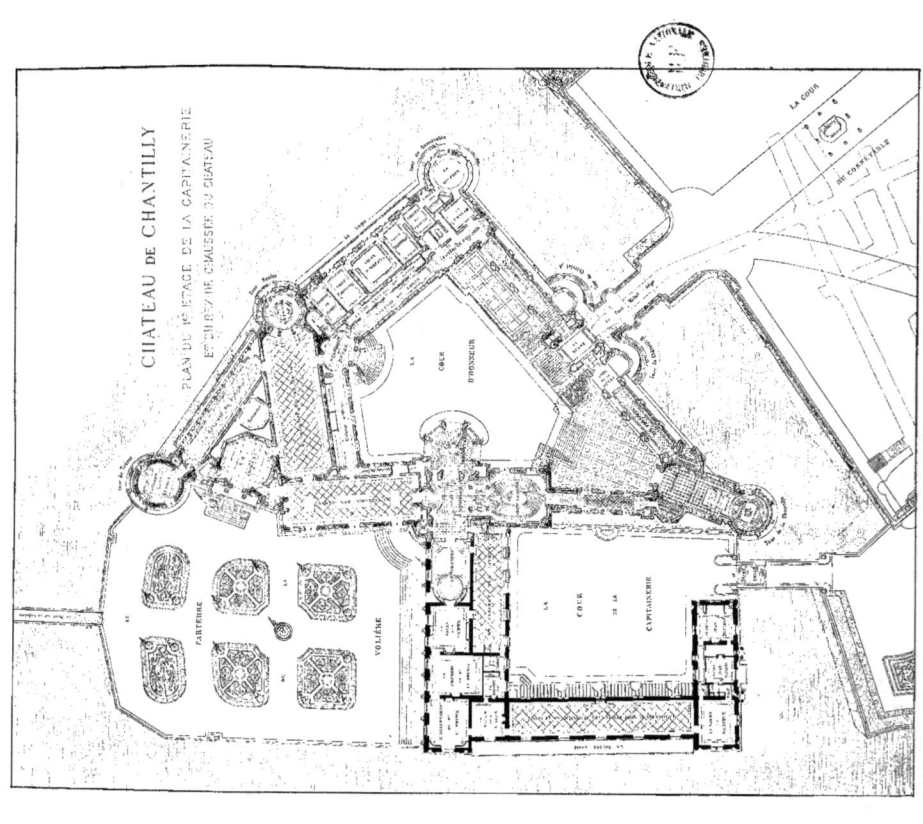

TABLE CHRONOLOGIQUE

ÉCOLES ITALIENNES

Giotto di Bondone, 1276? † 1336, École florentine....................	5
I. — *La Mort de la Vierge.* (Cabinet du Giotto.) (1).................	7
École siennoise du quatorzième siècle................................	9
II*. — *La Résurrection du Christ.* (Rotonde.).......................	9
Lorenzo di Niccolò. (Travaillait de 1400 à 1440.) École florentine.....	11
III. — *Le Couronnement de la Vierge.* (Tribune.)....................	12
Giovanni da Fiesole (Fra), dit Beato Angelico, 1387 † 1455, École florentine.........	13
IV. — *Saint Marc.* (Tribune.).......................................	15
V. — *Saint Matthieu.* (Tribune.)...................................	16
VI. — *La Vision de saint Jérôme*, École de Jean de Fiesole. (Cabinet du Giotto.)....	16
Andrea del Castagno, 1390 † 1457, École florentine...................	17
VII. — *Saint Jean-Baptiste.* (Cabinet du Giotto.)..................	18
École italienne de la première moitié du quinzième siècle............	19
VIII. — *Deux flagellants.* (Tribune.)..............................	19
École italienne de la première moitié du quinzième siècle............	20
IX. — *Des anges dansant devant le soleil.* (Galerie de peinture.)...	20
Ansano (Pietro), dit Pietro di Sano, 1405 † 1480, École siennoise.....	21
X. — *Mariage mystique de saint François d'Assise avec la Chasteté, la Pauvreté et l'Humilité.* (Tribune.)...	22

(1) Nous accompagnons, dans cette table chronologique, le nom de chaque tableau du nom de la salle où il se trouve actuellement exposé. On trouvera dans le plan annexé ci-contre le nom et la place de chacune des salles.

TABLE CHRONOLOGIQUE.

Lippi (Fra Filippo), 1412 † 1469, École florentine	24
XI. — *La Vierge entre saint Pierre et saint Antoine.* (Tribune.)	25
XII. — *L'Adoration des Mages*, École de Filippo Lippi. (Cabinet du Giotto.)	27
Pollajuolo (Antonio), 1429? † 1498, École florentine	28
XIII. — *Portrait de Simonetta Vespucci.* (Tribune.)	29
Rosselli (Cosimo), 1438 † 1507, École florentine	31
XIV. — *La Vierge et l'Enfant Jésus.* (Cabinet du Giotto.)	32
Vannucci (Pietro), dit il Perugino, 1446 † 1524, École romaine	33
XV. — *La Vierge glorieuse.* (Tribune.)	35
Filipepi (Sandro), dit Sandro Botticelli, 1447 † 1510, École florentine	36
XVI. — *L'Automne.* (Tribune.)	38
Raibolini (Francesco), dit le Francia, 1450 † 1517, École bolonaise	40
XVII. — *L'Annonciation.* (Galerie de peinture.)	41
Ghirlandajo (Benedetto di Tommaso Bigordi), 1458 † 1497, École florentine	43
XVIII. — *Portrait de Louis de la Trémoille.* (Cabinet du Giotto.)	43
Lippi (Filippo), dit Filippino, 1457 † 1504, École florentine	44
XIX. — *Esther et Assuérus.* (Santuario.)	46
XX. — *La Vierge et l'Enfant Jésus.* (Tribune.)	53
Bissolo (Pier-Francesco), 14..? † 15..?, École vénitienne	54
XXI. — *La Vierge et l'Enfant Jésus.* (Cabinet du Giotto.)	55
Zaganelli (Francesco da Cotignola) (période d'activité de 1500 à 1520), École bolonaise	56
XXII. — *La Vierge glorieuse.* (Tribune.)	56
Zenale (Bernardino), ...? † 1526, École milanaise	57
XXIII. — *La Vierge.* (Cabinet du Giotto.)	58
Luini (Bernardino), 1460 † 1530?, École milanaise	59
XXIV. — *L'Enfant Jésus, Sauveur du monde.* (Tribune.)	60
XXV. — *Enfant nu, vu à mi-corps.* (Tribune.)	61
XXVI. — *Jeune Fille, vue à mi-corps.* (Tribune.)	61
XXVII. — *La Nativité*, École de Luini. (Salon d'Orléans.)	62
XXVIII. — *Tête de jeune femme*, École de Luini. (Cabinet du Giotto.)	62
Marco da Oggione, 1460? † 1530	63
XXIX. — *Sainte Barbe.* (Cabinet du Giotto.)	63
Albertinelli (Mariotto di Biagio di Bindo), 1474 † 1515, École florentine	64
XXX. — *Sainte Marie-Madeleine.* (Cabinet du Giotto.)	65
Bartolommeo (Fra) di Paolo del Fattorino, dit Baccio della Porta, 1475 † 1517, École florentine	65

TABLE CHRONOLOGIQUE.

XXXI. — *La Vierge de Ferry Carondelet* (réplique, avec variante, du tableau de la cathédrale de Besançon). (Cabinet du Giotto.) 66

VECELLI (TIZIANO), dit LE TITIEN, 1477 † 1576, École vénitienne 69
    XXXII. — *Le Christ au roseau* (Galerie de peinture.) 70
    XXXIII. — *Portrait de Charles-Quint* (d'après Titien). (Cabinet de Clouet.) 71

BARBARELLI (GIORGIO), dit LE GIORGIONE, 1478 † 1511, École vénitienne 72
    XXXIV. — *La Femme adultère*. École de Giorgione. (Cabinet du Giotto.) 73

PALMA (JACOPO), dit PALMA VECCHIO, 1480 † 1528, École vénitienne 74
    XXXV. — *La Vierge, l'Enfant Jésus, saint Pierre, saint Jérôme et un donateur*. (Galerie de peinture.) 75

MAZZOLINO (LODOVICO), 1480? † 1530?, École ferraraise 77
    XXXVI. — *Ecce Homo*. (Tribune.) 78
    XXXVII. — *La Vierge, l'Enfant Jésus et saint Antoine*. (Cabinet du Giotto.) 79

SANTI (RAFFAELLO), dit RAPHAEL SANZO, 1483 † 1520, École romaine 79
    XXXVIII. — *Les Trois Grâces*. (Santuario.) 83
    XXXIX. — *La Vierge de la Maison d'Orléans*. (Santuario.) 87
    XL. — *La Vierge de Lorette* (d'après Raphaël). (Galerie de peinture.) 91

ANDREA DEL SARTO (ANDREA D'AGNOLO), 1487 † 1531, École florentine 94
    XLI. — *Portrait d'homme*. (Galerie de peinture.) 96
    XLII. — *Portrait d'un jeune homme*, École d'André del Sarte. (Cabinet du Giotto.).. 97

PIPPI (GIULIO), dit JULES ROMAIN, 1492 † 1546, École romaine 97
    XLIII. — *Portrait d'une dame romaine*. (Cabinet du Giotto.) 99

BUONACCORSI (PIERINO), dit PERINO DEL VAGA, 149.? † 1547, École romaine 100
    XLIV. — *La Sainte Famille*. (Salon d'Orléans.) 101

AGNOLO DI COSIMO (dit IL BRONZINO), 1502 † 1572, École florentine 102
    XLV. — *Un ange montre à saint François d'Assise le Christ détaché de la croix*. (Salon d'Orléans.) 103
    XLVI. — *Portrait d'un jeune gentilhomme de la cour des Médicis*, École du Bronzino. (Cabinet de Clouet.) 104

ÉCOLE MILANAISE DU SEIZIÈME SIÈCLE 105
    XLVII. — *Noli me tangere*. (Galerie de peinture.) 105

PRIMATICCIO (FRANCESCO), 1504 † 1570, École bolonaise 106
    XLVIII. — *Portrait d'Odet de Coligny, cardinal de Châtillon*. (Tribune.) 107
    XLIX. — *Portrait de Henri II, roi de France*. (Cabinet de Clouet.) 110

LONGHI (LUCA), 1507 † 1580, École bolonaise 111
    L. — *La Vierge glorieuse* (Galerie de peinture.) 112

TABLE CHRONOLOGIQUE.

Mazzola (Girolamo), période d'activité, de 1533 à 1566, École de Parme............... 113
    LI. — *Le Sommeil de Cupidon.* (Galerie de peinture)........................... 113

Ricciarelli (Daniele), dit Daniel de Volterre, 1509? † 1566, École florentine........ 114
    LII. — *La Descente de croix.* (Galerie de peinture.)........................... 115

Moroni (Gian-Battista), 1520 † 1572, École milanaise................................ 116
    LIII. — *Portrait d'un gentilhomme.* (Cabinet de Clouet.)........................ 117
    LIV. — *Portrait de femme.* (Cabinet de Clouet.)................................ 117

Caliari (Paolo). dit Paul Véronèse, 1528 † 1588, École vénitienne.................. 118
    LV. — *Mars et Vénus.* (Galerie de peinture.).................................... 119

Barrocci (Federico), 1528 † 1612, École romaine.................................... 120
    LVI. — *La Sainte Famille.* (Salon d'Orléans.).................................. 121
    LVII. — *Apparition de Jésus aux saintes femmes.* (Jeu de paume.).............. 122

Allori (Alessandro), appelé aussi le Bronzino, 1535 † 1607, École florentine......... 123
    LVIII. — *La Sainte Famille.* (Salon d'Orléans.)................................ 123

Pulzone (Scipione), dit Scipion de Gaète, 1550? † 1590?, École romaine............ 124
    LIX. — *Portrait d'homme.* (Galerie de peinture.)............................... 125
    LX. — *Portrait d'homme.* (Cabinet du Giotto.).................................. 126

Carracci (Lodovico), 1555-1619, École bolonaise.................................... 127
    LXI. — *Portrait d'homme.* (Galerie de peinture.)............................... 128

Carracci (Agostino), 1558 † 1601, École bolonaise.................................. 129
    LXII. — *L'Ange Gabriel entouré de chérubins.* (Jeu de paume.).................. 130

Carracci (Annibale), 1560 † 1609, École bolonaise.................................. 131
    LXIII. — *Le Sommeil de Vénus.* (Galerie de peinture.).......................... 132
    LXIV. — *Amours portant des fleurs.* (Galerie de peinture.)..................... 133
    LXV. — *Amours portant des fleurs.* (Galerie de peinture.)...................... 133
    LXVI. — *Amours portant des fleurs.* (Galerie de peinture.)..................... 133
    LXVII. — *Amours portant des fleurs.* (Galerie de peinture.).................... 133
    LXVIII. — *La Nuit.* (Galerie de peinture.)..................................... 134
    LXIX. — *L'Aurore.* (Galerie de peinture.)...................................... 134
    LXX. — *Le Martyre de saint Étienne.* (Cabinet du Giotto)....................... 135

Reni (Guido), dit le Guide, 1575 † 1642, École bolonaise........................... 136
    LXXI. — *La Madonna della Pace.* (Galerie de peinture.)......................... 137

Spada (Lionello), 1576 † 1622, École bolonaise..................................... 138
    LXXII. — *Le Christ couronné d'épines.* (Galerie de peinture.).................. 138

Albani (Francesco), dit l'Albane, 1578 † 1660, École bolonaise...................... 139
    LXXIII. — *Sainte Marie-Madeleine.* (Cabinet du Giotto.)........................ 140

TABLE CHRONOLOGIQUE.

Barbieri (Giovanni-Francesco), dit il Guercino, 1591 † 1666, École bolonaise........... 141
    LXXIV. — *La Descente de croix.* (Galerie de peinture.)......................... 142
    LXXV. — *Portrait supposé du peintre par lui-même.* (Galerie de peinture.)......... 143
Canlassi (Guido), dit Cagnacci, 1601 † 1681, École bolonaise......................... 144
    LXXVI. — *L'Enfant Jésus endormi, saint Jean-Baptiste et saint Joseph.* (Cabinet du Giotto.).. 144
Salvi (Giovanni-Battista), dit Sassoferrato, 1605 † 1685, École romaine............. 145
    LXXVII. — *La Sainte Famille.* (Galerie de peinture.)............................ 146
Dughet (Gaspard), dit le Guaspre, 1613 † 1675, École romaine........................ 147
    LXXVIII. — *Paysage.* (Galerie de peinture.).................................... 148
    LXXIX. — *Paysage.* (Galerie de peinture.)...................................... 148
    LXXX. — *Paysage.* (Galerie de peinture.)....................................... 148
    LXXXI. — *Paysage.* (Galerie de peinture.)...................................... 149
Preti (Mattia), dit il Calabrese, 1613 - 1699, École napolitaine.................... 149
    LXXXII. — *Ecce Homo.* (Galerie de peinture.).................................... 150
Rosa (Salvator), 1615 † 1673, École napolitaine..................................... 151
    LXXXIII. — *Daniel dans la fosse aux lions.* (Galerie de peinture.).............. 152
    LXXXIV. — *Jérémie tiré de la fosse.* (Galerie de peinture.)..................... 153
    LXXXV. — *Tobie et l'Ange.* (Galerie de peinture.)............................... 153
    LXXXVI. — *La Résurrection de Lazare.* (Galerie de peinture.).................... 154
    LXXXVII. — *Le Portement de croix.* (Galerie de peinture.)....................... 155
    LXXXVIII. — *Le Christ aux limbes.* (Cabinet du Giotto.)......................... 155
    LXXXIX. — *La Tentation de Jésus-Christ.* (Cabinet du Giotto.)................... 156
    XC. — *Grand paysage.* (Galerie de peinture.).................................... 156
    XCI. — *Grand paysage.* (Galerie de peinture.)................................... 157
    XCII. — *Petit paysage.* (Galerie de peinture.).................................. 157
    XCIII. — *Petit paysage.* (Galerie de peinture.)................................. 158
    XCIV. — *Petit paysage.* (Cabinet du Giotto.).................................... 158
    XCV. — *Petit paysage.* (Cabinet du Giotto.)..................................... 159
Cignani (Carlo), 1628 † 1719, École bolonaise....................................... 159
    XCVI. — *La Vierge et l'Enfant Jésus.* (Galerie de peinture.).................... 160
Résumé des écoles italiennes dans la Galerie de Chantilly........................... 161

École espagnole du seizième siècle.. 163
    XCVII. — *Portrait de Charles-Quint.* (Cabinet de Clouet.)....................... 163
École espagnole du seizième siècle.. 165
    XCVIII. — *Portrait de dona Marie, infante de Portugal.* (Cabinet de Clouet.).... 165

368   TABLE CHRONOLOGIQUE.

ÉCOLE ESPAGNOLE DU SEIZIÈME SIÈCLE.. 170
 XCIX. — *Portrait (présumé) d'une dame de la suite de l'infante dona Maria.* (Cabinet de Clouet.).. 170

ÉCOLE ESPAGNOLE DE LA PREMIÈRE MOITIÉ DU DIX-SEPTIÈME SIÈCLE................ 171
 C. — *Portrait d'Élisabeth de France.* (Cabinet de Clouet.)........................ 171

MURILLO (BARTOLOMMEO-ESTABAN), 1618 † 1682.. 174
 CI. — *Saint Joseph et l'Enfant Jésus.* (Cabinet du Giotto.)...................... 175

ÉCOLES FLAMANDE, HOLLANDAISE, ALLEMANDE ET ANGLAISE

PEINTURE RHÉNO-BYZANTINE (dixième siècle).. 179
 CII*. — *L'empereur Othon recevant l'hommage des nations.* (Rotonde.)......... 179

ÉCOLE FLAMANDE (commencement du quinzième siècle)................................ 184
 CIII. — *Portrait de Jean Sans peur.* (Cabinet de Clouet.)...................... 184

EYCK (JEAN VAN), ...? † 1440, École flamande... 186
 CIV. — *Portrait d'homme. — Portrait de femme.* (Tribune.).................... 188

ROGER VANDER VEYDEN (ROGER DE LA PASTURE), 1400? † 1464, École flamande...... 190
 CV. — *Portrait du Grand Bâtard de Bourgogne.* (Tribune.)..................... 191

BOUTS (THIERRY), 1420? † 1475, École flamande... 198
 CVI. — *Translation de la châsse de sainte Perpétue dans l'église de Bouvignes, après le siège et le sac de Dinant, en 1466.* (Tribune.)................................. 199

MEMLING (JEAN), ...? † 1494, École flamande... 205
 Diptyque consacré à Jeanne de France, duchesse de Bourbon...................... 208
 CVII. — *La Vierge et l'Enfant Jésus apparaissent à Jeanne de France.* (Tribune.)... 208
 CVIII. — *Le Calvaire.* (Tribune.).. 210

ÉCOLE FLAMANDE (seconde moitié du quinzième siècle)................................. 213
 CIX. — *Portrait du cardinal de Bourbon.* (Tribune.)............................ 213

ÉCOLE ALLEMANDE (fin du quinzième siècle).. 216
 CX. — *Portrait de Philippe de Clèves.* (Cabinet de Clouet.)................... 216

ÉCOLE FLAMANDE (fin du quinzième siècle ou commencement du seizième siècle)...... 218
 CXI. — *La Vierge de la Miséricorde.* (Cabinet du Giotto)...................... 218

TABLE CHRONOLOGIQUE. 369

Holbein (Hans) le Jeune, 1478 † 1543, École allemande.................................... 219
    CXII. — *Portrait de Jean Bugenhagen* (attribué à Holbein). (Tribune.)............. 220

Bruyn (Bartholomeus le), ...? † 15..?, École allemande............................... 222
    CXIII. — *Portrait de Catherine de Bore.* (Cabinet de Clouet.)...................... 223

Aldegraever (Henri), 1502 † 1562, École allemande.................................... 226
    CXIV. — *Portrait d'Aldegraever* (attribué au maître lui-même). (Cabinet de Clouet.) 227

Pourbus (Pierre), 1510 † 1583, École flamande.. 228
    CXV. — *Portrait du duc d'Aumont.* (Cabinet de Clouet.)........................... 229
    CXVI. — *Portrait d'homme.* (Cabinet de Clouet.).................................. 232

École flamande (fin du seizième siècle)... 233
    CXVII. — *Portrait d'homme.* (Cabinet de Clouet.).................................. 233

Mierevelt (Michiels van), 1568 † 1641, École hollandaise.............................. 235
    CXVIII. — *Portrait d'Élisabeth Stuart, reine de Bohême.* (Salle Caroline.)........... 236
    CXIX. — *Portrait de Gilles de Glarges.* (Cabinet de Clouet.)....................... 239
    CXX. — *Portrait de Janus Rutgersius.* (Cabinet de Clouet.)........................ 240
    CXXI. — *Portrait d'Hugo Grotius.* (Cabinet de Clouet.)............................ 241

Pourbus (Frans) le Jeune, 1569 † 1622, École flamande................................. 243
    CXXII. — *Portrait du roi Henri IV.* (Cabinet de Clouet.)........................... 244

Pot (Hendrich-Gerritsz), 1590? † 1657, École hollandaise............................... 245
    CXXIII. — *Portrait d'Andries Hooftman.* (Tribune.)................................ 248

Honthorst (Gérard van), surnommé Gerardo della Notte, 1592 † 1666, École hollandaise.. 250
    CXXIV. — *Le Repas d'Emmaüs.* (Galerie de peinture.)............................. 250

Van Dyck (Antoine), 1599 † 1641, École flamande...................................... 251
    CXXV. — *Portrait de Gaston de France, duc d'Orléans.* (Tribune.)................. 252
    CXXVI. — *Portrait du comte Henri de Berghe.* (Salle des Gardes, dans le Petit Château.) 258
    CXXVII. — *Portrait de la princesse Marie de Barbançon.* (Salle des Gardes, dans le Petit Château.) 260
    CXXVIII. — *Portrait de Guillaume de Neubourg.* (Cabinet de Clouet.)............. 263

Ostade (Adrien van), 1610 † 1685, École hollandaise.................................. 264
    CXXIX*. — *Paysanne assise devant sa chaumière.* (Rotonde.)....................... 265

Teniers (David) le Jeune, 1610 † 1690, École flamande................................. 266
    CXXX. — *Portrait de Louis II prince de Bourbon, surnommé le Grand Condé.* (Cabinet de Clouet.).. 268

TABLE CHRONOLOGIQUE.

EGMONT (JOOST VERUS CONSTANT VAN EGMONT, dit JUSTE D'EGMONT), 1602? † 1679, École flamande.. 274
    CXXXI. — *Portrait de Louis II, prince de Bourbon, surnommé le Grand Condé.* (Salon de Condé. Rez-de-chaussée du Petit Château.)..................... 277
    CXXXII. — *Portrait de Louis II, prince de Bourbon, surnommé le Grand Condé.* (Salle des Gardes, Petit Château.)...................................... 280
    CXXXIII. — *Portrait de Françoise-Angélique de la Mothe-Houdancourt, duchesse d'Aumont.* (Cabinet de Clouet.)................................... 282

WOUWERMAN (PHILIPPE), 1619 † 1668, École hollandaise............................ 286
    CXXXIV. — *Combat de cavalerie.* (Salle de la Smalah.)........................ 287

FAES (PETER VAN DER), dit le chevalier LELY, 1617 ou 1618 † 1680, École hollandaise.... 288
    CXXXV. — *Portrait d'Henriette de France, reine d'Angleterre.* (Chambre Jeanne d'Arc, 289
    rez-de-chaussée du Petit Château.)............................. 289

EVERDINGEN (ALBERT OU ALLART VAN), 1621 † 1675, École hollandaise................ 293
    CXXXVI. — *Tempête par un temps de neige.* (Salle Caroline.)................... 294

ULFT (JACOB VAN DER), 1627 † 1690, École hollandaise............................. 296
    CXXXVII. — *La Place du Dam à Amsterdam en 1659.* (Cabinet des Antiques.)..... 296

RUISDAEL (JACOB VAN), 1628 ou 1629 † 1682, École hollandaise..................... 298
    CXXXVIII. — *La Plage et les Dunes de Scheweningen.* (Salle Isabelle.)........... 299
    CXXXIX*. — *Paysage.* (Rotonde.).. 301

VAN DE VELDE (WILHELM) LE JEUNE, 1633 † 1707, École hollandaise................. 302
    CXL. — *La Mer par un temps calme.* (Salle Isabelle.).......................... 304

HONDECOETER OU HONDEKOETER (MELCHIOR DE), 1636 † 1695, École hollandaise........ 305
    CXLI. — *Oiseaux de basse-cour.* (Tribune.).................................. 306

NETSCHER (THÉODORE), 1661 † 1732, École hollandaise............................ 307
    CXLII. — *Portraits d'Henriette d'Angleterre, duchesse d'Orléans, et de Monsieur, duc d'Orléans.* (Salle Caroline.).................................... 309

GRIFF OU GRYF (ADRIEN) LE VIEUX, École flamande du dix-septième siècle............. 314
    CXLIII. — *Chasse à l'ours.* (Cabinet de Clouet.)............................. 314
    CXLIV. — *Chasse à la panthère.* (Cabinet de Clouet.)........................ 314

REYNOLDS (sir JOSHUA), 1723 † 1792, École anglaise.............................. 315
    CXLV. — *Portrait de Louis-Philippe-Joseph d'Orléans, duc de Chartres.* (Galerie de peinture.)... 317
    CXLVI. — *Les deux Waldegrave.* (Tribune.)................................ 321

HACKERT (PHILIPPE), 1737 † 1807, École allemande.............................. 323
    CXLVII. — *Le roi Ferdinand Ier chassant le sanglier à Carditello.* (Antichambre, Petit Château)... 324

TABLE CHRONOLOGIQUE.

De Cort (Henri), 1742 † 1810, École flamande	325
Chantilly en 1781	326
CXLVIII. — *Vue prise de la Pelouse.* (Galerie de peinture.)	327
CXLIX. — *Vue prise du Vertugadin.* (Galerie de peinture.)	335
Lampi (Jean-Baptiste), 1752 † 1830, École allemande	346
CL. — *Portrait de la tsarine Marie Feodorovna.* (Galerie de peinture.)	346
École anglaise de la fin du dix-huitième siècle	349
CLI. — *Madame la duchesse d'Orléans aux eaux de Spa.* (Salle de la Smalah.)	349
Lawrence (sir Thomas), 1769 † 1830, École anglaise	350
CLII. — *Portrait de François Ier, empereur d'Autriche, dernier empereur d'Allemagne sous le nom de François II.* (Salle de la Smalah.)	353
Reynolds (Samuel-William), dit Reynolds le Graveur, 1774 † 1835, École anglaise	356
CLIII. — *Le Pont de Sèvres, vu des bords du parc de Saint-Cloud.* (Tribune.)	359
Leys (Jean-Auguste-Henri), 1815 † 1869, École flamande	360
CLIV. — *La Ménagère (scène d'intérieur).* (Salle Isabelle.)	360

TABLE ALPHABÉTIQUE

ÉCOLES ITALIENNES

Albani (Francesco), dit l'Albane	139
Albertinelli (Mariotto)	64
Agnolo di Cosimo (dit il Bronzino)	102
Allori (Alessandro), dit aussi Bronzino	123
Andrea del Castagno	17
Andrea del Sarto (Andrea d'Agnolo)	94
Ansano (Pietro di Sano)	21
Barbarelli (Giorgio), dit il Giorgione	72
Barbieri (Giovanni-Francesco), dit il Guercino	141
Barrocci (Federico)	120
Bartolommeo (Fra) di Paolo del Fattorino, dit Baccio della Porta	65
Bissolo (Pier-Francesco)	54
Buonaccorsi (Pierino), dit Perino del Vaga	100
Caliari (Paolo), dit Paul Véronèse	118
Canlassi (Guido), dit Cagnacci	144
Carracci (Agostino)	129
Carracci (Annibale)	131
Carracci (Lodovico)	127
Cignani (Carlo)	159
Dughet (Gasparo), dit le Guaspre	147
Filipepi (Sandro), dit Sandro Botticelli	36
Giotto di Bondone	5
Giovanni da Fiesole	13
Grillandajo (Benedetto)	43
Lippi (Filippino)	44

TABLE ALPHABÉTIQUE.

Lippi (Fra Filippo)	24
Longhi (Luca)	111
Lorenzo di Niccolo	11
Luini (Bernardino)	59
Marco da Oggione	63
Mazzola (Girolamo)	113
Mazzolino (Lodovico)	77
Moroni (Gian-Battista)	116
Palma (Jacopo), dit Palma Vecchio	74
Pippi (Giulio), dit Jules Romain	97
Pollajuolo (Antonio)	28
Preti (Mattia), dit il Calabrese	149
Primaticcio (Francesco), dit le Primatice	106
Pulzone (Scipione), dit Scipion de Gaëte	124
Raibolini (Francesco), dit le Francia	40
Reni (Guido), dit le Guide	136
Ricciarelli (Daniele), dit Daniel de Volterre	114
Rosa (Salvator)	151
Rosselli (Cosimo)	31
Salvi (Giovanni-Battista), dit Sassoferrato	145
Santi (Raffaello), dit Raphael Sanzio	79
Spada (Lionello)	138
Vannucci (Pietro), dit le Pérugin	33
Vecelli (Tiziano), dit le Titien	69
Zaganelli (Francesco da Cotignola)	56
Zenale (Bernardino)	57
École siennoise du quatorzième siècle	9
École italienne du commencement du quinzième siècle	19
École italienne de la première moitié du quinzième siècle	20
École milanaise du seizième siècle	105
École espagnole du seizième siècle	163
École espagnole du seizième siècle	165
École espagnole du seizième siècle	170
École espagnole du dix-septième siècle	171
Murillo (Bartolommeo-Estaban)	174

TABLE ALPHABÉTIQUE.

ÉCOLES FLAMANDE, HOLLANDAISE, ALLEMANDE ET ANGLAISE

Aldegraever (Henri)	226
Bouts (Thierry)	198
Bruyn (Bartholomeus de)	222
Cort (Henri de)	325
Dyck (Antoine van)	251
Egmont (Joost Verus Constant van Egmont, dit Juste d'Egmont)	274
Everdingen (Albert van)	293
Eyck (Jean van)	186
Faes (Peter van der)	288
Gryf ou Griff (Adrien) le Vieux	314
Hackert (Philippe)	323
Holbein (Hans) le Jeune	219
Hondecoeter (Melchior de)	305
Honthorst (Gérard van), surnommé Gerardo della Notte	250
Lampi (Jean-Baptiste)	346
Lawrence (sir Thomas)	350
Leys (Jean-Auguste-Henri)	360
Memling (Jean)	205
Mierevelt (Michiels van)	235
Netscher (Théodore)	307
Ostade (Adrian van)	264
Pourbus (Frans)	243
Pourbus (Pierre)	228
Pot (Hendrich-Gerritsz)	245
Reynolds (sir Joshua)	315
Reynolds (Samuel-William)	356
Roger Vander Weyden	190
Ruisdael (Jacob van)	298
Téniers (David) le Jeune	266
Ulft (Jacob van der)	296
Velde (Wilhelm van de) le Jeune	302

Wouwerman (Philippe) 286
Peinture rhéno-byzantine du dixième siècle 179

École flamande (commencement du quinzième siècle) 184
École flamande (deuxième moitié du quinzième siècle) 213
École allemande (fin du quinzième siècle) 216
École flamande (fin du quinzième siècle ou commencement du seizième) .. 218
École flamande (fin du seizième siècle) 233
École anglaise (fin du dix-huitième siècle) 349

TABLE DES HÉLIOGRAVURES

1. Giotto. *La Mort de la Vierge*... 6-7
2. Lorenzo di Niccolo. *Le Couronnement de la Vierge*..................... 12-13
3. Pietro di Sano. *Mariage mystique de saint François d'Assise avec la Chasteté, la Pauvreté et l'Humilité*..... 22-23
4. Filippo Lippi. *La Vierge entre saint Pierre et saint Antoine*.............. 24-25
5. Antonio Pollajuolo. *Simonetta Vespucci*................................ 28-29
6. Pietro Vannucci. *La Vierge glorieuse*................................... 34-35
7. Sandro-Botticelli. *L'Automne*... 38-39
8. Francesco Raibolini. *L'Annonciation*.................................... 40-41
9. Filippino Lippi. *Esther et Assuérus* (Vue d'ensemble)..................... 46-47
10. — *Id.* (Fragment de droite)................................ 48-49
11. — *Id.* (Fragment de gauche)................................ 50-51
12. Luini. *L'Enfant Jésus, Sauveur du monde*................................ 60-61
13. Palma Vecchio. *La Vierge, l'Enfant Jésus, saint Pierre, saint Jérôme et un Donateur*... 74-75
14. Raphaël. *Les Trois Grâces*... 82-83
15. — *La Vierge de la Maison d'Orléans*........................... 86-87
16. Primatice. *Odet de Coligny, cardinal de Châtillon*....................... 106-107
17. Pulzone. *Portrait d'homme*... 124-125
18. Annibal Carrache. *Le Sommeil de Vénus*................................ 132-133
19. Jean van (Eyck)? *Portrait d'homme. Portrait de femme*................... 188-189
20. Roger Vander Warden. *Le Grand Bâtard de Bourgogne*................... 190-191
21. Thierry Bouts. *Translation de la châsse de sainte Perpétue dans l'église de Bouvignes, après le sac de Dinant, en 1466*...................................... 198-199
22. Memling. *La Vierge et l'Enfant Jésus apparaissent à Jeanne de France*..... 208-209
23. — *Le Calvaire*.. 210-211
24. École flamande de la seconde partie du XVᵉ siècle. *Le Cardinal de Bourbon*..... 212-213

25.	Miereveit. *Élisabeth Stuart, reine de Bohême*.	236-237
26.	Pot. *Andries Hooftman*.	248-249
27.	Van Dyck. *Gaston de France, duc d'Orléans*.	252-253
28.	— *Le Comte Henry de Berghe*.	258-259
29.	— *La Princesse Marie de Barbançon*.	260-261
30.	David Teniers. *Le Grand Condé*.	268-269
31.	Juste d'Egmont. *Le Grand Condé*.	276-277
32.	— *Françoise-Angélique de la Mothe-Houdancourt, duchesse d'Aumont*.	282-283
33.	Everdingen. *Tempête par un temps de neige*.	294-295
34.	Ruisdael. *La Plage des Dunes à Scheweningen*.	298-299
35.	Guillaume van Velde. *La Mer par un temps calme*.	304-305
36.	Reynolds. *Louis-Philippe-Joseph d'Orléans, duc de Chartres*.	316-317
37.	— *Les deux Waldegrave*.	320-321
38.	De Cort. *Chantilly en 1781.* (Vue prise de la *Pelouse*.)	326-327
39.	— *Id.* (Vue prise du *Vertugadin*.)	334-335
40.	Lawrence. *François I*ᵉʳ*, empereur d'Autriche*.	352-353

Achevé d'imprimer

PAR

E. PLON, NOURRIT ET Cie

LE 25 NOVEMBRE 1895.

Encres de la maison Ch. Lorilleux et Cie.

Papiers des Papeteries du Marais et de Sainte-Marie.

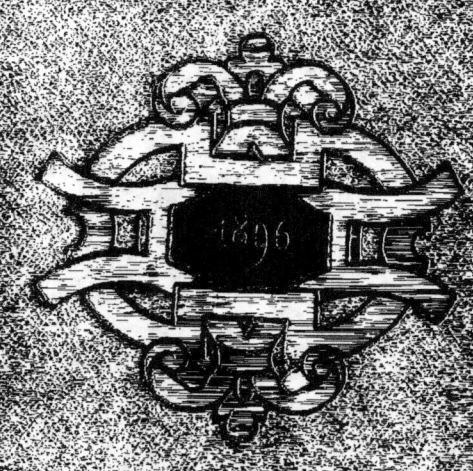

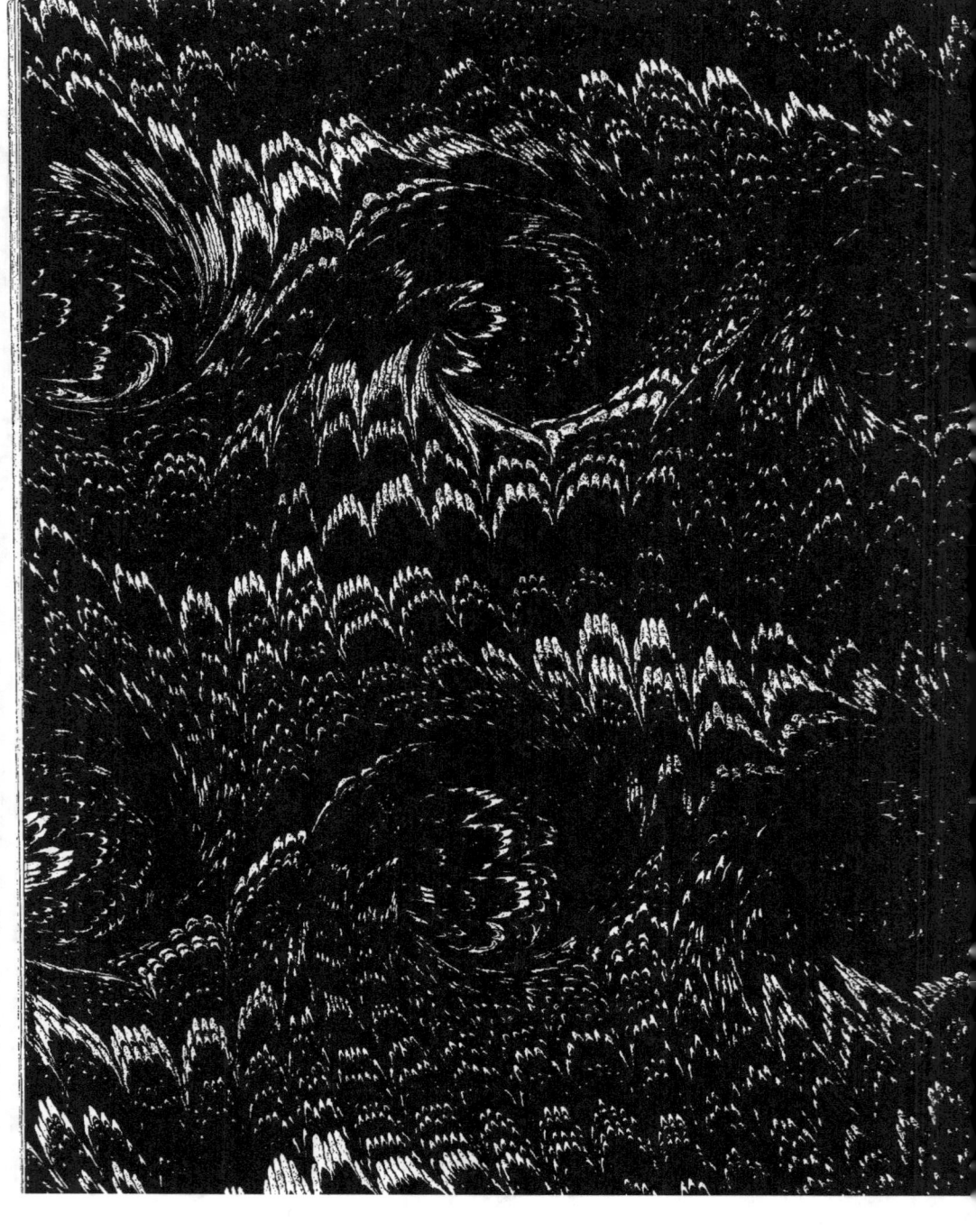

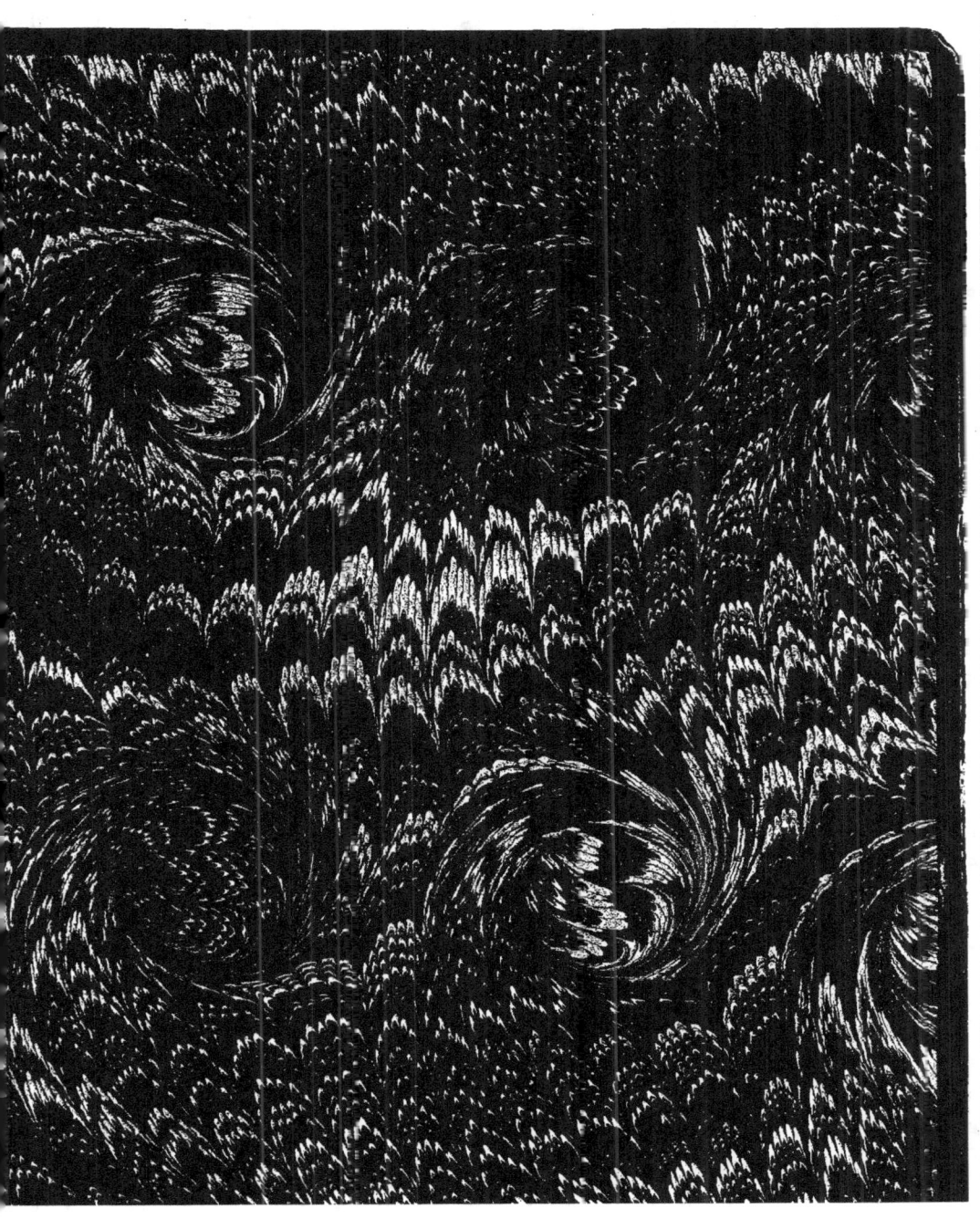

www.ingramcontent.com/pod-product-compliance
Lightning Source LLC
Chambersburg PA
CBHW050148230526
45470CB00001B/11